書目題跋叢書

藏園批注楹書隅録

〔清〕楊紹和　撰
傅增湘　批注
朱振華　整理

中華書局

圖書在版編目（CIP）數據

藏園批注楹書隅錄 ／（清）楊紹和撰 ；傅增湘
批注 ；朱振華整理． —— 北京 ：中華書局，2017.6
　（書目題跋叢刊）
　ISBN 978−7−101−12497−2

　Ⅰ．①藏… Ⅱ．①楊… ②傅… ③朱… Ⅲ．①私人藏
書−圖書目錄−中國−清代 Ⅳ．①Z842.49

中國版本圖書館CIP數據核字(2017)第050362號

書　　名	藏園批注楹書隅錄	
撰　　者	〔清〕楊紹和	
批　　注	傅增湘	
整　　理	朱振華	
責任編輯	李曉燕　　李肇翔	
出版發行	中華書局	
	（北京市豐臺區太平橋西里38號 100073）	
	http://www.zhbc.com.cn	
	E-mail:zhbc@zhbc.com.cn	
印　　刷	北京瑞古冠中印刷廠	
版　　次	2017年6月北京第1版	
	2017年6月北京第1次印刷	
規　　格	開本880×1230毫米　1/32	
	印張13¼　插頁4　字數320千字	
國際書號	ISBN 978-7-101-12497-2	
定　　價	48.00元	

藏園老人七十歲書齋坐像

楘書隅録初編

道州何維樸署檢

《楘書隅録初編》書影

科令楚北改授杭州校官嘗自署爲七上黃鶴樓散

人云紹和再記

每半葉十三行行二十四字有谿莊一文不莽得樹

樓藏書汪喜孫印孟慈喜孫審定江都汪氏問禮堂

收藏印祕書少監顧廣圻印千里澗蘋臣榮光石雲

山人阮氏小雲過目各印

藏園批注《楬書隅録》書影

北宋本新序十卷五册一函

舊本新序說苑卷首開列陽朔鴻嘉口年口月具官
臣劉向上一行此古人修書經進之體式今本先將
此行削去古今人識見相越及鋟刻之佳惡一開而
可辨者可（似有行字）也辛丑夏五謙益題（在卷後）
余於乾隆乙卯閏月借顧澗薲傳錄何校宋本新序
臨寫一過知宋本實有佳處義門所校得其真矣繼
於四月十四日書船友鄭輔義攜一宋本來留閱信
宿校首冊三卷開卷第二行有曾鞏地與姓名一行

楹構鈌筆
依印槧集同有
口陳蝕霉修補完
好青朱筆評點

士紀唐原槤孫延
惡簽舊歸襄

余收此書時若能舉
債亦說苑荀子莊子
淮南子同收之室石七
物卒余生平稅費實
為盧抚自有經處

周叔弢批注《楹書隅錄》書影

書目題跋叢書出版説明

書目題跋，是讀書的門徑，治學的津梁。

早在漢成帝時，劉向奉詔校經傳、諸子、詩賦，每一書成，"輒條其篇目，撮其指意，録而奏之"（《漢書·藝文志》），並把各篇書録編輯在一起，取名《别録》。這裏所謂的"條其篇目"，就是在廣泛搜集版本、考證異同的基礎上，確定所録各書的篇目、次序；所謂的"撮其指意"，就是撰寫各書的書録。劉向所撰書録，在内容上應該包括：書名篇目、版本鑒别、文字校勘、著者生平、著述原委、圖書主旨及學術評價等，實際上就是我們今天所説的書目題跋或提要之濫觴。劉向死後，其子劉歆又在《别録》的基礎上，"撮其指要，著爲《七略》"，對後世書目題跋的發展產生了深遠的影響。

此後，隨着圖書事業的日益繁榮，官私藏書的日趨豐富，圖書目録的著録形式也變得多種多樣。在官修目録、史志目録之外，各種類型的私家目録解題也大量涌現。

南朝劉宋時，王儉依劉向《别録》、劉歆《七略》之體，撰成《七志》。《七志》雖無解題或提要，却在每一書名之下，爲撰著者作一小傳,豐富了圖書目録的内容,開創了書目而有作者小傳的先河。梁阮孝緒的《七録》則增撰了解題,繼承了劉向《别録》的傳統,是私家解題的創新之作。唐代的毋煚撰有《古今書録》,其自序云"覽録而知旨,觀目而悉詞",可知,《古今書録》也應該是書目解題一類的著作。

到宋代,官修《崇文總目》,不僅每類有小序,每書都有論説,而且在史部專列目録一類。這不僅説明圖書目録的高度發展,而且説明當時對書目題跋的重視,此後的許多官私書目也大都有書目解題或題跋。尤袤的《遂初堂書目》,羅列版刻,兼載版本,爲自來書之創格。而流傳至今、最爲著名的是晁公武的《郡齋讀書志》。晁公武曾接受井度(字憲孟)的大批贈書,加上自己的收藏,"躬自校讎,疏其大略",撰成《郡齋讀書志》,成爲我國現存最早的私家書目解題或書目題跋;稍後的陳振孫(號直齋)利用自己傳録、積累的大量書籍,仿照晁公武《郡齋讀書志》的體例,撰爲《直齋書録解題》,並首次以"書録解題"名其書。晁氏《讀書志》、陳氏《書録解題》是書目解題的傑作,號稱爲宋代私家圖書目録的"雙璧"。《四庫全書總目》評價《書録解題》説:"古書之不傳於今者,得藉是以求其崖略;其傳於今者,得藉是以辨其真僞,核其異同。亦考證之所必資,不可廢也。"(卷八五)

到了明代,隨着藏書、刻書事業的發展,私家題跋也日見增多,如徐𤊹的《紅雨樓題跋》、毛晋的《隱湖題跋》,都是當時的名作;又如高儒(自號百川子),所撰《百川書志》,也部分撰有簡明提要。

入清以後,由於文禁森嚴,許多文人學者埋頭讀書,研究學問,私人藏書盛况空前,私家解題的撰述也豐富多彩。明末清初,錢曾的《讀書敏求記》,專門收録所藏圖書中的宋、元精刻,記述其授受源流,考訂其繕刻異同及優劣,開啓了以後編輯善本書目的端緒。稍後,黄丕烈的《百宋一廛書録》和《藏書題識》,注重辨别刊刻年代,考訂刊刻粗精,成爲獨闢蹊徑的鑒賞派目録學著作。瞿鏞的《鐵琴銅劍樓藏書目録》每書必載其行款,陳其異同;楊紹和的《楹書隅録》在考核同異,檢校得失的同時,又詳録前人序跋,間附己意。周中孚號鄭堂,其《鄭堂讀書記》仿《四庫全書總目》的體例,著録圖書四千餘種,被譽爲四庫提要的"續編"。至於藏書家張金吾,把"宋、元舊槧及鈔帙之有關實學而世鮮傳本者",逐一著明版式,鈔録序跋,對《四庫全書》不曾收入的圖書,則"略附解題"。陸心源仿照張氏的成規,撰成《皕宋樓藏書志》,專門收録元代以前所撰序跋,"於明初人之罕見者",亦"間録一二",陸氏"間有考識,則加'案'字以别之"。上述諸書,既著録了衆多古籍善本,又保存了前人所撰大量序跋,其中,間有著録原書或本人文集不見記載的資料,不僅查閲方便,而且史料價值很高。丁丙的《善本書室藏書志》,既著録明人著作,又留意鄉邦文獻,鑒賞、考證,兼而有之。沈德壽的《抱經樓藏書志》則仿張、陸二氏而作,收録範圍延至清代。繆荃孫的《藝風藏書記》、耿文光的《萬卷精華樓藏書記》也都各有所長。所有這些,都可歸之爲藏書家自撰的書目題跋。

此外,有些藏書家和學者,不是爲編撰書目而是從學術研究入手,邊收集圖書,邊閲讀、研究,遇有讀書心得和見解,隨得隨記,這便是類似讀書劄記的書目題跋。清人朱緒曾性嗜讀書,邊讀邊記,日積月累,被整理成《開有益齋讀書志》,其内容皆與徵文考獻有關,被稱爲"方駕晁、陳,殆有過之"。除了藏書家自撰或倩人代撰書目題跋之外,有些學者或藏書家在代人鑒定或借觀他人藏書時,也往往撰有觀書記録或經眼録,有的偏重於記録版本特徵,有的鑒定版本時代，有的則兼及圖書內容、作者行實，這些文字，也可以歸於書目題跋之內。

總之，書目題跋由來久遠，傳承有緒。書目題跋，既可以說它是伴隨圖書目録而產生，又可以說它是圖書目録的一個流派。有書目不一定都有題跋，有題跋也不一定有相同的體例、相同的內容。書目題跋既是一個相當寬泛的概念，又是一種相對靈活的著録形式。不同的撰者有不同的背景、不同的學問專長、不同的價值取向，因此，所撰題跋又各有側重、各有特色，各有其參考價值。與普通圖書目録相比，書目題跋具有更多的內容、更多的信息，更高的參考價值，對讀者閱讀、研究古籍，也更能發揮其引導作用。一部好的書目題跋，不啻爲一部好的學術著作。而且，近人自撰或編輯他人題識、札記，也往往以"題跋"名書，如陸心源所撰《儀顧堂題跋》、《儀顧堂續跋》，潘祖蔭、繆荃孫等人所編黃丕烈《士禮居藏書題跋記》，吳壽暘所編其父吳騫所撰《拜經樓藏書題跋記》，今人潘景鄭先生所編錢謙益所撰《絳雲樓題跋》，可見，"書目題跋"之稱，已被學者廣泛采用。

有鑒於此，我局於一九九〇年出版了《清人書目題跋叢刊》十輯，二〇〇六年又在該叢刊的基礎上，增編爲《宋元明清書目題跋叢刊》十九冊，雖說還不够完善，但已爲讀者提供了重要而有價值的參考資料。由於上述叢刊所收書目題跋僅至清代爲止，晚清以來的許多重要書目題跋尚付闕如，而已經收入叢刊的，也有個別遺漏，加之成套影印，卷帙較大，不便於一般讀者參考，於是決定重新編輯出版這套書目題跋叢書。

這套書目題跋叢書與上述叢刊不同，以收集晚清以來重要、實用而又稀見的，尤其是不曾刊行的書目題跋爲主，同時適當兼收晚清以前重要題跋專書的整理本或名家增訂本、批注本；以提要式書目和題跋專著爲主，同時適當兼收重要學者和著名藏書家所撰題跋的輯録本；以圖書題跋爲主，同時適當兼收書畫題跋及會石、碑傳題跋。在出版方式上，不采用影印形式，而是按照古籍整理的規範，標點排印，以方便廣大文史研究者、工作者、愛好者，尤其是年輕的讀者閲讀和使用。

我們希望，這套叢書的出版，能够得到國内外學者的支持和協助，並受到廣大讀者的歡迎。

中華書局編輯部
2017 年 5 月

整理説明

　　本書《楹書隅録》五卷、《續編》四卷，根據傅熹年先生珍藏、藏園老人傅增湘批注本整理出版，故名《藏園批注楹書隅録》。《藏園批注楹書隅録》同《藏園批注讀書敏求記校證》相仲伯，是傅增湘晚年手批的兩個最有價值，而且從未面世的本子。

　　《楹書隅録》，清楊紹和（1830—1876）撰。紹和字彦合，號勰卿，山東聊城人。其父楊以增（1788—1858），字至堂，號東樵，道光初年進士，歷任要職，曾總理糧臺，官至江南河道總督，卒後諡號端勤。楊氏家境富饒，卻無其他嗜好，一心收藏圖書，富至數十萬卷。道光二十年（1840），楊氏建成藏書樓，取《學記》"先河後海"之語，顔之曰海源閣，專儲宋、元善本。咸豐年間，楊氏又收得汪氏藝芸書舍所藏黄氏士禮居的宋、元善本，以及周氏水月亭、顧氏小讀書堆、袁氏五研樓、鮑氏知不足齋等海内名家所藏之書。在楊氏諸多善本中，又以宋本《毛詩》、《周禮》、《儀禮》、《禮記》和《史記》、兩《漢書》、《三國志》最爲著名，所以又辟四經四史齋庋藏。當時，楊氏藏書雄居海内，其聲名遠在錢塘丁氏八千卷樓、歸安陸氏皕宋樓之上；而常熟瞿氏鐵琴銅劍樓，與楊氏海源閣並峙南北，故有"南瞿北楊"之稱。著名藏書家、教育家傅增湘稱："海源閣藏書爲海内之

甲觀,而四經四史又海源閣中之甲觀矣。"①(《藏園群書題記》附錄二《海源閣藏書紀略》)

　　本書撰者楊紹和,幼受家庭熏陶,"時甫六齡,最爲先大父鍾愛,游躅所至,必追隨杖履以侍左右"(《楹書隅錄》卷四《宋本孟浩然詩集》題記)。同治四年(1865)中進士第,改庶吉士,授翰林院編修,後官至侍講。他邃于漢學,精研訓詁,曾作《毛詩》、《公羊》札記。在京師翰林院任職期間,專心搜購書籍。"珥筆餘暇,輒約二三同志作海王村游,每得善本,則折束相邀,竝几賞玩,考訂商榷,流連晨夕"(見本書楊保彝跋)。當時,毛氏汲古閣、錢氏述古堂以及徐乾學、季滄葦之書,已歸清室怡府樂善堂。慈禧發動北京政變時,怡親王載垣被誅,樂善堂秘籍散出。于是,毛、錢、徐、季之書,又輩歸海源閣,爲楊紹和所有。這樣,南北所藏名鈔精帙,薈萃于山左,海源閣蔚然爲北方圖書之府。

　　同治九年(1870),楊紹和以其父四經四史齋藏書爲主,撰成《楹書隅錄》五卷。翌年,又在其子楊保彝(1852—1910)的協助下,成《續編》四卷。楊紹和本有再作"三編"之議,惜因早卒,未償夙願。光緒癸巳(1893),上述二稿經其子保彝整理校訂,始成定本。次年甲午(1894)海源閣刊行。計收宋本八十五,金、元本三十九,明本十三,校本百有七,鈔本二十四,共二百六十八部。所錄各書,

①　清陸以湉《冷廬雜識》卷一"藝林佳話"條云:"聊城楊至堂河督以增得宋板《詩經》、《尚書》、《春秋》、《儀禮》、《史記》、兩《漢書》、《三國志》,顏其室曰'四經四史之齋',是皆可爲藝林佳話。"但據楊紹和《楹書隅錄》卷一《宋本毛詩》下題云:"先公所藏四經,乃《毛詩》、'三禮',蓋其皆爲鄭氏箋注也。《尚書》、《春秋》雖有宋槧,固別儲之。先公與陸君平生未識面,當由傳聞偶誤耳。"又於該書卷四《宋本韋蘇州集》云:"余藏宋槧各書,經部則有《毛詩》、'三禮',史部則有《史》、《漢》、《三國》、嘗以四經四史名齋。"據此,則此"四經"中,不應有《尚書》、《春秋》。

記其版式、印章，詳載題跋評語，考證異同，檢校得失。楊氏有所發明，則間附己意，撰爲題記。由于其中所收黄丕烈舊藏即有七十餘種，爲數衆多，故有“是《録》所登，半出自黄”之説(見本書許廣飈序)。據載，潘祖蔭編印《士禮居題跋》時，即曾根據此稿鈔胥。柯劭忞稱：“楊氏以藏書爲世業，宋槧元鈔，集諸家之大成，故藏弆之富，鑒別之審，海内推先生第一。”(見本書柯跋)

楊氏藏書，久爲海内所仰慕，但海源閣偏處山左一隅，交通不便，楊氏又秘不示人。直到辛亥革命以後，袁世凱之子袁克文想把海源閣藏書攫爲己有，山東當局也有圖書歸公之議，中外坊估又絡繹于途，覬覦之心不死。楊氏後人惟恐藏書難保，1927 年 10 月，楊紹和之孫楊敬夫(1900—1970)，便把部分藏書捆載至天津出售。其後兵連禍結，海源閣藏書相繼四散人間，引起舉國書界嘩然。

1914 年冬，傅增湘于廠肆購得宋蜀刻本《孟東野集》，即爲海源閣故物。1930 年，傅增湘作客津門，得覯楊氏所藏宋本子集二十六部。次年三月，又到天津鹽業銀行觀書，並撰寫了《海源閣藏書紀略》，記述了所睹各本的情況。除了親赴天津所見者以外，傅氏還“多方尋究，展轉屬託”，希望“盡窺寶藏”。于是便有文禄堂、藻玉堂、文友堂及董廉之送閲者，有在李盛鐸家所見者。“在近現代藏書家和版本學家中，見到海源閣書最多而有題記的，首推傅沅叔”(見國家圖書館出版社《周叔弢批註楹書隅録》王紹曾“代序”)。丁延峰先生據傅增湘先生所撰各書統計，傅氏經眼海源閣書且加題記批注者有一百一十二種(見丁延峰著《海源閣藏書研究》，商務印書館，第 544 頁)。

據傅熹年先生説，《海源閣藏書紀略》“記載楊氏殘存質于鹽業銀行各書，初發表時，各書時代版本多因楊氏舊題，蓋不欲過拂其意，以爲他日再觀或借校地步。其時代懸絶，顯然誤認者，皆不舉其書。至若‘四經四史’中之《儀禮》、《春秋》等書，素負重名，不容置而不論，則推爲未見以避之。此當時情勢使然。然于日記及手批《楹書隅録》中均直書無諱（見本書附録《海源閣藏書紀略》後“藏園日記”及傅熹年“案語”）。關於批注情況，傅增湘先生説：“海源閣書散流入廠肆後，以余所見，目中未收者尚數十種，其最佳者爲宋嘉定四年劉甲蜀中刊《經史證類備用本草》三十卷。目中所載各書亦偶有未當者，如四經中之《儀禮》及《東萊左氏博議》等。余曾取歷年所見閣中藏書記於自藏本上，兼附管見於後。”（見《藏園訂補郘亭知見傳本書目》卷六《史部·目録類》）由此可見，藏園批注《楹書隅録》，蓋有深意存焉。如卷一“宋本《儀禮》鄭注”，楊紹和云“此嚴州本，先公四經四史齋藏宋本三禮鄭注之一也”。傅氏在其《海源閣藏書紀略》中云，“此即‘四經四史’也，惜《儀禮》未及見”，而在《藏園批注楹書隅録》中，藏園手批則直云該書爲“明嘉靖本”，糾正了楊氏所謂“宋本三禮鄭注之一”的誤説。著名目録版本學家冀淑英先生在有關海源閣書目覆王紹曾書中，對《儀禮》一書的情況，説得更爲詳細具體，可以與藏園批注互相參照。她説：“《儀禮》一書，楊氏四經四史齋中原藏爲宋嚴州刻本，即黄氏士禮居影刻之本，此本早已散失。楊氏書運至天津後，爲配足‘四經四史’，遂以明本《儀禮》頂替，其先押於鹽業銀行，後掃數齎歸北圖之九十二種中，‘四經’中《儀禮》即此明刻而題宋刻，並非原有之本。”（見《冀淑英文集》，上海科學技術文獻出版社，北京圖書館出版社，2004 年版，第 418 頁）

　　在本書中，類似這樣的批注，有數十條之多，這些批注的內容，有經過整理撰爲題記收入所撰各著作的，也有部分不見於其他著作的，其史料價值，毋庸贅言。

　　此外，批注《楹書隅録》的還有周叔弢先生。周叔弢先生于海源閣書寓目近二百種,大都在《楹書隅録》上作了精細的批注,這些批注可與傅批相互參證(見國家圖書館出版社《周叔弢批註楹書隅録》及書前王紹曾"代序")。因而兹將周批中有關版本情況的批注,注於相關條目頁下,裨便讀者對照參考。

爲了更完整地展現傅增湘先生對海源閣書的研究,特將傅氏所著《藏園群書題記》(上海古籍出版社)、《藏園群書經眼録》、《藏園訂補郘亭知見傳本書目》(中華書局)及王菡先生輯録的《藏園群書校勘跋識録》(中華書局)的相關資料附於各書題記末。這樣,傅氏有關海源閣書的題記批注,就盡彙於一編之中,亦可省讀者翻檢之勞。

爲方便讀者,我們把清梅曾亮《海源閣記》、江標《聊城楊氏海源閣藏書目跋》、孫葆田《楹書隅録後序》以及藏園老人所撰《海源閣藏書紀略》等有關資料附録于後,以供參酌。

《楹書隅録》、《續編》有光緒二十年海源閣刻本及宣統三年董康誦芬室補刻本。由於傅增湘與周叔弢所據本均爲董本,這次整理仍采用董本。海源閣本光緒二十一年印行時補入柯劭忞跋文一篇,現將董本置於《楹書隅録》末的楊保彝及柯劭忞的跋移至《續編》卷末。

勿庸諱言,對海源閣書目的整理研究成果最著者,爲王紹曾先生與其弟子整理訂補的《訂補海源閣書目五種》(齊魯書社),特別是將《楹書隅録》初續編未收、且有各家題跋的一百一十三種彙編成《楹書隅録補遺》四卷,又補《海源閣宋元秘本書目》脱漏善本一百二十三種(見丁延峰著《海源閣藏書研究》第540頁)。一編在手,讀者可窺楊氏藏書全貌。王先生洵爲海源閣書目研究的功臣,惜未能獲見藏園批注,這個整理本庶或聊備讀王氏書者一助。

　　整理藏園批注的題跋之書，是由馮惠民先生倡議的，並得到傅熹年先生的首肯，將藏園老人的批注手稿交由中華書局整理出版。馮惠民先生率先整理了《藏園批注讀書敏求記校證》，鑒於王紹曾先生主持整理的《訂補海源閣書目五種》之《楹書隅錄》未收傅氏批注，遂命我整理此書。古人曰"書囊無底"，我自知學識謭陋，其間有幸得到杜澤遜先生和李肇翔道兄的指導與幫助，敬申謝忱。

　　最後，應該特別感謝傅熹年先生，慨允珍藏多年的藏園老人手批本公示於衆，嘉惠學林，功莫大焉。

朱振華

2016 年 10 月

目　録

楹書隅録

卷一　經部

楹書隅録續編

楹書隅録

序

　　右經史子集四部,部各一卷,凡百七十有一種,聊城楊端勤公所藏,哲嗣紹和緦卿前輩手輯者也。夫劍佩之遺,以手澤而永;弓冶之守,以家學而專。矧夫煙墨所萃,清棻遠姚,實稽古之初桄,紹聞之一得乎。虞颺竊案:《漢書·藝文》,本之《七略》,班固自注,舊說居多。《隋志》所謂“剖析條流,各有其序”者,略見於是。蓋述古期信,數典貴詳,孤行之秀,擷其根棋,歧出之流,別其同異,即後世目錄所自出,解題所由昉也。惟著作代興,蹊徑遞闢。其各爲詮釋,有裨考證者,若《崇文總目》、《郡齋讀書志》、《書錄解題》是也。其但列書名,無足徵信者,夾漈之志《藝文》,盡芟序說;弱侯之纂《經籍》,不論存亡。推舉其類,若《遂初堂書目》、《文淵閣書目》是也。我朝甄綜菁華,參酌義例,欽定書目,若《天祿琳琅》、《四庫全書總目》,揭如日月,粲若星辰。其下秀水朱氏,崑山徐氏,常熟錢氏、毛氏,莫不存亡起廢,憭惑條紛。校定者存其真面,傳抄者孳其法乳。遞相綴緝,各著於錄。嘉道以來,吾吳黃氏士禮居,聚蓄宋本最爲精博,條舉件繫,詳於顧澗薲《百宋一廛賦》。是《錄》所登,半出自黃,舉足取證。然循麗則之規,寓解嘲之義,第引其端,未暢厥旨,而欲奪席延令,陵駕遵王,蕘翁亦自謂有志未逮也。緦卿前輩嘗承公命,以所得各種,考核同異,檢校得失,於每書之下詳載各跋,間附己意,末乃係以行式及各家印記。蓋謂三代竹簡,六朝油素,見諸載籍,靡不可稽。而宋元迄今,不越千歲,往往麻沙之本,重於新硎,尺簡所遺,珍若完璧。誤書迭出,贗鼎雜陳。豈好尚之不同,顯晦之有數哉!著錄不存,故顛倒於市賈之手,沈埋於鷉篋之中。而或則代薪而炊,或則望洋而歎也。廣颺讀未十年,識僅一孔,惟念里門舊籍散若風煙,而鷄次渡江,息壤在彼,他日續中吳之舊聞,纂靈寶之秘典,互相印證,以廣流傳,又豈僅一家之著述已哉。昔嬴秦燔書,淹中之禮獨存;魯恭治宅,壁間之經斯顯。山左文獻,薈萃呵護良多,藏之名山,傳之其人,益幸是書之得所矣。

　　同治癸酉冬十月吳縣許廣颺改名玉瑑序於安定門內寓齋

自　序

　　先端勤公，平生無他嗜，一專於書，所收數十萬卷，庋海原閣藏之，屬伯言梅先生爲之記。別闢書室曰宋存，藏天水朝舊籍，而以元本、校本、鈔本附焉。癸亥甲子間，紹和里居，撰《海原閣書目》成，復取宋元各本，記其行式、印章、評跋，管窺所及，間附數語。乙丑入翰林，簪筆鮮暇，此事遂輟。頃檢舊稿之已成者，得若干種，釐爲五卷，命曰《楹書隅録》。寫校既竣，撫書遠想，哀慕曷極。

　　同治己巳仲夏聊城楊紹和彦合甫識

王荆公勸學文

　　讀書不破費，讀書萬倍利。書顯官人才，書添君子智。有即起書樓，無即致書櫃。窗前看古書，鐙下尋書義。貧者因書富，富者因書貴。愚者得書賢，賢者因書利。只見讀書榮，不見讀書墜。賣金買書讀，讀書買金易。好書卒難逢，好書真難致。奉勸讀書人，好書在心記。

　　壬子春三月望日正文齋主人譚錫慶囑北平孫壯録

卷一　經部

宋本周易本義十二卷八冊二函

和幼時讀《周易》，先公諭曰：“此非朱子之舊也。”檢顧氏《日知録》示和。而訪求《本義》舊本不可得，所藏者，乃内府摹刻宋吴革本也。昨歲入都，於廠肆見此本，楮墨絶精，色香俱古，洵吴氏原槧，愛玩不忍釋手。而索直昂，議再三未就。比歸，始致書友人購之。謹案：《四庫全書總目》云：“是書以上、下《經》爲二卷，《十翼》自爲十卷。《日知録》曰：洪武初，頒《五經》天下儒學，《易》兼用程、朱，二氏亦各自爲書。永樂中修《大全》，乃取朱子卷次，割裂附程《傳》之後，《天禄琳琅書目》云：“考董楷《周易傳義附録》，割朱《義》以附程《傳》，宋時已然，不昉於永樂《大全》也。”而朱子所定之古文仍復淆亂。如‘彖即文王所繫之詞,傳是孔子所以釋經之詞,後凡言傳倣此',乃《彖上傳》條下義,今削去'彖上傳'三字,而附於'大哉乾元'之下。'象者,卦之上下兩象及兩象之六爻,周公所繫之詞也',乃《象上傳》條下義,今乃削去'象上傳'三字,而附於'天行健'之下。'此篇申《彖傳》《象傳》之義,以盡《乾》《坤》二卦之義,而餘卦之說因可例推',乃《文言》條下義,今乃削去'文言'二字,而附於'元者,善之長也'之下。其'彖曰'、'象曰'、'文言曰',皆朱子本所無,復依程《傳》添入。後來士子厭棄程《傳》繁多,專用《本義》。而《大全》之本,乃朝廷所頒,不敢輒改,遂即監板《傳義》之本削去程《傳》,而以程之次序爲朱之次序。其辨最爲明晰。此爲咸淳乙丑九江吳革所刊,内府以宋槧摹雕者。前有革序,每卷之末題'敷原後學劉公校正文字'。行款及《象傳》履、夬二卦不載程《傳》,一一與炎武所言合。卷端列九圖,卷末係以《易贊》五首、《筮儀》一篇,與今俗本升《筮儀》於前,而增列《卦歌》之類者,亦迥乎不同。《象上傳》標題之下注'從王肅本'四字,今本删之。又《雜卦傳》'咸,速也。恒,久也'下,今惟注'咸速恒久'四字,讀者恒以爲疑。考驗此本,乃是'感速常久',經後人傳刻而訛,實爲善本。"又海寧簡莊陳先生跋是書云:"向從吳中顧氏得宋版《周易本義》。又從袁氏得幡宋刊,卷帙次序悉同,惟字樣較大。經文如《比·初六》'終來有它吉',不作'有他否'。《九五》'繫於苞桑',不作'包桑'。《井·九五》'井洌寒泉食',不作'井冽'。《坤象傳》'應地无疆',不作'無疆'。《頤象傳》'自求口實',不作'口食'。《繫辭傳》'失得之象也',不作'得失','其受命也如響',不作'如嚮';'何以守位曰人',不作'曰仁';'男女構精',不作'遘精';'兼三材而兩之故六',不作'三才'。下句同。《序卦傳》'傷於外者必反於家',不作'其家';'決必有遇’，‘有’下無‘所’字。《雜卦傳》‘豐多故’下無‘也’字。俱與宋版合，而可以證俗本之誤。至《雜卦傳》‘遘，遇也’，不作‘姤遇’，則此本尤勝。考《說文》無‘姤’字，徐鉉新附乃有之。《爾雅·釋詁》：‘遘，遇也。’《易》“姤”《釋文》：‘古豆反。薛云：古文作“遘”。鄭同。’馮椅《易輯》云：‘古文“垢”作“遘”，遇也，亦婚媾也。王注《易》改爲今文，爲“姤”。《雜卦》猶是古文。鄭本同。蓋《雜卦》以無王注，故未及改。唐《石經》及宋相臺岳氏本皆作“遘”。流俗相承，盡改爲“姤”，遂不復知《本義》原本矣。’若注之勝今本處，已見前跋，錢詹事亦詳言之。是本爲咸淳乙丑九江吳革刊。按：乙丑，咸淳元年也。宋有三吳革：一字義夫，華州華陽人，宋初勳臣廷祚七世孫，官至武功大夫、閤門宣贊舍人，死宣和之難，詳見《宋史》。一紹興初江西運制，見《繫年錄》。一江州人，景定四年四月以權發遣戶部判官兼知臨安府事，六月轉朝奉大夫，九月除司農少卿，十一月兼敕令所删修官，五年七月罷，見《咸淳臨安志》。革曾於淳祐中爲錢唐令，尋通判臨安府，見《嘉靖浙江通志》。咸淳元年與景定五年僅越一年耳，或謂即宣和之吳革非也。”考辨極爲詳確，故並著之，足徵此本之寶貴矣。至簡莊所稱顧氏本，縮改每葉爲十四行，又“遘”誤作“姤”，即屬宋刊，決非原槧。惟《欽定天祿琳琅書目後編》所載，與此正同。滄葦、健菴、樂園、棟亭、椒園諸先生歷經鑒藏，固經廚之秘笈也，因敬鈐先公印章於卷之首末，俾子孫世守勿替云。時同治甲子春孟十九日，楊紹和彥合謹識。

　　每半葉六行，行十五字。有“高丙家藏”、“武林高瑞南家藏書畫印”、“振宜之印”、“季振宜藏書”、“崐山徐氏家藏”、“徐健菴”、“乾學之印”、“樂園周氏藏書”、“是書曾藏周元亮家”、“曹寅之印”、“潁川”、“潁川陳衍”、“陳衍之印”、“磐生”、“鄧氏汝高”、“元冰"、"沈廷芳印"各印。又朱文長方木記一，其文云"澧記官書"，則元時印也。①

宋本張先生校正楊寶學易傳二十卷十册

右《誠齋易》，乃舊本也，鬻書客潘生所售余者，置諸巴蕉林中讀書處。時正大二年龍在己酉端陽日，鄭希聖謹誌。

楊萬里《誠齋易傳》二十卷，自淳熙戊申至嘉定甲子，凡十七年始脱藁，前後序文皆公手筆。其説本之伊川，而多引史傳事證，蓋象數之學蔑聞焉。嘉定元年，臣寮申請得旨給劄其家鈔録，宣付秘閣。此本紙札精好，真三百年物也。書後有元人鄭希聖題字，在至大二年己酉，距今二百八年矣。予得之祝希哲，希哲得之朱性甫，性甫得之南園俞氏，知其爲俞石澗先生家藏。烏乎！凡法書名畫流傳人間，君子付之煙雲過下闕言也，是果人之玩物乎？抑物之玩人乎？追慕古人，感慨繫之。正德十一年丙子夏四月三日，吳都朱良育尗英書於西崦草堂。

此本《百宋一廛賦》著録，每半葉十行，行大廿一字，小廿六字。前有《自序》及《奏劄》。張先生者，誠齋門人張敬之顯父也。鏤鍥精工，猶是當時初印，書中用朱筆句讀，遇宋諱字並加規識。謹案：《天禄琳琅書目》宋板《周易程傳》云"全部用朱標界，凡宋諱作大圈圍之，可證閲者爲宋時人"，則此本當亦宋人點勘。尗英《跋》稱出俞石澗家。石澗生平邃於《易》學，所著《周易集説》諸書，皆覃精

---

① 宋本周易本義。周叔弢批注："白麻紙，裝潢極精。"又改"澧記官書"爲"禮部官書"，云"沅丈藏此書半部，亦有'禮部官書'印"。見國家圖書館出版社 2009 年版《周叔弢批注楹書隅録》第 39 頁、第 47 頁。此下所引"周叔弢批注"均見該書，一律簡稱"周批"，不再注明。

研思,積數十年而始成。此本或即其手迹耶。俞名琰,字玉吾,吳縣林屋山人,生宋寶祐初,入元徵授溫州學録,不赴,隱居吳之南園,老屋數椽,古書金石充牣其中,傳四世,皆讀書修行,號南園俞氏云。同治紀元冬十月,東郡楊紹和彦合甫識。

有"宋本"、"鄭希聖印"、"三家村"、"芭蕉林中散人"、"吳郡西崦朱㐲英書畫印"、"吳郡朱㐲英西崦草堂印"、"㐲英"、"西崦"、"汲古閣"、"汲古主人"、"毛氏子晉之印"、"子晉私印"、"子晉書印"、"東吳毛氏圖書"、"汲古得修綆"、"繁花隝"、"琴雀主人"、"聽松風處"、"書香千載傳之子孫"、"乾學"、"徐健菴"、"顧詔書印"、"慄堂"、"駿佳"、"顧駿佳氏藏書"、"金粟之印"、"琅環精舍圖章"、"默齋祕玩"各印記。[①]

宋本毛詩三卷一册

右《毛詩舉要》二十卷,焦氏《經籍志》不載。《菉竹堂書目》有鄭氏《釋文》及《音義》,共四册,而無卷數,亦無《舉要》之名。此本購自江西志局,確係宋雕本,二十卷,首尾完好。惟篇首僅有圖數頁,又無序,疑尚有缺文,苦不得別本校對。乙巳二月檢閱一過,敬識於末。南書房史官查慎行,時年七十又六。

錢曾《敏求記》云《毛詩鄭氏箋》廿卷,南宋刻本,首載《毛詩舉要圖》者,即此刻本也。十年前,家兄抱沖收得之,藏於小讀書堆。近始借在西湖寓館校讀一過,所見毛鄭詩本子,莫有舊於此者,洵足寶已。嘉慶壬戌九月初一日,元和澗蘋居士顧廣圻書。

---

① 宋本張先生校正楊寶學易傳。周批:"與瞿本同,黄紙精印,又有元明人手跋,佳書也。"周批本第49頁。

道光丙戌八月十八日，南海吳榮光借觀。均在卷末。

朱竹垞引陸元輔曰："此書不知何人編輯，鋟刻甚精，首之以《毛詩舉要圖》二十五，次之以《毛詩篇目》。其卷一至終，則全錄大小序及毛《傳》、鄭《箋》、陸氏《釋文》，而采《左傳》、《三禮》有及於《詩》者爲互注，又標詩句之同者爲重言，詩意之同者爲重意，蓋唐宋人帖括之書也。"張月霄《藏書志》云"是書《傳》、《箋》下附《釋文》及互注、重言、重意，蓋南宋麻沙坊本也。《傳》、《箋》、《釋文》俱雙行小字。《傳》無標題，山井鼎云：今本有"傳"字者，後人所加也。《箋》以'箋云'冠之，山井鼎云："箋云"二字，鄭氏之舊，所以別毛氏《傳》也。無《傳》者亦無標題，如《關雎序》，發猶見也。《葛覃序》，躬儉節用之類。陸德明：序並是鄭注，所以無"箋云"者，以無所疑亂也。猶是鄭君之舊。"皆即是書，雖刊在南宋初，然毛鄭詩之最古本也。先公於己酉購之揚州汪容甫先生家，後復得一南宋監本，與此同一精好，迺並儲之四經四史齋中。辛酉，皖寇擾及齊魯之交，烽火亙千里，所過之區，悉成焦土。二月初，犯肥城西境，據予華跗莊陶南山館者一晝夜，自分珍藏圖籍，必已盡付劫灰。及寇退，收拾燼餘，幸尚什存五六。而宋元舊槧，所焚獨多，且經部尤甚。此本僅存十八至末三卷，監本僅卷首至十一而已。嗚呼！豈真大美忌完，理固如是乎。然錢遵王有言："此等書勿論其全不全，譬諸藏古玩家收得柴窯殘器半片，便奉爲天球拱璧，而况鎮庫典籍乎。"信已。同治上元甲子冬月十六日，東郡楊紹和識。

桐鄉陸君敬安《冷廬雜識》云："馮硯祥有不全宋槧本《金石錄》，刻一圖記曰：'金石錄十卷人家。'仁和吳兔牀明經得宋本《咸淳臨安志》，又得《乾道》、《淳祐》二志，刻一印曰：'臨安志百卷人家。'吳門黃蕘圃部曹多藏宋板書，顔所居曰'百宋一廛'。吳以'千元十架'揭榜與之敵。聊城楊侍郎得宋板《詩經》、《尚書》、《春秋》、《儀禮》、《史記》、兩《漢書》、《三國志》，顏其室曰'四經四史之齋'，皆可爲藝林佳話。"案：先公所藏四經，乃《毛詩》、《三禮》，蓋爲其皆鄭氏箋注也。《尚書》、《春秋》雖有宋槧，固別儲之。先公與陸君平生未識面，當由傳聞偶誤耳。陸君名以湉，以甲科令楚北，改授杭州校官，嘗自署爲"七上黃鶴樓散人"云。紹和再記。

　　每半葉十三行，行二十四字。有"谿莊"（【藏園批注】"亦宋印"）、下有舊印一，文不辨。"得樹樓藏書"、"汪喜孫印"、"孟慈"、"喜孫審定"、"江都汪氏問禮堂收藏印"、"祕書少監"、"顧廣圻印"、"千里"、"澗蘋"、"臣榮光"、"石雲山人"、"阮氏小雲過目"各印。①

　　【藏園批注】巾箱本，与余藏《禮記》同，十三行二十四字，注雙行同。細黑口，左右雙闌，闌外記篇名傳箋，下附釋文。又重言重意、附注，皆以白文別之。有"岐山草堂"白文印甚大，當是宋人印。

【藏園群書經眼錄】卷一·經部一·詩類，第三十一頁

毛詩詁訓傳二十卷漢毛萇、鄭玄撰，唐陸德明釋文，存卷十八至二十，

計三卷△八四〇②

　　宋建本，半葉十行，行十八字，注雙行二十四字。宋建本，半葉十三行，行二十四字，注雙行同，細黑口，左右雙闌，闌外記篇名。傳箋下附釋文，又重言重意附注皆以白文別之。

　　有清查慎行、顧廣圻跋，吳榮光觀款。

---

① 宋本毛詩。周批："小版心，建本。"周批本第53頁。
② 此爲中國國家圖書館索書號。下同。

鈐有"谿莊"、"岐山草堂"二宋印。此巾箱本,與余藏《禮記》同。海源閣書,辛未二月十二日觀於天津鹽業銀行庫房。

【藏園訂補郘亭知見傳本書目】卷二·經部三·詩類,第五十四頁

〔補〕毛詩訓詁傳二十卷漢毛萇、鄭玄撰,唐陸德明釋文

○宋刊巾箱本,十行十七字,注雙行二十二字,白口,四周雙闌。海虞瞿氏藏。○宋刊殘本,十三行二十四字,注雙行同,細黑口,左右雙闌。左闌外記篇名。存卷十八至二十,計三卷。楊氏海源閣舊藏。

宋本監本纂圖重言重意互注點校
毛詩十一卷五冊一函

《毛詩》二十卷,宋刻本,首題"監本纂圖重言重意互注點校毛詩卷第一",次低二格題"唐國子博士兼太子中允贈齊州刺史吳縣開國男陸德明釋文附"。又次頂格"周南關雎訓詁傳第一",又次低一格夾注釋文,後接《毛詩·國風》夾注釋文,接鄭氏箋夾注釋文,次提行"關雎,后妃之德也"起每葉二十行,行十八字。凡重言、重意、互注,俱用規識。凡《釋文》與《傳》、《箋》相連,不加識別,與家藏宋本《尚書》體例略同。《尚書》乃婺本小字,此則監本中等字。所謂監本者,當即岳氏《沿革例》云"監中現行本"也。《經義考》載有宋刻《纂圖互注毛詩》,當即此本。惟彼前有《毛詩舉要》二十五圖,此但存《毛詩圖譜》,並不知何人所刻。宋時各經諸子皆有重言、重意,蓋經生帖括之書。此本刻畫工整,紙墨精良,且原於監本,斯爲可貴。審其避諱,"慎"字缺筆,"敦"字則否,殆是孝宗時刻

者,因校對素所肄業之本。經文《鄘風》"終然允臧",不作"終焉"。《衛風》"如切如瑳",不作"如磋";"遠兄弟父母",不作"父母兄弟"。《魏風》"不我知者",不作"知我"。《唐風》"弗洒弗埽",不作"弗掃";"白石粼粼",不作"粼粼";"碩大且篤",不作"實大"。《秦風》"駴彼晨風",不作"鴥彼"。《小雅》"宜爾家室",不作"室家";"它山之石",不作"他山";"朔月辛卯",不作"朔日";"維曰于仕",不作"予仕";"鞫爲茂草",不作"鞠爲";"亂如此憮",不作"此憮";"維暴之云",不作"誰暴";"有洌氿泉",不作"有冽";"我蓺黍稷",不作"我藝";"受天之祐",不作"之祜";"止于丘阿",不作"止於"。《大雅》"要遮疆遮里",不作"遮疆";"淠彼涇舟",不作"淠彼";"如珪如璋",不作"如圭";"鳳皇于飛",不作"鳳凰";"於乎小子",不作"於呼";"匪用維教",不作"爲用"。《周頌》"婁豐年",不作"屢豐"。《商頌》"來假來饗",不作"來享";"幅隕既長",不作"幅幀"。皆與《唐石經》及宋相臺本合。惟"瑳"字《石經》作"磋",考《説文》有"瑳"無"磋"。此與相臺本並作"瑳"爲是。其《傳》、《箋》之足證今本之誤處尤多,附《釋文》亦多勝於今本。又書中用朱筆點句,而於諱字則以朱筆規識,蓋猶是宋人書塾中課讀之本耳。

此本爲海寧陳仲魚先生鱣舊藏,仲魚與吳槎客騫題語均書於別紙,綴之卷末。辛酉遭寇亂,自第十二卷以下皆焚失。兹從別下齋所刻仲魚《經籍跋文》中録存如右,槎客跋則莫由補寫矣。謹考《天禄琳琅書目》著録宋本《毛詩》,載朱竹垞引陸元輔之説,謂證以此本,雖無圖目,而體例適符。惟書中於篇目相同者爲重篇,詩句相似者爲似句,乃元輔所未及。蓋因書名未經標出,遂不加詳考耳。字畫流美,紙墨亦佳,信爲鋟本之精者,即此本也。東郡楊紹和識於四經四史齋。

每半葉十行，行大十八字，小二十四字。有"玉堂學士"、"湖山清趣"、上有舊印一，文不辨。"鱣讀"、"仲魚圖象"、"得此書費辛苦後之人其鑒我"各印。①

宋本詩說九卷八册

成化丁未七月十又九日，雨過新涼襲人，間閱半餉，三日後復遍觀一過，因書以紀歲月云。寬。在卷一後。

吳郡錢同愛藏書。在卷末。

是書世無二本，《四庫全書》亦未收錄。朱氏《經義考》云："劉氏《詩說》，《宋志》及焦氏《經籍志》、朱氏《授經圖》均未之載。崑山徐氏傳是樓有藏本，乃宋時雕刻，惜第二、第九、第十卷都闕，前有《總說》，楮尾吳匏菴先生題識尚存。"即此本也。予按：克子坦《跋》有"書成，藏在篋中有年，恨遭攻劫，遺失數卷"云云，則第二、第九、第十三卷，乃未刊前所佚，非此本有殘闕也。此本坦《跋》凡二，一在克《序》後，一在卷尾，語意略同，惟《序》後之《跋》，多前數語。當是卷尾之《跋》先成，因未著明闕卷之故，遂別作一《跋》補爲敘入，而印時偶忘撤去先《跋》，以致兩存耳。《經義考》及《孳經室外集》、《愛日精廬藏書志》，均據傳鈔之本著錄，祇載卷尾之《跋》，是以不知闕失之由矣。克之學出於東萊，其體例俱仿《讀書記》，然

---

① 宋本監本纂圖重言重意點校毛詩。周批："與余所藏非一本。《毛詩圖譜》版心作'詩譜'，余本作'圖譜'。宋諱缺筆。紙印極精。余本有數卷乃士禮居從此書影鈔，頗思得此書配入也。丁丑小除夕，敬夫擬以此書見歸，索八百元。余度歲之資，僅乃足用，實無餘力收書，只得婉詞謝之。兩美之合，遂成虛願。世事如斯，衣食且恐不贍，即見好書勝此者，亦徒喚奈何耳。"又批："己卯二月，此書歸余。因天地狹小，不能與余本相配，特另存之。"周批本第59—60頁。

互有去取，並不盡從其説。張月霄謂其不襲陳言，自抒心得。阮文達亦稱《大叔于田》，今本脱“大”字。此書與《唐石經》、《注疏》本同，可證近世坊刻之謬，是固讀《詩》者所宜參考者也。每半葉九行，行二十二字。有“鼎元”、“伯雅”、“王履吉”、“停雲生”等印。同治甲子七月十七日東郡楊紹和識。

【藏園批注】序六行十七字，劉坦二跋七行十四字，低二格（字體墨色與全書不同，當是後刊補入），字體樸拙，白口，左右雙闌。版心上記字數，下記人名。卷一首葉刊工有“吉州吳刊”四字，餘則但題一字，羅紋紙印。有汪閬源各印。避諱不謹。細審在序後之坦跋，的爲清刻，紙色亦異，書畫似藝芸精舍物。

【藏園群書經眼錄】卷一·經部一·詩類，第三十四頁

詩説十二卷總説一卷宋劉克撰　缺卷二、十兩卷△八五〇

宋刊本，半葉九行，行二十二字，白口，左右雙闌，版心上記字數，下記刊工人名。卷一首葉刊工有“吉州吳刊”四字，餘則但題一字。避宋諱不謹。用羅紋紙印。序六行十七字。劉坦二跋七行十四字，低二格。其在序後者字體墨色與全書不同，紙色亦異，當是後刊補入。有明吳寬、錢同愛識語。海源閣遺書，辛未二月十二日觀於天津鹽業銀行。

【藏園訂補邵亭知見傳本書目】卷二·經部三·詩類，第六十頁

〔補〕詩説十二卷總説一卷宋劉克撰

〇宋刊本，半葉九行，行二十二字，白口，左右雙闌。缺卷二、

卷九。有吳寬、錢同愛跋。聊城楊氏海源閣藏。

元本韓魯齊三家詩考六卷一冊

　　每半葉十一行,行二十二字。元刻元印,楮墨絕佳。張氏《藏書志》云"刊附胡氏《詩集傳纂疏》後,'《韓詩》,韓奕幹正也,謂以其議非而正之'。《玉海》本闕下一句,餘異同處頗多。《玉海》通爲一卷,此本六卷,猶是王氏舊第。《纂疏》卷前有'泰定丁卯仲冬翠巖精舍新刊'木記",即此本也。是書刻入《玉海》者,舛謬錯出,世無善本。山陽儉卿丁丈晏,先公同年友也,嘗著《詩禮七編》。先公序而梓之。中有《詩考補注》二卷,《補遺》一卷,頗多訂正,惟當時未得此本一爲勘校耳。盧抱經學士《增校詩考序》謂"是書本不分卷,今以所益者多,因分之爲四卷",是亦未見此本矣。惜《纂疏》不知何時散佚,未識有緣尚能作延津之合否?楊紹和記。

　　【藏園批注】前景定五年甲子良月之望古涪文及翁伯學序,次應麟自序,皆九行。次延祐甲寅胡一桂序,八行,行書。次目,次三家傳授圖。本書十一行二十二字,黑口,四周雙闌。卷一韓詩,卷二魯詩,卷三齊詩,卷四逸詩,卷五詩異字異義,卷六補遺。

　　【藏園群書題記】卷一·經部·詩類,第十三至十四頁

元本韓魯齊三家詩考跋

　　《詩考》六卷,王應麟著。元刊本,半葉十一行,每行二十二字,黑口,四周雙闌。前有景定五年古涪文及翁伯學序,次應麟自序,次延祐甲寅胡一桂序。初印精湛,楮墨皆佳。以張金吾《藏書志》考之,知爲胡氏《詩集傳纂疏》所附刊,有"泰定丁卯仲冬翠巖精舍

新刊"木記在書目錄後。是帙爲海源閣舊藏,《楹書隅錄》所著錄。有"元本"腰圓朱文印,"汪士鐘藏"白文印。楊氏協卿盛稱此本異同頗多,而詆《玉海》通行本舛謬百出。余頃從主人假出,以浙刊本勘之。《玉海》本通爲一卷,此則《韓詩》、《魯詩》、《齊詩》、《逸詩》、《詩異字異義》、《補遺》爲六卷,當是王氏舊第如此。至文字異同,僅有《韓詩》"韓奕幹正也"下多"謂以其義非而正之"一句爲勝。此外則脱句佚文,觸目皆是。《異義異字》一卷中脱失至一百二十條,《逸詩》一卷中脱失十三條,疑爲胡氏妄加删削,是遠在《玉海》本下,與楊氏所云正相反也。目後有《三家傳授圖》一幅,《玉海》本無之,意必胡氏所增。至文及翁序各本皆不見,賴此本補出,殊爲可珍,楊氏轉不置一詞。而余正編《兩宋蜀賢文鈔》,方憾伯學之文特爲寥落,獲此尤喜出望外也。

　　按:胡氏《纂疏》元刊本流傳頗多,昔年在廠市曾見兩部,昨游日本,於前田侯爵尊經閣中亦覯一部,頗爲精善。然以其書不爲學者所重,故世皆不甚珍之。今協卿聞見未廣,於校讐未嘗致力,偶儲殘帙,特自衒異,且以未覯其全深爲惋惜,頗有敝帚千金之意。若悉心勘讀,將不待終篇而已惘然自失矣。

【藏園群書經眼録】卷一·經部一·詩類,第二八至二九頁

韓魯齊三家詩考六卷宋王應麟輯△八五四

　　元刊本,十一行二十二字,黑口,四周雙闌。前景定五年甲子良月之望古涪文及翁伯學序,次應麟自序,皆半葉九行。次延祐甲寅胡一桂序,半葉八行,行書。次目、次三家傳授圖。卷一韓詩,卷二魯詩,卷三齊詩,卷四逸詩,卷五詩異字異義,卷六補遺。海源閣遺

書,辛未二月十二日觀於天津鹽業銀行庫房。

按:以張金吾藏書志考之,知爲胡一桂詩集傳纂疏所附刊,有"泰定丁卯仲冬翠巖精舍新刊"木記在目錄後。楊協卿盛稱此本,而詆玉海通行本之謬。頃假出以浙本勘之,玉海本通爲一卷,此爲六卷,當是王氏舊第。至文字異同,僅韓詩"韓奕幹正也"下多"謂以其義非而正之"一句爲勝異,餘則脫佚滿紙,疑爲胡氏妄刪,遠在玉海本下也。胡氏纂疏元刊流傳頗多,昔在廠市曾見二部,昨游日本,於前田氏尊經閣亦見一部,頗爲精善。

【藏園訂補郘亭知見傳本書目】卷二·經部三·詩類,第六十一頁

〔增〕韓魯齊三家詩考六卷

○元泰定刊本,附胡氏詩傳纂疏後,與附玉海後本異同頗多,蓋王氏舊編也。○丙寅秋,郘亭客滬,見有持售者,與張藏胡本同。

〔補〕○元刊六卷本,半葉十一行,行二十二字,黑口,四周雙闌,前景定五年文及翁序,自序及延祐元年胡一桂序。卷一至三爲韓、魯、齊三家詩各一卷,卷四逸詩,卷五詩異字異義,卷六補遺。

宋本周禮十二卷六册一函

道光十年汪氏藏。在卷二後。

鄉先生北海鄭君經學《易》、《書》、《論語》、《孝經》注並佚,《春秋》付服子慎,慎《注》亦亡。近所傳鄭氏注《尚書》、《春秋左傳〉、《論語》三書,固有疑惠定宇僞託者,非真出深寧所輯也。今惟《詩箋》及《三禮注》在耳。顧"三禮"經注合刻之古本,世鮮傳焉。岳倦翁《九經三傳沿革例》所稱,唐時石刻本有經而無注,晉天福銅板本有注而不存。他若蜀

大字本、蜀學重刊大字本、中字本、中字有句讀附音本、潭州舊本、撫州舊本、建大字本、俞詔卿家本，中字凡四本。婺州舊本、興國于氏本、建余仁仲本雖尚有一二傳者，然間或遇之，不能數數覯也。此本每半葉十三行，行大二十五字，小三十五字。首題"周禮卷第一"，次行頂格"天官冢宰第一"，越三格題"周禮"，又越三格題"鄭氏注"，每卷末題經注若干字。有木記三，卷三後曰"婺州市門巷唐宅刊"，卷四、卷十二後曰"婺州唐奉議宅"，蓋即婺州舊本，尤今世絕無懂有者，寧非至寶耶。"三禮"經注合刻，《儀禮》有嚴州本，《禮記》有撫州本，俱已覆彫，《周禮》則闕如。黃復翁繙本，以嘉靖徐刻爲主，殊非宋本真面。而宋本之見於著錄者，黃復翁所校紹興間集古堂董氏本、《秋官》下、《冬官》上鈔補。蜀大字本、存《秋官》。單注本、存《冬官》。小字本、存《夏官》。岳本、存《地官》、《春官》、《夏官》。互注本，缺《秋官》、《冬官》。並海寧陳簡莊所藏；附音義纂圖互注本、《秋官》、《冬官》，以余仁仲本配補。案：此本即復翁所據互注本。所見巾箱本、缺《春官》、《夏官》。案：此本係纂圖互注。余仁仲本、《天官》、《地官》配補，《秋官》俗鈔。案：此本即阮文達公《周禮校勘記》所載錢孫保本。率皆殘帙，且或附音釋，或纂圖互注，不盡鄭注也。此本則與嚴、撫兩刻同爲鄭注專本，首尾完具，鏤鍥精工，亦無弗同，而經注之勝各本者，證之彭文勤公《石經考文提要》、據校宋本凡四，除已見前之互注、附音、仁仲三本外，尚有宋本《九經》。阮文達公《周禮校勘記》及復翁《札記》、簡莊跋文，尤多吻合。如倦翁云："《秋官》'司寤氏掌夜時'注：'夜時謂夜晚早，若今甲乙至戌。'疏又以'甲乙則早時，戌亥則晚時'實其說。惟蜀本作'戊'字。竊謂'戊'字爲是，疏則因傳寫之誤而曲爲之說爾。注意正指甲夜、乙夜至戊夜也。"是"戊"字之沿譌已久，故今據校之宋本，從無云作"戊"者，而此本獨未誤。又倦翁云："開元所書《五經》，往往以俗字易舊文。五季而後，鏤版傳印，經籍之傳雖廣，而點畫義訓，譌舛自若。蓋宋時刊書多出坊賈，俗文破體，大抵類然。"此本字學獨極精審，幾於倦翁所謂偏旁點畫，不使分毫差誤，故宋諱之缺避，較他本頗詳。可知此本非特今世爲罕見之珍，即宋槧各本，亦莫與之京矣，不更寶中之寶耶。嚴、撫兩本，先公督袁江時收得之，旋購此本於揚州汪容甫先生之子孟慈太守家。錢遵王、陳簡莊所藏鄭箋《毛詩》兩宋本，復先後來歸，於是北海之學存於今者，咸獲善本，洵經厨之大觀也。先公畢生邃於經學，服膺北海，嘗敘山陽儁卿丁丈《六藝堂詩禮七編》曰："自後儒空言義理，而鄭君之學微。然王禕謂朱子《詩集傳》訓詁多用毛、鄭。朱子《論孟精義序》云：漢儒正音讀，通訓詁，考制度，辨名物，其功博矣。學者苟不先涉其流，則亦何以用力於此？《孟子集注》以《柏舟》爲衛之仁人，《白鹿洞賦》廣青衿之疑問，仍用毛、鄭舊說。至《儀禮經傳通解》徵引'三禮'，備載鄭注。讀經而不由鄭學，猶欲入室而不由戶也。"嗚乎！學者誠能致力於此，博考互稽，析疑申奧，則訓詁既定，義理斯明，於經學豈曰小補之哉。重惜予之譾陋，不克自勵而自棄也。悲夫！同治上元甲子重陽，東郡楊紹和謹識於四經四史齋。

　　有"高□"、"英和私印"、"恩福堂藏書印"、"周良金印"、"毘陵周氏"、"九松迂叟藏書記"、"江都汪氏問禮堂收藏印"、"汪大喜孫"。"孟慈"、"汪喜孫印"、"喜孫祕笈"、"祕書少監"、"汪延熙印"、"汪介黴印"、"周玉齊金漢石之館"、"阮氏小雲過目"、"何紹基印"、"何紹業觀"各印記。[①]

[①]　宋本周禮。周批："間有漫漶處。左右雙邊，白口，刻工姓名皆浙匠。"又批："黃紙，印中等。余頗疑是福建刻。寒雲藏半部，是白麻紙初印。"周批本第71頁。

【藏園訂補郘亭知見傳本書目】卷二・經部四・禮類，第七十一頁

〔補〕周禮注十二卷漢鄭玄注

○南宋婺州市門巷唐宅刊本，十三行二十五至二十六字，注雙行三十五字，白口，左右雙闌。有"婺州市門巷唐宅刊"牌子。聊城楊氏海源閣藏一全帙。袁克文氏亦藏六卷殘本，用另一宋本配成完帙。

宋本儀禮鄭注十七卷十二冊二函

來禽館珍藏宋本甲。在序後。

此嚴州本，先公四經四史齋藏宋本"三禮"鄭注之一也。先大父得之同年友江公持贈，吾鄉邢太僕故物也。每半葉八行，行十七字。首尾完具，紙墨如新，惟卷首前數葉兵燹焚失。首行題"儀禮卷第一"，次行題"鄭氏注"。每卷末題經若干字、注若干字。有"半窗修竹"、"南沙草堂"、"華山馬仲安家藏善本"、"金星軺藏書記"各印。[1]

【藏園批注】明嘉靖刊本。

【藏園群書經眼錄】卷一・經部一・禮類，第四十一頁

儀禮注十七卷漢鄭玄撰△八四二

明刊本，八行十七字。

---

[1]　宋本儀禮鄭注。海源閣所藏四經四史中之《儀禮》，原爲宋嚴州刻本，但早已散佚。楊氏爲配足四經四史，遂以明刊本代替。故傅增湘云"此海源閣四經四史之一，實明嘉靖刊本，不知緣何誤認"。見《藏園群書經眼錄》卷一。又周批："此未見原書，但可決定其非宋本。"周批本第79頁。

按：此海源閣藏四經四史之一，實明嘉靖刊本，不知緣何誤認。楊氏所藏舍此外尚有《春秋經傳集解》、《東萊左氏博議》、《脉經》，皆明本而號爲宋刊，《大戴禮記》爲元本而號爲宋本。辛未三月十三日見于天津鹽業銀行庫房。

【藏園訂補郘亭知見傳本書目】卷二·經部四·禮類，第七十八頁

〔補〕儀禮注十七卷漢鄭玄撰

○明嘉靖本，八行十七字，即海源閣四經之一。

影宋鈔校本儀禮要義五十卷十册

去歲孟冬，予游武林，得宋魏□公《儀禮要義》宋刊本於汪氏，首尾完具，末僅缺一葉，真至寶也。首夏之月，從事鈔録，中間疾病浪游，廢輒多時。莫冬恒懊，殊便操觚，并力鈔完，遂識其由於卷尾。壬子嘉平二十七，芳茮堂主人嚴元照。

吳興嚴久能所鈔《儀禮要義》，嘉慶丙寅顧千里攜來江寧，亟命胥照録一本。時余方栞《儀禮注疏》，以補宋景德單疏《喪服傳》內缺卷，真快事也。七月朔日，依元本校畢謹識。此段乃張古漁太守自記。右兩跋均在末卷後。

右三卷賴以正今本《注疏》之誤者特多，以下三卷差少於此，益惜單疏本之不完也。四月十六日，江寧寓中燈下讀并記，澗蘋。在卷第三十四後。

自卅二卷以下，單疏缺六卷，使無《要義》。并崖略亦不得知矣。此書之可寶在是也。澗蘋漫記，廿二日。在卷第三十七後。

丙寅六月，用單本疏互勘一過。澗蘋。在末卷後。

宋刊《儀禮要義》，藏武林汪氏欣託山房；宋景德官本《儀禮疏》，藏吳門黃氏百宋一廛，皆經學失傳之書。《要義》旋歸吳興嚴久能先生。此本即先生從宋刊錄出而張古漁太守又依之傳寫者，且經澗蘋居士以景德官本單疏手爲契勘，洵經笥中一祕寶也。近年吳越兵燹，兩宋刊恐已墮劫中，幸賴此本猶存真面，愈當拱璧視之矣。同治癸亥菊秋，宋存書室主人紹和識。

有"張敦仁讀過"、"陽城張氏省訓堂經籍記"、"文章太守"三印。

宋本禮記二十卷六册一函

此撫州公使庫刻本《禮記》，是南宋淳熙四年官書，於今日爲最古矣。末有名銜一紙，裝匠誤分入《釋文》首，不知者輒認以爲舊監本，非也。嘉慶丙寅顧廣圻題。

近張古漁太尊開工重彫行世，嘉惠學子，兼成先從兄收藏此書之志，良可感也。若古香醷醷，原本獨絶，我小讀書堆中其永永寶之哉。澗蘋并記。均在卷末。

此先公四經四史齋所藏宋槧"三禮"鄭注本之一也。黃東發咸淳九年《修撫州六經跋》云："撫州舊板，惟六經三傳。今用監本添刊《論語》、《孟子》、《孝經》，以足《九經》之數。"此本乃淳熙四年原刻初印，猶在黃氏修補前百年，可寶也。黃氏又跋《儀禮》云"淳祐九年，本州初建臨汝書院時嘗模印入書閣"，則撫州《儀禮》當有兩刻，今與諸經俱不可見，惟此本僅存，愈不啻人間星鳳矣。至此本之佳，張古漁先生《考異》及見於前賢論著者綦詳，不復贅云。同治甲子九月六日，東郡楊紹和識。

此本《祭儀》"天子設四學"注："四學謂周四郊之虞庠也。"顧澗蘋以"四郊"之"四"當作"西",中有"或據芳傳所引並欲改《王制》'虞庠在國之西郊'亦作'四郊',致爲巨謬"云云。蓋指孫怡谷志祖侍御《讀書脞録》也。張氏《考異》備引其説。段懋堂大令因作《禮記四郊疏證》,申孫黜顧,凡數千言。澗蘋復作《學制備忘記》以辨之,亦數千言,兩君遂成水火。海寧陳簡莊嘗彙題一册,曰《段顧校讎編》,洪稚存太史戲以"朱陸異同辨"爲對。予謂兩君之學,誠非游、夏所能仰贊,而反覆參稽,似終以段説爲長。上海徐君渭仁刻《思適齋集》,削而不載,有以也。彦合又記。

每半葉十行,行大十六字,小二十四五字不等。有"宋本"、"顧汝修"、"徐健菴"、"乾學"各印。①

【藏園批注】初印精美,紙厚靭,墨色濃郁,無補板。

【藏園群書題記】附録二·海源閣藏書紀略,第一〇九二頁

宋撫州本《禮記》,初印,紙潔如玉,墨光如漆,張敦仁所刊之底本。

【藏園群書經眼録】卷一·經部一·禮類,第四十三頁

禮記注二十卷漢鄭玄撰 △八四三

宋淳熙四年撫州公使庫刊本,半葉十行,行十六字,注雙行二十四字,白口,四周雙闌。版心上記字數,上魚尾下題"禮記一",下魚尾下記葉數,下記刊工人名。卷末有顧廣圻二跋,文見《楹書隅

---

① 宋本禮記。周批:"此宋撫州公使庫刻本,初印精美,無一補版。丙子十二月,見《禮記釋文》于澄中處,紙印尤佳。此瞿氏藏書,今年歸澄中者。"周批本第85頁。

録》。鈐有“顧汝修”、“徐健菴”、“乾學”各印。

　　按：此海源閣四經四史之一，爲撫州原刊，無補版，初印精善，紙厚靱，墨色濃郁，行間眉端墨書爲宋人手蹟，至可寶也。辛未三月十三日觀海源閣遺書於天津鹽業銀行，得見宋本三十三種，元本二十三種，校本二十一種，鈔本十九種，明本一種，此其尤者。沅叔。

　　【藏園訂補郘亭知見傳本書目】卷二·經部四·禮類，第八十五頁

　　〔補〕禮記注二十卷漢鄭玄注

　　○海源閣藏宋淳熙四年撫州公使庫刊本，十行十六字，注雙行二十四字，白口，四周雙闌。書眉有宋人手蹟，後有顧廣圻跋。海源閣四經四史之一。嘉慶十一年張敦仁曾影刊。

校宋本禮記鄭注二十卷四册

　　此本頗善，未識自《蜀石經》本出否。癸酉六月，用北宋本《正義》校一過，南宋本間亦參焉，稱完善矣。松崖。在末卷後。

　　國朝有武英殿仿宋本《禮記》，係從岳刻翻雕，《注》後附《釋文》，不專鄭《注》也。此本未識從何本翻刻，間或闌入《釋文》，吾吳惠松崖先生曾手校一過。是書得自朱秋崖家，鈔補首二卷，乃其所爲，余藏篋中久矣。今秋從東城顧氏借得殘宋本《禮記鄭注》。字畫整齊，楮墨精雅，因卷首殘缺，未識何本，姑以大字本名之云爾。取與惠校本對勘，時有異同，惟大字本所避宋諱，視他本較多。如“㬊”、“畜”、“㮗”、“萑”、“荁”等字，皆宋嫌諱而猶避之，是必宋刻中之善者矣。俟暇日，當以殿本參之。時癸丑秋孟，黃蕘圃識於

讀未見書齋。在卷首。

　　此惠校本《禮記鄭注》，余得諸滋蘭堂，復以兩殘宋本覆校，雖未全璧，亦可寶也。丁巳冬，書友因有人欲覓翻宋本"三禮"，苦無其書而商之於余。余因所藏是雜湊者，擬去之，以待購其全者。然又因《禮記》是惠校，且覆勘多善本，雖允其請，而屬其與得主説定，日後仍欲攜歸對臨。今兹三月，偶得此刻《禮記》，擬借臨，而異日書友竟以此校本歸余。蓋楮墨完好，一無動筆，外人所好，大抵如是。而此一校再校者，宜其始重而終輕也。豈知余之視此，一若寶玉大弓之歸哉。爰誌之，以著余輕棄之過，以明余終得之幸焉。嘉慶戊午三月下澣七日，記於讀未見書齋。在末卷後。

　　《附音重言古注禮記》，《曲禮》至《月令》凡五册，宋刻巾箱本之殘者也。每葉十六行，行十六字，大小俱如此。余數年前業見之，略校半卷，議價未妥而還之。今夏鄭雲枝復攜來，易余刻《國語》、《國策》五合去，因遂手校於此本上，佳處間有，雖殘本亦可珍，且余舊藏殘本北宋本僅《月令》起，兹又多四卷矣。惟是巾箱本分卷與各本異，《檀弓》下合於《檀弓》上爲第二卷，故《王制》爲第三，《月令》爲第四，以此分卷。其實《曲禮》分上下，《檀弓》分上下，《王制》、《月令》各自爲第，仍自不差。惜卷數未全，無從審其由爾。書之經部，日少一日，余故收之，幸毋誚我佞宋之癖。戊辰四月十有八日，黄丕烈。

　　以張古漁刻撫州《禮記經注》新本，校巾箱本之合者，加圈以識之。復翁。

　　道光甲申春季，書友以周香嚴家藏本殘宋刻《禮記》卷第五《月令》一册示余，索直十餅，因留之，竭一日力校之，注"周本"者是也。字有異者記之，有與舊校合者偶記之，舉一以概其餘，不數數記也。

筆畫精妙，無逾此者，亦未能悉記也。老蕘。

　　周本與諸本異者，惟"犧牲母牝"一條，又避諱"脣"一字。以上各跋，均在第五卷末。

　　首二卷，袁廷檮覆校過。在卷二後。

　　咸豐紀元春，錢唐許乃普借觀於海源閣。在卷尾。

宋本家禮五卷附錄一卷三冊一函

　　每半葉七行，行十六字。卷一至卷三，影宋精鈔補。《附錄》後有淳祐五年上饒周復跋云："文公門人三山楊復所附注於逐條之下者，可謂有功《家禮》，復別出之，以附於書之後，恐其間斷文公本書也。"卷中避宋諸諱，"廓"字闕筆，當是上饒原刻。瓊山所稱南雝舊本，與此俱合，未知爲明時重雕，抑即此本舊帙弆之監中者耶。有"竹東草堂書畫印"。

　　【藏園批注】鈔卷有汪士鐘印。白口，雙闌。字大悦目，字體方嚴。當是浙本。版心记刊工姓名。

　　【藏園群書經眼錄】卷一·經部一·禮類，第五十二頁

　　家禮五卷題宋朱熹撰附錄一卷缺卷一至三，影宋精寫補完△八五二

　　宋刊本，半葉七行，行十六字，白口，左右雙闌，版心記刊工姓名。字大悦目。鈔配三卷鈐有汪士鐘藏印。海源閣遺書，辛未二月十二日觀於天津鹽業銀行庫房。

　　【藏園訂補郘亭知見傳本書目】卷二·經部四·禮類，第一〇〇頁

家禮五卷附一卷_{宋朱熹撰}

〔補〕○聊城楊氏有宋刊本，七行十六字，白口，左右雙闌。首三卷鈔配。

宋本大戴禮記十三卷四册

每半葉十行，行二十字。遇宋諱僅"匡"、"恒"、"垣"等字間有缺筆，然相其字體版式，_{每葉版心上記字數，下題刻工姓名。}的屬宋槧，宋槧固不以避諱之詳略辨真贋也。是書朱文安公本謂得宋槧開雕，雅雨堂本則以元至正甲午嘉興路學刻本校訂。此本與盧氏所稱元本大段相合，或即元本所從出耶。有"汲古閣"、"汲古主人"、"子晉之印"、"子晉私印"、"棟亭曹氏藏書"、"潤州蔣氏藏書"各印。①

【藏園批注】目録存二葉，題"大戴禮記卷四之六卷七之九"，又鈔下葉題"卷十之十三"。此式少見。版式高闊，黑口，左右雙闌。上記字數，刊工人名有周東山刁、沈顯刊、沈元刊、沈成刊、信甫刊、沈成甫刊。後有淳熙乙未韓元吉跋。薄皮紙，濕墨印。字體方整而气息寬博，无峻峭道麗之態，在宋本中別为一派。然宋諱絶不避，豈元初所刊耶？鈔配八葉。

【藏園群書題記】_{附禮二·海源閣藏書紀略，第一〇九二頁}

---

① 宋本大戴禮記。傅增湘云，此書"爲元本而號爲宋本"。見《藏園群書經眼録》卷一《儀禮注》。周批："此元本也。白紙，印工中等。刻工似《玉海》。"《北京圖書館善本書目》題爲"元至正十四年嘉興路儒學刻本"。周批本第97頁。

宋本《大戴禮記》，元本，然極罕見。

校本大戴禮記十三卷一册

乾隆庚戌小春下弦後二日，借滋蘭堂所藏惠松崖手校本對勘一過。蕘圃烈識。長至日又取盧雅雨本覆校一過。烈記。

乾隆壬子莫秋，滋蘭堂所藏惠松崖校本適歸余架，然惠校猶有未盡善處，反不如此本之精妙也。後之覽者，勿以其爲臨本而忽視之。蕘圃識。

十一月中偶於書肆得宋刻本，適余友顧抱沖欲得惠校本，因照原值歸去，以惠校即據宋本。以上各跋，均在末卷後。

元本禮書一百五十卷三十二册四函

每半葉十三行，行二十一字。首載建中靖國元年牒文。《樂書》末有慶元己未三山陳岐、迪功郎建昌軍南豐縣主簿林子沖兩跋，至正丁亥福州路儒學教授林光大《後序》。蓋《禮》、《樂》二書，慶元間陳岐以北宋本重梓於盱江，光大復繙刻之，故卷中猶避宋諱。二書傳於今者，以此爲最舊矣。

【藏園批注】有"宋本""甲"二印。又"焦弱侯讀書記"白文、"毛晉""汲古主人"各印。字體方整精勁，當是宋刊。其至正林光大後序乃妄人鈔補耳。

【藏園群書題記】附錄二·海源閣藏書紀略，第一〇九二頁
元本《禮書》，精雅可翫。

元本樂書二百卷目録二十卷附樂書
正誤一卷二十册二函

行式與《禮書》同，《孫祠書目》、《曝書雜記》均作宋刻，或未見至正間林氏《後序》耶。《樂書正誤》影鈔補，極工整。

【藏園批注】有"宋本""甲"及焦、毛各印，與前書同。鈔配各卷三十七至四十三、一百二十七至一百三十五。《正誤》影鈔，以朱筆寫"正"字。版心視《禮書》差小。

宋巾箱本春秋經傳集解二十二卷二十二册

此本向爲青浦王德甫先生所藏，後歸揚州汪孟慈太守。道光己酉，先公於太守之子延熙處得之。《春融堂集·跋宋本春秋左傳》云："共三十卷，止載杜注。長四寸餘，寬不及三寸，古雅可愛。翫中脱落鈔補者，不下數十紙。卷首題云'春秋經傳集解隱公卷第一'，他仿此，卷尾亦然。獨第十八册題云'婺本附音重言重意春秋經傳'，第二十六册後亦然，與他卷例異。按：此二紙皆係繕録者意小胥借宋槧婺本書之，故異耳。前有聞人演印。"即此本也。舊屬完帙，惟卷十六以後頗多鈔補。辛酉之春遭捻寇亂，焚失八卷，止有鈔葉之第十六至第二十三也。然趙璧不幸碎於柱下，而得其片玉，豈遂與鄭商之環等價哉。仍當以連城寶之。同治甲子重陽，彦合主人識於宋存書室。

每半葉十行，行十九字。有"聞人寅印"、尚有舊印數方，文不辨。"周玉齊金漢石之館"、"汪大喜孫"、"孟慈"、"喜孫校本"、"汪延熙印"、"何紹業觀"、"一經可遺"、"栖雲"、"紅尤軒"、"古唐里人"各印。

【藏園群書經眼錄】卷一·經部一·禮類,第四十一頁

儀禮注十七卷漢鄭玄撰△八四二

明刊本,八行十七字。

按:此海源閣藏四經四史之一,實明嘉靖刊本,不知緣何誤認。楊氏所藏舍此外尚有《春秋經傳集解》、《東萊左氏博議》、《脉經》,皆明本而號爲宋刊,《大戴禮記》爲元本而號爲宋本。辛未三月十三日見于天津鹽業銀行庫房。

宋本附釋音春秋左傳注疏六十卷四十八册

山井鼎《七經孟子考文補遺》云:“《毛詩》、《春秋》編入陸德明《經典釋文》。共題曰《附釋音》,與正德本略似矣。”阮文達《左傳注疏校勘記》云:《考文》所謂正德本,蓋指修板處而言,其實一也。而顧澗蘋居士則謂南雍本乃元明間從宋建附音本翻刻,正德以來遞有修補。予按:南雍本前人皆定爲宋刻,山井鼎有憲寶,應永年間人,當明初洪武、永樂之際,則二書之爲宋板,亦不爲强云云,是亦以南雍本爲宋刻。但憲寶據者,尚係初板,山井鼎校時,已有正德補葉,遂至疑出二本。阮説是也。顧以爲元明間刻,似未甚確,然亦絶非倦翁《九經三傳沿革例》所稱有音釋注疏之建本,特翻刻當在宋末耳。況今世傳者,不止正德間刊有補葉,元明以來,已屢經修改,所存原刻弗及十之一二,澗蘋之論,正未始無因也。此本行式,視南雍本悉合,而槧印之精朗,則迥判星淵,遇宋諱字亦多闕筆,的屬宋刻無疑,或猶是倦翁所稱之建本耶? 即使與南雍本同爲一板,而通體完善,毫無修補,亦必是宋印之舊,良可貴矣。故予齋藏南雍本均未著錄,此本特與宋刻諸經並儲云。彥合主人記。

宋本詳注東萊先生左氏博議二十五卷十二册

《四庫全書總目》云："書凡一百六十八篇。《通考》作二十卷。此本每題之下附載左氏傳文，中間徵引典故，亦略爲注釋，故析爲二十五卷。其注不知何人作，觀其標題板式，蓋麻沙所刊。考《宋史·藝文志》，有祖謙門人張成招標注《左氏博議綱目》一卷，疑當時書肆以成招標注散入各篇也。楊士奇稱別有一本十五卷，題曰《精選》。黃虞稷稱明正德中有二十卷刊本，今皆未見。坊間鬻本僅十二卷，非惟篇目不完，併字句亦多妄削。世久不見全書，此本亦舊帙之可寶者矣。"予按：正德本載在《天一閣書目》，有正德己巳江東張偉《跋》謂"《博議》全帙久不見於天下。正德丁卯，鉛山張侍御以十卷授予兄廷鎮，未幾復得十卷於當塗濮内翰，吾鄉梅留守又出其所鈔末五卷，盱江何冬官亦以世藏手敊見畀，始爲完璧"云云。實二十五卷，故俞邰以爲獨全。<small>明時尚有劉氏安正堂刊本，標題《新刊京本詳增補注東萊先生左氏博議》，亦二十五卷，俞邰想未之見也。</small>

《總目》所據，蓋偶脱"五"字耳。此本無張偉《跋》，而標題板式視《四庫》本正同，楮墨亦極古雅，自當與思翁所藏《四庫》本乃浙江採進，有思翁名印。同出一刻。或因卷首有俞邰印記，疑即所稱之正德本，則非也。<small>卷中遇宋諱頗不回避，然宋元麻沙坊本類是者甚多。《曝書雜記》載錢夢廬記所見舊本書，謂是書小重山館藏有宋末元初本，當即此刻。</small>且無論爲宋爲明，在今日固經厨之寶笈矣。至是書乃乾道四年所成，東萊方在喪制之中，世傳作於新娶一日内者，直流俗之瞽説也。《總目》辨之甚悉，不復贅述。咸豐甲寅，燕庭劉丈寄贈先公於袁江節署。同治癸亥仲秋，彦合楊紹和識。

每半葉十行，行二十字。卷首有"溫陵黃俞邰藏書印"、"燕越胡茨村藏書印”各印。①

【藏園批注】前呂祖謙序，六行十二字。巾箱本，十行二十字。
白口，左右雙闌。凡二十五卷，爲文一百六十八首。目錄題上，各
以白文記篇數。字方，板似嘉靖本。

【藏園羣書經眼錄】卷一·經部一·禮類，第四十一頁

儀禮注十七卷_{漢鄭玄撰}△八四二

明刊本，八行十七字。

按：此海源閣藏四經四史之一，實明嘉靖刊本，不知緣何誤認。
楊氏所藏舍此外尚有《春秋經傳集解》、《東萊左氏博議》、《脉經》，
皆明本而號爲宋刊，《大戴禮記》爲元本而號爲宋本。辛未三月十三日
見于天津鹽業銀行庫房。

宋本論語注疏解經二十卷十册

十行本各經注疏，明中葉以前，其板猶存南雍，阮文達公以爲
即岳珂《九經三傳沿革例》所載之建本附釋音注疏。而顧澗薲居士
則謂原出宋季建附音本，元明間所刻，正德以後遞有修補。予案黃
復翁《百宋一廛賦注》云：“居士在阮中丞十三經局立議，言北宋本
必經注自經注，疏自疏，南宋初始有注疏，又其後始有附釋音注疏。
晁公武、趙希弁、陳振孫、岳珂、王應麟、馬端臨以宋人言宋事，條理
脈絡粲然可尋。日本山井鼎《左傳考文》所載紹興辛亥三山黃唐

---

① 宋本詳注東萊先生左氏博議。傅增湘認爲，此書係明本。周批亦云：“此明本，書品
亦劣。”周批本第111頁。

《跋禮記》語尤爲確證。”所論最爲允當。顧南雍本相其板式，當是宋末元初時從建附音本重刻者。居士謂刻於元明間，似未盡然。但刊校均不若他宋槧之精審，修補尤多草略耳。此本雖行款相同，然遇宋諱皆缺避，且外加墨圈圍之，頗極謹嚴，與南雍本迥異，的出宋槧無疑。阮文達《論語校勘記》引據各本，有十行本二十卷。注云每葉二十行，行二十三字。上邊書字數，下邊書刻工姓名，内有一葉書泰定四年。“元”、“徵”、“宏”、“桓”、“慎”、“殷”、“樹”、“匡”、“敦”、“讓”、“貞”、“懲”、“崩”、“完”、“恒”等字外並加一墨圈。書中雖多誤字，然其勝於各本之處，亦復不少。又嘉定錢詹事《跋論語注疏》云：“首卷標題‘注疏’下多‘解經’二字，首葉板心有正德某年刊字。但遇宋諱，旁加圈識之，疑本元人翻宋板，中有避諱不全之字，識出令補完耳。”二公所見，皆即是書。惟此本間有補刊數葉，板心所紀年代，俱爲書估挖去，莫知爲元明何時所修，印之後先無從辨矣。至諱字加圈，宋槧本類是者頗多，錢説殊臆斷也。予齋收弄南雍本，均不入此目。此本猶宋槧舊帙，特著錄云。彦合主人識。

　　錢詹事云：“今人重宋槧書，謂必無錯誤，卻不盡然。放翁《跋歷代陵名》云：‘近時士大夫喜刻書版而略不校讎，錯本書散滿天下，更誤學者，不如不刻之愈也。’是南宋初刻本已不能無誤矣。張淳《儀禮識誤》、岳珂《九經三傳沿革例》所舉各本，異同甚多，善讀者當擇而取之。若偶據一本，信以爲必不可易，轉爲大方所笑。”予謂宋槧各書有官板坊板之殊，其刻之精粗，校之詳略，原弗能一致。然彼時去古未遠，陳編具在，淵源有緒，付授匪誣，真面幸存，尚不至廬山罕見。即或間有訛誤，大都寫刊者無心之過，循文考義，亦易推求，非若後世謏聞小生，動輒率意妄改，遂令故步全移，迷津永墮。此遺篇墜簡，莫不足資是正，而宋槧所以可重也，要在學者之善讀耳。倘膠柱鮮通，徒知墨守而不能旁徵博引，以參訂其異同是非，則所謂重宋槧者，不過如書估之取備庋閣而已，又豈真知宋槧者哉。文達謂此本有誤字，因坿及之。彥合又記。

宋本孟子注疏解經十四卷十四冊

與《論語》本同。

元本四書輯釋三十六卷三十二冊六函

道川之書，至正辛巳建陽書賈劉叔簡得其本刻之。越二年，復加是正，新安汪克寬爲之序。此本則以《輯釋》爲主，益入程復心《章圖》、王元善《通考》，而卷第仍依道川之舊，當亦建陽書坊所梓。《四庫全書存目》附載之本作二十卷，改題曰《重訂輯釋章圖通義大成》。首行列道川之名，次列"新安東山趙汸同訂"，"鄱陽克升朱公遷約旨"，"新安林隱程復心章圖"，"莆田王元善通考"，"鄱陽王逢訂定通義"。蓋又此本之後，續經綴輯者，故《提要》譏其"糅雜蒙混，紛如亂絲，不可復究其端緒"矣。謹按《提要》有曰："陳櫟、胡炳文本因吳真子之書，士毅又因陳、胡之書。究其由來，實轉相稗販，則王逢因人成事，亦不足譏。至明永樂中詔修《四書大全》，胡廣等又併士毅與逢之書一概竊據，而《輯釋》、《通義》並隱矣。有明一代，尊《大全》爲蓍龜。沿及近代講章，亦無非依榜《大全》，變換面貌。烏知淵源所自，不過如斯哉。"所論可謂洞中癥結。然薛文清公云："《集注》、《章句》之外，《輯釋》最精簡。"黃梨洲云："字求其訓，句探其旨，鳩僝精要，考訂訛舛。"萬授一云："義理明備，采擇精當，莫如《輯釋》。"則是書要未可盡廢，特所謂存不足取，亡不足惜，剽竊重複，不足考辨，庸陋鄙俚，不足糾彈者，直置之不問可耳。癸亥夏初彥合主人記。

每半葉十三行，行大小二十一字至二十六字不等。有"毘陵周廷□氏裝潢印識"、"周氏藏書之印"、"陳其難圖書記"、"鬻及借人爲不孝"各印。

【藏園批注】黑口，四周雙闌。

宋本説文解字三十卷六册

道光戊戌四月初六日，孟慈户部以宋槧小字《説文》見示。余究心許書廿年，得見斯書，良可慶幸。其中亦有誤字，然因此可以考見原文，不似近刻臆改許書，失卻本來面目，是可歎也。山陽丁晏記。

近時汲古閣本、平津館本、藤花榭本，皆依宋槧開雕。汲古閣本行字不同，而此本毛氏之印纍纍，當亦爲汲古所弄。至《延令書目》著録之《説文》六本，及藤花榭所據之宋槧，即此本也。《百宋一廛》所載小字本款式無異，不知同出一板否？但彼多鈔葉，此則完帙耳。向藏江都汪容甫先生家，其哲嗣孟慈太守官豫中，適先公分巡大梁，訂交最密，太守因以此本爲贄，時道光之辛丑、壬寅間也。咸豐壬子重裝於南清河節署。越十年，同治壬戌東郡楊紹和彥合識。

每半葉十行，行大十六字至十八字、大小二十五字至三十餘字不等。有"虞山毛氏汲古閣收藏"、"臣晉"、"海虞毛表奏叔圖書記"、"古吳毛氏奏叔圖書記"、"中吳毛叔子收藏書畫印"、"御史振宜之印"、"季振宜印"、"滄葦"、"季因是珍藏印"、"蘇齋"、"桂馥之印"、"阮元印"、"掌經老人"、"姚畹"、"姚氏伯山"、"新安汪灝藏本"、"竹農珍賞"、"延令戴大章字□□一字南軒"、"大章"、"堯

聲”、“戴大章印”、“緑柳橋西戴大章”、“延令戴大章別字南軒”、
“葉志詵”、“東卿過眼”、“顧廣圻印”、“敬思齋圖書記”、“浄香室秘
玩”、“古秋堂”、“額勒布號約齋”、“額勒布印”、“鄂爾崐徽佳氏藏
書記”、“約齋鑑賞”、“約齋審定”、“曾爲徽佳氏約齋所藏”、“鄂爾
崐徽佳氏”、“五峰”、“寶奎之章”、“寶奎號五峰”、“五峰珍藏”、
“五峰藏書記”、“寶三書屋”、“緑筠清晝軒”、“許瀚之印”、“何紹基
觀”、“何紹業觀”、“汪喜孫印”、“孟慈”、“揚州汪喜孫孟慈父印”、
“陳慶鏞”、“頌南季子”、“慶鏞”、“芝叔”各印記。①

校本説文解字繫傳四十卷十册

汲古閣藏鈔本校補十一至廿。在卷首。

此新刻《繫傳》校舊鈔本十一至二十,凡十卷,多脱誤,癸亥七
月草草録一過。廿三日澗蘋記。在卷三十後。

合《韻會》不合大徐〇。

合大徐不合《韻會》△,俱不合亦用△。

當考者 ┗ 在卷首。

大徐本自汲古閣毛氏録版後,復經孫淵如、經約齋兩先生據宋
槧開雕,已可家置一編,而小徐《繫傳》則元以來傳世絶鮮。國朝歙
汪氏、石門馬氏雖有刊本,又訛漏殊甚。壽陽相國春圃年丈督學江
蘇時,假澗蘋居士影宋本並黄蕘翁所藏宋槧殘本即汪氏藝芸書舍本。
重加校刻,於是學者於楚金之書,始獲見真面目矣。此本即澗蘋居
士以影宋本手自契勘者,其云十一至二十,蓋指補脱之卷言之,非

---

① 宋本説文解字。周批:“白紙,元公事紙鈔印,比晒宋樓本爲佳。丙子三月,澄中以二
萬二千元收此書及世綵堂韓文去,余及庚樓丈丈作介也。十一日記。”周批本第127頁。

所校止此。又間有稱殘本處，則以黃本參校者也。壽陽所刻固已精密，然此本爲潤蒼手校，且合大徐、《韻會》，互相稽考，尤極詳審，亦讀楚金書者所亟當探討已，故並儲之。

舊鈔本説文解字韻譜十卷四册

是書傳本甚稀，《四庫全書總目》著録者，乃明巡撫李顯所刻。《總目》謂：“《寒部》‘蘭’、‘瀾’、‘連’、‘瀾’、‘闌’五字，當在‘乾’、‘蘭’、‘讕’、‘誷’四字之後。《豪部》‘高’、‘皋’、‘睪’、‘羔’、‘膏’五字，當在‘獆’、‘號’、‘號’、‘虩’、‘鄂’五字之後。皆訛前一行。《麻部》‘娿’、‘譁’、‘諸’、‘艍’、‘蔈’五字，當在‘秅’、‘庱’、‘誇’、‘侉’、‘夸’、‘家’、‘加’、‘茄’、‘葭’九字之前，訛後二行。殊失於校讎。”此本《寒部》、《豪部》諸字皆未訛，《麻部》作“娿”、“譁”、“誇”、“侉”、“夸”、“秅”、“庱”、“諸”、“艍”、“蔈”、“家”、“加”、“茄”、“葭”，與明刻亦異。紙墨極舊，或猶是明人從宋槧鈔出也。有“武陵懷古書屋收藏印記”、“顧若霖印”、“雨時”、“樂幽居士”各印。

何義門字書八法藁本二册

嘗閲義門何先生《讀書記》，經、史、子、集各有創解。至於六書之沿襲，今古同異，傳信傳疑，未見專書。竊維讀書須從識字起，豈有該博如義門而未之講貫乎？一昨李子少海自江右來，攜義門手編字學未刻稿見示，分列“原古”、“循本”、“審同”、“傳疑”、“辨俗”、“正訛”、“考異”、“備證”計八卷。毛舉件系，殫見洽聞，明辨晰而純粹精，蠅頭細書，斟酌改正，如義門先生真可謂能善讀書者矣。昔顔魯公《干禄字書》、周仲琦《説文字源》等編，非不各擅所長,求其明白簡易,深切無隱,方茲蓂如也。是宜亟付剞劂,以惠來秀。借觀匝月,敬識數言,藉附不朽云。谷園孔繼涑題。在卷首。

壬申夏阮元閱於太原行館。在卷末。

道光丙午仲春上澣潘世恩閱於洗心藏密之齋。在卷首。

此書無標題卷第,惟每冊署檢《何義門字書八法蘽本》。下有阮文達名印,或即公手書也。

元本大廣益會玉篇三十卷八册

時在正統十三年仲秋月吉日讀。在卷二十末。"讀"下尚有一字,當是名款,不可辨。

是書今世所行凡三:一澤存堂本,一揚州詩局本,一明內府本。張、曹兩本無一字異,明內府本則字數視張、曹本同,而每部之中次序不同,注文稍略,此本當即明內府本之所祖也。然明內府本與所刊《廣韻》核之祖本,均未免訛誤。而此本遇"匡"字、"貞"字,亦如元槧《廣韻》,"匡"字紐下尚闕避宋諱。蓋二書雖元槧,其源實皆出宋時舊帙,非今世所易覯者。即張、曹兩本得此互校,是正良多,可珍已。至張本亦屬重修,乃删重修之牒,詭稱上元本,《四庫全書總目》詳辨之,茲不贅。彥合記,時甲子桂月。

每半葉十二行,行大二十一字,小二十七八字不等。卷末木記云"龍集乙卯菊節圓沙書院新栞",乃元仁宗延祐二年也。有"南齊世家之印"、"緣督齋"、"壽五"、"夢廬借觀"各印。

錢塘許文恪師亦藏有此本。袁太守芳瑛《跋》云:"《玉篇》三十卷,首顧野王《序》一,《進書啓》一;次《總目》;次《指南》,《反紐圖》及《分毫字辨》。俱在《指南》卷內。與《天祿琳琅》所載宋刻本同,蓋可寶也。世所行《玉篇》有三:一明內府本,一澤存堂張氏本,一揚州詩局曹氏本。張、曹同出一本，注文較繁。明本字數與二本同，每部字次第各別，注文亦稍略。此本行款字體縮於明本，注文較張、曹二本繁者什之一，略者什之九，當爲節注祖本。考宋時《玉篇》原有二本，其見於馬氏《通考》者，一爲上元本，梁顧野王撰，唐孫强增字；一即大廣益會本，陳彭年等重修。上元本明初猶存，據《四庫目》云，見於《永樂大典》所引。今不可復見。此本題曰‘大廣益會’，非復上元本之舊。然如張刻野王《序》‘升崧岱而告平’，‘岱’此作‘岳’。《進書啓》‘燿必無傳’，‘耀’此作‘懼’。《示部》‘祕，蜜也’，‘蜜’此作‘密’。《玉部》‘璟，絶緣切’下，張刻脱‘貝名’二字。曹刻《夶部》‘夶，又於蹇，舞皃’，‘於’此作‘夶’；‘旖，於我切，又於蟻切，旌旗旖旎皃’，此作‘於我、於蟻二切，旖旎，旗皃’；‘旔，於檢切’下，曹刻脱‘旗皃’二字。《勿部》‘秒，吕至切’下，曹刻脱‘銛也，快也’四字。如此之類，逐卷逐葉皆是，雖間有一二訛處，均有形迹可尋，則不獨古於諸本，抑亦善於諸本矣。”其説有足資參考者，特附著之。至定爲宋本，則遵《天禄琳琅》之例，蓋未見卷末木記耳。彦合又記。

影宋精鈔本五經文字三卷三册
影宋精鈔本新加九經字樣一卷一册共一函

吾家當日有印書作，聚印匠二十人，刷印經籍。宸一日往觀之，先君適至，呼宸曰：“吾縮衣節食，遑遑然以刊書爲急務，今板逾十萬，亦云多矣。竊恐秘册之流傳者，尚十不及一也。汝曹習而不察，亦知印板始於何時乎？蓋權輿於李唐而盛於五代也。”後夏日納凉，請問其詳。先君曰：“古人讀書，盡屬手鈔。至唐末，益州始有墨板，皆術數、字學小書，而不及經傳。經傳之刻，在於後唐。”自後考之，後唐長興三年，詔用西京《石經》本，雇匠雕印，廣頒天下。
見《五代會要》第八卷。宰臣馮道等奏曰：“請依《石經》文字，刻《九經》
印板。”又按《國史志》，長興三年，詔儒臣田敏校《九經》，鏤本於國
子監。宷購得《五經文字》一部，係從宋板影寫者，比大曆石本注益
詳備，前有開運丙午九月十一日田敏《序》。按：丙午，開運三年也，
則田敏之奉詔，在後唐長興三年。越十六年，至石敬塘之世而雕成
印本。由此觀之，蓋祖五代本矣。石刻舉世有之，但剥蝕處杜撰增
補，殊不足據，要必以此本爲正也。虞山毛宷識。在《五經文字》末卷後。
余當年有《九經字樣》，與《五經文字》並得。崑山校《經解》時，兩
書皆携去。歸時，失去《九經字樣》，不勝悵怏。聞武林趙師道書坊
有宋板者，覓之不得。後聞錢遵王往彼影寫一本，亦未之見。昨過
錢堉家，遵王孫也。始得見之，借歸與石刻細校。石刻“宀”字之末，
多“窂窂”二字，此本無之。據注云“一十一字，五字重文”，則無者
爲準，又“乏”字注文“反正爲乏”，石刻誤作“人反正”。《雨部》
“霝”字音“靈”，石刻誤音“灵”。則此本勝於石刻矣。至釋“看”字
云“凡物見不審，則手遮目看之，故從手”；釋“蓋”字云“今或作盖
者，乃從行書艹，與荅、若、著等字，皆訛俗”；釋“鼎”字云“上從貞，
下象析木以炊，篆文𣇍如此，析之兩向，左爲𠁧，𠁧音牆，右爲片。
今俗作鼎，云象耳足形。誤也”；釋“晨”字云“從曰，象叉手，辰省之
義”。其於小學，可謂精詳矣。此書既得之，又失之，今復宛轉而得
之，殆彼蒼憐余篤好小學，投老而使之一樂乎？亟命友人影寫一
通，寫畢述此，以識生平之幸云。庚寅秋八月虞山毛宷識，時年七
十有一。在《九經字樣》卷末。

　顧亭林先生云：“大曆中，張參作《五經文字》，據《説文》、《字
林》刊正謬失，甚有功於學者。開成中，唐元度復作《九經字樣》。

石刻在關中，向無板本，間有殘缺，無別本可證。"朱竹垞先生亦以二書止有拓本，無雕本，爲一闕事。伏讀《四庫全書總目》云："考《册府元龜》，稱周顯德二年，尚書左丞判國子監田敏獻印版書《五經文字》，奏稱臣等自長興三年校勘雕印《九經》書籍。然則此書刻本在印版書甫創之初已有之，特其本不傳耳。"可知二書除《石經》外，久無刻本傳世。而《石經》自明嘉靖乙卯地震損折，多爲後人屬補，紕繆百出。國朝歙項氏、揚州馬氏、曲阜孔氏、高郵孫氏先後重梓，亦第就《石經》校定，宋以來刻本仍未之見也。馬本雖未免舛漏，然所據尚是宋拓，最稱精善。孔本覆加讎對，尤審慎不苟。孫氏則取原書自爲編輯，删移淆亂，非復舊觀矣。此本首載開運丙午田敏《序》，《四庫》據馬本著錄，未見此序，故引《册府元龜》爲證。當是南宋初卷中"桓"字缺筆。從田氏原本翻雕者，故首尾完具，注文特極詳備。以馬本及孔氏、孫氏校語證之，多相吻合，而諸本所訛誤者，又賴此得以考訂異同，誠可謂希世之珍矣。至其影摹工雅，楮墨精良，猶餘事爾。《汲古閣祕本書目》："《五經文字》三本，宋板影鈔，六兩；《九經字樣》一本，影宋精鈔，二兩。"即此本也。同治壬戌冬月東郡楊紹和校畢識。

　　武林趙意林信有摹刻宋本《九經字樣》，《自序》曰"從姚懷祖獲觀趙氏學士樓所藏宋槧，凡十九葉，此顧亭林、朱竹垞俱未得見者，洵爲可寶。用手摹校定，重鏤板以行"云云。然意林校語皆附於每部之後，以致行式移易，殊失其真。且校之此本，仍不無訛謬，是意林所據雖出宋槧，亦未若此本之盡善矣。彥合又記。

　　每册有"趙宋本"、"墨妙筆精希世之珍"、"席氏玉照"、"席鑑之印"、"虞山席鑑玉照氏收藏"、"釀華草堂"、"袁廷檮借觀印"各印記。每冊藏金紙面,有"興國福壽院轉輪大藏經"圓印。①

影宋精鈔本干禄字書無卷數
校影宋精鈔本佩觿三卷共一册

己未五月二日讀畢,虞山毛扆。在《佩觿》卷末。

二書皆汲古閣影宋精鈔之本,字極工雅。《佩觿》中朱筆校正尤詳,則斧季手迹也。册之首末有"汲古閣"、"毛氏子晉"、"子晉私印"、"子晉書印"、"汲古主人"各印記。

宋本三續千字文注一卷一册

《三續千字文》,宋季江陰葛氏剛正撰,其續之之意,篇末自述自注詳矣。案:《梁書·蕭子範傳》曰:"除大司馬南平王户曹屬從事中郎。王嘗曰'此宗室奇才'使製《千字文》,其辭甚美,命記室蔡薳注釋之。"《周興嗣傳》曰:"次韻王羲之書《千字》,使興嗣爲文。"《陳書·沈衆傳》曰:"梁武帝製《千字詩》,衆爲之注解。"《隋書·經籍志》載《千字文》一卷,梁給事郎周興嗣撰。又載一卷,梁國子祭酒蕭子雲注。又載一卷,胡肅注。《舊唐書·志》載撰者姓名,與《梁書》同。顧氏炎武《日知錄》但著《隋志》所載之異,未辨孰是。《隋》、《唐書志》又載有《演千字文》五卷,不著何人作。要之作《千字文》者,唐以前已不獨蕭、周二人。此本則繼周次韻及其長洲先族暐續作,分注合爲一編。今所存僅此,例亦不用複字。視前二篇文徑尤纖仄,而聯綴皆有典可覈,遞注犁然。惜合刻之前二篇佚莫覯也。案:《江陰縣志》載葛勝仲,字魯思,即《注》所稱爲皇祐二年

---

① 影宋精鈔本五經文字,周批:"白紙,精鈔。席氏原裝,書品寬大。"周批本第 143 頁。

進士、朝散大夫、侍其公暐作墓志之文康公。《志》載葛鄖，字楚輔，文康孫，謚文定，即《注》所稱伯祖。而《選舉志》無剛正名，《藝文志》亦遂不及此篇，豈以沾沾小學未足采與？而吾邱氏衍《學古編》載："《續千字文》，葛剛正書，字法極好。"其所稱者篆書，即《注》所謂以備古篆之體。此本楷法勁秀，雅近率更，當亦屬原刻。且新注次韻，詳詁續作，已復繼而三之，雖未彙證《梁》、《陳》、《隋》、《唐書》所載之他本，而就其所見，勘正蒐輯，亦可謂勤覃厥思者矣。脫此篇并佚，後世又疇知江陰葛氏有剛正其人者？剛正爲名、字且莫考載。誦此篇及注，總萬四千餘言，悉有根據，度其人，必孜孜簡策，老而靡倦者，遺茲片羽，何可泯焉？爰依舊式，命工重摹付版。其文字點畫偶有沿俗者，正之；注字有俗且訛者，則去泰去甚；間有省筆襲帖體及所引書名、刊虛白字式未歸一者，可仍則仍之；于義不甚乖重，存其舊也。士君子績學纘言，上之闡發經義，羽翼傳注，昭示來茲，次亦必期小有裨益於人，以適時用，庶不流爲虛誕無稽。否則，才如長卿、孟堅，猶謂爲文艷用寡，矧所記所誦，百不逮長卿之多識博物者乎。予之重刻此篇，以其旁搜詮詁，足誨髫幼，爲有用也。并書所見，以諗讀者。

　　是書先公得於袁浦，咸豐甲寅命工摹梓，敬錄《跋》文如右。案：葛氏之書，蓋繼侍其暐《續千字文》而作，故名《重續》，其自注甚明。予藏影宋鈔本，即《學古編》所稱篆書者，標題正同。此本乃改名《三續》，殊失葛氏之舊，當由宋人重刻時，誤於"三篇繼就"之語而妄爲更易也。舊弆於陶南別業，辛酉遭亂焚失，僅存數葉，因以新本配補，俾成完帙云。紹和謹識。

　　每半葉十行，行二十四字。

影宋精鈔本重續千字文二卷一册一函

先公得宋槧葛剛正《三續千字文》重刊之,常州心耘胡君斑因以此本寄贈。蓋宋槧乃真書,且易標題爲《三續》,均非德卿之舊,此則吾邱衍《學古編》所謂字法極好者也。卷首題《重續千字文》,次題"水雲清隱丹楊葛剛正撰并篆注",皆篆書,而每行之後,俱以真書釋之。又次正文,亦篆書,每行四字,每二行之後,復釋以真書并注。分卷上下,視宋槧本迥異。至卷前冠以淳祐戊申德卿《自序》,及間有注某音某者,更宋槧本所無也。案:《汲古閣祕本書目》云:"宋版《重續千字文》,世間絶無。"並不知有是書,而篆書精妙,真奇書也。此本雖無毛氏印章,然楮墨絶佳,篆法精妙,與予所藏所見汲古影宋諸書,宛出一手,或即斧季喬梓,由宋板過録者,致足珍矣。甲子小春東郡楊紹和識。

每葉行數不一,每行正文篆書四字,注真書二十一字。有"宋本"、"胡斑私印"、"心耘"、"琳琅祕室藏書"各印。

影元精鈔本字鑑五卷二册一函

有"汲古主人"、"子晉私印"、"開卷一樂"、"席氏玉照"、"席鑑之印"、"茰山珍本"各印記。亦毛氏精鈔本也。[①]

元本廣韻五卷五册

二酉山居藏閲,陸函虚。在卷首及二、三、四卷末。

---

① 影元精鈔本字鑑。周批:"中有夾簽,是何仲子筆。汲古原裝,何氏手校本亦在余家。"周批本第161頁。

　　顧澗蘋居士《跋元槧廣韻》曰:"今世之爲《廣韻》者凡三:一澤
存堂詳本,一明內府略本,一揚州詩局刻平上去詳而入略本。三者
迥異,各有所祖。此元槧,明內府刻及家亭林重刻之祖也。明內府
本得此相校,多失其真,所謂開卷'東'字下'舜七友東不訾'即訛
'七友'作'之後'者也。亭林自言悉依元本,不敢添改一字。而所
訛皆與明內府板同,是其稱元本者,元來之本,而亭林仍未嘗見元
槧也。至竹垞誤謂'明中涓删注始成略本',非得見祖本早在元代,
固末由定其不然矣。"此本每半葉十二行,行大小相間二十字至二
十七八字不等,即居士云明內府及亭林刻所祖之元槧也。卷首並
二、三、四卷末有朱筆題識云:"二酉山居藏閱,陸函虛。"又每册有
"東吳子"、"錢楣字曰學山"、"陽城張氏省訓堂經籍記"各印。省
訓堂乃古漁太守藏書室,太守與居士交最密,時時出古籍相訂正,
所梓《儀禮》、《禮記》、《鹽鐵論》諸書,皆居士爲之讎校。此本既藏
自太守,益徵爲居士所跋之册矣。同治二年癸亥桂月東郡楊紹
和識。

　　澤存堂本,以《大宋重修廣韻》爲名,乃從宋槧翻雕,其中"桓"
字已闕筆,自是南渡後刻。此本與《四庫全書總目》所云"麻沙小字
本,末題'乙未歲按:元元貞元年、至正十五年,皆歲在乙未。此本以板式、避諱定
之,似宋末元初所刊,或是元貞之乙未。而紀文達公張本《跋》中作至元乙未,想偶誤記
耳。明德堂刊',內'匡'字紐下十二字皆缺一筆,避太祖諱,其他宋
諱則不避,邵長蘅《古今韻略》指爲宋槧"者正同。惟乙未題款,此本爲書
賈裁去。蓋此本雖元刊,其源實出北宋舊槧,且係未經重修之本也。
張本注文較此爲詳,竹垞、次耕極推稱,於是世之論《廣韻》者皆右
之。然《四庫總目》兩本並收,而以此列前。《提要》曰:"世行《廣
韻》凡二:一爲宋陳彭年、邱雍等重修;一爲此本,前有孫愐《唐韻

序》，注文比重修本頗簡。朱彝尊作重修本《序》，謂明代內府刊板，中涓欲均其字數，取而刪之。然《永樂大典》引此本，皆曰陸法言《廣韻》；引重修本，皆曰《宋重修廣韻》。則非中涓所刪也。又宋人諱‘殷’，故重修本改二十一殷爲‘欣’，此尚作‘殷’，知非作於宋代。且唐人諸集，以《殷》韻字少，難於成詩，間或附入《真》、《諄》、《臻》韻。如杜甫《東山草堂詩》，李商隱《五松驛詩》，不一而足。《説文》所載《唐韻》翻切，‘殷’字作‘於身切’、‘欣’字作‘許巾切’，亦借《真》韻中字取音，并無一字通《文》。此本注《殷》‘獨用’，重修本始注《欣》‘與《文》通’，尤確非宋韻之一徵。考《唐志》、《宋志》皆載陸法言《廣韻》五卷，則法言《切韻》亦兼《廣韻》之名。又孫愐以後，陳彭年等以前，修《廣韻》者，尚有嚴寶文、裴務齊、陳道固三家，重修本中皆列其名氏。郭忠恕《佩觿》上篇尚引務齊《切韻序》，知三家之世，宋初尚存，此本蓋即三家之一①。故彭年等定本不曰新修，而曰重修，明先有此《廣韻》。又景德四年敕牒，稱舊本注解未備，明先有此注文簡約之《廣韻》也。彝尊乃以此本爲在後，不免千慮一失矣。”又張本《提要》曰：“彝尊序之，力斥劉淵《韻》合《殷》於《文》、合《隱》於《吻》、合《焮》於《問》之非。然此本實合《殷》、《隱》、《焮》於《文》、《吻》、《問》，彝尊未及檢也。注文較舊本爲詳，而冗漫頗甚，亦多紕繆，宜爲丁度所譏。潘耒《序》乃以注文繁複爲可貴，是將以韻書爲類書也。著書各有體例，豈可以便於剽剟，遂推爲善本哉。”按：《紀文達公集》，明本、張本各《跋》與《提要》略同，蓋《提要》亦公纂修而較爲簡賅，故引之。觀此，則兩本之先後優劣瞭如

---

① 　元本廣韻。“三家之世”，《四庫全書總目》卷四十二“廣韻五卷”條作“三家之書”。又周批云：“黃紙，模糊，明本之劣者。”周批本第163頁。

矣,故詳著之。彦合又記。

宋本附釋文互注禮部韻略五卷五册一函

伏讀《四庫全書總目》,謂是書"凡有二本:一爲康熙丙戌曹寅所刻,冠以余文焯所作《歐陽德隆押韻釋疑序》一篇、郭守正《重修序》一篇、《條例》十則、淳熙《文書式》一道;一爲常熟錢孫保家影鈔宋刻。前五卷與曹本同,但無序文、《條例》,而末附《貢舉條式》一卷"。予案:是書當日官本既不可見,而曹本之爲後人移掇添補,《總目》已詳辨之。錢本附載之《貢舉條式》,亦必非原書所有。守正《序》稱,書肆板行,漫者凡幾,一漫則一新。可知輾轉傳刻,在宋時初非一本。此本以淳熙重修《文書式》及紹熙重修《文書令》冠首,別無序文條式,自是鋟木在先,尚未經後人附益者,較之求赤、棟亭所據爲最舊矣。且開板宏朗,字法規橅歐、顏,精采奪目,尤宋槧中希有之奇。昔述古主人藏楚金《繫傳》,詫爲驚人秘笈,此本亦予齋驚人秘笈也。同治元年東郡楊紹和識。

每半葉九行,行大小相間二十二、三字不等。每册有"南京兵馬指揮司副指揮堂關防"、"夾山人書畫印"、"長洲顧仁效水東館收藏圖籍私印"各印。考王文恪公《震澤集》,有《陽山草堂記》云:"顧仁效結廬陽山之下,棄去舉子業,獨好吟咏,兼工繪事,坐對陽山,拄頰搜句日不厭,或作山水人物,悠然自得,人無知者。[1]"

金本新刊韻略五卷三册

淡生堂藏書。在册面。

---

[1] 宋本附釋文互注禮部韻略。周批:"白紙,極精美。大版心,天地頭寬闊。宋槧上乘。疑此即曹刻祖本。左右雙邊,上字數,下刻工。汪閬源印。"周批本第171頁。

正德甲申之秋，文彭壽承觀畢。在第一卷之末。

此本從匏庵先生家借歸，命鈔胥録副藏之。戊申夏六月，隆池山樵者。在末卷首。

補録竹汀居士跋：

向讀崑山顧氏、秀水朱氏、蕭山毛氏、毘陵邵氏論韻，謂今韻之併，始於平水劉淵，其書名《壬子新刊禮部韻略》。訪求藏書家，邈不可得，未審劉淵何許人，平水何地也。頃吳門黃堯圃孝廉得《平水新刊韻略》元槧本，亟假歸讀之，前載正大六年許道真《序》，知此書爲平水書籍王文郁所定。卷末有墨闌記二行，其文云："大德丙午重刊新本，平水中和軒王宅印。"是此書初刻於金正大己丑，重刻於元大德丙午。中和軒王宅，或即文郁之後耶？其前列《聖朝頒降貢舉程式》，則延祐設科以後，書坊逐漸添入。又《御名廟諱》一條，稱英宗爲"今上皇帝"，可證此書爲至治間印本也。又附《壬子新添分毫點畫正誤字》三葉，《壬子新雕禮部分毫字樣》三葉，此"壬子"者，未知其爲淳祐之壬子與？抑皇慶之壬子與？考正大己丑，在宋淳祐壬子前二十有四年，而其時已併上下平聲各爲十五，上聲十九，去聲廿，入聲十七，則不得云併韻始於劉淵，豈淵竊見文郁書而翻刻之耶？又其時南北分裂，王與劉既非一姓，刊版又不同時，何以皆稱平水？論者又謂《平水韻》併四聲爲一百七部，陰時夫始併上聲《拯》韻入《迥》韻，據此本，則《迥》與《拯》韻之併，《平水韻》已然矣。劉書既不可見，此書世又尟有著録者，姑識所疑，以諗世之言韻者。嘉慶丙辰五月望日，竹汀居士錢大昕識。

許《序》稱平水書籍王文郁，初不可解。頃讀《金史·地理志》平陽府有書籍，其倚郭平陽縣有平水，案：《金史·地理志》平陽府臨汾縣注，有平水。平陽，蓋臨汾之誤。是平水即平陽也。史言有書籍者，蓋置局設官於此。元太宗八年用耶律楚材言,立經籍所於平陽,當是因金之舊。然則平水書籍者,殆文郁之官稱耳。五月廿六日雨後,大昕再記。

是書罕見著録,惟張氏《愛日精廬書目》中收之,迺黃復翁藏本,而月霄記之者也。金源人著述頗稀,而版刻傳於今者尤尠,數百年來歷爲名家收弄,劫燼之餘,尤可珍已。咸豐甲寅春季上浣,退思老人題於南清河節署之四宜軒。在卷前。

唐以後音學少專家之書,至我朝諸儒而極盛。世臣於音均之學無心得,年來居退思先生節幕,先生湛深漢學,於音均尤精,後學多獲教益。昨冬與颺卿有淮上之遊,得此書而歸,呈諸先生。命世臣補録錢詹事原跋二則,并疏各本異字於另紙,附之卷後,以存古籍之遺焉。甲寅四月,布衣包世臣跋。在卷末。

咸豐初,揚州始復,南北各軍往來淮上,往往攜古書珍玩求售。此本爲但雲湖釐使所得,雲老轉貽家簡侯丈,簡丈以之贈余者也。惜四、五兩卷後半廿餘葉已淪劫中,世鮮別本,末由校補。按:張氏《藏書志》載竹汀老人《跋》,謂此書重刊於元大德丙午平水書局。卷末有墨闌木記云“大德丙午平水中和軒王宅印”,是此書初刻於金,重刻於元也。詳考書中木記文凡三,見其前則云重修,非重刊也。蓋是本爲正大原刊,大德重修耳,仍應定爲金本。予齋藏宋本《大戴禮記》,平水局亦嘗修之,其木記與此正同,是《序》尾所標仍爲金正大己丑,的屬原槧,惟卷末已失竹汀、蕘翁兩家《跋》。而卷首有士禮居印,與月霄本是一是二,疑莫能明。裝成,附志數語以俟考。同治壬戌仲夏,彥合主人記,時客京師。在襯面。

案:經籍所書籍金槧元修木記題名者,家藏本有《爾雅》、《大觀本草》、《澠水文集》所見本有《珞琭子》、《中州集》與此本相合。《本草》即王文郁本也。保彝謹注。

有"停雲"、"文彭壽承"、"隆池山樵"、"寒綠堂"、"祁班孫印"、"淡生堂藏書"、"士禮居"、"復翁"、"汪大喜孫"、"孟慈父"各印。

元本古今韻會舉要三十卷三十二册

每半葉八行,行大小相間十九至二十二字不等。熊忠《自序》後有木記云:"案昨承先師架閣黄公在軒先生委刊《古今韻會舉要》,凡三十卷,古今字畫音義瞭然在目,誠千百年間未睹之祕也。今繡諸梓,三復讎校,並無訛誤,願與天下士大夫共之。但是編係私著之文,與書肆所刊見成文籍不同,竊恐嗜利之徒改換名目,節略翻刊,纖毫爭差,致誤學者,已經所屬陳告乞行禁約外,收書君子伏幸藻鑑。後學陳宋謹白。"

每册有"衍聖公私印"、"承澤堂"、"秋平居士"、"甘泉黄文暘字秋平藏書畫印"、"臣恩復"、"秦伯敦父"、"石研齋秦氏印"各印。

卷二　史部

宋本史記一百三十卷三十册六函

共計叁拾本，辛丑年孟春重裝，懷古堂識。

泰興縣季振宜滄葦氏珍藏。均在卷末。

此先公四經四史齋藏宋槧《史記》第一部也。《延令書目》著録宋板《史記》三十本。錢竹汀《養新録》云："予見宋本《史記》，黃蕘圃藏，蔡夢弼刊。"此本無蕘圃印記，蕘圃所注《百宋一廛賦》並予獲見各書跋文，均未及此，當由竹翁誤記。張月霄《藏書志》所稱"錢求赤藏本，後歸季滄葦，字畫精朗，古香可愛，蓋宋版中之絶佳者"，皆即此本。劉燕庭丈藏季滄葦彙集宋本《史記》，亦有是刻二十六卷。見錢罄石先生《甘泉鄉人稿》。按：夢弼即著《草堂詩箋》者，固博雅之士，宜其校刊精善乃爾，視俗賈陋版逯庭矣。先公於辛亥歲以三百八十金購之吳門，原册已損敝。次年又得一是刻殘帙，命紹和互校，以清晰者人之。此本卷中間有鈔葉，乃梁溪顧柔嘉所録，舊有題款在別紙。二百年前名迹未便易去，故仍其舊。付工整治，都爲六函，與淳熙辛丑耿秉本同爲什襲。癸丑冬，載歸陶南別業。辛酉春，遭捻寇之亂，全書毀裂。壬戌計偕，攜之都門，重事裝潢，而旋途渡桑乾河，舟覆落水，洪濤汹涌，瞬息將逝，亟爭救之，幸未爲波臣攫去。然解囊檢視，已浸痕過半。今歲更加修飾，始略還舊觀。噫，何兹書之多阨耶！顧離困者數，而卒以獲全，謂非在在處處有神物護持耶？世世其慎守之。同治上元甲子小陽東郡楊紹和識。

　　《趙世家》一卷，原以他刻配補。壬申夏仲，從朱修伯宗丞處假得明朱文石所藏蔡刊殘帙，影録易之。彥合又記。

　　每半葉十二行，行大二十一字，小二十八字。《三皇本紀》後有“建谿蔡夢弼傅卿親校刻梓於東塾，時歲乾道七月《藏書志》云，當是‘年’字。春王正上日書”兩行。《補史記序》、《六國表》、《秦楚之際月表》、《漢興以來諸侯年表》、《樂書》、《曆書》後均有“建安蔡夢弼傅卿謹案京蜀諸本校理置梓於東塾”兩行。又《目録》後有“三峰樵隱蔡夢弼傅卿校正”一行。又《五帝本紀》、《周本紀》後均有“建谿三峰蔡夢弼傅卿親校謹刻梓於望道亭”兩行。又《殷本紀》後有“建谿三峰樵隱蔡夢弼傅卿親校刻梓於東塾”兩行。又《禮書》後有“建溪蔡夢弼校正刊於東塾”一行。卷首末有“趙宋本”、“彭城錢興祖印”、“季振宜印”、“季振宜藏書”各印。①

────────────

① 　宋本史記六函。周批：“此書余諧價三千二百元已成，爲書賈王晉卿奪去，六千元歸之澄中。此書紙印是中等，不及余藏百衲本之印本爲佳。”周批本第191頁。

【藏園批注】字體瘦勁，与黄三八郎《廣韻》、王世貞《晉書》同。白口，雙闌，版心上記字數。三家注。

【藏園群書經眼錄】卷三·史部一·紀傳類，第一四二至一四三頁

史記集解索隱一百三十卷漢司馬遷撰　劉宋裴駰集解
唐司馬貞索隱△八四四

宋乾道七年建安蔡夢弼東塾刊本，半葉十二行，行二十二字，注雙行二十八字，白口，左右雙闌，版心雙魚尾，下魚尾下記葉數。首《史記索隱序》，十二行二十一二字不等，四周雙闌。本書首葉第一行題"三皇本紀第一上"，下空五格，題"史記一上"，次行低四格題"小司馬氏撰并注"。卷末空一行頂格題"三皇本紀第一上"，下空六格，題"史記一上"。後空一行，空四格題：

建谿蔡夢弼傅卿親校刻梓於東

塾時歲乾道七月春王正上日書

序後空一行題：

建安蔡夢弼傅卿謹案京

蜀諸本校理寘梓於東塾

六國表、秦楚之際月表、漢興以來諸侯年表、樂書、曆書後亦均有此二行。目錄後有一行，文曰：

三峰樵隱蔡夢弼傅卿校正

五帝本紀後有二行，文曰：

建谿三峰蔡夢弼傅卿

親校謹刻梓於望道亭

周本紀後同。殷本紀後有二行，文曰：

　　建谿三峰樵隱蔡夢弼

　　傅卿親校刻梓於東塾

　　按：此書刻工勁秀，南宋初建本之精者，《史記》集解、索隱合刻者以此爲最早。楊氏海源閣四經四史之一，辛未三月十三日觀於天津鹽業銀行庫房。

【藏園訂補郘亭知見傳本書目】卷四·史部一·正史類，第二〇〇頁

〔補〕史記集解索隱一百三十卷

　　漢司馬遷撰　劉宋裴駰集解　唐司馬貞索隱〇宋乾道七年蔡夢弼東塾刊本，十二行二十二字，注雙行二十八字，白口，左右雙闌。三皇本紀後有"建谿蔡夢弼傅卿親校刻梓於東塾時乾道七年春王正上日書"牌子二行。序、六國表、樂書、曆書、目錄、五帝殷周本紀等後亦均有牌子。此爲集解、索隱合刻最古之本，聊城楊氏藏，爲海源閣四經四史之一。

宋本史記一百三十卷二十四册四函

　　此本乃淳熙丙申廣漢張杅守桐川時用蜀小字本重雕。越二年，趙山甫蒞郡，復取褚少孫所續別爲一帙。至八年辛丑，澄江耿秉以覽者弗便，始次其卷第，合而印之，並是正訛脱一千九百九字。錢曉徵詹事《養新錄》云："予所見《史記》宋槧本，吳門顧抱冲所藏澄江耿秉刊於廣德郡齋者，紙墨最精善。"又所著《三史拾遺》，《史記》多據此本勘校，並附刻介仲、直之兩《跋》於後，固極以此本爲佳矣。先公平生深於史學，尤愛讀龍門之書，嘗欲廣稽諸本，訂其異同，重爲刊正，故訪購宋元明以來善本頗多，而藏於四經四史齋之

宋槧凡三，此其第二也。道光己酉，以三百金得之吳門，每冊毛子
晉、季滄葦、徐健菴印記纍纍。《延令書目》宋板中著錄《史記》二十
四本者即此。卷中遇"軒轅"二字輒缺筆。錢詹事考之李氏《通鑑
長編》，蓋遵大中祥符七年六月禁內外文字不得斥用黃帝名號故
事、其經典舊文不可避者闕之之詔也。《宋史・真宗紀》亦載禁斥黃帝名號
事。同治甲子三月上巳東郡楊紹和識。

　　每半葉十二行，行二十三字。有"毛晉祕篋審定真蹟"、"在在
處處有神物護持"、"戊戌"、"子晉"、"臣襃"、"華伯"、"毛襃華伯"、
"白川書館朱墨通記"、"孫育私印"、"曲阿孫育"、"南徐孫育思和印
章"、"孫育之印"、"孫思和圖籍篆"、"孫育"、"京山孫育思和"、"孫
育思和父印"、"揚州季氏振宜之印"、"季振宜讀書"、"季振宜字詵兮
號滄葦"、"御史振宜之印"、"康氏藏書"、"前岳吳氏家藏"、"乾學"、
"徐健菴"、"七峰道人"、"開皇山下人家"、"碧山草堂"、"北固山第
一峰"、"華陽顧仁效印"、"筠生"、"趙宋本"各印①。

元本史記一百三十卷三十二冊四函

　　錢曉徵詹事《養新錄》記所見《史記》舊槧：一宋乾道蔡傅卿本，
一宋淳熙耿直之本，一元中統本，云海寧吳槎客藏，計其時亦在南
宋之季。嘉興警石錢丈《校史記雜識》中，亦有中統本，稱假自拜經
樓，蓋即詹事所見之本也。予於吳本未得目驗，錢校曾錄副藏之。
此本首載中統二年校理董浦《序》，與吳本同。然核之錢丈《雜識》，
殊歧異。《雜識》謂猶避宋諱，此本則否。又每葉末行外上角標題
篇名，此本亦無之。至《田敬仲世家》標題《後齊世家》，尤錢丈所識

① 宋本史記四函。周批："此書頗思購之，頃聞已歸東萊銀行劉氏矣。"周批本第197頁。

爲臆造者。此本並不誤，且以校本勘對，合者固十九，而所謂訛者脫者，如《五帝紀》“登熊、湘”注“益陽縣”訛“益縣”耳。《夏本紀》“以出入五言，女聽”脫“聽”字之類，不勝枚舉。此本多不訛不脫，判然出於兩刻。予按：中統二年，其時尚稱蒙古，迨至元八年十一月，始改國號曰元。董浦《序》中統上署“皇元”二字，自是後人追改，必非段氏原刊之舊。顧追改者既稱“皇元”，則猶是元繙可知。由是推之，吳本與此，皆元代從段刊重雕之本，故於《雜識》所云“密行細字”大致略同。特此本已補填宋諱，校讎之功，復加審耳。詹事直以吳本刊於中統時，則非也。予又藏有明建陽尹覆本，標題款式全經竄易，望而知爲明人陋版，愈證此本的屬元槧無疑矣。蔡、耿兩本，詹事所見者俱歸予齋，因並以此附之，俾相鼎峙云。彥合主人記，時甲子仲秋。

每半葉十四行，行二十五字。有“虞山景氏家藏”、“徐氏秋寶”各印。

【藏園群書經眼錄】卷三·史部一·紀傳類，第一四五至一四六頁

史記集解索隱一百三十卷漢司馬遷撰　　劉宋裴駰集解　　唐司馬貞索隱

蒙古中統二年平陽道段子成刊本，半葉十四行，行二十五字，白口，四周雙闌，版心上記字數，下記刊工人名，左闌外有耳記篇名。間有補版，則黑口單闌，闌外無耳，無刊工人名。

鈐“古瓦山房尤氏珍藏印”。癸丑

史記集解索隱一百三十卷漢司馬遷撰　　劉宋裴駰集解　　唐司馬貞索隱

明刊本，半葉十四行，行二十五字，注雙行同，黑口四周雙闌。

前有中統二年歲在辛酉季春望日校理董浦序。十行十八字，後半葉鈔補
七行。有集解索隱注，無正義。前有楊紹和手跋，錄如後：

　　　"錢曉徵詹事養新錄記所見《史記》舊槧，一宋乾道蔡傅卿
　　本，一宋淳熙耿直之本，一元中統本，云海寧吳槎客藏，計其時
　　亦在南宋之季。嘉興錢警石丈校史記雜識中亦有中統本，稱
　　假自拜經樓，蓋即詹事所見之本也。予於吳本未得目驗，錢校
　　曾錄副藏之。此本首載中統二年校理董浦序，與吳本同，然核
　　之錢丈雜識殊歧異。雜識謂猶避宋諱，此本則否。又每葉末
　　行外上角標題篇名，此本亦無之。至田敬仲世家標題後齊世
　　家，尤錢丈所譏爲臆造，此本並不誤。且以校本勘對，合者固
　　十九，而所謂譌者脫者此本多不譌不脫，如《五帝紀》登熊湘，注益陽
　　縣譌益縣耳。《夏本紀》以出入五言女聽，脫聽字之類，不勝枚舉。判然出於
　　兩刻。予按中統二年其時尚稱蒙古，迨至元八年十一月始改
　　國號曰元，董浦序中統上署皇元二字，自是後人追改，必非段
　　氏原刊之舊。顧追改者既稱皇元，則猶是元翻可知。由是推
　　之，吳本與此皆元代從段刊重雕之本，故於雜識所云密行細字
　　大致略同，特此本已補填宋諱，校讐之功復加審耳。詹事直以
　　吳本刊於中統時，則非也。予又藏有建陽尹覆本，標題欵式全
　　經竄易，望而知爲明人陋版，愈證此本的屬元槧無疑矣。蔡、
　　耿兩本詹事所見者俱歸余齋，因並以此附之，俾相鼎峙云。彥
　　和主人記，時甲子仲秋。"

按：余昔年曾收得中統本《史記》全帙，其字體方整，氣息樸厚，
版式略爲狹長，與此大不類，余以爲乃真中統本，故其體格尚與宋
刊相近。若此本字體散漫，刻工草率，決爲明覆本無疑。余別藏有
明正統時游明刻本，持與此本相較，其版式刊工正同，則決爲游明

本可知矣。楊氏未見真中統本，故其言游移不決如此也。藏園。藜玉堂送閱。己卯十一月二十八日。

宋本漢書一百二十卷六十冊六函

此先公四經四史齋所藏《漢書》第一本也。每半葉八行，行大十六字，小二十一字。《目録》前木記云"建安蔡琪純父刻梓於家塾"。每卷首行小名在上，大名在下；次行題"漢護軍班固撰"；三行題"唐正議大夫行祕書少監琅邪縣開國子顏師古集注"。每卷末識云："右將監本、杭本、越本及三劉、宋祁諸本參校，其有同異並附於古注之下。"又正文若干字，注文若干字。考黃堯圃《百宋一廛賦》《後漢書》注云："殘本二，嘉定戊辰蔡琪純父所刻。"此本自是同時授梓者。《志》第九、《列傳》第四十五、第四十六、第四十七上、第六十九上中，均以別本配補。每半葉十行，行大十九字，小二十二字。每卷末識云"右宋景文公手校辨疑並見注内"，或云右宋景文公參校諸本，手所是正，並附古注之下，每卷均微有異同。無正文注文字數及卷首撰注兩行，即慶元嗣歲劉之同本也。近時瞿木夫中溶《奕載堂集》、吳槎客騫《愚谷文存》、錢警石泰吉《甘泉鄉人稿》，皆載有蔡刻殘卷，頗疑爲之同本，蓋未見卷首木記耳。道光壬寅先公觀察夷門，嘉興錢心壺先生方主講大梁書院，與先公爲至交。一日語先公曰："公好聚書，此間有一奇書，乃人人所共讀，而人人所未見者，公其有意乎？"先公驚詢之，以此本對，並云商邱宋氏故物也，而訪求不果獲。至丁未，先公巡撫關中，始以朱提五百易得之。有"古虞毛氏奏叔圖書記"、"御史振宜之印"、"御史之印"、"季振宜印"、"滄葦"、此二印大小各一。"季振宜讀書"、"揚州季氏"、"齊菴"、"馬思"、"乾學"、"徐健菴"諸印。重加裝潢，貯以六函，函十冊，其原冊則《延陵書目》所載之五十有四也。案:《漢書》自淳化五年命官分校"三史"，始有雕本。迨景德、景祐間疊事重刊，最稱精善，在宋槧中固當褒然首舉。而之同取蕭該《音義》、三劉《刊誤》、宋景文《校語》附之注末，並以熙寧以來十四本逐加讐對，是正良多，亦可云有功班史，故我朝武英殿本悉據之同原刻。凡明監之脱漏舛誤，所謂於顔注十删其五，於慶元所附諸家之説十存其一者，一一爲之補闕訂訛，力存真面，而孟堅一家言庶無遺憾矣。此本刻時已後之同十四年，卷首所列參校諸本俱仍其舊，惟於王宣子前添入劉共甫本，可知即從之同本覆出。然木夫取校殘本八卷中，已謂有殿本所無及不全者，多出三十餘條。瞽石以吳藏十四卷校汲古閣本，其改益又不下數十百處，全書之佳，可以概見，不特卷前標題兩行獨勝他本已也。_{並見吳、瞿兩跋。}至楮墨之工雅，尤爲目所懽觀。視景德、景祐兩刻，幾如華嶽三峰，屹然鼎立，試取補入之卷衡之，直星淵矣。蓋此雖以之同爲藍本，而契勘之功，實益臻詳密。寫刊則一依真、仁朝官本舊式，用能精善乃爾。心壺先生謂是奇書，亮哉。昔王弇州《跋》自藏《漢書》云:"余生平所購《周易》、《禮經》、《毛詩》、《左傳》、《史記》、《三國志》、《唐書》之類，過二千餘卷，皆宋本精絶。最後班、范二《漢書》尤爲諸本之冠，桑皮紙，勻潔如玉，四旁寬廣，字大者如錢，絶有歐、柳筆法，細書絲髮膚緻，墨色清純，奚潘流瀋。蓋自真宗朝刻之祕閣，特賜兩府，而其人亦自寶惜，四百年而手若未觸者。"今證之此本，正無毫髮異，重規疊矩，洵足焜耀前輝。而《周易》、《禮經》、《毛詩》、《左傳》、《史記》、《後漢書》、《三國志》之屬，_{惟無新舊《唐書》。}余齋亦皆有宋本，卷且過之，琅嬛之福爲何如乎？爰志其款式緣起，並附録瞿、吳、錢三君序跋於後，俾世世子孫永秘爲枕中之鴻寶也。同治上元甲子七月朔日，東郡楊紹和識於宋存書室。

瞿木夫《宋本漢書附録札記序》曰：曩予游宦湘南，獲交海鹽陳珠泉明府玉垣，後又締爲婚姻，蒙以家藏不全宋本《太平御覽》十九卷及《漢書》二種見贈，皆難得之祕笈也。《漢書》一種係大字本，中附蕭該《音義》及三劉《刊誤》、宋景文校語等，僅存六册。首起《文帝紀》下"憂苦萬民"至末。又《景帝紀》卷首至"夏募民"止。《昭帝紀》卷首至"夏爲大"止。又《李廣蘇建傳》及《魏相丙吉傳》卷首至"獨賴吉得其思"。今本作"恩"。止又《揚雄傳》上下及《儒林傳》卷首至《梁丘賀傳》"執戟"止。共八卷，而全者止三卷耳。每葉十六行，行十六字。版匡左上角外有耳題。每卷首行大題在下；次行題"漢護軍班固撰"；三行題"唐正議大夫祕書少監琅邪縣開國子顏師古集注"。卷尾皆有二行云："右將監本、杭本、越本及三劉、宋祁諸本參校，其有同異或作"異同"並附於古注之下。"又《文帝紀》及《李廣蘇建傳》尾行並存記正文、注文字數。考《漢書》之有注始自晉，晉灼以服虔、應劭等《音義》及自爲增論，集爲十四卷，號曰《漢書集注》。又有臣瓚者，即傅瓚也，總集諸家音義，益以己見，凡二十四卷，分爲兩帙。顏師古謂考其時代，亦在晉初。又謂今之《集解》、《音義》即是其書。則唐時傅瓚之書尚有單行本也。師古又謂東晉蔡謨全取臣瓚一部散入《漢書》，自此以來始有注本。據司馬貞《史記索隱自序》言，《漢書》蔡謨《集解》之時已有二十四家之説，則師古以前已有有注之《漢書》矣。《直齋書録解題》云："師古承太子承乾之命，總先儒注解，服虔、應劭而下二十餘人，删繁補略，裁以己説，遂成一家，世號杜征南、顏監爲左氏、班氏忠臣。"即今所傳顏師古注之《漢書》，而此宋本則云《集注》者是也。考師古所列諸家注釋名氏、爵里，始於後漢譔《漢紀》三十卷之荀悦，終於後魏譔《音義》之崔浩。《漢紀》別自爲書，並非注解音釋。而崔浩又在蔡謨之後，其非蔡謨散入，臣瓚所集，而爲師古所增入無疑，《史記索隱》亦屢引崔浩之語。齊學士召南武英殿刊本《漢書考證》云："案：師古所刊諸家名氏，自荀悅至崔浩共二十三人，而監本載宋景祐時余靖上言，總先儒注解名姓可見者三十五人，蓋‘三十五’係‘二十三’傳寫之訛也。"中溶案：小司馬謂蔡謨《集解》已有二十四家，而今書於蕭該《音義》及李善《文選注》等書所引服虔、應劭等文，往往有出師古此書之外，則知小顏於臣瓚之書删削者不少矣。惟蕭該《音義》一書，宋時尚有傳本，而師古在唐時獨無一字及之，何耶？宋景文《筆記》言"曾見蕭該《音義》若干篇，然本書十二篇，今無全本，今略記於後"，則有《施讐傳》一條、《趙子傳》一條、《顏安樂》及《瑕邱公傳》各一條，又《揚雄傳》十條，共十四條。末云"尚有一卷未尋得"。而慶元元年劉之同所刊《漢書》，取宋景文所校外，又於注末增入《諸儒辯論》，所列名目以蕭該《音義》居首，是劉之同於宋校外復有所采，可知劉亦見蕭書矣。今此殘宋本所載蕭該語，非景文《筆記》所有者甚多，而其上無"宋祁曰"者，或皆之同采自本書者也。據之同言"景文所校十五家文，有殊異皆疏於上方，其間或有《名儒辯論》，亦附於是。今一依謄寫於注釋之下，悉從附入，以圈間之，使不與注相亂"云云。今觀此本，與之同之言合。而云疏於上方，可知景文原校於書之上方，之同輩始以其語附入注下。蓋景文隨手寫錄，參差錯落，後人未加細別，亦復雜沓無次耳。故宋本所附韋昭、晉灼等文，或作蕭該，或作宋祁，或其上竟無蕭該、"宋祁曰"，體例混殽，究不能定爲何人之書矣。明南監本《漢書》，師古注多删削不全，以宋本校毛氏汲古閣本，師古注皆同，可知毛本勝於監本。但毛本不附蕭該《音義》、劉、宋等校語，而以殿本校監本，則知監本所附甚多遺漏。又以宋本校殿本，知亦尚不全，殿本不能家有其書，而宋本雖係殘帙，尤不易覯。今取蕭該等文，凡殿本、監本所無者，盡爲録出，輯成一編，俾讀史者藉此聊擴見聞耳。並以家藏明成化補印之元大德乙巳太平路刊本及監本、毛本互校，與宋景文等所校各本異同者，亦爲標出，以見各本源流不同，皆不可偏廢也。殿本、元本師古注亦皆與宋本合，惟元本不附蕭該等文，與毛本同。據宋本卷尾題“將監本、杭本、越本及三劉、宋祁諸本參校”，而書中引監本等上每有“宋祁曰”，可知即係景文所校也。惟監本前劉之同所列景文十五本名目有浙本而無杭本，此書中亦無云杭本者，疑浙本即杭本。而十五本中並無越本，此書中宋祁每引越本，未知之同何以遺之。考景文所校各本外，又采蕭該《音義》，其所云諸《顏氏家訓》作“褚”。詮、陳武、齊恭者，皆當爲蕭該《音義》中所引。而此書中往往不作蕭該《音義》，上止標“宋祁曰”。以其中宋祁引李善《文選注》上有誤作“蕭該《音義》曰”者揣之，知必是以蕭該誤作宋祁也。並有錯入景文《校語》之上下無圈間之而並未見於《筆記》者，恐又皆劉之同輩別據原書增入也。其服虔、應劭、蘇林、李奇、鄭氏、張楫、孟康、韋昭、晉灼等語，當亦皆蕭該《音義》等書所引。惟晉呂忱所作《字林》，《直齋書録解題》載有其書五卷，景文猶或可見而采之。景文采《音義》各字書之外，又引《文選六臣注》、殷敬慎《列子釋文》、宋咸、司馬光等《法言注》，兼及劉禹錫《嘉話》、《學林》、江鄰幾、黄朝英、陳正敏、寶萃、寶革、龔疇諸家語，而三劉《刊誤》、朱子《通鑑考異》、孔武仲《筆記》等，則又劉之同所云今本注末入《諸儒辯論》之書也。予故疑此宋本即之同所刊之原本，且考書中“廓”字避寧宗嫌名闕筆。之同《序》作於慶元元年，正在其時，惜未得見其卷首序例一證之耳。南監本既載之同序例於前，似亦即之同本,其删削注文又不知出自何人手也。予又嘗見吳門周香巖孝廉家不全宋本二卷,版式與此無異,乃《景十三王傳》第二十三、《司馬相如傳》第二十七上,卷尾亦皆有"右將"云云二行及正文、注文字數,蓋同一版刻也。予時在紫陽書院甥館假讀,即以院中所貯殿本草草校讐一過。如《相如傳》"慕藺相如之爲人也"下有"劉氏校本云監本'相'字下無'之'字";又"礵石武夫"下有"宋祁曰注文'蒽蘢'字上有'地采'字";又"鮔鱨漸離"下有"宋祁曰注文'華山'越本作'鞏山'"。此三條,亦皆殿本所無也。昔予友陽湖臧在東庸堂據殿本采蕭氏《音義》爲上中下三卷,刻於粵東。今就此殘宋本八卷中,有殿本所無及不全者,多出三十餘條,皆其書所遺,惜在東久作古人,不及據以補入改正耳。噫! 寒士家無儋石儲,苟得南監本史書插架而讀之已爲快事矣。而未見宋本,又何從知其尚非唐宋時完書耶? 予故既爲《札記》二卷,并推究其梗概而詳序於前。

　　吳槎客《宋槧漢書殘本跋》曰:《漢書》以宋真宗景德中雕本爲第一,當時惟位登兩府者始得拜賜。厥後仁宗景祐重刊本亦佳,故前輩論宋槧之精者,舉無出《漢書》之右。此一十四冊,每冊爲一卷,皆"列傳",中間有闕縫,且亡其首尾,刊書歲月莫可稽。然楮墨精好,字兼歐、柳,筆如銀鈎鐵畫,實目所懂覩。至其行款之古,試以明南、北監本校之,開卷便夐然不同。如首行北監本列書名在上,人名在下;宋本則人名在上,書名在下。此所謂大名在下,小名在上者也。次行監本題"漢蘭臺令史班固撰",宋本則曰"漢護軍班固撰"。考《范史》本傳,固顯宗時召詣校書部,除蘭臺令史,未久遷爲郎,典校祕書。綴集所聞,以爲《漢書》。自永平中受詔,潛精積思二十餘年,逮建初中始成。永元初,大將軍竇憲征匈奴,以固爲中護軍。憲敗，坐免官，遂死獄中。是固作《漢書》，不盡在蘭臺令史時，而稱“護軍”，乃以其終於此職也。三行監本署“唐正議大夫行祕書少監琅邪縣開國子顏師古注”，宋本“注”上有“集”字。按：師古《漢書敘例》云：晉晉灼爲《漢書集注》一十四卷，直永嘉喪亂，不至江左。故師古爲此注亦號《集注》，蓋是祖述灼意。而世本都無“集”字，亦非也。至注中諸家考校音釋，俱極詳備。監本任意芟薙，全失本來面目。微此，又烏從而知之？昔何義門太史嘗得北宋大字監本班《書》，乃王麟洲故物，惜其精而不全。其弟心友畏三又購得徐東海家北宋大字本、南宋乾道丁亥小字本，義門自詫晚年多幸，得見異書。今此本雖無歲月可稽，中多避孝宗、光宗諱，疑即慶元嗣歲建安劉之同校刊之本，更俟博識者詳焉。

　　錢警石《宋殘本漢書考異跋》曰：拜經樓宋本《漢書》，今藏槎客先生文孫玉文上舍之璪所。玉文爲小尹先生壽照嗣子。小尹先生與先叔父觀察、學士兩公同舉乾隆丙午鄉試。兩家夙有文字緣。戊戌秋日，乃介槎翁從孫讓木茂才之栯借校一過，其與汲古閣本異同者，余撰《考異》詳之。《王嘉傳》中“一日二日萬機”注尾錄宋氏語，槎翁有訂正，寫於別紙，今亦錄《考異》記中。“慎”字多缺避，“敦”字或避或不避，當爲光宗時刻本，而高宗以上之諱，亦或避或不避，此蓋寫刻者之過。謝山全氏嘗引周平園《文苑英華序》謂於唐人諱本朝諱，或去或存，以證成都《石經》避諱之不畫一，不必以是爲疑。《外戚傳》童謠云：“燕燕尾涎涎。”師古曰：“涎涎，光澤之貌也，音徒見反。”《五行志》中之上同。按：《玉篇·水部》“涎”字注：“徒見切，涎涎，好皃。”《廣韻》三十二《霰》電紐下“涎”字注：“涎涎，美好皃。與口液之‘涎’迥殊。”《類篇·水部》“涎”，又堂練切，涎涎，光澤皃”。《集韻》三十一《霰》電紐下“涎”字注：“涎涎，光澤皃。”正用顏氏《漢書注》

文也。近刻《漢書》誤作"涎涎"。《經籍籑詁》亦沿訛,於一《先》"涎"字下引《五行志》及《外戚傳》。賴此《外戚傳》下及汲古閣本《五行志》、《外戚傳》可以訂正。《翟方進傳》"斥事感名"注中,此本亦誤"涎涎",汲古閣本不誤。《杜鄴傳》:"昔文侯寤犬鴈之獻,而父子益親。"按:《太平御覽》卷一百四十六引《說苑》:"魏太子擊趙倉唐緤北犬、奉晨鳧以獻。"卷七百七十九引《韓詩外傳》事更詳。此杜鄴語所本也。《說苑》、《韓詩外傳》,余無善本,故據仿宋本《太平御覽》。他本《漢書》俱作"大鴈",獨此正文及注皆作"犬鴈",真可謂一字千金矣。《循吏傳·黃霸傳》中"霸以爲神雀,議欲以聞"下錄蕭該《音義》,有"予見徐鍇本"之語,乃誤以宋景文爲蕭氏,當依殿本勘正。《薛宣傳》中"焉可憮也"下蕭該《音義》引《學林》,《翟方進傳》"多辠爲姦利者"下宋祁引《學林》,今皆見王氏《觀國學林》中。王氏爲南渡以後人,不獨蕭博士《隋書·儒林傳》。曠代遙遙不相及,宋景文亦豈得引之。然武英殿校刻《漢書》,據慶元舊本錄蕭氏、宋氏語亦然。蓋宋氏校語中,往往稱熙寧監本、舊刻,多不及辨正而錄之,亦不得專咎此本也。海鹽張芑堂徵君曾藏《楊雄傳》,與此刻同,槎客先生有《跋》,惜未影鈔於後,不知尚可得見否。

　　弇州本《漢書》,初爲趙文敏故物,卷首有文敏自寫真,弇州亦繪一樣於後。弇州歿,歸新安富人。錢牧齋以千二百金從黃尚寶名正賓。購之,崇禎癸未轉鬻四明謝象三,自謂此書去我之日,與李後主聽教坊雜曲,揮淚對宮娥一段淒涼景色約略相似。順治間,復售諸新鄉某公,見《筠廊偶筆》。後遂貢入中祕。汪謹堂參知《跋手臨趙書汲黯傳》云"往於內府見公所藏宋刻《漢書》",今觀《跋》語謂手鈔,知非臨仿。又謂"此刻有唐人遺意",益知非歐、褚墨揭。蓋所鈔即宋刻《漢書》耳。觀此,則字畫之精妙可想,故久烜赫於世,莫

不以景祐本推之。然謹考《天禄琳瑯書目》曰"宋景德二年七月中
書門下牒文具載篇首，結銜爲畢士安、寇準、王旦、馮拯，書尾載'淳
化五年奉敕刊正'。至道三年吕端等進書後，又有景祐元年余靖奉
詔偕王洙赴崇文院讐對、嘉祐六年陳繹重校、歐陽修看詳雕印、熙
寧二年書成奏御各銜名。然詳閱首葉牒文中'愼'字缺筆，係避孝
宗諱；又凡遇'完'字皆缺筆，係欽宗嫌名。則明爲南宋重刻"云云。
可知非景祐原本，特弇州葷未加詳考，乃誤爲北宋槧耳。此本刊時
正相去伊邇，且亦仿真、仁朝官本舊式者，不識可當唐臨晉帖否？
而寶玉大弓之喻，則庶乎伯仲間矣。紹和又記。

　　何義門兄弟校宋本中有建寧書鋪本，即此。小山校語謂爲惡
本，警石丈頗疑所見非原刻。又顧澗蘋《百宋一廛賦》著録景祐本，
恐亦弇州本之類，未必真景祐原刻。有"每之同而愈况，胡項背之敢望"云
云，"同"訛作"冏"，明嘉靖監本誤作"問"。黃蕘圃《注》並以爲元人。
之數君者，皆博雅士，而涉筆之誤如是。吳荷屋先生謂："大率文人
好爲論説，不顧矛盾，學者宜加省焉。"信然。彥合。①

　　【藏園群書題記】附録二·海源閣藏書紀略，第一〇九二頁
　　宋本《漢書》，宋蔡琪一經堂本，大字姸美，八行十六字，鐵畫
如鉤。

　　【藏園訂補郘亭知見傳本書目】卷四·史部一·正史類，第二〇六頁

---

① 　宋本漢書。周批："大字，初印，黃紙。"周批本第205頁。

漢書一百卷漢班固撰，其妹昭續成之，唐顏師古注

　　○宋建安蔡琪一經堂刊本，八行十六字，注雙行二十一字，細黑口，四周雙闌，左闌外上方標篇名、人名。卷末有"右將監本、杭本、越本及三劉、宋祁諸本參校，其有同異並附於古注之下"二行，並記正文、注文字數。目錄前有木記，文曰"建安蔡琪純父刻梓於家塾"。聊城楊氏藏一帙，爲四經四史齋所藏宋本四史之一。江南圖書館及顧麂士均有殘本。

宋本漢書一百二十卷三十冊

　　此本與宋本《後漢書》行式悉同，共爲一帙，卷首有拙跋。因其中多辨證《范書》語，故錄之。《范書》之後有"琴塢"、"舊廬舊史氏章"、"屠倬"、"孟昭父印"各印。

元本漢書一百二十卷三十冊一函

　　每半葉十行，行二十二字。目錄後《跋》云："江東建康道肅政廉訪司以《十七史》書艱得善本，從太平路學官之請，編牒九路，令本路以《西漢書》率先，俾諸路咸取而式之，置局於尊經閣，致工於武林。三復對讀者，耆儒姚和中輩十有五人；重校修補者，學正蔡泰亨。板用二千七百七十五面，工費具載學計，茲不重出。始大德乙巳仲夏六日，終是歲十有二月廿四日。太平路儒學教授曲阜孔文聲謹書。"又後列"承務郎太平路總管府判官劉遵督工，中順大夫江東建康道肅政廉訪副使伯都提調"銜名兩行。有"蘭陵蕭江氏藏書記"印。

【藏園群書經眼録】卷三·史部一·紀傳類,第一六一頁

太平路學新刊班固漢書一百卷漢班固撰　唐顏師古注(前序標題如此)

　　元刊本,十行二十二字,注雙行同,黑口四周雙闌,版心上記字數,下記人名。目後有大德乙巳太平路儒學數授孔文聲跋,跋後有銜名二行:

　　　承務郎太平路總管府判官劉遵督工

　　　中順大夫江東建康道肅政廉訪副使伯都提調

　　鈐有"蘭陵蕭江氏藏書記"。楊敬夫藏書,乙亥正月七日見

【藏園訂補郘亭知見傳本書目】卷四·史部一·正史類,第二〇六頁

　　漢書一百卷漢班固撰,其妹昭續成之,唐顏師古注

　　〇元大德九年太平路儒學刊本,十行二十二字,注雙行同,細黑口,四周雙闌。目後有大德乙巳太平路儒學教授孔文聲跋並督刊銜名二行。海源閣遺書。

宋本後漢書一百二十卷四十册四函

　　先公得嘉定本班《書》後,嘗欲更得范《書》善本以爲之偶,而求之數年不遇。咸豐辛亥始獲此本於吳門,亦南宋時刊,雖密行細字,視班《書》少異,而昔人所云紙潤墨香,秀雅古勁,展卷便有驚人之處者,則同一精絕。且嘉定本范《書》《志》前删去劉宣卿注補本《序》,每卷首仍題宣城章懷銜名,極爲何義門所詆,此本固無是也。義門謂"初讀是書,嫌其訛謬頗多,及觀劉氏《刊誤》,乃知在北宋即罕善本,緣前人重之不如班《書》故也"。予按:汪文盛、毛子晉各

本,其源俱出宋槧,而范《書》實遠不逮班,則義門之説良然。此本自明以來,歷經汲古、延令、傳是諸賢藏弄,圖記凡數十,其珍秘可見,俾爲班《書》强對,洵稱雙拱璧矣。以卷前有季氏印者計之,原册乃二十有八,《延令宋版書目》著録《後漢書》二十六本,蓋傳寫偶誤耳。俟重裝時,當如其舊更定之。同治甲子東郡楊紹和識。在卷末。

　　每半葉十三行,行二十三四字不等。目録後木記云:"本家今將前、後《漢書》精加校證,並寫作大字鋟版刊行,的無差錯,收書英傑,伏望炳察。錢唐王叔邊謹咨。"又"武夷吳驥仲逸校正"題款一行。按:義門校本中所記隆興二祀麻沙劉仲立本亦有此題款。有"趙宋本"、"華亭朱氏珍藏"、"汲古閣印"、"汲古閣世寶"、"汲古閣毛姓祕翫"、"毛晉祕篋"、"子晉"、"毛鳳苞印"、"子晉氏"、"毛宬之印"、"斧季"、"毛斧季收藏印"、"中吳毛斧季圖書記"、"毛氏藏書"、"子孫永寶"、"子孫世昌"、"在在處處有神物護持"、"泰谿季振宜印"、"蒼葦"、"季滄葦氏圖書記"、"御史振宜之印"、"揚州季氏"、"滄葦"、"振宜之印"、"季振宜讀書"、"御史之章"、"乾學"、"徐健菴"、"毘陵周氏"、"九松迂叟藏書記"、"周良金印"、"周氏藏書之印"、"周誥之印"、"伯雅私印"各印。又卷中每於字旁識以朱點,眉間鈐一印,印作兩重,上重真書曰"古義",下重篆書曰"七十三老生記",皆朱文。[1]

　　【藏園批注】字體秀勁,與乾道蔡夢弼《史記》相類,蓋閩本之最佳者。綫口雙闌。版心記"後漢記"字。

---

[1]　宋本後漢書。周批:"建本,似《晉書》。黄紙。前數卷刻工極精。"又批:"今求到劉博士《東漢刊誤》,續得此書引行。此行在目録後。三十八至四十三配本,較遜。"周批本第239、241頁。

【藏園群書經眼録】卷三·史部一·紀傳類，第一六七至一六八頁

後漢書注九十卷劉宋范曄撰　唐李賢注**志注補三十卷**梁劉昭撰△八四六

　　宋王叔邊刊本，半葉十三行，行二十三字至二十四字不等，線黑口，左右雙闌，版心記"後漢紀"字。目録後有木記，録後：

　　　　本家今將前後漢書

　　　　精加校正並寫作大

　　　　字鋟板刊行的無差

　　　　錯收書　英傑伏望

　　　　炳察錢塘王叔邊謹咨

　　後隔三行題："武夷吳　驥仲逸校正。"

　　鈐有汲古閣毛氏父子、季振宜、徐乾學、周良金諸家印記，又楊氏諸印。

　　按：此海源閣楊氏四經四史之一，字體秀勁，與乾道蔡夢弼本《史記》相類，蓋閩本之最佳者，惜未能假校。海源閣書，辛未二月十二日觀于天津鹽業銀行庫房。

【藏園訂補郘亭知見傳本書目】卷四·史部一·正史類，第二〇九至二一〇頁

後漢書一百二十卷本紀十卷，列傳八十卷，宋范曄撰，唐章懷太子注
志三十卷，晉司馬彪續漢書文，梁劉昭注

　　〇宋王叔邊刊本，十三行二十二至二十四字，注雙行二十八字，細黑口，左右雙闌。目後有錢塘王叔邊刊書識語五行。此爲南宋初建本之精者，聊城楊氏海源閣四經四史齋所藏四史之一。日

本亦有一帙。

宋本後漢書一百二十卷三十冊

　　昭文張氏《藏書志》載有北宋刊《後漢書》,云:"字畫清朗,'桓'字、'構'字俱不缺筆,板心有大德九年、元統二年補刊字,蓋北宋刊板,元代補修之本。每葉二十行,行十九字,注二十五字。"即此本也。但此本尚有注宣德、正統者,自是印時在後,又經明代續修矣。海寧陳氏《綴文》中所跋《後漢書》,亦即此本,特定爲元翻宋板,則偶未審耳。蓋自大德上溯元初,僅廿餘年,若出元刻,不應已有補修也。陳氏云:"取汲古閣本校之,凡劉《刊》吳《補》及近刻惠氏《補注》所已辨者,俱不具論。如今本《和帝紀》云:'孝和皇帝諱肇。'注:'伏侯《古今注》曰:肇之字曰始,肇音兆。臣賢案:許慎《説文》:"肁,音大可反,上諱也。"但伏侯、許慎並漢時人,而帝諱不同,蓋應別有所據。'是本正文作'諱肇',注伏説作'肇',許説仍作'肁'。按:《説文》云:'肁,上諱,在戈部。'當從戈、聿聲。惟伏侯《古今注》從攴作肇,故云伏、許並漢時人,而帝諱不同。若如今本溷而爲一,何不同之有耶? 斯可寶一也。今本《鄭康成傳》云:'師事京兆第五元。'是本'元'下多'先'字。又云:'吾家舊貧,不爲父母群弟所容。'是本無'不'字,俱與唐史承節所譔《鄭公碑》合。吾師阮撫使《山左金石考》云:'爲父母群弟所容,猶言幸爲親包覆成就,蓋不欲舉親之失如此。自後校書者,因前不樂爲吏,父數怒之,遂疑此書爲父母群弟所容不相合,輒妄加"不"字,踵謬至今,是碑遠勝今本《後漢書》。'鱣今得見元本《後漢書》無'不'字,斯可寶二也。今本《阜城王延傳》云:'以汝南之長平、西華、新陽、扶桑四縣,益淮陽國。'注:'扶桑,故城在陳州太康縣北。'是本作'扶樂'。

按：錢詹事《考異》云：'扶桑'當依閩本作'扶樂'。鱣謂'桑'、'樂'形似致誤。《劉隆》、《馬援》二傳皆作'扶樂'。《郡國志》陳國有'扶樂'可證，斯可寶三也。今本《郭太傳》云：'初，太始至南州，過袁奉高，不宿而去；從叔度，累日不去。或以問太，太曰："奉高之器，譬之泛濫，雖清而易挹；叔度之器，汪汪若千頃之陂，澂之不清，撓之不濁，不可量也。"已而果然。太以是名聞天下。'凡七十四字。是本皆章懷注引謝承之文。按：《考異》云：'初讀此傳，至此數行，疑其詞句不倫。後得閩中舊本，乃知本章懷注，今本皆儳入正文。閩本係嘉靖己酉按察使周采等校刊，其原出於宋刻，較之它本爲善。如左原以下十人，附書《林宗傳》末。今皆各自跳行，閩本獨否。'鱣於是本，益歎詹事之言信而有徵。其左原以下十人並不跳行，斯可寶四也。今本《律曆志》云'五者以備'，是本作'五是以備'。《考異》云：'閩本及古本作"五者"，此後人以今本《尚書》易之。'鱣按：《李雲傳》云：'五氏來備。'注：'是與氏古字通。'蓋惟古本《尚書》作'是'，故章懷云然。三國時，'氏儀'亦作'是儀'。閩本雖出於宋，然此等舛訛猶未盡善，斯可寶五也。"正與此本相合。惟"扶樂"此本已作"扶桑"，而此葉適是明修之板，想補刊時誤改，陳氏所見，猶未經明修之本也。先大夫平生愛讀龍門、班、范之書，搜羅善本最多，而以四經四史齋所藏者爲甲觀。此本以紙墨校之，似當居乙，然視大德太平路所刊，實遠過之。明以來諸本無論已，可勿寶諸。同治紀元冬月，東郡楊紹和識。_{在《漢書》卷首。}

　　《藏書志》又云："卷末有'右奉淳化五年七月二十五日敕重校定刊正'一條，後列'承奉郎守將作監丞直史館賜緋魚袋臣孫何、承奉郎守秘書省著作佐郎直集賢院賜緋魚袋臣趙安仁'二行。"_{原注下缺。}此本卷末數葉《漢書》亦缺卷末數葉，鈔補。並《志》第十至十九均舊鈔補，而標題行款殊不合，當據他刻錄入，故無此銜名矣。又《潛研堂集・跋後漢書》云："此本雖多元大德九年補刊之葉，尚是舊刻，於'朓'、'敬'、'恒'、'徵'字皆闕末筆，而'讓''勗'卻不回避，知係嘉祐以前刊本，較之明本有霄壤之隔矣。"是錢氏亦以此本爲北宋槧，因並記之。彥合。在末卷後。

【藏園訂補郘亭知見傳本書目】卷四・史部一・正史類，第二〇九頁

後漢書一百二十卷本紀十卷，列傳八十卷，宋范曄撰，唐章懷太子注
志三十卷，晉司馬彪續漢書文，梁劉昭注

〇宋刊中字本，十行十九字，白口，左右雙闌。海源閣遺書。

元本後漢書一百二十卷一百冊十函

景祐《校正後漢書狀》後有"大德九年十一月望日，寧國路儒學䍐教授任内刊"一條，爲書賈裁去，行式與太平路所刊《漢書》同。有"金氏圖書"、"清白吏之子孫"兩印。

宋本三國志六十五卷三十二冊四函

往讀錢曉徵先生《廿一史攷異》[1]，《三國志・虞翻傳》"劓殯候"一條云："按：字書無'劓'字，蓋'鄮'之訛。鄮，莫候切。此'殯候'二字，當作'莫候反'，本小字夾注誤入正文，又誤合'莫反'二字爲'殯'。後見内府本，果如予説。"並見《跋乾道四明圖經》。予案：武英殿官刻，以南、北宋本、元本、明監本、汲古閣本互相讐正，最爲精

---

① 《廿一史攷異》，"一"當作"二"。

審,而此條《考證》云"各本俱訛",是宋本已然矣。今驗之此本,乃以"莫侯反"三字側注,正與殿本恰符,惟"鄺"字亦誤從刂。因取殿本略加勘對。如《考證》所云:《三少帝紀》"不利而還"注"并力討恪","恪"疑作"胡"。"散騎常侍王業"注"《國語》曰","國"疑作"世"。《邴原傳》"河南扶風龐迪","迪"疑作"迁"。《管寧傳》"王烈者,字彥方","方"疑作"考"。《張既傳》"語在《夏侯元傳》"注"何材如是而位至二千石乎","至"疑作"止"。《彭城王據傳》"削縣二千户"注"列書載璽書曰""列"疑作"魏"。《劉二牧傳》"由墊江水詣涪,去成都三千六十里","千"疑作"百"。《姜維傳》"仕郡上計掾,州郡爲從事",下"郡"字疑作"辟"。《孫策傳》"封爲吳侯"注"陰襲圖策","襲圖"疑作"圖襲"。《吳主權傳》"劉備稱帝於蜀"注"魏啟曰","啟"疑作"略";"加淵爵位"注"復書曰","書"疑作"奏"。《士燮傳》"尉他不足疏也"注"捧其頤搖稍之","稍"疑作"捎"。"頤",此本作"頭",與汲古合本同。《程普傳》"增兵二千,騎五十四","四"疑作"匹"。《吕範傳》"還吳,遷都督"注"曰稱領都督","曰"疑作"自"。《朱異傳》"魏軍大破"注"而用侯子言","侯"疑作"偯"。《張溫傳》"納愚言於聖德","德"疑作"聽"。《陸瑁傳》"父績早亡,一男一女","一"字疑作"二"。《陸遜傳》"權使鄱陽太守孫魴","孫"疑作"周"。《賀齊傳》"令楊松長丁蕃留備餘①漢","楊松"疑作"松楊"。此本作"陽"。《吕岱傳》"以博爲高涼西郡都尉","郡"疑作"部"。皆明知有訛誤而尚仍其舊者,可見據校之宋本,亦不免舛謬,惟"并力討恪"、"字彥方"兩條,云宋本作"胡"、作"考"。故未敢意爲竄改,蓋慎之至也。此本則視所疑之字一一相合,又如《王

---

① "漢"當作"汗",音"干",見《三國志·吳書·賀齊傳》。

朗傳》"進封樂鄉侯"注"釀醠必貫三時而後成","醠"當作"酎"。
又《諸葛亮傳》"遂詣曹公"注"聞元直、仕元仕財如此","仕元"當
作"廣元"。《甘寧傳》"祖又以凡人畜之"注"王不能用","王"當
作"主"之類甚多,亦《考證》所稱各本俱訛者,而此本並不誤。顧殿
本已改定,茲不具述。又殿本《先主傳》"分遣將軍吳蘭雷同等入成都"。《考證》
云:"成都二字疑有誤。"此本作"武都"。按:武都郡漢置,本隸涼州。建興七年始入蜀,
是時尚屬魏境,故下云爲曹公軍所沒。自以作"武都"爲是。然汲古閣本亦作"武都",而
殿本未之及。是書宋槧著録者絕尠,況此本較他本尤多所是正? 彌足
珍貴。至楮墨之精古,猶餘事也。每半葉十行,行大十八字,小二
十三字。每卷大題在下。《蜀》、《吳書》前均有目録,題"三國志目録
中""目録下",而《魏書》無之,想並承祚《進書表》俱闕失耳。卷第
二、第三、第四十、第四十一、第四十二鈔補,字極工雅。卷首有廬
山陽陳徵印。道光己酉先公開府袁江,以重金得之,取配舊藏宋槧
《史記》、兩漢,共成四史。同治甲子秋仲,東郡楊紹和彥合識於四
經四史之齋。在卷末。①

【藏園批注】字體方勁,鋒棱峭厲,與黃善夫本《史記》同。黑
口,四周雙闌,闌外有耳記篇名。

【藏園群書經眼録】卷三·史部一·紀傳類,第一七五頁

三國志注六十五卷晉陳壽撰　劉宋裴松之注　缺卷二、四十、四十一△八四七

宋建本,半葉十行,行十八字,注雙行二十三字,黑口,四周雙
闌,闌外有耳記篇名。字體方勁,鋒棱峭厲,與黃善夫刊《史記》極

---

① 宋本三國志。周批:"黃紙。建本。汪閬源藏書。"周批本第253頁。

相類，建本之精者。印本亦清朗。楊氏四經四史之一。海源閣書，辛未二月十二日觀於天津鹽業銀行庫房。

【藏園訂補郘亭知見傳本書目】卷四·史部一·正史類，第二一三頁

三國志六十五卷晉陳壽撰，宋裴松之注

〇宋中字建本，十行十八字，注雙行二十三字，細黑口，四周雙闌，闌外左上記篇名。海源閣遺書，四經四史齋中宋刊四史之一，缺三卷。日本帝室圖書寮亦藏一帙，已印入百衲本二十四史。

宋本晉書一百三十卷三十六册六函

馬、班、范、陳四史，自宋以來，墨板者衆，不乏流傳，而《晉書》絕少佳刻。明南北監、汲古閣各本展轉相沿訛，幾同自檜。故抱經盧學士《群書拾補》所校《紀》、《志》諸篇，以乾隆四年官本爲主，而取舊本參考異同，獨據鄭樵《通志》所載者居多，蓋爲其尚係宋時之本也。此本以盧氏標舉之字證之，往往吻合，而楮墨如新，色香俱古，洵宋槧中上乘。往歲於關中購得明周若年刊本，卷末有萬曆戊寅吳郡俞元文《後序》，闊行大字，頗極悦目，亦從宋秘閣本翻出者，唯未免烏焉之訛耳。卷中有泰興季氏、崑山徐氏諸印。按：《延陵書目》宋板中著録《晉書》，下注四十本，今以此本卷前有季氏印者計之，恰符四十之數，其每函六册，重裝時併省也。昔王伯厚曰：“四史防於黃帝，五史建於蒼籀。”先公舊藏馬、班、范、陳四史，皆宋槧，更得此繼之，亦足備五史之目矣。同治紀元秋九月，東郡楊紹和識。在卷末。

每半葉十四行，行二十七字。有“宋本”、“榮慶堂”、“松郡朱

氏"、"華亭朱氏珍藏"、"大宗伯印"、"廣乘山人"、"季振宜印"、"滄葦"、"季振宜藏書"、"季振宜讀書"、"御史振宜之印"、"徐印乾學"、"徐健菴"各印。[①]

殘元本資治通鑑一百五十卷六十冊一函

每半葉十行,每行二十字,大小同。是即嘉慶間鄱陽胡氏繙刻本之所出也。此本與胡氏原本雖同出一板,而《天祿琳琅書目》所記,與胡氏本微有小異。考之此本,亦間有異字。此本無王磐《序》,卷百六十二以下全缺,後銜無可考,餘則悉同。鐫刻精良,的屬元初印本。原書一百八十餘卷,有《考異》。辛酉寇亂,焚失三十餘卷,《考異》與末卷正在其中,爰取胡刻新本補之。近年吳越之書多墜紅羊,原本不知尚在天壤間否?此本亦碩果矣。予昨春遊護國寺,見一本乃北宋槧,古雅精善,寶光熊熊,得未曾有,且首尾完具,洵稱奇書。云出一勳戚家,與宋本《六臣注文選》共一袱。議直三日終不就,爲有力者攫去,至今猶怦怦云。同治甲子仲春海源閣主人識。有"袁忠徹印"、"南昌袁氏家藏書畫印"、"安儀周家珍藏"、"麓村"、"檇李項氏家藏"、"項叔子"、"子京"、"天籟閣"、"是書曾藏周元亮家"、"明善堂書畫印"各印。

宋本資治通鑑考異三十卷十四冊

【藏園批注】薄皮紙印,頗清朗。是浙本初刻之佳者,有"曾在春星堂"、"汪士鐘曾讀"、"宋本"。白口,雙闌。上記字數,下記工名。間有校官銜名,如下所記。

---

① 宋本晉書。周批:"建本。黃紙,精美。此是南宋初覆刻北宋本。"周批本第259頁。

是書溫公於元豐七年隨《通鑑》同奏上，本與《通鑑》別行，自胡三省作《音注》，始散入各文之下，殊多漏略。《四庫全書》著錄者，乃明初翻刊單本，此則宋時原槧也。每半葉十一行，行二十字。每卷末間有"通仕郎試太學正臣周固校正"、"承事郎太學博士臣李敦義校正"題款。"敦"字並不回避，自是孝宗以前所刻，故字畫斬方，古勁而雅，與北宋本略同。卷第二十七至末，影宋鈔補，行式一律，工整絕倫，洵書城之寶笈矣。甲子仲秋彥合記。

謹案：《欽定天祿琳琅書目》著錄宋版是書，有純廟御題云："字體渾穆，紙質堅緻，爲宋代所製無疑。中間十二卷至十八卷舊闕，補鈔幾與雕本莫辨。媧皇煉石，竟成完璧。"又解題云："《玉海》載元祐七年，詔諸路安撫鈐轄司并西京、南京，各賜《通鑑》一部。是哲宗朝刻本已具。今據書內欽宗以下諱俱不闕，當是元祐槧也。"與此本恰合，或竟是北宋本矣。甲子冬月初六日紹和又識，是日雪深盈尺，寒甚。均在卷後。①

【藏園群書經眼錄】卷三·史部一·編年類，第二○三至二○四頁

資治通鑑考異三十卷宋司馬光撰　缺卷二十七至三十，抄補△八六六

宋紹興二年兩浙東路茶鹽司公使庫刻本，半葉十一行，行二十字，白口，左右雙闌。板心上記字數，下記刊工人名，每卷末間有校正銜名。薄皮紙印，頗清朗。鈐有"曾在春星堂"、"汪士鐘曾讀"、"宋本"諸印。

---

① 周批："白紙。浙本，印不甚精。汪士鐘印。"周批本第265頁。

按：此與余藏百衲本《通鑑》中第一種紹興浙東茶鹽司本同。海源閣書，辛未二月十二日觀於天津鹽業銀行庫房。

【藏園訂補郘亭知見傳本書目】卷四·史部二·編年類，第二三六頁

資治通鑑考異三十卷宋司馬光撰。明刊本有二，考異附入通鑑者不全。

〔補〕〇宋紹興二至三年兩浙東路茶鹽司公使庫刊本，十一行二十字注雙行同，白口，左右雙闌。聊城楊氏藏。

元本宋史四百九十六卷一百六十冊二函

每半葉十行，行二十字。卷一至卷六、卷七十五、卷一百七十九至卷一百八十一、卷二百十至卷二百十三、卷二百六十三至卷二百六十九、卷二百七十四至卷二百七十七、卷四百四十三、卷四百四十四，皆影元精鈔補。有"張氏月霄"、"銘旂氏"、"蔲菴"各印。盧抱經學士《群書拾捕》所載《孝宗紀三》第八葉尚存。

元本宋史全文三十六卷
附廣王衛王本末二卷三十二冊四函

謹讀《四庫全書總目》云："其書自建隆以迄咸淳，用編年之體，以次排纂。其靖康以前，本於李燾《長編》而頗加刪節。高孝二代則取諸留正之《中興聖政草》，所附案語亦援引甚多。至光、寧以後，別無藍本可據，爲編書者所自綴輯。故《永樂大典》於光、寧二宗下，亦全收此書之文。其於諸家議論，採錄尤富。如呂中《講義》、何俌《龜鑑》、李沆《太祖實錄論》、《足國論》、富弼等釋、呂源等增釋、陳瓘《論大事記》諸書，世多失傳，亦足資參考也。惟原本

第三十六卷内度宗、少帝及益王、廣王事蹟，俱有録無書，《永樂大典》亦未採，今姑仍其闕焉。"予案：是書乃宋之遺民逸老入元後所作，因末卷多涉元事，故不著姓名序跋，而以李燾《進長編表》冠之於首，當時坊賈或亦不無避忌，遂並詭稱前宋盛行耳。其爲元代刊本無疑，若明人重刻，當不如是。且《永樂大典》所載標題，即"宋史全文"四字，收之《宋》字韻内，並見《四庫總目》。更可證元代刊本，未嘗別有書名。乃張月霄《藏書志》以題《諸儒集議》者爲元刊，此本卷中亦有《名儒集義》諸標目。題《宋史全文》者爲明刊，殊臆説也。至《廣、衛二王本末》二卷，署名陳仲微録，則從《宋季三朝政要》中摘出，並非原書所有，當是重刻時綴補者，故《永樂大典》亦未之採録也。《四庫》本缺度宗以下，此猶完帙，可珍已。彦合主人記。在福葉。

　　每半葉十六行，行二十五字。卷十九、卷二十、卷三十四至末，均舊鈔補。目録前木記云："《宋史通鑑》一書，見刊行者節略太甚，讀者不無遺恨焉。本堂今得善本，乃名公所編者，前宋已盛行於世。今再繡諸梓，與天下士大夫共之，誠爲有用之書。回視他本，大相逕庭，具眼者當蒙賞音，幸鑑。"卷中有"好古敏求"、"璜川吳氏所藏圖書"、"好古敏求流覽所及"各印記。

宋本通鑑紀事本末四十二卷八十册四函

　　右宋本《通鑑紀事本末》四十二卷，凡八十册，宋袁樞譔，版長九寸，博尺四寸有奇。前有盧陵楊萬里《敘》及古汴趙與懃《敘》，乃孝宗朝機仲袁氏分教嚴陵時所作。趙氏以舊本字小且訛，精加讎校，以私錢重刊之，事在理宗寶祐五年丁巳。上溯誠齋楊氏作序，時爲孝宗淳熙元年甲午，相距七十五年也。按：伯厚王氏《玉海》

謂："淳熙三年十一月，參政龔茂良言樞所編《紀事》，有益見聞，詔嚴州摹印十部，仍先以繕本上之。"趙氏所云小字，殆即指此。蓋當日奉詔摹印，急就將事，故未能盡善歟。聞之宋元刻書皆在書院，以山長主之。然則校勘之職既主於山長，其刊書之資在於學田，可知錢云以私錢重刊之言，私所以別於官也。是書據編年爲比事，首尾條貫，翦裁精密，於紀傳、編年而外創立一門，遂爲史家不可廢者。故其書甫出，即爲當世所見重，後賢相續，稱揚不置。而趙氏斯刻，字體大方，校讎詳審，開函豁目，古色盎然，著述、版本、兩稱雙絶，洵希世之珍矣。阮亭王氏《居易錄》云："《通鑑紀事本末》宋刻大字，有尚寶司卿、柳莊、袁忠徹家藏印及陸子淵、項子京諸印。浙江人攜至京師，索價三百，留二日而還之。"蓋册籍莊重，人知寶貴，鮮致散失，海内流傳尚或有之。此本爲先大夫手藏，將近百年矣，欲重加裝訂，謀之工人，須白金五十。皂囊羞澀，姑俟異日，爰識數言，用示後昆，其慎守諸。道光五年丙戌夏四月既望，大興朱錫庚謹識。在卷首。

　　每半葉十一行，行十九字。先大夫督袁江時，許滇生師寄贈。

宋本建康實録二十卷十六册二函

　　每半葉十一行，行大二十字，小三十字。卷末題嘉祐三年江寧府開造歲月字數銜名及紹興十八年荆湖北路安撫使司重別雕印銜名。蓋南宋初以北宋本重刊，中遇"禎"字皆旁注"今上御名"，正沿北宋本之舊式也。是書引據廣博，多出正史之外。自唐以來，考六朝遺事者，莫不援以爲徵，故《新唐書·藝文志》、晁公武《郡齋讀書志》、馬端臨《經籍考》、鄭樵《通志略》、咸著録之。然宋時舊槧流傳殊少，絶未聞有收弆者，惟此本載在《延令》、《崐山》兩書目中。

《延令宋板書目》作十二册。近日儲藏家，如開萬樓之影宋本、愛日精廬
之校宋本，亦皆從此傳寫，洵世間僅存之寶笈矣。錢遵王所云黃
子羽藏嘉祐年間鏤本，疑即此本而誤仞爲北宋原刻耳。卷中有
"宋本"、"明善齋記"、"毛晉字子晉一名鳳苞字子九"、"毛晉之
印"、"子晉之印"、"子晉私印"、"臣晉字子晉"、"子晉氏"、"毛鳳
苞印"、"字子九"、"子晉父"、"東吳子晉""東吳毛表"、"臣表"、
"毛表之印"、"毛表私印"、"毛表奏叔"、"毛奏叔氏"、"古虞毛氏
奏叔圖書記"、"海虞毛表奏叔圖書記"、"汲古閣圖書記"、"虞山
毛氏汲古閣收藏"、"東吳毛叔子鑑藏書畫印"、"東吳毛氏圖
書"、"江左季振宜印"、"滄葦"、"徐健菴"、"乾學之印"、"包南
咸印"、"包伯虎臣"、"虎臣書印"、"芸士經眼"、"學劍樓"各
印記。

【藏園訂補郘亭知見傳本書目】卷四·史部四·別史類，第二六四頁

建康實録二十卷唐許嵩撰

〔補〕○宋紹興十八年荆湖北路安撫使司刊本，十一行二十字，
注雙行三十字，白口，左右雙闌。序後有嘉祐三年江寧府開造卷帙
字數、銜名及紹興十八年荆湖北路安撫使司重別雕印銜名。毛晉、
汪士鐘遞藏。聊城楊氏書。

校宋本國語二十一卷四册一函

【藏園批注】原書爲孔傳鐸詩禮堂本。

吾家所藏《國語》有二：一從明道二年刻本影鈔，一是宋公序
《補音》南宋槧本。間以二本參閲，明道本《周語》云："昔我先王世

后稷",注云："后,君也。稷,官也。則是昔我先王世君此稷之官也。"考之《史記·周本紀》亦然。而公序本直云："昔我先世后稷。"讀者習焉不察,幾訛周家之后稷矣。"襄二十四年,秦師將襲鄭,過周國門,左右皆免胄而下拜",注云："言免胄,則不解甲而拜。"蓋介胄之士不拜,秦師反是,所謂無禮則脫也。公序本又失去"拜"字,與注文大相違背。微明道本,於何正之?今世所行《國語》,皆從公序本翻雕,知二字之亡來久矣。也是翁錢曾遵王識。在卷首。

宋板《國語》二本:一摹吾家明道二年刻本,比真本不差毫髮;一是宋公序《補音》刻本,段節分明,注解詳備。合而觀之,此書遂無遺憾。嘉靖中吳門翻刻宋本,闕誤多矣。錢士興記。

明道本《周語》:"單襄公曰:驪,此其孫也。"注云："此周子者,晉襄公之孫也。""襄"字上應無"單"字,以公序本爲正。《楚語》"王孫圉",明道本作"王孫圍"。衆皆作"圍",未審孰是。士興又記。均在卷首敘後。

戴剡源先生《讀國語》曰:"先儒奇太史公變編年爲雜體,有作古之材。以余觀之,殆放於《國語》而爲之也。"此真讀書好古之識。世無讀書人,但知蘇、歐,通套評論之而已。洞庭葉石君識,時年六十有七,三月十一日。在卷末。

錢遵王印寫錢宗伯家藏宋刻本,與今本大異,今歸於葉林宗,借勘一過。戊戌夏五月六日,常熟陸貽典校畢識。

六月十二日燈下覆校畢,敕先。在卷末。

宋本《國語》從來罕有,義門先生以不得購見爲恨事。此書晚出,可謂唐臨晉帖矣。末冊有跋語,原尾可證。在卷首。案:此段係墨筆書,無款。以蕘翁辛亥跋語證之,當從陸敕先校本過錄,故附於敕先諸跋之後。乾隆丁卯照影宋本校，頗有俗字，不及新本之古。

十月從錢氏本再校，松崖棟記。

壬申正月上元再閱一過。

二月七日又閱一過。均在卷末。

朱墨校宋本《國語》，墨筆得之友人，硃筆得之沈寶硯，云陸敕先校本也。敕先本寶硯祕不示人，此特其臨本耳。壬申八月廿八日記，松崖。

墨筆所校與寶硯本略同，惟未校注耳。又記。均在卷首。

壬申九月，又從陸敕先校對一過。

十月，從錢氏本再校。

宋公序本改從古字，頗失舊觀，當略從十之四五，餘當仍明道本刊刻也。壬申十月望後再記，松崖。

乾隆庚戌夏至日，小門生朱邦衡臨校。

乾隆庚戌臘月，借同郡滋蘭堂朱秋崖臨校惠松崖校本參校一過。平江黃丕烈識。

庚戌秋，於文瑞書肆得校本《國語》六冊，係明翻宋刊本，而爲陸敕先校。敕先之跋，硃書燦然，大抵後人臨本，其校本之善否，猶未敢必也。適便訪余友朱秋崖，談及是書之有臨校惠校本，取而讀之，始知敕先果有《國語》校本。校《國語》者，不止敕先，余所得者，特敕先校本耳，不若惠校之從二本也。爰假錄此。蕘圃烈書。

是書爲近時山東孔氏校刊本，書中確有改正處，特校未盡耳。余因得陸敕先校本，從同年賓崱蔣君借閱一過。繼又借得朱秋崖藏本"思傳錄"一冊，苦無他本，乃從賓崱易得此書，喜之不勝，竭數晝夜之力而竣事。間以陸校本參互疑似，然猶未盡其同異，殘臘不及覆校，當俟諸來歲也。庚戌臘月望前，蕘翁丕烈又書。

辛亥春季校竣《説文》後，適五柳居主人陶藴輝思以《唐六典》易余所藏臨陸敕先校本《國語》，爰復以陸校覆勘一過，卷中墨筆，皆從陸校參考而書之者也。彼此互校，尚多疑俟。或更博考諸書，以冀一得，乃云備耳。時三月下澣一日燈下，菉圃校畢書。

此本爲浙人戴公名經所臨，乃西船廠毛氏師也，相傳陸校真本藏於其家。均在卷末。

此書首借朱秋崖所臨惠松崖校閱本對勘，而參以傳録陸敕無校本，亦可自信爲善本矣。繼得影寫明道本，屬余友顧澗薲正之。宋本之妙，前賢所校實多闕遺，遂一一考訂如左。書中稱影宋本者，皆盡美盡善處也。而今而後，《國語》本當以此爲最，勿以尋常校本視之。乾隆乙卯八月，棘人黄丕烈識。在卷首。

乙卯夏日，用影宋本覆校一過。澗薲顧廣圻記。在卷末。

此本爲錢、陸、惠、葉、顧、黄諸家精校，覆勘精核，朱墨燦然，致爲可寶。册面題"校宋本國語"，明道二年刻影鈔、南宋槧二本校讐，紅豆山房家藏善本。卷首末有"浦上錢世揚"、"聽松軒"、"宋本"、"書魔校書亦心勤"、"丕烈私印"、"菉圃"、"黄菉圃手校善本"各印。①

校宋本國語補音三卷一册

此何小山校本，收於朱文游家，黄丕烈識。在卷末。

有"黄氏"、"顧氏"各印。②

---

① 校宋本國語。周批："精校善本，朱墨粲然。陸校原本在我家。"周批本第281頁。
② 校宋本國語補音。周批："明本，棉紙。余見此書未收。"周批本第291頁。

影宋精鈔本高注戰國策三十二卷四册

　　吳師道云"剡川姚宏續校注最後出。予見姚注凡二本：其一冠以《目録》、劉《序》，而置曾《序》於卷末；其一冠以曾《序》，而劉《序》次之"云云。此即所謂冠以曾《序》之本也。宋槧原出梁溪安氏，陸敕先亦據以鈔校，刻入盧氏《雅雨堂》，但失其真矣。其冠以《目録》、劉《序》本，出梁溪高氏，宋槧之極精好者，今在黃蕘圃家，近將重爲刊行，於此有異同。此本世鮮蓄之者，自是《戰國策》一重公案，後人勿因其一刻再刻而漫視之也。嘉慶癸亥五月，書此留示阿和、阿道。回數家兄下世已閱七年，爲之泫然。潤蘋居士廣圻記。在卷首。

　　此册影宋鈔本《高注戰國策》，東城顧氏藏書，由蔣春皋以歸於小讀書堆者也。抱沖故後，借其遺書，屬伊從弟潤蘋校《雅雨》本，多所正誤。未及還而余適得桐鄉金氏所藏宋刊本，又爲校勘，又可正影鈔本之誤。書以最先者爲佳，信不誣矣。且《高注》宋刻向有兩本，此本非即從余所得宋本鈔出，故行款不同，字句間有互異。聊誌數語，以著源流，俟與後之能讀者證之。嘉慶歲在己未二月花朝後一日，黃丕烈識。在卷末。

　　每半葉十行，行二十字。乃影鈔之致佳者，珍之。

宋本兩漢博聞十二卷十二册一函

　　是書無撰人名氏。《四庫總目》據晁公武《讀書志》定爲宋楊侃編。然《四庫》著録者，乃明時黃省曾刊本，此則南宋初胡元質之精雕也。卷尾元質跋云"刻版孰郡齋，辰十月旦日"，適紙損，"孰"上缺二字，"辰"上缺三字。按：元質字長文，長洲人，紹興十八年進士。孝宗即政，以薦爲太學正，歷遷至給事中，出知和州、太平、建康。淳熙中，除四川制置使，知成都，以敷文閣學士、吳郡侯致仕。卒諡獻惠。又元質所撰《左氏摘奇》末題云"乾道癸巳鋟木於當涂道院"。此本《後跋》所記，自是"乾道壬辰刻於姑孰郡齋"，蓋亦知太平時所梓也。侃字子正，錢塘人，避真宗舊諱，更名大雅。歷官至諫議大夫、集賢院學士，知亳州，卒。素好學，日誦萬言。所著有《大隱集》、《西垣集》、《職林》，並行於世。壬戌秋彥合主人記。元質，淳熙四年二月除四川安撫制置使，七年罷。

　　每半葉十行，行十九字。卷一至卷三、卷五第十四葉至三十一葉、卷六目錄至第五葉、卷十、卷十一均目錄至第七葉影宋鈔補。卷尾跋云："元質頃游三館，蒐覽載籍，得《兩漢博聞》一書，記事纂言，真得提鉤之。下缺三字。其傳之不廣也，爰是正而芟約之。刻版下缺二字。孰郡齋，下缺三字。辰十月旦日，吳郡胡下缺二字書。"有"楊復"、"彥剛"二印。①

　　【藏園批注】白口，左右雙闌。版心下記刊工姓名。字體瘦勁，初印精湛。麻紙，細潔可愛。避諱亦謹。

　　【藏園群書經眼錄】卷六·史部四·史抄類，第四四一頁

兩漢博聞十二卷宋楊侃撰△八六九

　　宋乾道八年壬辰胡元質姑孰郡齋刊本。半葉十行，行十九字，白口，左右雙闌，版心下記刊工姓名。字體瘦勁，初印精湛，麻紙細潔可愛。卷中避宋諱亦謹。海源閣書，辛未二月十二日觀於天津鹽業銀行

---

①　宋本兩漢博聞。周批："白紙，精印。字體秀逸，鈔配甚多。"周批本第297頁。

庫房。

【藏園訂補郘亭知見傳本書目】卷五上・史部八史鈔類，第三三六至三
三七頁

兩漢博聞十二卷宋楊侃撰

〔補〕〇宋乾道八年胡元質姑孰郡齋刊本，十行十九字，白口，
左右雙闌。卷尾有胡元質壬辰十月旦日跋，稱刻版姑孰郡齋。聊
城楊氏海源閣藏。

宋本通鑑總類二十卷四十册

是書爲宋沈憲敏公所編，嘉定元年四明樓鑰序而刊之。元至
正二十二年，《天乙閣書目》作十二年。江浙行中書省左丞海陵蔣德明分
省於吳，命郡庠重刊，且令事錢遂求序於周伯琦。至明，則成化
十六年鎮守雲南御用監太監錢能久及萬曆乙未吳郡申時行復先後
授梓。又蘇杭提督織造乾清宮近侍司禮監管監事太監三河孫隆嘗
以是書進御神宗，欲鏤之尚方，不果。及出督織造，乃刊之吳中，亦
萬曆間事也。此本猶是嘉定初憲敏季子守潮陽鋟板之原帙。鐫印
精佳，古香襲人眉宇，且首尾完善，無一闕損，宋槧中尤極罕覯，洵
乙部之甲觀矣。道光癸卯，先公陳槖隴西，漢陽葉東卿先生志詵自
京師寄贈者也。憲敏字持要，安吉州人。其事迹不著於史，惟官華
文閣學士見《周益公集》。同治二年季夏，東郡楊紹和識。在卷末。

每半葉十一行，行二十三字。有“東卿”印。

宋本輿地廣記三十八卷十二册

歐陽忞《輿地廣記》新刻本有《校勘札記》二卷,大指專爲掊擊朱校而作。朱校者,彼《序》所謂竹垞所藏本,模糊損闕處,輒有紅筆填寫,字不知出自誰手,以其用紅筆,故以朱校稱之者也。竹垞藏本,今爲閬源汪君買得,借來一勘,與《札記》所言者,十有七八不合。惟以彼序所謂"時下鈔本"求之,則多合焉。於是尋其條件,有並無朱校者,則竹垞藏本不著一字處也。有並非朱校者,則竹垞藏本另有時人墨筆字處也。至於其餘十之二三,方爲紅筆填寫字,然亦或合或不合,則又視乎"時下鈔本"言之。故同一紅筆也,而其言之有稱朱校者,有不稱朱校者。夫彼何以如是之用心,我則弗能知;而彼之如是其不合,則竹垞藏本有字無字,墨筆紅筆,犂然具在,固可燭照而數計也。雖然,世之不獲見竹垞藏本者衆矣,將奈彼《札記》之歸咎朱校何?吾願汪君據此之真,顯彼之僞,每條每件標而記之,繕録一帙,以便傳觀,庶幾於讀歐陽忞此書者,不致多所失實。而曝書亭插架,自是稍謝金根白芨之謗,不亦善乎?遂於還書汪君之日,識此而遺之。庚辰立秋後一日,元和思適齋居士顧千里書於楓江僦舍。在卷首。

亡友仁和吳志伊以經史教授鄉里,束脩所入,就市閱書,善價購而藏之,歐陽忞《輿地廣記》其一也。志伊既卒於官,書多散失,是書偶歸予插架,顧闕首二卷。徐尚書總裁《一統志》,請權發文淵閣故書,以資考驗,是編首二卷存焉。予亟傳寫,遂成完書。重是亡友物,不輕假人,每一展讀,尚如手新觸也。忞爲廬陵族孫,書成於政和中,先之以《禹貢》九州,而秦,而漢,而三國,而晉,而唐,而五代。首舉其大綱序之曰:"以今之州縣而求於漢,則爲郡;以漢之郡縣而求於三代,則爲州。三代之九州,散而爲漢之六十餘郡;漢之六十餘郡,分而爲今之三百餘州。雖其間或離或合,不可討究,而吾胸中蓋已了然矣。"故其沿革有條有理,勝於樂史《太平寰宇記》實多。後此志輿地者,中原不入職方,殘山勝水,僅述偏安州郡。至於元,始修《大一統志》,而其書罕傳,益以徵是編之當寶惜也。

是書世傳宋槧止二本:一季滄葦所藏,後歸顧抱沖,起第十八四葉,盡第三十八五葉,大凡存二十一卷;一朱竹垞所藏,後歸黃蕘圃,僅缺首二卷,即此本也。澗蘋《跋》中所謂新刻,即蕘圃以此本重鐫者也。蕘圃謂此本爲原刻,季本爲重修,緣季本第十八、十九等卷尾有云"嘉泰甲子郡守譙令憲重修,淳祐庚戌郡守朱申重修"故也。而澗蘋《跋》季本,謂是初板重修,而朱本乃從重修本翻雕者,緣朱本視季本,往往有字形相近之訛故也。予按:二本均無刊書年月,其先後實莫能考辨。然此本與季本行式迥然不合,且並無卷尾題識,自當另是一刻,斷非從重修本覆出。澗蘋跋季本時,蓋未見此本,僅據蕘圃新刻及周氏鈔本核之,不無訛謬,故有沿襲重修本之疑。洎得向汪君假校,則云"據此之真,顯彼之僞",又云"庶幾讀歐陽書者,不致多所失實",可知澗蘋亦深以此本爲佳。季本所跋云云,固非定論矣。蕘圃以讀書好古之士,所校乃乖舛至是,誠有大惑不解者,想因鈔本亦用朱校,遂至援引混淆,未嘗一勘此本耳。而此本幸存,猶得證黃校之誣,藉以見歐書之舊,愈當何如寶重耶。竹垞《跋》載《曝書亭集》,此本未經寫入,爰補書於右,俾存受授源流。近時吳中久罹兵火。季本恐已成廣陵散,此本不啻魯靈光已。同治甲子中元,東郡楊紹和識於宋存書室。均在卷末。

每半葉十三行,行二十四字。卷一、卷二鈔補。有"竹垞真賞”、“魚計莊”、“主漁鑒賞”及黃氏、汪氏諸印。

校影宋鈔本輿地廣記三十八卷二册一函

此本鈔手惡劣，一依宋刊行款鈔，尚爲善本。余從顧明經抱沖處假得季侍御滄葦所藏宋本二十一卷，校勘一過。其第十八卷“改曰建雄軍”以上全缺，當再訪善本補校，以成完璧。嘉慶戊午十一月冬至後四日，香嚴居士周錫瓚識。

初余借抱沖藏殘宋本二十一卷，校勘於聚珍版本上，苦彼此不對，因借香嚴家舊鈔本相證，知舊鈔與宋刊甚近，特稍有差誤耳。時海寧陳仲魚見而借歸，遂録其副，自後還香嚴。香嚴手校宋刊於上，余復覆之，此戊午年事也。今乙丑冬，香嚴令鈔胥別寫清本，以此爲筆資，易余四金去，持贈鈔手。余前所校聚珍本，已轉歸廬江張太守矣。嘉慶丙寅立春後十日，蕘翁黃丕烈記。

太守名祥雲，號鞠園，以養親乞歸，閩晉江人也。丁卯過吳，曾見之，今聞以事下獄，瘐死矣。壬申記。此段在前《跋》上方，故接録於後。

考《曝書亭集·宋本輿地廣記跋》，知竹垞所藏仁和吳志伊藏本闕首二卷，後從文淵閣本補寫。庚申春，余與海鹽友談及，云此本已於昨冬買出，歸乍浦韓配基，即竹垞舊物也。壬戌春，余計偕北行，配基亦以辛酉選拔朝考入都，把晤於京邸，許以十八卷以前鈔寫寄余。後余被黜還南，配基亦未得高等，聞亦回浙。然彼此音問不通，余未悉配基住居何處，至今不能補全顧本所缺者，可慨也。古書難得，即得矣而又不令同時，雖訪得他本可補者，又以兩地阻隔，造物何不作美如是耶？丙寅穀日挑燈書，蕘翁。

韓本所藏，帶於行篋。應京兆試入都，中丁卯科舉人。近年五柳主人以伊弟京邸來札示余，知在京邸求售，索直朱提百金，久而未有覆音，蓋余托過五柳也。去年主人進京師，首以此書爲屬，今始帶回，已爲余出百二十金購之，蓋因京師風行宋刻之故。喜甚。展卷一過，知竹垞藏本爲確，而宋刻則未經淳祐重修者也。周藏鈔本即出是刻，故殘缺並同，所勝於顧藏宋刻者，不第有三至十八卷爲可貴，即顧本之誤字，兹可悉正矣。見韓本，方信周本之鈔尚出宋刻，並悉顧本之誤，已屬重修。由此以觀，非合諸本，竟不可定何本爲最勝。今有宋刻之僅缺二卷本以爲主，此所磨滅損失處，以顧本十九至三十八卷爲之補，又以周本照未經重修宋刻鈔出之本爲之證，庶幾乎其盡善矣。若韓本爲竹垞舊藏，竹垞所補二卷，云出於內閣本。今觀卷一末，亦有“淳祐庚戌郡守朱申重修”一條，知出於重修本，似與宋刻原本非一。至所據以校宋刻者盡屬閣本，恐不足據矣。蕘翁，己巳二月望日。

　　中春下澣七日，破幾日工夫粗校一過。其前十八卷，第一、第二卷仍缺，三卷至十八卷固得其真矣。十九卷至三十八卷宋刻面目，此鈔本悉具。第三十二卷多缺少，鈔刻並同。幸顧本有，可以補之，號重修本，勝於無也。矧究爲宋刻乎。惟是朱藏宋刻，所補硃筆及墨筆盡出俗手，竟無一處可據，明明有字跡可辨，而校者已亂爲填改，實爲白玉之瑕。兹幸有顧藏宋刻可證，又有周藏舊鈔可校，尚能得什之一二。擬將重付裝潢，獨留宋刻之真者，一概硃墨之校，據二本正之，豈不快乎。至內有閣本夾籤，其不可信，前《跋》已及之，可勿復論，復翁校畢記。

　　竹垞藏本《序》及首二卷從內閣本鈔補，並未明言閣本之爲刻與鈔也。兹獲見竹垞舊藏，校此二卷於舊鈔本上。有彼此原鈔異者，但載其字。其有本同而校補或校改者，悉以“硃校”識之。蓋原有硃校，未知以意校，抑別有所據，不可得而知矣。閣本似出

宋刻重修本，據卷一末有"淳祐庚戌郡守朱申重修"一行，知非宋
時原刻。此舊鈔似即從竹垞藏本鈔出，磨滅缺失多同，特前二卷
或在宋刻未失時鈔出，或別本鈔補，俱不可知。茲與從閣本鈔出
者相較，實非一本，行款改易處時見，恐反據閣本以失其面目，故
前二卷擬存此舊鈔，補宋刻所缺。或當日鈔在未失之先，則宋刻
二卷不反藉舊鈔以傳乎。區區佞宋之心，苦爲分明，雖竹垞復生，
宜有以諒我耳。己巳清明後一日書於百宋一廛之北窗，復翁黃
丕烈。

此鈔本即從朱竹垞翁藏宋刻初本出，首二卷或在宋刻未失之
先鈔出，故與朱本所補不同。余翻宋本，仍用朱本所補者，從其書
之原也，此本可證朱本之同。周校硃筆，皆顧抱沖藏宋刻覆本，存
之以見其異，可與宋刻並藏，以悉是書之源流。甲戌正月記。均在
卷末。

宋本新編方輿勝覽七十卷三十册四函

每半葉十四行，行二十三字。每段標題，則以大字列於兩行之
中。首載和甫《自序》、嘉熙己亥呂午《序》。咸淳二年福建轉運使
司禁止麻沙書坊翻板榜文，未有咸淳丁卯穆子泑《跋》。丁卯爲咸
淳三年，當是丙寅開雕，至丁卯始成耳。《欽定天錄琳琅書目》所載
正同。咸淳距宋亡僅十餘年，間有流傳印本紙色深黃者，多定爲元
刊，其實即此板也。有汪氏印。

宋本咸淳臨安志九十五卷四十八册八函

泰興季振宜滄葦氏珍藏。在卷尾。

《臨安志》，乾道中創始於吳興周淙，而淳祐、咸淳繼之。後之

纂修者，雖代有增益，要惟三書爲最古。第乾道、淳祐二志已不可
得。潛説友《咸淳志》又傳寫訛舛，訖無善本，余嘗遍求之而未獲
也。今觀季氏所藏宋槧《咸淳臨安志》百卷，共八函，紙潔版新，字
畫明晰，披閲一過，古香紛然，洵可寶貴。殘缺雖夥，而補鈔本亦復
端雅可觀，使數百年不易購之書，首尾完善，亦可見前人之用心矣。
觀竟并書數語，以志忻喜，後之覽者，幸勿忽焉。時大清乾隆二十
二年歲在丁丑仲春朔日，傅王露識。

　　是書宋槧見於近人著録者，竹垞得海鹽胡氏、常熟毛氏本，輯
成八十卷。百宋一廛本，據汪氏新刻本《跋》，即竹垞本，較多三卷。其重出者，
售諸小山堂趙氏，凡三十五卷。鮑以文所收平湖高氏本衹二十卷，
爲延令故物。此本宋槧六十八卷，餘二十七精鈔補之，卷七至十、卷十
七至十九、卷三十三、三十四、卷四十至四十五、卷六十一至六十三、卷七十六、七十七、
卷九十一至九十七。仍缺五卷，與各本同。卷中亦鈐東海滄葦圖記。盧抱經
學士謂鮑本之六十五、六十六兩卷及卷七十之二十一、二十二兩
葉，爲各本所無者，此本皆有之。然與以文《跋》不盡合，當是泰興
別一藏本，季氏《目》未之載耳。邇來東南烽火垂十餘年，竹垞各本
不知歸諸何人，此本之存，不啻星鳳矣。至振綺堂新刻，則版式縮
小，視此闊行大字，刊印精良，未可同日語也。每册有珊瑚閣印，蓋
百文敏公舊藏，同治丙寅獲於京師。庚午小陽，彦合楊紹和識於宋
存書室。均在卷首。

　　同治辛未春正月，鮑源深、潘祖蔭、朱學勤同觀於儀晉觀堂。在
卷尾。

　　每半葉十行，行二十字。有“寶”字元印、“季振宜藏書”、“季
滄葦圖書記”、“健菴”、“徐乾學”、“珊瑚閣珍藏印”各印記。

【藏園群書題記】卷第四·史部三·地理類，第二一二至二一四頁

宋刊咸淳臨安志殘本跋

　　庚午之秋，大盜俶擾青齊，竄入聊城縣，盡劫海源閣楊氏藏書以去。於是宋元槧刻、舊鈔名校之本，錦褾縹函風飛雨散，流落於歷下、膠澳、津沽、燕市之間。兼以其時倉皇俵分，摧燒攘奪，往往一書而分割於數人，一函而散裂於各地。或甲擁其上而乙私其下，或首帙尚存而卷尾已燬，零亂錯雜，至於不可究詰。余聞其事，私心摧喪，爲之不怡者累日，以謂文籍被禍之酷，未有如斯之甚者也。歲月既久，廠肆估人或展轉捆載而至，余感歎未終，雅不欲觀，蓋亦怵心世變，無意於儲藏矣。至臘月將盡，董估廉之攜《咸淳臨安志》五冊見示，閱之頗爲心動，緣雙鑑樓中地志一門，尚未有宋刊爲之領袖，因以重價收之。今歲王君獻唐自歷下來，言彼中尚有數冊求沽，遂挽以代爲諧價。旋斥去它書，勉籌四百金寄之，又二月而書篋郵至。通計前後所收，凡十有一冊，存卷二十、二十一、二十四、二十五、三十三至四十五、七十五至七十九，通得二十二卷，內刻本十一卷，二十、二十一、二十四、二十五、三十五至三十九、七十五、七十八。餘十一卷咸以鈔寫補入。刊本半葉十行，每行二十字，注雙行同。版式闊大，高八寸二分，闊六寸。版心上方記字數，下記刊工姓名。收藏有"珊瑚閣珍藏印"、"季滄葦圖書記"，又"寶"字白文圓印，別有"高平家藏"、"朝列大夫之章"朱文二印，最爲古舊。考"高平家藏"、"朝列大夫"二印，丽宋藏本亦有之，知此本爲竹垞襞緝所餘，復配合以成全帙者也。以汪刻本略校數卷，文字初無大異，每卷改訂不過三數事，惟遇玄、匡、貞、署、桓、構、啓、璇諸字，宋本作"廟諱"、"舊諱"或"今上御名"，而汪刻則直書本字而已。其它若"湧"之作"涌"，"鍊"之作

“煉”，“汛”之作“泛”，“煙”之作“烟”，“筍”之作“笋”，“茅”之作“茆”，“棲”之作“栖”，“卻”之作“却”，“回”之作“迴”，“淛”之作“淛”，乃結體之異，初無關於閎旨。以是推之，當日振綺堂據宋槧覆刊，其校讐之精審蓋可知矣。

考此書宋刊本見於著録者共有三部：其一爲皕宋樓藏本，即黃蕘圃《百宋廛物賦》中所稱“臨安百卷，分豆剖瓜，海鹽常熟，會蕞竹垞”者也，凡鈔補十二卷。其二爲錢唐丁氏善本書室藏本，爲吳氏拜經樓故物，凡鈔補七十五卷，今存江南盋山圖書館。其三即海源閣此帙，爲季氏延令書室故物，宋刊存者六十八卷，鈔配者二十七卷。煌煌鉅帙，海內鼎峙而三，其成之可謂艱矣。顧昔人所爲腐心瘁掌、苦索冥搜、勤勤補綴、厪而得完者，楊氏保藏三世，歷五六十年，今一旦忽摧毀於凶暴之手，使瓠離斷析，終古無合并之望，斯亦深可悼歎也。

是書據余所知，其尚可踪跡者，自余得十一冊外，江君漢珊得九冊，劉君惠之得一冊，文求堂書肆得一冊，廠市尚流傳一冊，視原書十分有五而猶不足焉。嗚呼！陽九百六，厄運所遭，商於誑楚，鶉首賜秦，河山破碎且不足論，吾輩獨抱此斷爛簡編，而爲之深致惋惜，毋亦顧眉睫而失岱華，徒貽朝菌蟪蛄之誚而已！癸酉嘉平月十七日，大雪滿園，坐琪花玉樹中，展玩異書，真所謂清極不知寒矣！藏園老人書。

【藏園群書經眼録】卷五·史部三·地理類，第三四〇至三四一頁

咸淳臨安志一百卷 宋潛説友撰　存二十二卷

宋刊本，十行二十字，注雙行同，白口，左右雙闌。版心上方記

字數，<small>大小分左右</small>。下方記人名，有陳升、陳茂、陳松、盛允中、尤明、尤有明、徐璟叔、王春馬、王垚、張中、伍于、翁正、毛粹、毛梓、范寶賢、梁建、成盛、詹周等。避諱極謹，即舊諱亦注明。存卷如下：

二十、二十一、二十四、二十五、三十三抄、三十四抄、三十五、七十五、七十六抄、七十七抄、七十八抄三頁又補綴、七十九抄。

鈐印有："寶"圜印、"季滄葦圖書記"、"珊瑚閣珍藏印"、"宋存書室"、"海源閣"、"宋存書室"、"楊氏紹卿平生真賞"、"海源閣藏書"。按：此海源閣散出之書，王獻唐見之濟南肆中，因代為購得，計耗去四百金。前歲曾收得五冊，亦刻鈔各半，為卷三十六、三十七、三十八、三十九、四十抄、四十一抄、四十二抄、四十三抄、四十四抄、四十五抄。

今日趙萬里又送八冊來看，索八百金，別記之。

【藏園訂補郘亭知見傳本書目】卷五下·史部十一·地理類，第三六六至三六七頁

咸淳臨安志九十三卷<small>宋潛說友撰</small>

〔補〕○宋咸淳間刊本，十行二十字，注雙行同，白口，左右雙闌。江南圖書館藏一帙，存九十五卷，內宋本只二十一卷，餘鈔配。日本靜嘉堂文庫藏一帙，存九十五卷，內宋本八十三卷，鈔配十二卷。即《百宋一廛賦注》中著錄之本。聊城楊氏有一帙，存九十五卷，內宋本六十八卷，鈔配二十七卷。楊氏書劫後流入坊肆，余收得二十二卷，內宋刊及鈔配各半。

明本長安志二十卷九册
長安志圖三卷三册共一函

　　杜常《華清宫詩》:"行盡江南數十程,曉風殘月入華清。朝元閣上西風急,都入長楊作雨聲。""曉風"字重下句"西風"字,或改作"曉乘",字亦未佳。楊升庵云:"見宋敏求《長安志》,乃是'星'字。敏求又云'長楊非宫名,朝元閣去長楊五百里,此乃風入長楊,樹葉似雨聲也。'"前説今本乃無之,後説則李好文《志圖》中語。而升庵以爲敏求,蓋誤。升庵好辨,博而不詳審,往往如是。此所以來後人《正楊》之譏也。是本舊爲陶爾成所藏,今歸於朝爽閣中。爾成嗜書,而所藏多叢雜。此書雖有刻本,而流傳甚少,且次道爲此書號稱博洽,爾成諸書,當以此爲第一,殊可寶也。庚寅菊月之廿三日,温陵黄虞稷記。

　　此書人間久已絶少。丁亥歲奉命纂修《方輿路程》,因於織造曹銀臺處借鈔得之,真可寶愛,閲者無忽視之也。壬寅九月十三日,秋泉居士記。

　　李好文《長安志圖》、宋敏求《長安志》,近日靈巖山館曾有刊本,其所據依者,乃汪文升家藏鈔本也。汪本藏吾郡香嚴書屋中,昔孫伯淵居畢弇山幕,校刻此書曾借之,改易行款,并所脱葉而連之,其大誤者也。余向收璜川吴氏鈔本,借香嚴本勘之,行款已改易,然缺葉痕迹尚存。以香嚴奉勘之,知有失葉。其可信爲汪本者,《曝書亭集》云"借録於汪編修文升",今香嚴本卷尾有秋泉居士記,卷中又有彝尊印也。余續收嘉靖辛卯武功康海序知西安府南埠李侯刻本,彼此參校,所失葉在焉,乃歎書必多得一本爲善。取李刻本文,按汪鈔本行款録,恰盡一葉,竊幸是書至我而始獲全也。

參校纔畢,適某書友以郡中某故家藏成化刊本來,取香嚴本勘之,知即出於是本,特失去成化重刊一葉,久不知汪鈔本爲何本耳。以重直購獲,命工重裝而補其失葉,并録香嚴本原《跋》附後,以便稽覽。今而後,知俞部所云“流傳甚少”,竹垞所云“字畫粗惡”,皆指是本矣。雖一明代刊本,然搜羅至第三次方得斯刻,可不謂難歟!至於成化與嘉靖本之同異優劣,尚容續考。己巳四月六日,復翁識。

　　香嚴本雖出自是刻,然硃校紛如,已失其舊,安得似此之猶爲廬山真面目耶。勿以明刻輕之,書之號稱祖本者,此即是已。

　　《四庫全書總目·長安志》云:“晁公武《讀書志》載有趙彦若《序》,今本無之。”又《長安志圖》云:“此本乃明西安府知府李經所錄,列於宋敏求《長安志》之首,合爲一編。然好文是書,本不因敏求而作,強合爲一,世次紊越。既乖編録之體,且《圖》與《志》兩不相應,尤失古人著書之意。”此本首載趙《序》,并未脱佚。而李經所錄,即復翁《跋》中嘉靖辛卯刻本,此本尚在其前數十年,已合二書爲一,不得謂李氏所屬矣。且二書合刻,不過以類相從,卷目判然,各成部帙,亦未嘗互有竄併。或當日乃以好文之《圖説》,附之宋《志》之末,而後來鈔刻者誤冠於首耳,故仍依世次分著於録云。《志》二十卷,後有“成化四年孟秋郃陽書堂重刊”木記。每册有錢氏書印等印。彦合記。在卷末。

校本水經注四十卷十四册

　　甲戌八月寓臨沂,讀《三國志》畢,因裴注而及此書,鬱儀中尉“非博士言所急”之誚,庶可解免。然此書攜以自隨,已逾一年,始得寓目,而余於科舉之業未嘗少進,恐博士既從而啾之。如中尉

者，又將嗤鄙之耳。長洲何焯。_{在卷首。}

洪景伯《隸釋》集善長所載漢魏諸碑爲一卷，其後云："時無善長，雌黄不可妄下。"當日猶云爾，況今日乎。

鬱儀中尉於此書不爲無功，惜如《隸釋》及《通鑑注》之類，不加旁求博證耳。康熙戊戌八月，何焯記。_{在卷末。}

乾隆己卯莫春，從吾友金陵陶蘅湘圃借季滄葦校本寫於蕪郡客舍，匝月而竟。長谷沈大成記。

庚辰初夏，從吾友吳中朱文游㴉借何義門先生校本復校於廣陵，同觀者休寧戴東原震，亦嗜古之士也。大成又記。

是書初與戴君同校於廣陵，甫數卷而余病中輟。今幸不死竣事，而東原聞爲人譖，拂衣歸歙，余淹留臥病在家。別未半載，事變如是，未知何日再與吾友商搉也。嗟嗟！客子畏人群邪醜，正吾兩人所謂背影而馳者，宜其然耳。大雪後一日，大成又記。_{均在卷首。}

余比年來外傷棘枳，内困米鹽，有人世所不能堪者，而惟借善本書校之，丹墨矻矻，逆旅不輟，此多生結習，未能破除，翻借以解我愁耳。是書小春少閒復校，病餘體弱，舉筆即昏然思睡，日盡一卷，幾不能支，越月始竟，既以原本歸吳門朱氏，復記於此云。庚辰十一月朔，沈大成。_{在卷末。}

嘉興懷有芷同年從吳權堂處借得此本，長夏無事，借校一過。季本用藍筆，何本用墨筆。_{在卷首。}

予案：是書自以《四庫》本最爲精密，東潛趙氏本訂訛辨謬，亦極稱核博。此本乃用趙氏本傳録，所云義門校本，即趙氏據校各本中之一。然滄葦校本，則趙氏未之見者，存之亦可資參證也。

宋本東南進取輿地通鑑二十卷十二冊

橫延閣收藏宋本甲。在卷首。

是書趙善譽撰，世罕收藏。此宋刻本二十卷，東海相國物也。余見諸錢唐故家，雖殘缺不完，可寶也。樊榭山人。在首冊後。

昔在袁江，有估人持吳郡故家秘書一單求沽，中有宋本《東南進取輿地通鑑》，爲宋廛故物，亟命持來，迺久而弗至。及軍興，遂置之，其書珍秘，至今未忘也。今秋家弟以此本郵寄，云得之浙士周姓者，展卷閱之，固東海本也。按：是書《宋史·藝文志》作《讀史輿地考》六十三卷；陳氏《書錄解題》亦作六十三卷，名《南北攻守類考》，列之《地理·邊防類》，實一書也。蕘翁藏本三十卷，爲涇陽先生物，得諸先生裔孫，《跋》中未詳板式年月，不知與此本同否？世鮮別本，無由校證，殊可惜耳。同治庚午仲冬，宋存主人跋。在卷末。

每半葉十一行，行二十二、三字不等。有“橫延閣書畫印”、“吳生元恭”、“東海”、“乾學”、“徐健菴”、“萬卷堂藏書”、“樊榭山人過目”各印記。

宋本會稽三賦二冊一函無卷數

宋刻《會稽三賦》，余所見有三本。此本得諸東城顧八愚家，首尾皆有殘缺，每以無從補錄爲恨。後於五柳居書肆見一本，印已糊塗，紙多裱托，因未購之，卒歸余友顧抱沖。既訪得八愚之兄五癡亦有是書，遂借以對勘，其中闕葉俱可補錄，爰取舊紙，倩館師顧潤蘋手影足之。其第四十九葉，係五癡本所重，丐主人贈余，頓成完璧。命工裝池，俟他日有更好於五癡本者，俾書中缺字一一補錄，不亦快乎。嘉慶元年冬至前四日，棘人黃丕烈識。在卷末。

每半葉九行,行大十八字,小三十二、三字不等。有"振宜家藏"、"滄葦"、"季寓庚珍藏書畫印"、"黃丕烈印"、"士禮居"、"蕘圃卅年精心所聚"各印。《延令書目》、《百宋一廛賦》皆著錄。近時蕭山陳氏刻入《湖海樓叢書》者,僅據汪蘇潭吏部繼培影宋鈔本開雕。而吏部《跋》中謂"往歲得厲樊榭徵君所藏《會稽三賦》,讀徵君《跋》,以爲真宋本也。近何君夢華復以宋刻相示,校勘前書,補正脱誤數百字,乃知徵君所藏者,明人重刻本也。何書間有蒙爛,校者以明刻補之爲可惜"云云,是汪本乃從何本鈔出,已爲校者屬亂,不若此本之完善矣。

【藏園批注】與爲張岱杉所收本同。序前葉及賦後葉鈔補。有補版。

【藏園群書經眼錄】卷十四·集部三·南宋別集類,第一〇三二頁

會稽三賦注一卷 宋周世則、史鑄撰

宋刊本,大版心,半葉九行,每行十八九字,注三十至三十二字不等,注中有注,白口,左右雙闌。版心有"三賦"二字,上方分注大小字數,下方間記刊工姓名。左闌外有耳,記"風俗"、"民事"、"蓬萊"等字。增注用陰文别之。宋諱廓字缺末筆,更加墨圍。字仿歐體,雋整可喜。間有補刊之版,則殊朴拙,然亦在宋元間。

按:三賦者首爲《會稽風俗賦》,題剡谿周世則注,郡人史鑄增注。次爲《民事堂賦》,次爲《蓬萊閣賦》,皆題愚齋處士注,即鑄也。三賦作於紹興丁丑官越簽幕時,不載《梅溪集》中。前有愚齋史鑄序,題嘉定丁丑,距作賦時正甲子一周。此書宋刻流傳有二本:一爲三卷,見於蕘圃題識,今藏日本静嘉堂文庫,今鐵琴銅劍樓瞿氏

所藏嚴充本正與之同;一爲不分卷,《楹書隅録》之季滄葦本,丁氏《善本書目》之影寫本,道光丁酉杜春生之翻刻本及此本是也。杜氏、丁氏本皆云出於朱卧菴所藏,今不知流轉何所。黄堯圃生平所見四本,惟顧八愚一本尚藏海源閣中,然則此册可與南瞿北楊鼎足而立矣。卷首缺序文二葉又半,尾缺一葉又二行,得書之翼日,令兒子忠謨據杜刻本影摹補完。

　　十一月廿三日藏園記。

【藏園訂補邵亭知見傳本書目】卷五下・史部十一・地理類,第399頁

〔補〕會稽三賦注一卷宋王十朋撰　周世則、史鑄注

　　○宋刊本,大版心,九行十八至十九字不等,注雙行三十至三十二字,注中又有注。白口,左右雙闌。左闌外有耳,記篇名。增注用陰文。有元代修補版。余藏。○清道光十九年杜春生翻宋本。○明初刊本,十一行二十一字,黑口,四周雙闌。

卷三　子部

宋本荀子二十卷十册

　　藝芸書舍藏宋槧《荀子》二：北宋，則吕夏卿監本；南宋，則錢佃江西漕司本也。佃字耕道，陳直齋稱其本最爲完善，指同時建、浙、蜀諸本而言。若較監本，互有短長，正以合之，乃成兩美耳。近者王石渠先生《讀書雜志》内有《荀子》一種，屬訪此兩本，將採擇焉，當必各盡其所長矣。錢本，合《孟》、《楊》、《文中》爲四書，刊於淳熙年。吕本，耕道謂刊於元豐。《困學記聞》謂“今監本乃唐與政台州所刊熙寧舊本”。按：熙寧、元豐相接，當無異本，而台州重刊，則今未之見云。道光己丑孟陬月，顧千里記。在卷首。

每半葉十行,行十八字。卷首有"徐健菴"、"乾學"、"百宋一廛"諸印。①

【藏園群書經眼錄】卷七·子部一·儒家類,第四五四頁

荀子注二十卷唐楊倞撰

宋刊本,半葉十行,行十八字。有徐乾學、黃丕烈諸印。海源閣書,丁卯十月廿九月見於天津,索四千五百元。

【藏園訂補郘亭知見傳本書目】卷七·子部一·儒家類,第四八六頁

荀子二十卷周荀況撰　唐楊倞注

〔補〕○宋刊本,十行十八字。有顧廣圻跋。徐乾學、黃丕烈藏印。聊城楊氏書。

北宋本新序十卷五册一函

舊本《新序》、《說苑》卷首開列陽朔、鴻嘉□年□月具官臣劉向上一行,此古人修書經進之體式。今本先將此行削去,古今人識見相越及鐫刻之佳惡,一開而可辨者可似有衍字。也。辛丑夏五謙益題。在卷一後。

① 宋本荀子。周批:"丙子十二月,見呂夏卿本于上海,實南宋刻,殊不及此本之可貴,益悔交臂失之矣。印不精,疑有明時補版。此説非是。敬夫索四千五百元,因手中極窘,遂爲日人購去,最堪痛惜。蓋當時財力僅能收《新序》一書也。當時因有士禮居影鈔本,故未急急進行耳。"又批:"此人間孤本也,失之可惜。庚辰七月病起書。"周批本第349—350頁。

　　余於乾隆乙卯閏月,借顧澗黃傳録何校宋本《新序》臨寫一過,
知宋本實有佳處,義門所校得其真矣。繼於四月十四日,書船友鄭
輔義攜一宋本來,留閱信宿,校首册三卷,開卷第二行有曾鞏地與
姓名一行,何校未及增入,未知何所校之宋本云何也。何校原本在
澗薲堂兄抱沖處,係陽山顧大有所藏,顧之前藏於憩橋巷李氏。余
所見宋本,第一卷末有東澗《跋》,何校未之及,知非一本。每葉幾
行,每行幾字,彼此相類。而所校又與刻本間有殊異,未知何故。
余愛之甚,惜需直八十金,故以樣本還之,不及窺厥全豹,大爲恨
事。自後書友來,來必曰:"此書爲物主攜往他處,將不久留於江南
境矣。盍如其直得之乎?"余遂究所從來,云是太倉王氏物,渠與畢
秋驪制府相友善,宋刻善本亦嘗歸之,故本地不售,將往楚中求售,
如售去,家中宋本皆盡往矣。余艷其宋本之多,屬書友更攜他書借
閱,書友允吾請。至冬季,果以北宋小字本《列子》來,需直六十金。
余喜異書之沓至,後更勝於前,不復計錢物之多寡,以白鏹八十餘
金并得之。是時,余方承被火災後,爲治家計最急,省他費購書,室
人交遍讁,我亦置若罔聞而已。今屆移家月餘,諸事稍定,倩工裝
池,分爲五册。書中有板刻硃印《溫公訓子語》一紙,爲信陽王氏四
部堂識,足見藏書家珍重之意,因裱托置諸卷端,俾垂永久。裝畢,
追述得書顛末,并著宋本或有異同,校者不無訛誤,是在目見而又
心細,方盡讀書之能事爾。時嘉慶元年六月望日,書於王洗馬巷新
居之小千頃堂,棘人黃丕烈識。

　　嘉慶辛酉秋九月望後一日,觀書於東城蔣氏,見有宋刻本《新
序》,爲陽山顧大有所藏,方悟何校所據,即此本矣。初見時,覺板
刻字形與余所收似不甚異,及借歸參閱,乃知前所云"所校又與刻
本間有殊異"者,皆顧本有以亂之也。即如卷九中"是後,桓公信壞

德衰”，衍一“德”字。“殷夏之滅也”，訛“湯”爲“夏”字。“張子房之謀也”句下，脫“楚雖無彊，《漢》、《史》作楚唯無彊”小注十一字，_{此在卷十中。}其錯誤迭出。他遇宋諱，如“殷”、如“竟”、如“完”、如“構”，皆未缺筆。每葉上填大小字數，下注刻工姓名，皆與余本異，雖行款悉同，而字形活變，不能斬方。彼此相較，真如優孟衣冠矣。始知宋刻本一翻雕，而神氣已失，不必在異代也。則此本之可貴，逾勝於初得時。書友之索重直，若有先知者耶。蕘圃氏又識。

蔣本《新序》，余定爲覆刻者，前《跋》已詳之。頃彎庭金君從蔣氏購歸，與余攤書對讀，知兩書實出兩刻。如“信壞德衰”，蔣本擠一“德”字，文理爲順，於原本則衍矣。兹又隨手勘及，如“盈海者矣”，蔣本“者”作“内”，此原本作“者”，朱筆校改“内”字，是又據後出之本改之也。以余所見所聞，如高注《戰國策》、歐陽忞《輿地廣記》、劉向《古列女傳》，同一宋本，而皆各有異。世非一刻，即文非一例，在各存其真可耳。《國策》、《輿地廣記》、《列女傳》，余寶其一，而此外藏於他所者，或得諸聞，或得諸見，不能爲兩美之合，亦造物有以使之然也。彎庭先後來吳中，而皆獲至精之本以去，可謂識寶者，而以余訂交如彎庭，談書又得一良友。寒齋數日之敘，百宋一廛中添一段佳話，他日《攤書對讀園》成，豈異“長毋相忘冊”邪？_{此五硯樓事。}并誌於此，以告後之讀是書者。庚午季冬五日宿雨初霽，丕烈書。

嘉慶庚午十一月，借居陶陶室，蕘圃先生出示宋槧諸書，皆見所未見，而此本尚不與焉。他日予得蔣氏宋本《新序》，急乞假以校讀之，知蕘圃已先於辛酉年據校矣。以此本爲初刻，蔣本爲覆刻，審定之確，無是過。其記異同，曰衍曰脫，亦道其實；曰誤，予以爲正不誤也。惟“湯”易“夏”當別記，不應改本文。而蕘圃墨守初刻，必以不同初刻者即爲誤，予未敢信，跋而還之。陶陶室先後得二宋本《陶集》，取名其室。并及。嘉興金錫爵記。

絳雲之書，久付紅羊，今存者至罕，故潤賫居士《百宋一廛賦》著録此本，以爲庚寅焚如，歷劫偏完也。邇來南天烽火垂十餘年，燎原之烈，雖祖龍一炬，莫是過焉。此本又以早歸吾齋，得離兵燹，信知世間神物，固自度百千劫而不磨矣。卷首載信陽王氏所刊《溫公訓子語》一則，與先公珍護縹緗及所以教和者，正先後同揆，孰謂古今人不相及耶？惟是手澤如新，言猶在耳，而和也不肖，楹書莫讀，老大徒傷，執卷涕零，悲烏能已。同治癸亥八月，楊紹和濡淚敬識。均在末卷後。

每半葉十一行，行二十字。卷中有“宋本”、“張孝仲友”、“張仲友”、“張氏仲友”、“貞白堂”、“貞白堂圖書記”、“貞白山房”、“牧翁”、“錢謙益印”、“季滄葦藏書”、“乾學”、“徐健菴”、“華亭朱氏”、“東吳顧氏家藏”、“□講齋”、“□翁”、此下尚有一印不辨。“薇茅館”、“師竹山房藏書私印”、“胤昌”、“經術堂印”、“汝南王恩延”、“王延士印”、“學耕堂印”、“沈葆之印”、此下尚有一印不辨。“士禮居藏”、“讀未見書齋所藏”各印記。又“徐昌朝印”墨印一，在末卷末葉紙背。卷首副葉信陽王氏板刻朱印《溫公訓子語》云：“溫公獨樂園之讀書堂，文史萬餘卷，公晨夕所閱，雖累數十年，皆新若手未觸者。嘗謂其子公休曰：‘賈豎藏貨貝，儒家惟此耳，然當知寶惜。吾每歲以上伏及重陽間，視天氣晴明日，即設几案於當日所，側群書其上，以暴其腦。所以年月雖深，終不損動。至啓卷，必先視几案淨潔，藉以茵褥，然後端坐看之。或欲行看，即承以方版，未嘗敢空手捧之，非惟手汗漬及，亦恐觸動其腦。每至看竟一版，即側右手大指面襯其沿，而覆以次指面，撚而挾過，故得不至揉熟其紙。每見汝輩多以指爪撮起，甚非吾意。今浮圖、老氏猶知尊敬其書，況以吾儒反不如乎？汝當志之。'信陽王氏四部堂識。"①

【藏園群書經眼錄】卷七·子部一·儒家類，第四五八頁

新序十卷漢劉向撰△八一三八

宋刊本，中版心，半葉十一行，行二十字，白口，左右雙闌，版心下記刊工姓名。字體方嚴，爲南宋初杭本正宗，與余藏樂府詩集極相類。有錢謙益跋，黃丕烈三跋，又金錫爵一跋，詳《楹書隅錄》中，不贅。鈐有明華亭朱氏及清錢、季、徐、黃諸家印記。海源閣書，丁卯十月廿九日見於天津，索五千五百元。

【藏園訂補郘亭知見傳本書目】卷七·子部一·儒家類，第四九三頁

新序十卷漢劉向撰

〔補〕○南宋初杭州刊本，十一行二十字，白口，左右雙闌。有錢謙益、黃丕烈、金錫爵跋。有明華亭朱氏及錢謙益、季振宜、徐乾學、黃丕烈藏印，即《百宋一廛賦注》中所矜爲北宋本者。聊城楊氏藏。

---

① 北宋本新序。周批："桓、構缺筆。紙印精美，間有蟲蝕處，修補完好。有朱筆評點。士禮居原槧，孫延題簽。舊錦套。余收此書時，若能舉債，并《說苑》、《荀子》、《管子》、《淮南子》同收之，豈不大妙乎？余生平務實而不蹈虛，亦自有短處。"周批本第351頁。

【藏園群書校勘跋識錄】子部·第一八九至一九〇頁

新序十卷

漢劉向撰。明萬曆程榮刊《漢魏叢書》本，半葉九行行二十字，白口，左右雙邊。鈐"燕谷小隱"、"鐘曙長壽"、"鐘曙大利"、"歸鐘曙讀書記"印。根據跋文，推知是周叔弢先生受傅增湘先生委託，庚午年（1930）以家藏宋刊本校勘于此本。此書係藏園藏書，且語及藏園老人，故錄于此。經錢謙益、黄丕烈、金錫爵題跋之宋刊本今藏國家圖書館。

卷末附邊欄刊"孝經一卷人家"字樣之稿紙，周叔弢手書跋文，文曰：宋本《新序》，海源閣舊藏，每半葉十一行，每行廿字，白口，左右雙邊，下記刻工姓名，曰：洪茂、洪新。卷五卷十末葉紙背有"徐昌朝印"四字，楷書墨記，缺筆至構字止，蓋紹興時刻本也。庚午二月，沅叔三丈授此書命校，因取宋本對勘一過。凡增改三百許字，其錢牧齋手跋一則、黄蕘圃手跋三則、金彎庭手跋一則，具見《楹書隅錄》，不復錄云。建德周暹謹識。（書號114）

校宋本新序十卷二册

此康熙庚寅義門何氏用陽山顧大有舊藏宋槧校，乾隆乙卯傳錄。澗薲記，時孟陬九日也。

乙卯閏月，借顧澗薲傳錄何校宋本臨寫一過。何校原本在伊兄抱沖處，俟臨畢，當借歸參考之。棘人黄丕烈。

四月望日往訪抱沖，索觀何校本，知顧本藏於憩橋巷李氏，亦古書授受之源流也，爰復表而出之。蕘圃。

此本間有與宋本字合者，以雙圈識之，視顧澗薲所校《漢魏叢書》本，勝之遠矣。卷首序目，《叢書》本無之，此本居然完璧，洵近刻中之佳者也。荛翁識。

嘉慶庚午冬，金君霱庭收得蔣本所藏《新序》，即義門據校之本。陽山顧氏舊藏者，復取讎一過。復翁。

校書之難，如掃落葉，如拂几塵。此書於向年校過家藏宋刻，即東澗跋本。後粗以陽山顧氏所藏宋刻覆之，知兩本實有異同，因匆匆借校，略識其異。頃是本已爲嘉興金霱庭所得，復取續校，卷中識蔣本者是也。蔣氏即顧舊藏，而何所據校者，向藏史家巷賜書樓。蔣氏今分支居西白塔子巷者，家不甚貧，卻愛財不愛書，故是本爲金所有。余初見時，其家估直十二金，欲并售，未能獨得，後累至十倍。茲以番餅四十二枚易之，霱庭何幸而遇此。江浙分儲，非復吾郡中物矣，書之黯然。庚午冬十二月十一日記，復翁。

嘉慶四年太歲己未五月，孫星衍借歸金陵，校於五松書屋。①

【藏園群書經眼錄】卷七・子部一・儒家類，第四五八至四五九頁

新序十卷漢劉向撰△五四三四

明刊本，十一行十八字，黑口，四周雙闌。

黄丕烈乙卯閏月借顧廣圻傳錄何焯校宋本臨寫一過，何氏用陽山顧大有家藏宋本也。嘉慶庚午又以顧氏宋本續校。嘉慶己未孫星衍借校，有跋二行，不詳記。黄氏卷前跋二則，卷尾跋三則，均見《楹書隅錄》，不復抄。據黄氏跋，知先以家藏宋本校過，即錢謙

---

① 校宋本新序。傅增湘云明刊本。周批：“此書爲匪徒搶失，分散。邢氏先收一册，後邃雅齋又收一册，余力勸歸之邢氏也。”周批本第363頁。

益所跋者,後以陽山顧氏所藏宋本覆校,是此書凡三校矣。宋本二十二行,行二十字,校筆先用藍色,三卷以後改墨色,覆校用朱色。卷三後有跋一則,爲《楹書隅録》所遺,録如後:

> "乙卯四月十四日,書船友鄭輔義攜宋本新序首册來,留閲信宿,校此三卷,與何校本似有微異處,未知何所據之宋本云何也。開卷第二行曾鞏地與姓名一行何校未及增入,所正字尚有爲何校所軼及兩殊者,悉照宋本改定。惜其需直太昂,難以得之,不得窺厥全豹爲恨恨耳。第一卷末有東澗跋四行,與有學集所載合,'可也''可'字及爲'此'字之誤。跋後有牧翁澗方印,錢謙益印方印,筆墨古雅,圖章宛然,令人愛不忍釋。惜錢之癖與惜書之癖交戰於中而不能決,奈何奈何! 蕘圃望日燈不記。"

鈐有"濟美堂"、"嘉興李聘"、"黄錫蕃印"、"孫氏伯淵"、"公佐"、"芑耡"諸印,又楊氏宋存書室各印。

此書自海源閣被盜劫出,邢贊庭之襄先得首册,不及百元,嗣下册出,估客居奇,竟以四百元合之,可謂厚價矣。沅叔記。甲戌二月七日。

【藏園訂補郘亭知見傳本書目】卷七‧子部一‧儒家類,第四九三頁
○明刊本,十一行十八字,黑口,四周雙闌。黄丕烈據顧廣圻臨何焯校宋本過録並跋,孫星衍跋。海源閣遺書,歸邢之襄。

北宋本説苑二十卷十册一函

嘉靖四十一年六月廿八日看畢,是日立秋。

余向藏宋刻《新序》,而《説苑》僅見小讀書堆所藏宋刻殘本,係

咸淳乙丑九月重刊者。其本每葉十八行，每行十八字。所缺卷八至卷十三。余曾借校一過，此外又借錢遵王校宋本參之。蓋錢校即據咸淳重刊本，因所見本缺葉多同，特錢所校時未缺六卷耳。其中如卷四《立節篇》有"尾生殺身以成其信"一句，卷六《復恩篇》多"木門子高"一條。自明天順本以下皆無者，獨完好無缺，信稱善本矣。頃友人陶蘊輝以此宋刻《說苑》全本示余，謂是揚州賈人託其裝潢而欲爲他售者，渠許以重直爲余購得。余喜是書可與《新序》爲合璧，而行款多同，必是北宋以來舊本，因遂得之。取校咸淳重刊本，實多是正，即如卷六"陽虎得罪"條，多"非桃李也"四字。盧抱經《群書拾補》中，據《御覽》以爲有"非桃李也"四字，詎知宋刻初本固有之耶。其他佳處，不可枚舉，余悉校諸程榮本，以供同好之傳錄云。至於書有初刻重刻之別，又有原板修板之殊，前所收《新序》係初刻，而陽山顧大有藏者係翻板。茲所收《說苑》係原板，而虞山錢遵王校者係重刊。彼此先後，各有異同，今余何幸，而兩書皆盡善盡美之本，展讀一過，盡正群譌，豈不快哉！豈不快哉！嘉慶歲在丁卯秋八月白露後二日，士禮居重裝并記，復翁黃丕烈。

　　卷二第五葉原失，用咸淳重刊本補錄。

　　附錄小讀書堆殘宋本卷十九、卷二十宋刻款識。

　　《說苑》卷第十九。

　　歲壬申秋，瑯山翁士白重修校正。

　　《說苑》卷二十。

　　鄉貢進士直學胡達之視役。

　　迪功郎改差充鎮江府府學教授徐沂。

　　咸淳乙丑九月，迪功郎特差充鎮江府府學教授李士忱命工重刊。

余初得此書時，見其中有籤題云"説苑六册"，無宋刻字樣，即疑此書之來，必非貴重者，或係出於冷攤，而五柳主人以特識得之。久而探聽消耗，知是書爲墨古堂周姓物。周本不識書者，設肆於郡東之王府基。偶一日，有老者以手帕包一書來，索直青蚨七百，周酬以二百四十文，其人即懷錢而去。遂持示同業某，某曰："此明刻也，奚貴耶？"後售於五柳，得青蚨一千四百。因入余手，易朱提卅金。是書之爲宋刻，稍稍流傳於外矣。外人轉相告，其語達於周，周邀同業來索觀，余秘之不示。蓋其書已賤售，而知獲重直，未免啓争競端。且側聞陶之語周，亦猶是同業某之説也。某之説而果，是爲不智；陶之語而果，是爲不仁。余故未便明示也，而余却甚德乎？陶向使不以歸余，余亦無從得此至寶，故卒不使周之知陶之歸余者，果周之所得否也。惟是是書所由來，卒不知其自。因思吾郡甚大，故家之藏弆，行李之往來，所藏之富，所來之廣，安得盡入余手，而一爲品題其甲乙耶？余於此不能無感慨云。書此以存一段佳話，俾知書之遇與不遇，係乎人之知與不知。可歎也夫！可歎也夫！九月三日燒燭檢此，復翁。<small>均在末卷後。</small>

舊裝卷四、卷五中互有錯簡，今悉更正，無脱葉也。復翁記。<small>在第六卷後。</small>

每半葉十一行，行二十字。嘉靖一行末無款，惟朱文"張氏收藏"一印。又每册有"汝南郡圖書記"、"文春橋畔<small>下三字不辨</small>"、"平陽氏珍藏"、"士禮居"、"丕烈"、"蕘夫"、"民部尚書郎"、"汪士鐘印"、"三十五峯園主人"、"汪享齋藏書"等印記。①

------

① 北宋本説苑。周批："白紙印，不及《新序》。"周批本第367頁。

【藏園批注】日人收去,儲之大連圖書館。

【藏園群書經眼錄】卷七·子部一·儒家類,第四五九頁

説苑二十卷漢劉向撰

宋刊本,半葉十一行,行二十字,白口,左右雙闌。字體方嚴,與《新序》相近。海源閣書,丁卯十月廿九日見于天津,索六千元。

【藏園訂補郘亭知見傳本書目】卷七·子部一·儒家類,第四九三頁

説苑二十卷漢劉向撰

〔補〕○宋刊本,十一行二十字,白口,左右雙闌。雕工與《新序》相近。有黃丕烈跋,《楹書隅錄》著錄,號爲北宋本。海源閣遺書,日人購去,儲之大連圖書館。

校宋本説苑二十卷三册

嘉慶元年冬,借顧抱沖所藏殘宋本《説苑》校此,顧本缺八至十三。復借周香嚴所藏錢遵王手校宋本補完,因循未成,至二年五月始竣。抱沖已作故人,而書猶未還,傷感之至。蕘圃。

抱沖所藏殘宋本《説苑》雖多修板,然校各本有佳處。即如卷四《立節篇》有"尾生殺身以成其信"一句;卷六《復恩篇》多"木門子高"一條。自明天順以下本皆無之,則非此幾致脱略矣。明刻當以程榮《漢魏叢書》本爲近古,餘則脱略不可殫述,故傳校宋本於此册,後之見是篇者,勿輕置之。五月二十三日燈下,黃丕烈又識。

丁卯六月十二日,五柳主人以揚州寄到廿二行、行廿字宋本示

余,因手勘一過,較小讀書堆所藏殘本爲勝。復翁。

前校殘宋本,就卷末重刊年月計之,已在南宋末,且多修板,故訛舛甚多。今所見宋本,刻既在前,板亦無修,故是正良多,《説苑》以此爲最矣。

舊本《新序》、《説苑》卷首開列“陽朔、鴻嘉四年三月具官臣劉向上”一行,此古人修書經進之體式。今本先將此行削去,即此已見其謬,無論其他矣。余家舊藏《新序》宋刻,與時本迥異,惟《説苑》僅據小讀書堆殘宋本補以錢述古校宋本,猶未盡善。今見宋刻與《新序》板刻相類,所云體式正同,信善本也。丁卯七月廿五日,復翁識。

十月十一日,海寧陳仲魚自其邑來,攜同邑吳槎客所藏宋刻咸淳乙丑九月重刊本《説苑》示余,余歎爲奇絕。蓋是本與顧抱沖藏者同,而抱沖所缺者八卷至十三卷,吳却有之,可以補校,一奇也。抱沖本與槎客本是同而小異,蓋板有原與修之別,印有初與後之殊,又可彼此參訂,二奇也。惜吳本缺第十四卷,抱沖已作古人,槎客又居他邑,無從作合,各爲補全耳。余因仲魚之借,而得覿咸淳重刊本之全,勝於向借周藏錢校之尚非宋刻面目,何幸耶!因得廿二行廿字本之宋本,而仲魚知之,并引出咸淳重刊之又一本,不更幸也。校畢記。復翁書於冬蕙山房。時小春,盆中發蕙一枝。

吳本載乾隆甲辰二月仁和孫志祖《跋》,云“晁氏《郡齋讀書志》敘《説苑》篇目,避孝宗諱,易‘敬慎’爲‘法誡’,而此本不易,以爲疑。”余謂此疑咸淳本之出孝宗後爾,何亦不避?豈知重刻云者,特翻舊本,故遇“慎”字,間缺末筆。若余所得本并不避“慎”字,則刻較先矣。宜“敬慎”之不易爲“法誡”也。復翁又識。

戊辰夏，觀書濂溪坊蔣氏，又見咸淳重刻本，印亦糊塗，字多描寫。較顧、吳兩本爲勝。惜時方購進御書籍，索直甚昂，未易得也。

續從坊友處見一本，與濂溪本正同，亦爲蔣氏物，蓋又居於西白塔子巷者也。

道光元年二月，小讀書堆殘宋本散在坊間，借歸續校。蕘夫。以上各跋，均在末卷後。

宋刻二十二字。行二十字本，已歸藝芸書舍，案頭止此手校本矣。余於此書所見之本，即咸淳重刊本，亦共有四種。吳槎客本雖缺第十四卷，而有與殘宋本異者較佳，蓋有原板、修板之別也。殘宋本誤字向未一一記出，或因其誤置之。今於二十五年後重覩舊物，反一一校在上方，以辛巳續校別之，知向所未校者，或忽略漏校，或有意删除也。古書日少，向藏者亦復散逸，講此道者，實無其人。咸淳本久欲求售，無過而問者，余擬購得，卒以估直太昂置之。借諸坊間，續校一過，眷眷於此本之佳，猶留古書面目也。“非桃李也”四字，誠爲廿二行、廿字本所獨。每卷標題云“校正説苑”、無某朝、某年、某月、某人，莫可得而尋其原委矣。自己所藏既去，又復念及他人所藏者，書魔之故智歷久不忘耳。蕘夫。在末册第十四卷前。

嘉慶乙亥五月，吳翌鳳借校。在卷首。

北宋本揚子法言十三卷音義一卷四册一函

《揚子法言》通行者，世德堂五臣音注十卷本，其源出《纂圖互注》，乃宋元之間，建安書坊中人所爲，併合改竄，皆非復各家真面目也。何義門學士獨校李軌《注》十三卷，云：“絳雲舊藏，序篇在末卷，後轉入泰興季氏，又歸傳是樓。”予往嘗借〔“借”，藏園批注改“傳”〕臨得之，竊疑其校與司馬溫公所見李本頗有不同，如第十一卷，溫公云："李本非夷尚容依隱玩世，其滑稽之雄乎？"今從《漢書》明文顯然，而何以義門之校，全反此言耶？今年再至揚州，過石研齋，主人出示新得此書，按而稽之，在本卷第三葉首七行，行字較前後獨多，而剜板添補痕迹尤宛然，方悟溫公所言者，其初板也。義門所校者〔藏園批注"後"上加"經"字〕，後來修改者也。特前輩校書，尚不曾推勘入此等處耳。爰請見借，覆校一過，是正極多，文繁不具。又以溫公序文合諸最後名銜，知爲呂夏卿校定於治平二年，國子監鏤板印行。其《音義》別爲一卷，在全書之後。名銜之前不題撰人名氏，今無可考。溫公云"多引天復本"，未知"天復何謂。以予考之，唐昭宗紀元天復，盡四年，厥後王建於蜀，仍稱之。然則天復本者，蓋謂彼時之蜀本，逮溫公日而已無有存焉者，故不質言之。《纂圖互注》無此《音義》，何校亦未寫出，真祕笈已。其傳是樓散出之本，予弗獲見，而聞錢景開言，於乾隆四十五年間，爲桐鄉金雲莊德輿買去。今推以季、徐諸氏圖記，非即此所得也。但必同是治平監板已修本，則固有不待目驗而決然可斷者矣。校既畢，因詳記於帙，奉澹翁太史審正。太史深悉古籍源流，當教蒙以所不逮焉。嘉慶戊寅二月十日，元和顧廣圻書。在卷末。

　　每半葉十行，行大十七八九字，小二十五六七字不等。有"秦伯敦父審定"、"顧千里經眼記"各印。

　　【藏園批注】"汪喜孫印"、"喜孫讀過"、"汪士鐘曾读"、"宋本"、"秋浦"、"楊東樵讀過"，均朱文。"憲奎"、"讀書裏古"、"汪憲奎印"，均白文。

　　【藏園群書題記】卷第六·子部一·儒家類，第二九一至二九四頁

宋本揚子法言跋

　　《揚子法言注》十三卷《音義》一卷,宋刊本,半葉十行,每行十六七至二十字,注雙行二十五六七字,亦有少至二十一字者,白口,左右雙闌,板心記字數,不分大小。下記刊工姓名。卷一第一行題"揚子法言學行卷第一",次行題"李軌注",低六七格不等。每卷後空一行標書名卷第幾,不附篇名。宋諱玄、弘、殷、匡、敬、貞、勗、恒皆缺末筆。《音義》後列國子監校勘官銜名,自主簿文効至判國子監蔡抗十九人,凡二十六行。下空三行,又列參知政事趙概、歐陽修,同中書門下平章事曾公亮、韓琦四人銜名,凡八行。蓋源出汴京國子監刊本也。刊工有殷忠、金祖、王植、沈定、王壽、李洪、朱玩、吳中、李正、章宇、王椿、王用、李度、李恂、高俊、何澄、張世榮、張謙、孫日新、王正、李元、李信、李倚、嚴忠、秦顯、章忠、張用、莫珍、趙旦、吳寶、宋裕、李倍諸人名。後有顧千里手跋二十六行,已刊入《楹書隅錄》,不更贅述。

　　按:是書石研齋秦氏已有覆本,學者多有其書。今以原刊對勘,摹泐精良,足稱佳槧。其文字佳勝,視建安坊刻遠過,顧澗蘋已備言之矣。然余連日詳審比勘,則所見有足補顧氏所未逮者。昔人以後列校勘官銜名有呂夏卿校定一行,斷爲治平監本。夫監本誠是矣,而以爲治平所刊則非也。考卷中宋諱缺避惟謹,然卷五第四葉注中"三桓專魯"句"桓"字缺末筆,卷三第四葉"君子微慎厥德"句及《音義》第七葉注文"《史記》作慎靚王,《索隱》作順靚王,或是慎轉爲順"各句"慎"字均缺末筆,則已入南渡無疑。且審其字迹雕工,雖格體嚴整,而樸厚之意寖失,當是浙杭重翻之本。至卷二之二、四葉,卷四之五葉,卷五之五葉,則又爲後來修補之版,寫

刻皆粗率，毫無氣韻，更顯然可判者也。又卷十三之第三葉秦氏覆
本注明宋本缺葉，依何朼瞻校本補刊。今檢此葉，宋刊固赫然具
存，已自足異。及以秦刻校之，則行格上下視宋本迥不相侔，而核
其文字乃更有差舛。如本文中"荒荒聖德"句，宋本"荒荒"作"芒
芒"，注亦同。又注文"道至微渺"句，宋本"微渺"作"微妙"，其義
皆以宋本爲勝。以意揣之，秦氏付刊時原書本缺此葉，故依義門傳
校本補之。嗣後得宋刊殘本，缺葉幸獲補完，而墨版已不及追改，
故致此參差。所可異者，義門校讐夙稱精審，不應傳本歧出至此，
豈所據之本適爲補刊耶？嗟乎！典籍流通，千古盛業，信今傳後，
夫豈易言，或不慎，則厚誣古人，貽誤來者。今書不及百番，義門屬
筆於前，澗蘋致力於後，其人固皆博聞方雅，爲舉世所推崇，而指疵
摘瑕，乃猶賴於吾輩。設令海源高閣，終古長扃，則覆本流行，雖明
知其謬失，又烏從而糾之耶！是則閣書之放失，雖爲海內所嗟歎，
而珍籍僅存，使人人得摩挲而訂正之，亦吾輩之私幸也夫！

　　庚午初冬，文友書坊收書於順德，獲海源閣所儲殆數十部。余
急往觀之，大率多鈔校之本，而殘佚居其半。宋刊獨有此書，惜只
存二、三兩冊。留置案頭者匝月。余語主人魏經胜，謂："此乃蜀賢
名著，於理當歸余，俾與豫章本《方言》爲侶，亦大佳事。"經胜言：
"此殘帙無人過問，可暫置此，終當爲君致之。"歲杪，經胜之弟慎甫
在津門聞有《法言》二冊在肆中，急取重金令會文李賈爲物色之。
嗣李詗知踪跡，反金於慎甫而陰自取書以歸。同學邢君贊庭聞其
事，亟挾此二冊去，而爭論自兹起矣。方余之返書於文友也，趙君
斐雲知之，走肆中索是書。經胜告以余已有夙約矣，斐雲堅欲爲館
中收此書，便詣會文取其半，李估以邢捷足先得告之，斐雲意不無
稍望，乃堅持之不釋。贊庭亦頻過廠市督促經胜，終不得要領。於

是趙與邢各挾其半不相下，賈人且乘此機以要高價，而余以最先約定者轉若毫無關係，且咸浼余斡旋其間。余乃商於斐雲，爲完成是書計，宜讓贊庭收之，且余已不復追理最初之約矣。斐雲亦欣然慨諾，緣是而兩方之書重集於吾齋，余得以從容勘讀者又百餘日焉。爰詳考同異而誌於册，且兼述交涉之顛末，以見二君愛書之摯，癖古之深，展轉遲回，終使豐城劍合，合浦珠還，爲書林留一段佳話。顧余以創獲之人，乃交臂而無所獲，撫卷之餘，又惘然若失矣。

【藏園群書經眼錄】卷七・子部一・儒家類，第四六二至四六三頁

揚子法言注十三卷晉李軌撰音義一卷△九六〇〇

宋刊本，半葉十行，行十八字，注雙行二十三字，白口，左右雙闌。版心上記字數，魚尾下記揚子法言幾，下記葉數，再下記刊工姓名。有王植、王椿、王壽、王用、王正、宋裕、李洪、李正、李度、李恂、李元、李信、李倚、李倍、金祖、沈定、朱玩、吳中、吳寶、何澄、章宇、章忠、張世榮、張謙、張用、孫日新、高俊、嚴忠、秦顯、莫珍、趙旦等人。有嘉慶戊寅顧廣圻跋。

鈐印列後：

“汪喜孫印”朱、“喜孫讀過”朱、“宋本”朱、“秋浦”朱、“汪士鐘曾讀”朱、“憲奎”白、“汪憲奎印”白、“讀書衷古”白、“楊東樵讀過”朱。海源閣書，歸邢贊亭。

按：是書秦氏石研齋已覆刊行世，人多有之。然余嘗取校，其卷十三第三葉秦本注明宋本缺葉依何焯校本補者，宋刊此葉固赫然具在。秦本之行格起止及文字俱有差失，可以據改。又，是書前人據音義後列國子監校勘官銜名，定爲北宋治平監本。然詳檢卷

中,宋諱桓、慎均缺末筆。其刊工吳中、秦顯、章忠、李倍等見余藏宋刊南齊書,王壽、章忠又見余藏宋本太玄經。然則此書爲南宋孝、光之際浙中所刊,非治平監本明矣。沅叔。

【藏園訂補郘亭知見傳本書目】卷七・子部一・儒家類,第四九五頁

〔補〕揚子法言注十三卷漢揚雄撰晉李軌注。音義一卷

○南宋前期浙本,十行十八字,注雙行二十三字,白口,左右雙闌。有顧廣圻跋。汪喜孫、汪士鐘及海源閣藏印。邢之襄藏。此書前人因音義後有北宋國子監校刊銜名,誤稱北宋本。

【藏園群書校勘跋識錄】子部・第一九一至一九二頁

揚子法言十三卷音義一卷

晉李軌注。宋刻宋元遞修本,半葉十行行十八字,小字雙行二十四字。鈐"秦伯敦父審定"、"顧千里經眼記"、"汪士鐘曾讀"、"平陽汪氏藏書印"、"讀書懷古"、"汪印憲堂"、"楊東樵讀過"、"彥合珍玩"、"臣紹和印"、"宋存書室"、"彥合讀書"、"協卿讀過"、"楊彥合讀書印"、"聊攝楊氏宋存書室珍藏"、"沅叔審定"、"祁陽陳澄中藏書記"、"邠齋"諸印。此宋監本《揚子法言》原爲海源閣藏書,如何轉至邢之襄處,《藏園群書題記》有生動記述,可參閱。

書末葉有顧千里跋文,其後爲藏園先生跋文:庚午小除夕,藏園舉祭書之典,邢君贊庭以是書來與祭,因留置齋中凡數月,暇時取石研齋覆本對勘,摩雕精雅,毫髮肖似,可云善本。然第十三卷第三葉鋟板時尚闕,遂取何義門校本依仿刊之。今詳細審校,此一

葉中已舛訛六字，以何氏勘書之精密，尚有差失，可知古書非目見
宋刊殆不可取信也。余別有題記，緣文字繁冗約二千餘言，不及寫
附此帙後。還書之日，爰記其梗概如此。贊庭曷締觀之，當知鄙言
之不繆也。辛未四月，傅增湘記於藏園。

　　跋文之末鈐“雙鑑樓主人”、“書潛”印。（書號9600）

元本河南程氏遺書二十五卷附錄一卷
外書十二卷文集十二卷遺文一卷二十四冊四函

　　每半葉十行，行二十字。首載《朱子辨誤書》，次宋趙師耕麻沙
本《後序》、李襲之春陵本《後序》，又元鄒次陳、虞槃《序》二篇及譚
心善《識語》。《遺書》、《外書》俱出程門弟子手記，朱子家藏，世所
刊本，無不同者。獨二先生文集出胡文定公家，頗有改削。朱子定
其所當改者數紙，屢以書致劉共父、張南軒二公，然承舛習訛，卒莫
之從。譚元之因與蜀郡虞槃往復討論，用復乎朱子所改之舊，至治
壬戌錄梓以傳。《天祿琳琅書目》所載即此本也。惟《天祿》本已闕
《程氏世系譜》，並鈔補第八卷，此尚完帙云。彦合記。_{在卷末。}

宋本童蒙訓三卷二冊一函

　　每半葉十行，行二十字。卷末題款云：“紹定己丑，郡守眉山李
壺得此本於詳刑使者東萊呂公祖烈，因錄木於玉山堂，以惠後學。”
卷首末有“莫氏壽樸堂記”、“都氏元敬”、“南濠居士”、“張侯之
印”、“黃復之印”各印。是書明時有覆本，行式無異，然較之原刻，
則東施效矉矣。宜自勝朝以來，已爲吳中莫、都諸名家鑑賞也。

童蒙訓三卷_{宋呂本中撰}

宋紹定二年己丑刊本半葉十行，行二十字，白口，左右雙闌，版心雙魚尾，下魚尾下記葉數。卷下末葉題：

"紹定己丑郡守眉山李壂

得此本於詳刑使者東萊

呂公_{祖烈}因鋟木於玉山

堂以惠後學"_{海源閣遺書}

【藏園訂補郘亭知見傳本書目】卷七·子部一·儒家類，第五〇六頁

童蒙訓三卷_{宋呂本中撰}

〔補〕〇宋紹定二年蜀中刊本，十行二十字，白口，左右雙闌。末有紹定乙丑郡守眉山李壂刊書識語。海源閣遺書。

元本新編晦菴先生語錄類要十八卷六册

卷首有嘉熙戊戌新安朱□、淳祐甲辰雩陽王遂兩《序》。卷末大德壬寅武夷詹天祥跋云"右文公《語錄類要》十八卷，故考亭書院堂長澹軒葉氏手編之書也。堂長諱士龍，字雲叟，弱冠由括蒼來考亭從勉齋游，因家焉。學成行尊，臺郡迎致講說。其所著書，有《論語詳説》二十篇，又《文集》若干卷。是編取文公語錄，撮要分類，初題曰《語錄格言》，凡十九卷。殿講徐公幾愛其簡切，更題曰《語錄類要》，內獨省去第十九卷，蓋不欲學者驟言兵也。近年兵燬，不復存。天祥家藏殿講手校本，乃重校刻之"云云。是書較《語類大全》頗極詳該，諸家書目俱未載，惟上元倪闓公燦《宋史藝文志補》始著

録。顧既列之《宋志》，自當依雲叟之舊，乃題葉士龍《語録類要》十八卷，似有未安。或亦未覩此本，不知經後人删易耶？每半葉十一行，行二十字。有"棟亭曹氏藏書"、"樹德堂"、"英和私印"、"長白敷文氏"、"謹齋"、"昌齡圖書印"、"謹齋圖書"、"蔣成山記"各印。

宋本管子二十四卷十册一函

嘉慶丁丑重陽裝成。越一日，以陸敕先原校宋刻本手勘一過，鈔胥脱誤良多，臨寫時校政者，墨筆標於上方。兹手勘其脱誤者，以黄筆標之。陸校在劉績本上，於宋刻可疑處每識於旁，兹鈔胥寫入本行，所以存宋刻之真。而余復標出其字，注曰"校改者，皆敕先"，所謂刻舟也。陸《跋》二通，録附於後。復翁。

毛斧季以善價購得錫山華氏家藏宋刻《管子》，錢遵王貽余此本，竭十日之力，校勘一過，頗多是正。時賦役倥傯，愁悶填胸，當研朱點筆時，大似奕秋誨奕，一心以爲鴻鵠之將至，撫己爲之一笑也。康熙五年四月二十有六日，常熟陸貽典識。

古今書籍，宋板不必盡是，時刻不必盡非，然較是非以爲常，宋刻之非者居二三，時刻之是者無六七，則寧從其舊也。余校此書，一遵宋本，今再勘一過，復多改正，後之覽者，其毋以刻舟目之。康熙五年丙午五月七日，敕先典再識。均在第十九卷末。

此宋刻《管子》二十四卷，原缺卷第十三至卷第十九，任蔣橋顧竹君藏書也。二十年前曾借校之，其佳處實多，因中有缺，心甚有歉，未爲全美。後京師某坊緘寄一宋刻，宋刻已糊塗，經俗人剜其糊塗處，以時本填之，多未可信，故卒未據以校藏本。近日宋廛宋刻子部並歸他人，重憶向所未愜意之本，遂從顧氏後人歸之，而中所缺卷，余故友小讀書堆藏陸敕先校宋本，亦向伊後人借歸據補。

陸校未記行款，茲就余所收宋刻本行款約略爲之，未可據也。至於字句之間，他卷多同宋刻，則此所缺而陸校有，宋刻應亦可據。且陸校出毛斧季所藏宋刻，則尤可信。惟是校書如掃落葉，他卷之陸校，證以余藏之宋刻，有脫至一句者，安知余所據之卷，不有類是者耶。不過以校宋補宋刻，稍勝時本耳。藏書之道，如是而已。暇日當取陸校，以校余所補本，并以參余所藏本，或可盡得其異同。嘉慶丁丑重陽秉燭記，復翁。

　　每半葉十二行，行二十三字，注二十八字。卷一後有木記云"瞿源蔡潛道宅墨寶堂新雕印"。又末卷後有木記云"蔡潛道宅板行，紹興壬申孟春朔題"。並巨山張嵲《讀管子》一則，謂"紹興己未從人借得，舛錯甚衆，頗爲是正，鈔藏於家"云云。案：壬申乃紹興二十二年，上距己未僅十二年，潛道所刊，當即據張氏鈔藏之本，在今日爲最古矣。其中佳處，足正各本之謬者實多。如《形勢篇》"虎豹託幽而威可載也"，未誤作"得幽"；"邪氣襲內"，未誤作"入內"；"莫知其澤之"，未誤作"釋之"；"其功逆天者，天圍之"，未誤作"違之"。《乘馬篇》"凡立國都，非於大山之下，必於廣川之上"，未誤作"太山"；"藪鐮繦得入焉"，未誤作"纏得"。《版法篇》"法天合德，象地無親"，未誤作"象法"。《幼官篇》"必得文威，武官習勝"下，未衍"之"字；"則其攻不待權輿，明必勝則慈者勇"，未誤作"權輿"。《宙合篇》"內縱於美好音聲"，未誤作"美色淫聲"。《樞言篇》"賢大夫不恃宗室"，未誤作"宗至"。《八觀篇》"故曰入朝廷，觀左右，本朝之臣"，"右"下未衍"求"字。《法法篇》"矜物之人"，未誤作"務物"；"內亂自是起矣"，未脫"矣"字。《小匡篇》"管仲詘纓捷衽"，未誤作"插衽"；"維順端愨，以待時使"，注"待時，待可用之時也"。"也"上未衍"而使之"三字。《霸言篇》"驥之材，百馬代之”，又“疆最一代”，均未誤作“伐”。《戒篇》“東郭有狗嘽嘽”，注“柫，謂以木連狗”，未誤作“猳謂”。《形勢解》“臣下墮而不忠”，未誤作“隨”；“而弱子、慈母之所愛也，不以其理”下，未衍“動者”二字；“亂主獨用其智，而不任聖人之智”，未誤作“衆人”，“使人有理，遇人有禮”，“理”、“禮”二字未互倒。《版法解》“往事必登”，未誤作“畢登”；《海王篇》“萬乘之國，人數開口千萬”，未誤作“問口”。《山國軌篇》“不籍而贍國，爲之有道乎”，未誤作“道予”。皆與高郵王懷祖先生《讀書雜志》所引相合。其他類是者，尚不能一二數，信知此本之可寶矣。同治癸亥八月二十九日，東郡楊紹和彥合甫識於宋存書室。均在卷末。

　　卷首有“劉氏伯溫”一印，“黃氏”、“汪氏”各印。[①]

【藏園群書經眼録】卷七·子部一·法家類，第四八四頁

管子注二十四卷　唐房玄齡撰

　　宋刊本，半葉十二行，行二十三字，注雙行二十八字。卷一後有木記云“瞿源蔡潛道宅墨寶堂新雕印”。有黃丕烈跋二則，並録陸貽典跋二則。海源閣書，丁卯十月廿九日見於天津，索四千元。

【藏園訂補郘亭知見傳本書目】卷七·子部三·法家類，第五三七頁

〔補〕管子注二十四卷　唐房玄齡注

　　○宋刊本，十二行二十三字，注雙行二十八字。卷一後有“瞿

---

① 宋本管子。周批：“黃紙，印不精，亦建本之佳者。丙子十二月見浙本《管子》于上海。”周批本第393頁。

源蔡潛道宅墨寶堂新雕印”木記，卷末有“瞿源蔡潛道宅板行紹興壬申孟春朔題”牌子二行。又有張嶸讀管子一則。缺卷十三至十九。有黃丕烈二跋，並錄陸貽典二跋。海源閣藏。

校宋本管子二十四卷六册

【藏園批注】原書爲明弘治劉績注本。

毛斧季以善價購得錫山華氏家藏宋刻《管子》，錢遵王貽余此本，竭十日之力校勘一過，頗多是正。時賦役倥傯，愁悶填胸，當研朱點筆時，大似奕秋誨奕，一心以爲鴻鵠之將至，撫己爲之一笑也。康熙五年四月二十有六日，常熟陸貽典識。

古今書籍，宋板不必盡是，時刻不必盡非。然較是非以爲常，宋刻之非者居二三，時刻之是者無六七，則寧從其舊也。余校此書，一遵宋本，再勘一過，復多改正。後之覽者，其毋以刻舟目之。康熙五年歲次丙午五月七日，敕先典再識。均在末卷後。

每卷有“宋本”、“陸貽典印”、“敕先”、“席鑑”、“席玉照讀書記”、“莫山珍本”各印記。①

【藏園群書經眼錄】卷七·子部一·法家類，第四八四頁

管子補注二十四卷明劉績撰△八九六

明弘治本。

清陸貽典校，有跋二則，黃丕烈校並跋。海源閣遺書。

【藏園訂補郘亭知見傳本書目】卷七·子部三·法家類，第五三八頁

---

① 校宋本管子。周批：“此書極佳。蕘翁又依宋本重校，跋語未及錄。”周批本第401頁。

管子補注二十四卷_{明劉績撰}

〔補〕〇明弘治刊本,九行二十字,白口,四周雙闌。陸貽典校並跋,黃丕烈跋。海源閣遺書。又一帙,失名人校。有王芑孫跋。涵芬樓藏。

宋本脈經十卷八冊二函

【藏園批注】明嘉靖本。

余性愛蓄書,於述古、佞宋之癖,尤竊慕之。往歲隨侍先大夫宦游南北,所收宋元槧本頗多。自丙辰奉諱歸里,於兹七載,從未覿一舊籍,恒用是悒悒。今秋送家弟紹程赴布政司試,偶於書肆獲宋刻《晉書詳節》,迨發榜中式,攜其至濟,復得此本,頗爲之一樂也。伏讀《四庫全書總目》,是書未經著錄,僅於《脈訣注》中有王叔和《脈經》十卷,見於《隋書》、《唐志》云云。《延陵書目》有宋板《脈經》,然止七卷,當非完帙。張氏《藏書志》有鈔本,乃從元天曆本錄出。近時嘉定黃氏及錢氏守山閣新刊本所據校者,亦祇元刻,可見是書之宋槧,固不多覯矣。此本卷首載林億等校定《脈經序》,並王叔和原《敘》。卷末載熙寧元年、二年進呈鏤板銜名,紹聖元年、三年國子監牒文銜名及嘉定丁丑濠梁何大任《後序》,稱"家藏紹聖小字本,歲陳漫滅,博驗群書,正其誤千有餘字,鳩工創刻"。蓋是書初刊於熙寧,至紹聖間,由大字本開作小字本,而此本又從小字本重雕者也。首尾完具,鋟刻精良,亦醫書中之祕笈也,珍之珍之。同治紀元重陽,東郡楊紹和識於濟南灤源書院。_{在卷首。}

《守山閣叢書》本,錢君熙祚《跋》中稱與今本不同諸條,核之此本俱合。按:守山閣本從元嘉泰四年江西儒學槧本覆出,而元槧所據,乃宋嘉定間侯官陳孔碩刻於廣西漕司之本,與此正同時鋟梓,顧陳本録自建陽坊刊,此則以紹聖監本重雕也。元槧前載江西儒學提舉柳贇、龍興路醫學教授謝縉翁兩《序》。柳《序》云:"朱文公於慶元初跋郭長陽醫書,謂俗間所傳《脈訣》,詞最鄙淺,非叔和本書。世之高醫,明其爲贋,遂委棄之。而獨有取於直指高骨爲關,分前却爲寸尺,以定陰陽之位,爲合於《難經》。則《脈經》之傳已隱,雖文公亦似未知其正出《脈經》也。"孔碩《序》亦有"《脈訣》出而《脈經》隱,醫者不讀,鬻者不售,板遂不存"云云。可知在宋時已極罕祕,故自明以來,數百年絶少流傳。明趙邸居敬堂及吳勉學本多脱誤不可讀,袁景從校本稍善,而以意删改,彌非真面。惟著於《犟經室外集》者,即由此本影鈔,尚不失舊觀耳。癸亥仲夏,彦合又記。

每半葉十二行,行二十字。卷首末有"滎陽鄭生之印"、"鄭之謨印"、"無念氏學圃鑒賞圖章"、"容庵"各印。

【藏園群書經眼録】卷七·子部一·醫家類,第四九五頁

脉經十卷晉王叔和撰　宋林億等校定

明嘉靖刊本,十二行二十字。

按:此海源閣書,號爲宋刻,有楊紹和長跋,其實明本,不知緣何誤認。辛未二月見于天津鹽業銀行庫房。

【藏園訂補郘亭知見傳本書目】卷八·子部五·醫家類,第五五八頁

〔補〕○明嘉靖刊本,十二行二十字。白口,左右雙闌。有楊紹和跋,誤訂爲宋本。

宋本證類本草三十二卷三十二册四函

是書宋時本有兩本,其三十二卷外附《釋音》一卷、王繼先校、上付胄監刊行者,即《大觀本草》,南宋官本也。陳氏《書錄解題》所載,疑非此本,其作三十卷者,或筆誤耳。晁公武《讀書志》題曰《證類本草》,作三十二卷者,殆合目錄記之也。然均不及《釋音》,與《玉海》所載者互異。謹按:《四庫全書總目提要》云是書"今行於世者亦有兩本:一爲明萬曆丁丑翻刻元大德壬寅宗文書院本,前有大觀二年仁和縣尉艾晟《序》,稱其書三十一卷,目錄一卷,名《大觀本草》;一爲明成化戊子翻刻金泰和甲子晦明軒本,前有宋政和六年提舉醫學曹孝忠《序》,又金皇統三年翰林學士宇文虛中《跋》,改稱《政和本草》,其實一書也"。《提要》又云:"靖康以後,内府圖籍悉入於金,故陳振孫未見此本,而晁公武所云三十二卷者,合目錄而記之,亦未見政和所刻也。大德中所刻《大觀》本作三十一卷,與艾晟所言合。泰和中所刻政和本,則以第三十一卷移於三十卷之前,合爲一卷,已非大觀之舊矣。"按:此本題《證類本草》三十二卷,前有政和六年曹《序》,後有劉祁《跋》,與《提要》所言正合。後附寇宗奭《本草衍義》四卷,與元大德所刻大觀本同。刊刻清整,首尾完具,則泰和本爲勝,今此本正金翻本之所自出也。予齋亦有元大德本,較此爲遜,已入《海源閣書目》中,未登此編,特著是本於錄。明翻之佳者,在今日已不多見,而大德本尤爲罕遘,況此祖本耶。可勿寶諸。同治丙寅夏五,彦合主人記。

昔日梅伯言丈官京師,喜購書,得一佳本,輒郵筒相告,或輟贈焉,每以京都風行宋元刻本不能多購爲恨。予年來玙筆之暇,往往作海王村之遊,而古書日少,較昔尤爲難遇。今春明善堂書散出,予得明刊宋元人集及各子書善本百餘種,而宋元本獨鮮,惟此與韓柳二集、元槧《爾雅》可稱珍笈。爰命工重付裝池,并志數語於後。彥合又記。_{均在卷末。}

每半葉十一行,行十九、二十字不等。中有缺葉,用泰和本影寫補之。卷首末有"王世貞印"、"天賴閣"、"檇李項子京鑒賞書畫印"、"項子京父"、"子子孫孫永寶用之"、"吳元恭印"、"明善堂書畫印"、"明善堂藏書"。卷尾欄外有小字題款一行,爲匠裝池時割損,惟"王世"兩半字可辨,或即鳳洲故物也。①

【藏園批注】題"重修政和經史證類備用本草",前有嘉定四年知潼川軍府事劉甲序,言"初雠於江西,再梥刻於南隆,今又點勘於東梓",是此本乃蜀刻也。字體與廣都裴刻《文選》極相類,版式寬大亦同,其江西刻本。校官銜名方存。有"吳仲內氏"、"湘雲館"、"□仁"各印。

【藏園群書經眼錄】卷七・子部一・醫家類,第四九一頁

經史證類備急本草三十一卷_{宋唐慎微撰}△八七〇

宋嘉定四年劉甲梓州刊本。每半葉十一行,每行十九至二十一字不等,白口,左右雙闌,版式闊大,大字疏朗,有顏柳體勢、蜀刻之精者,與廣都裴氏本文選甚相類。前有嘉定四年知潼川軍府事劉甲序,言初雠于江西,再梥於南隆,今又點勘于東梓云云,蓋梓州覆刻宋淳熙十二年江西路轉運司刊本也。卷中尚存淳熙十二年江

---

① 證類本草。周批:"此蜀本,大字。黃紙,白口。《本草衍義》是江西刻,由王子霖歸之廣東莫氏。"周批本第409頁。

西刻書銜名。

鈐有"吳仲內氏"、"吳氏家藏"二印。又楊氏諸印。然《楹書隅錄》未著錄。_{海源閣遺書,辛未二月十二日見于天津鹽業銀行。}

【藏園訂補郘亭知見傳本書目】卷八·子部五·醫家類,第五六三頁

〔補〕經史證類備急本草三十一卷_{宋唐慎微撰。}

○宋嘉定四年劉甲梓州刊本,十一行十九至二十一字,白口,左右雙闌。前嘉定四年知潼川軍劉甲序,言初鋟於江西,再棻於南隆,今又點勘於東梓。後有江西漕司淳熙十二年刊書銜名。海源閣楊氏藏。

影宋精鈔本三曆撮要一冊_{無卷數}

此書不題譔人姓名,亦無刊刻年月,所引《萬通》、《百忌》、《萬年具注》、《集聖》、《廣聖》諸書,皆選擇家言,司天監據以鋪注頒朔者也。劉德成、方操仲、汪德昭、倪和甫,蓋當時術數之士,今無能舉其姓名者矣。書中引沈存中《筆談》,當是南宋所刊。嘉慶己未十月十有四日,竹汀居士假讀,時年七十有二。

己未十月望日,瞿中溶觀。

癸亥三月上巳,萇生重假讀。

舊本陰陽書甚少,由術士祕其書而毀之。《遁甲》、《六壬》,古猶見於《太白陰經》及《武經總要》,而歸忌、反支、天倉諸説,載在經史者,轉無成書。今蓃圖得此本,存宋已前古法,亟屬影寫傳世。嘗考夏正,以平旦爲朔,則日辰宜起寅時,以子丑時入前一日,術者不知,故一切《遁甲》、《六壬》多不驗。書此,以質知者。陽湖孫星

衍書。均在冊末。

　　吳門黃氏有宋槧《三曆撮要》，凡五十七葉，不題撰人姓名，而紙墨極精。考《直齋書錄解題》，載此書一卷。又一本名《擇日撮要》，曆大略皆同。建安徐清叟云，其尊人尚書公應龍所輯，不欲著名，即是書也。其書每月注《天德》、《月德》、《月合》、《月空》所在，次列嫁娶、求婚、送禮、出行、行船、上官、起造、架屋、動土、入宅、安葬、掛服、除服、詞訟、開店、庫造、酒麴、醬醋、市賈、安床、裁衣、入學、祈禱、耕種吉日，凡廿二條。蓋司天監用以注朔用日者。其所引有《萬通曆》、《百忌曆》、《萬年具注曆》、《萬年集聖曆》、《會要曆》、《會同曆》、《廣聖曆》，大率皆選擇家言也。鄭樵《藝文略》有《太史百忌曆圖》一卷、《太史百忌》一卷、《廣濟陰陽百忌曆》一卷，唐呂才撰。《廣聖曆》一卷、晉苗銳撰。《萬年曆》十七卷、揚惟德撰。《集聖曆》四卷，楊可撰。今皆不傳。此書又引劉德成、方操仲、汪德昭、倪和父諸人說，蓋皆術數之士，今無有舉其姓名者矣。

　　右辛楣先生記於《養新錄》者，視前《跋》頗詳，故附著之。辛亥歲，先公獲見黃氏宋本，因屬幕中友顏君士欽影錄一過，雖未能如汲古閣之精，然亦規模略具矣。辛酉仲冬，紹和記。

影金精鈔本重校正地理新書十五卷四冊

　　每半葉十七行，行三十字。首載翰林侍讀學士臣王洙等奉勑管勾删修《序》，並大定閼逢執徐平陽畢履道明昌、壬子古戴張謙兩《序》。蓋自唐貞觀中，太常博士呂才撰《陰陽書》五十卷，其八篇《地理》也；宋司天監史序等輯《乾坤寶典》四百五十篇，其三十篇《地理》也。至景祐時，司天監丞王承用指其闕誤，乃詔太子中允、集賢校理嵇穎、冬官正張遜、太卜署令秦弁與承用覆校同異，五年而畢,付太常,命司天少監楊惟德詳其可否。惟德泪遜,尌酌新曆,修正舛鱉,別成三十篇,曰《地理新書》。皇祐三年,集賢校理曾公又奏以淺漉疏略,無益於世。復詔洣等泪公置局,删修爲《地事》二十篇、《葬事》十篇、《地圖》一篇、《目錄》一篇,共三十二篇,於是始得成書。顧兵火之餘,監本久失,履道泪謙因先後訪求善本,較正添補,並爲之圖考注釋,用以刊行,故有《補完》、目錄前標題“監本補完地理新書”。《重校》之目也。考《祕閣書目》、《國史經籍志》、《菉竹堂書目》,均載有《地理新書》,疑即此本。而近來收藏者,則絕少著錄,亦術數家之枕中秘矣。卷末有“愛日精廬藏書”一印,即著《藏書志》之昭文張君金吾也。

明鈔本鬻子一冊<small>不分卷</small>

天啟乙丑除夜錄完。

無款識印記,不知爲誰氏所藏。中遇宋諱,尚有缺避,當從宋本錄出者。寫校甚精,珍笈也。

北宋本淮南鴻烈解二十一卷十二冊一函

汪君閬源收藏宋槧《淮南子》,予借讀一過而書其後曰:此於今日,泪爲最善之本矣。如《原道訓》“欲宲之心,亡於中”,“宲”,未誤爲“寅”也;“所謂志弱者”,“弱”下未衍“而事强”三字也;“大道坦坦,去身不遠。求之近者,往而復反”,《注》“近謂身也,在能存之”,此句上未錯入前“迫而能應”句上也。《天文訓》“積陰之寒氣爲水”,未删去“者”字也;“十二月指子”,“子”未誤爲“丑”也。《地形訓》“決眦”,“眦”未誤爲“肶”也;“寒冰之所積也”,“冰”未誤爲“水”也;“牡土之氣”,“牡”未誤爲“壯”也。《時則訓》“飾群牧”，“牧”未誤爲“物”也；“以索姦人”，“索”未誤爲“塞”也。《精神訓》“則是合而生時于心也”，“于”未誤爲“干”也；“輕舉獨往”，“往”未誤爲“住”也；“非能使人弗欲也，欲而能止之；非能使人勿樂也，樂而能禁之”，上“也欲”二字、下“也樂”二字未脫也。《本經訓》“太清之治也”，“治”未誤爲“始”也；“推移而無故”，“推”字未脫也。《主術訓》“東至湯谷”，“湯”未誤爲“暘”也；又《説林訓》“日出湯谷”，亦未誤。惟《天文訓》“日出於暘谷”，已誤。“是故臣盡力死節以與君計，君計功垂爵以與臣市”，“君計”未誤爲“君訓”，“臣市”未誤爲“臣是”也；按：明本及今通行本，“君”下“計”字，“臣”下“市”字均脫去。“采椽不斲”，“斲”未誤爲“斷”也；“夫據榦而窺井底”，“榦”未誤爲“除”也；“而不足者逮於用”，“逮”未誤爲“建”也；“知饒饉有餘不足之數”，“饒”未誤爲“饑”也。《繆稱訓》“故君子懼失義”，“義”上未衍“仁”字也。《齊俗訓》“故不爲三年之喪”，《注》“三年之喪，始於武王”，《注》中“始”字未誤入正文末也；“而刀如新剖硎”，“硎”字未分爲“刑石”二字而誤入《注》中也；“處勢然也”，“勢”未誤爲“世”也；“是由發其源”，“是由”未誤爲“由是”也。《道應訓》“石乞入曰”，《注》“石乞，白公之黨也”，“乞”俱未誤爲“乙”也；“在其内而忘其外”，“在”下“其”字未脫也；“楚軍恐取吾頭”，“軍”未誤爲“君”也；“無所不極”，“極”未誤爲“及”也；“於是伙非瞋目教然”，“瞋”未誤爲“瞑”也；“其政惛惛”，“惛惛”未誤爲“悶悶”也。《詮言訓》“性有以樂之也”，“性”未誤爲“生”也；“時去我走”，“走”未誤爲“先”也。《兵略訓》“扤泰山”，“扤”未誤爲“抗”也。《説山訓》“夜之不能脩於歲也”，“於”未誤爲“其”也；“故寒者顫”，“者”字未脫也。《説林訓》“罾者舉之”，“罾”未誤爲“罥”也；“不若尋常之繯索”，《注》“故曰不如尋常之繯索”，“繯”皆未誤爲

"纏"也;"或善爲故","善"未誤爲"惡"也;"賊心亡止","亡止"二字未合而誤爲"杰"一字也。《人間訓》"無爲貴智","智"下未衍"伯"字也;"今君欲爲霸王者也","君"未誤爲"王"也;"聖人見之蚤","蚤"未誤爲"密"也。《脩務訓》"欣若七日不食","若"未誤爲"然"也;"今夫毛牆、西施","牆"未誤爲"嬙"也;餘篇皆已誤。"无不憚悇癢心而悦其色矣","憚"未誤爲"憛"也。《泰族訓》"四時千乘","乘"未誤爲"乖"也;"雨露所濡,以生萬物","濡"未誤倒爲"以濡"也;"與鬼神合靈","與"字未脱也;"而卵剖於陵","剖"未誤爲"割"也;"挺智而朝天下","智"未誤爲"胷"也;"要略作爲炮格之刑","格"未誤爲"烙"也;餘篇皆已誤。"禹身執虆臿","臿"未誤爲"垂"也。以上諸條,實遠出《道藏》本之上,而他本無論矣。至於注文足正各本之誤者,尤不勝枚舉,兹弗具述。高郵王懷祖先生嘗校定是書,所訂《道藏》以來各本之失而求其是,往往與宋槧有闇合者,將傳其副以寄之,必能爲此本第一賞音矣。嘉慶庚辰中秋前十日,元和顧千里書於思適齋。全書共闕五葉,又有顛倒之處。今俟查明,開列細數,夾在每卷之中,候校定可也。澗蘋又記。

　　高郵王懷祖先生《讀書雜誌》中,辨證《淮南》諸條多同此本,而所據專主《道藏》本,以明劉績本輔之,並未嘗獲見宋刊,故澗蘋居士以爲闇合也。洎道光庚辰,文簡公太夫子續輯《補志》一卷,詳載居士所識宋本與《道藏》本不同之字,及平日勘訂是書之訛,則即從此本校出者。世行諸子,不乏舊帙,惟是書自北宋已有舛脱,《爾雅疏》、《埤雅》、《集韻》、《太平御覽》各書所引,往往視今本同誤,最少佳刻。若此至精至善之本,實於人間無兩,固碩果之僅存者矣。咸豐壬子,先公得於袁浦,亟思鋟木,以惠藝林。乃校未及半,會江南寇起,日治軍書,事遂中輟。比年,和鄉居多暇,而學殖淺落,又未敢懷鉛提槧，且北地手民亦鮮工剞劂，正不知何時得酬斯願，用承先公未竟之志也。撫書遠想，曷禁慨然！同治癸亥菊月，東郡楊紹和讀畢識。各跋均書於另紙，未裝入冊中。

每半葉十二行，行大二十二字，小二十五字。有"王氏彥昭"、"王氏家藏"、"棟亭曹氏藏書"、"百宋一廛"、"黃丕烈印"、"復翁"、"顧千里經眼記"、"汪士鐘印"、"閬源"、"三十五峯園主人"各印。每冊籤題"淮南子，許叔重注，北宋本，第幾冊"。每卷第二行題"太尉祭酒臣許慎記上"。"慎"字惟卷十八缺筆，當是修補之葉。《百宋一廛賦》著録。

【藏園群書經眼録】卷八·子部二·雜家類一，第五五四頁

淮南鴻烈解二十一卷漢許慎、高誘撰

宋刊本，半葉十二行，每行大字二十二字，小字二十五字。有顧廣圻跋，見《楹書隅録》，不録。鈐有曹棟亭、黃丕烈、顧廣圻、汪士鐘諸印。海源閣書，丁卯十月廿九日與葉譽虎赴津觀書，勞姓送閱，索五千元。

【藏園訂補郘亭知見傳本書目】卷十上·子部十上·雜家類上，第六六七頁

〔補〕淮南鴻烈解二十一卷漢劉安撰，高誘注

〇宋刊小字本，十二行二十二字，注雙行二十五字。即《百宋一廛賦》中所謂"高解鴻烈，蓋云善哉"云云之書。有顧廣圻跋。鈐曹寅、黃丕烈、顧廣圻、汪士鐘及海源閣楊氏印。海源閣佚出之書，後爲日人收去。

校宋本淮南鴻烈解二十八卷二册

【藏園批注】《原道訓》、《俶真訓》、《天文訓》、□□□。上缺用錢遵下缺影宋鈔下缺校。乾隆壬寅四月中旬，著言。【藏園批注】《覽冥訓》、《精神訓》，用《道藏》本校。四月廿六日又記。

乾隆癸卯六月二十三日，得《道藏》全本重校，七月十二日清早校畢。著言。

此蓋用錢遵王影宋鈔二十一卷本校勘者，著言則未識誰氏也。遵王《讀書記》云："《淮南子》善本極少，此從宋刻影摹。流俗刊作二十卷，踳駁尤甚，讀者宜辨之。"觀此，愈徵予所藏北宋本爲至寶矣。彦合記。

【藏園批注】原本用《中立四子》本。眉評采孫淵如、錢獻之説，則嘉慶以後人。

【藏園群書經眼錄】卷八·子部二·雜家類一，第五五六頁

淮南鴻烈解二十八卷漢許慎、高誘撰△八九九

明萬曆刊《中立四子》本。清□著言校，有識語録後：

"《原道訓》、《俶真訓》、《天文訓》、□□□用錢遵……影宋鈔……校。乾隆壬寅四月中旬。著言。"

"乾隆癸卯六月二十三日得《道藏》全本重校，七月十二日清早校畢。著言。"

"《覽冥訓》、《精神訓》用《道藏》本校，四月廿六日又記。"

按：此書眉評采孫淵如、錢獻之説，則爲嘉慶以後人矣。海源閣舊藏。

【藏園訂補郘亭知見傳本書目】卷十上·子部十上·雜家類上,第六六八頁

〔補〕淮南鴻烈解二十八卷漢劉安撰,許慎、高誘注

○明萬曆刊《中立四子》本,清□著言校。海源閣遺書。

宋本新刊履齋示兒編二十三卷十二冊二函

右宋劉氏學禮堂刊本,己卯十月閶源汪君見示,且云錢遵王記字説闕文六條,似與此本不全合。予按:姚舜咨所鈔空六行,蓋錢本亦然。核之此本,乃複衍三行又太半行,因鈔者始改每條跳行,故爲六行也。又因其複衍而不復寫入,故爲闕文也。鈔本通部行款與刻差殊,非獨明潘方凱板不循舊格,遵王既未見此刻,宜所言之不諦矣。向在辛未歲,鮑以翁開雕是書,爲予據姚鈔所校。今乃獲重讀一過,訂正如此類者實多,惜以翁久遊道山,弗及再加商榷也。思適居士顧廣圻千里甫書於楓江僦舍。此《跋》書於另紙,未經裝入冊中。

錢遵王《讀書敏求記》所載,乃明潘方凱刻本。鮑渌飲知不足齋校刊者,亦祇據姚舜咨鈔本,皆未嘗獲見宋槧,則此本之流傳世間,固絕無僅有者矣。首載開禧元祀孫奕《自序》。目録後有碑牌云:“《示兒》一編,孫先生之惠後學者渥矣。辨經傳之同異,核文辭之是非,詩之評,字之正,人物之綺談,奇聞奥旨,靡所不載。歲月彌深,散亂磨滅,學者病之。本堂重加訂正,以壽諸梓,篤意義方者,毋惜家置一通。癸未月正元日,晚學廬陵胡楷子式誌。”癸未乃嘉定之十有六年也。卷中有“笠澤”、“漁隱”、“韓彧”、“士賢”、“潛叟”、“遯卦”、“易軒圖書”、“韓印書籍”、“存誠齋”、“錢氏敬先”、

"錢氏家藏"、"子子孫孫永寶用"、"曹溶私印"、"潔躬"、"檇李蔣石林藏書畫印"、"蔣氏家藏"各印記。每半葉十行,行十九字。[1]

宋本愧郯錄十五卷六册一函

每半葉九行,行十七字。序末署"嘉定焉逢淹茂梓於禾中",蓋宋寧宗嘉定七年甲戌姑蘇鄭定剞劂於嘉興之本也。予齋藏《柳柳州集》,與此本正同,其行式字數及板心所記刻工,若曹冠宗、曹冠英、王顯、丁松諸姓名,與此多合。按:《四庫》所收倦翁所著各書,明刊本爲多。予往歲得鄂國《金陀粹編》、元槧《桯史》。今復得此本,首尾無缺,較諸本爲尤勝。丙寅初秋獲諸都門。卷前有乾學徐健菴印,乃東海故物,後入怡邸者也。明萬曆間,岳氏元聲所刊,即由此本覆出。卷中有"岳氏藏書"、"韓蕭瑩印"、"魏公後裔"、"小亭鑑定"、"小亭眼福"、"韓氏藏書"、"家在錢唐江上住"、"健菴"、"徐乾學"、"家有賜書"、"夏汝賝"、"金石錄十卷人家"、"恩福堂藏書記"各印記。

【藏園群書經眼錄】卷九·子部三·雜家類二,第六四三頁

愧郯錄十五卷宋岳珂撰△七八九〇

宋刊本,半葉九行,行十七字,白口,左右雙闌,版心上方記字數,下記刊工姓名。序末署嘉定焉逢淹茂梓於禾中。鈐有徐乾學、英和諸印。海源閣藏。丁卯十月廿九日與葉玉虎赴津觀書,有勞姓者送閱,索三千

---

[1] 履齋示兒編。此本非宋刊。《北京圖書館善本書目》著錄,題"元劉氏學禮堂刻本"。周批:"黃紙,小版心,黑綫口,左右雙邊。此書疑是元本,江西刻。"周批本第437頁。

五百元。

【藏園訂補郘亭知見傳本書目】卷十上·子部十上·雜家類上,第七二〇頁

愧郯録十五卷宋岳珂撰

〔補〕〇宋嘉定七年鄭定嘉興刊本,九行十七字,白口,左右雙闌。岳珂有前後序,序後題嘉定焉逢淹茂梓於禾中。海源閣楊氏藏一帙,有徐乾學、英和藏印。海虞瞿氏藏一帙,卷八至十一配清鈔本,又空缺十葉。有黄丕烈跋,《百宋一廛賦注》著録。瞿本即莫氏所記者,已印入《四部叢刊續編》中。四明盧址抱經樓藏一帙,棉紙明印,多補版,間有四周單闌者。

宋本自警編十六册

每半葉十行,行二十字。分八類、趙氏《自敘》作九類者,當是分《事君》上下焉二。五十六子目。無卷第,板心以天干字紀之。《學問操守》焉甲,《齊家接物出處》焉乙,《事君》上焉丙,《事君》下焉丁,《政事拾遺》焉戊。卷首有嘉定甲申趙善璙《自敘》,此本則缺佚矣。《四庫全書總目》云九卷,共八類五十五子目,與此殊不合。蓋所據者,乃萬曆間巡撫徐栻重梓本,已非宋時原刻之舊。然《總目》所載無《政事》一類及子目十二,與八類五十五之數亦頗矛盾,或纂輯諸臣偶爾筆誤耶?彦合主人識。

有"千里"、"閬源"二家印。

宋本十二先生詩宗集韻二十卷十六冊

每半葉十行,行大小相間十六字至二十三字不等。上平聲改二十一“殷”爲“欣”,二十六“桓”爲“歡”,蓋用宋禮部韻標目,避御諱也。有“陳氏文重”、“松郡朱氏”、“朱氏祕笈”、“少司成印”、“熊祥閣印”、“經術堂印”、“遺可軒”、“文石史印”各印記。

元本新箋決科古今源流至論前集十卷後集十卷
續集十卷別集十卷二十冊

此本乃元時建陽坊刻,目録後碑版題“疆圉協洽之歲”,而年號二字爲書佔挖去。予舊藏至正甲午建陽翠巖精舍所刊《陸宣公奏議》,卷一末碑牌中有“近因回禄之變,重新繡梓”云云,與此本所稱“先因回禄”一語正吻合,由是推之,當是至正之丁未也。考《禮部誌》引弘治十二年吏科給事中許天錫言:“今年闕里孔廟災,邇者福建建陽書坊被火,書板蕩爲灰燼。上天示戒,必於道所從出、文所萃聚之地,乞禁僞學,以崇實用。”下禮部,敕巡按提學將建陽書板釐正。則明時建書坊亦嘗有回禄,然於此本無涉,故自別一事耳。《浙江採集遺書總録》載有大德間建陽書坊詹氏刊本,張氏《藏書志》亦有延祐丁巳本,或皆刻於回禄以前。顧此本遇“大宋”、“國朝”等字多空格,雖出重雕,猶是宋槧之舊矣。彥合主人記。

每半葉十五行,行二十三字。《前集》目録後有碑版云:“《源流至論》一書,議論精確,毫分縷析,場屋之士得而讀之,如射之中乎正鵠,甚有賴焉。然此書板行於世久矣,先因回禄之餘,遂爲缺典。本堂今求到邑校官孟聲董先生鏞鈔本,便欲刊行,惟恐中間魯魚亥豕者多,更於好事處訪購到原本,端請名儒重加標點,參考無誤。

仍分四集,敬授諸梓,嘉與四方君子共之,幸鑒。下缺二字。疆圉協洽
之歲仲夏,建陽書林劉克常謹識。"有"涉園主人鑑藏"、"古鹽張氏
小白珍藏"、"古鹽涉園張氏守白齋珍藏書畫之章"、"歸颿"、"亦
韶"、"歸颿之印"、"歙西長塘鮑氏知不足齋藏書印"各印記。

影宋鈔本六帖補二十卷六冊

宋楊伯嵒,字彥瞻,號詠齋。楊和王諸孫,居臨安。淳祐間除
工部郎,出守衢州。錢塘薛尚功之外孫,弁陽周公謹之外舅。有
《六帖補》二十卷,自宋印本後,世無別板。茲由成邸錄出,完善無
闕。藏書家雖間有不全鈔本,僅十之五六。是二十卷,真尺璧寸
珠,不可數數見之秘寶也。道光十年春,錢唐盩道老人江鳳彝書
後。楊又有《臆乘》一書,亦載典故,見於他冊,未及見之。有"姑蘇
吳岫家藏"、"毘陵王廷貴"、"沈默"各印。[1]

【藏園批注】竹坡呂午序,序大字七行。目同。本書題"代郡楊
伯嵒彥瞻集"。十行十八字,一至八、十五至二十皆同,爲明翻本。
卷九至十三,百年內補鈔者。末有校正人銜名七行:

校正鄉貢進士州學教諭張應采

校正免解進士州學學諭徐應采

校正貢補進士州學直學陸誼

校正免解進士州學直學孔選

校正免解進士州學學錄鄭章

校正迪功郎新吉州太和縣主簿孔應得

校正迪功郎新瑞州新昌縣尉州學正鄭逗

[1]　影宋抄本云中占補。周叔弢云:"黑格棉紙,九至十四補抄。"周批本第451頁。

後有淳祐甲辰門生文林郎充衢州州學正俞任禮《跋》。"三樂堂"、"翰林學士國子祭酒圖籍印",均朱文。

【藏園羣書經眼錄】卷十·子部四·類書類,卷七〇一至七〇二頁

六帖補二十卷 宋楊伯嵒撰

影寫宋刊本,十行十八字,卷一至八、十五至二十爲明人寫本,卷九至十三爲百年內補抄者。有竹坡呂午序,大字七行。目同。本書題"代郡楊伯嵒彥瞻集"。末有校正人銜名七行,錄後:

> "校正鄉貢進士州學教諭張應采
> 校正免解進士州學學諭徐應采
> 校正貢補進士州學直學陸誼
> 校正免解進士州學直學孔選
> 校正免解進士州學學錄鄭章
> 校正迪功郎新吉州太和縣主簿孔應得
> 校正迪功郎新瑞州新昌縣尉州學正鄭逗"

後有淳祐甲辰門生文林郎充衢州州學正俞任禮跋。鈐有"三樂堂"朱、"翰林學士國子祭酒圖籍印"朱各印。海源閣遺書。

【藏園訂補郘亭知見傳本書目】卷十下·子部十一·類書類,第七九四頁

六帖補二十卷 宋楊伯嵒撰

〔補〕〇明影寫宋刊本,十行十八字。前呂午序,次目錄,半葉七行。後有淳祐四年門生衢州學正俞任禮跋,云刻梓於學宫,則是

從衢州刊本出也。卷末有校勘銜名七行。卷九至十三近代鈔配。
海源閣遺書。

宋本山海經三卷三册

每半葉十行,行二十一字。無序文年月可稽,而以板式度之,
當是南宋初刻本。"慎"字缺筆。按:《直齋書錄解題》云:"山海經十
八卷,錫山尤袤延之校定。"張氏《藏書續志》載毛斧季校宋淳熙庚
子尤袤本,延之《題語》云:"予得劉歆所定書,其南、西、北、東及中
山,號五藏經,爲五篇,其文最多;海内、海外、大荒三經,南、西、北、
東各一篇;并《海内經》一篇,總十八篇。多者十餘簡,少者三二
簡。雖若卷帙不均,而篇次整比最古,遂爲定本,參校得失,稍無
舛訛。卷後或題'建平元年四月丙戌,待詔太常屬臣望校治,侍中
光禄勳臣龔、侍中奉車都尉光禄大夫臣秀領主省。'"又斧季《跋》
云:"板心分上中下。"證之此本,一一相合,是即延之所校刻。《直
齋》所著錄者,特卷末脱失《題語》耳。在今日爲最古之本矣。是書
校讎極難,古本又鮮,似此誠不多覯也。咸豐辛亥得於袁江,舊册
已殘敝,因重加裝池,並椷以外函。同治紀元秋仲,東郡楊紹和識。
在卷末。

明鈔本山海經十八卷四册

是書予手録,始於成化乙酉十二月一日,畢於明年正月六日。
元本得之方菴先生,先生蓋從内閣録出云。吴寬識。在卷末。

卷首有至元癸巳溪山道人田紫芝英淑《題語》云:"近求到士大
夫家藏郭璞《山海經》,命高手工匠刻梓印行。"故匏翁以爲從元本
録出也。楷法精雅,古香襲人,洵是匏翁手迹無疑,珍之珍之。卷

中有"吳氏"、"原博"、"叢書堂印"、"臣植"、"戴芝農藏書印"、"功甫借觀"各印記。

金本道德寶章一卷一冊

來青閣珍藏。在冊面。

《道德寶章》一卷,昔得諸京師市肆。書高二尺一寸有奇,字徑一寸五、六分,作歐、虞體,古秀遒勁,鐫印極精。卷首尾有木記題:"金正大戊子平水中和軒王宅重刊。"蓋即竹汀居士《潛研堂跋尾》中所謂平水書局本也。平水本各書,元大德反刻者偶或遇之,若金源舊槧,則致為罕遘。此本古香馥郁,可珍也。丙寅六月,宋存書室主人跋。在卷尾。

每半葉六行,行十六字。有"清容居士"、"焦氏弱侯"、"文寵之印"、"耿會侯珍賞書畫之印"、"明善堂藏書印"各印記。

宋本呂太尉經進莊子全解十卷六冊一函

甲申仲秋文彭端誦。

壬辰季冬吳元恭觀完。均在卷末。

古籍流傳日少,若宋槧諸經、正史及諸秦各子,尤不易得。此本猶是南宋原槧,為呂注之初本,可稱秘笈。王、呂二注傳世甚稀,惟此可見古書面目。蕘翁謂"讀書不讀古本,與未讀同"。良然,良然。丙寅冬月上澣又跋。

用來禽館舊鈔本手校一過,字異者,注於鈔本上方。鈔本缺三卷,以此本鈔補。此本應記者,悉見前跋,不復注焉。宋存書室主人又記。均在卷末。

每半葉十二行,行大二十四五六七字,小二十八九字不等。有

"文彭"、"壽承子祈"、"太素館"、"吳元恭氏"、"吳生元恭"、"季振宜讀書"、"季因氏印"、"御史振宜之印"、"季振宜印"、"滄葦"、"乾學"、"徐健菴"、"雲谷書"、"橫延閣書畫印"、"文石讀書臺印"、"黃慎水基父"、"上海潘雲獻豫園珍祕"、"詩書敦夙好，園林無俗情。養真衡茆下，庶幾善自名。修己動而無，動靜而無靜"各印記。

謹案：卷首前護葉有先君手《跋》二千餘言，爲友人假校，越數年始還，前《跋》竟失，惟餘《後跋》。疑是由書中撤付鈔胥，鈔竟未經裝入。而友没，未及錄副，遂不可考。特附注於後。保彝謹注。①

宋本南華真經十卷十册一函

此郭象注本，乃南宋精刊。每半葉十行，行十五字，注三十字。無前賢圖記，惟"担菴"一印，不識爲誰氏舊藏。每卷用朱墨筆讎校，記於上方，頗極詳審，惜未署名。然紙色蒼潤，朱墨尤古樸，當是宋雕宋印，而經元明間人契勘者也。《百宋一廛賦》著錄本與此行字不符，而所稱"吳縣大書，合轍美多"者，黃蕘圃注云："以《經典釋文》標舉大字證之，合者居多。吳縣謂陸元朗。"則此本亦然。且校語中之張本、李本、崔本、文成本、江南本，今皆不傳，藉此猶得考見異同，以資參訂，彌足珍矣。

案：担菴印，宋趙師俠、元釋大圭，皆有担菴別號。師俠有《担菴詞》。大圭"担菴"印，見松雪《天目山詩》卷後題跋。此印篆法古秀，色紺而舊，與所見元印不類，或南宋人

---

① 宋本吕太尉經進莊子全解。周批："白紙，白口，左右雙邊。此是金本。"周批本第459頁。《北京圖書館善本書目》著錄，題"壬辰重改正吕太尉經進莊子全解"十卷，金刻本，文彭、吳元恭題款。《中國版刻圖錄》也載有此本，云"觀紙墨、版式、刀法，當是金時平水重翻北宋本"。又云："此書除張掖黑水城出北宋殘本外，此爲傳世最古之本。楊氏海源閣舊藏，《楹書隅錄》定爲宋本，恐不確。"

鈐也。保彝謹注。①

【藏園批注】湖北本。中版心,刻工與鄂本《建康實錄》有相同者。

【藏園群書經眼錄】卷十·子部四·道家類,第七五三頁

南華真經注十卷晉郭象注△八三五〇

宋刊本,半葉十行,行十五字,注雙行三十字,白口,左右雙闌,版心記刊工姓名,與鄂本建康實錄有同者。書眉有南宋人批。海源閣書,見于津門。

【藏園訂補郘亭知見傳本書目】卷十一下·子部十四·道家類,第九〇六頁

〔補〕南華真經注十卷晉郭象撰

〇南宋初湖北刊本,十行十五字,注雙行三十字,白口,左右雙闌。其刊工有與南宋紹興間鄂州刊《建康實錄》相同者。書眉有宋人批語。宋刊《莊子》中最早最完之一本。海源閣舊藏,後歸周君叔弢。周君又有建本《南華真經》,至以雙南華館顏其齋。

---

① 宋本南華真經。周批:"白紙精印。宋諱至搆字止。以字體審之,是南宋初杭州仿北宋本重雕者。有刻工姓名,汪閬源舊藏。"又批云:"此非杭本,乃湖北本。刻工姓名與《建康實錄》同,紙墨亦相近。此書無補板,紙印比《建康實錄》爲佳。"周批本第463-464頁。

精鈔本石藥爾雅二卷一册

卷中有"子晉私印"、"子晉"、"子晉書印"、"汲古主人"、"毛扆之印"、"斧季"、"東吳毛氏圖書"、"汲古得修緱"各印記。《汲古祕本書目》云："《石藥爾雅》一本,精鈔,八錢。"即此本也。案：竹垞先生跋是書云："唐元和中,西蜀人梅彪撰《石藥爾雅》。醫方以藥石並稱。《爾雅》止釋草木,石不及焉,宜彪取其隱名而顯著之也。《自序》言衆石異名,象《爾雅》辭句,凡六篇,勒爲一卷。而白雲霽《道藏》目錄作二卷,疑後人附益之。唐代遺書傳世者罕矣,乃鈔而入之經部。"此本亦作二卷,而六篇之數,則與彪《自序》合,當是後人析其卷第,非有所附益也。入之經部,似有未宜,今從《天一閣書目》,列於子類道家焉。①

【藏園群書經眼錄】卷十·子部四·道家類,第七六〇至七六一頁

石藥爾雅二卷唐梅彪撰△一一三六三

清初毛氏汲古閣精寫本,十行二十字,中縫下書"汲古閣"三字,白口,左右雙闌。前元和丙戌梅彪序。鈐有"毛晉"朱、"汲古主人"朱、"虞山毛晉"朱、"子晉書印"朱、"汲古得脩緱"朱、"毛扆之印"朱、"斧季"朱各印。

卷中夾有比人南懷仁一跋,洋紙,漢文,書與何義門者,稱何爲密斯的何,殊爲罕見。知書曾歸何氏,然無印記。此書爲吳君昌綬

---

① 石藥爾雅。周批："半葉十行廿字。汪閬源印。沅丈藏本已影印,是另一本。"周批本第 465 頁。

所贈。丙辰

【藏園訂補郘亭知見傳本書目】卷十一下・子部十四・道家類,第九一八頁

〔補〕石藥爾雅二卷 唐梅彪撰

○明末毛氏汲古閣精寫本,十行二十字,白口,左右雙闌,版心下方有"汲古閣"三字,用研光白紙仿宋刊歐體字精寫。前有元和丙戌自序。鈐毛晉、毛扆父子藏印。卷中夾有南懷仁一跋,洋紙,用鵝翎筆書漢文,稱何焯爲密斯的何,恐爲南懷仁手跡之僅存者矣。余藏,余已影刊,收入雙鑑樓刊《蜀賢遺書》中,同年董綬經代爲督刻,駸駸乎下真蹟一等矣。此書海源閣亦藏一本,與余本行欵印記全同,是同時寫有二本也。

卷四　集部上

宋本十九
元本六
校本四
鈔本二

宋本楚辭集注八卷辯證二卷
後語六卷十二冊二函

每半葉九行,行大小皆十八字。通體完善,字大悦目,惟第一卷序首一葉影宋鈔補,字極工。《後語》末有子在《跋》及嘉定壬申鄒應龍《後序》,蓋南宋槧初印本。鐫刻精善,裝池古雅,可寶也。卷一、卷四、卷七、《辯證》上有"源"字印四,無姓不可考。[1]

---

[1]　宋本楚辭集注。周批:"白紙印精,有漫漶處。'辨正'有作'卞正'之頁。挽圈點。左右雙邊,大版心。上字數,下刻工。"周批本第 473 頁。

宋本離騷草木疏四卷一册一函

弘治五年孟秋讀過。在卷末，無款印。

每半葉十二行，行二十一字。卷末載慶元丁巳仁傑《自序》。並慶元庚申方燦《跋》，謂吳先生見屬刊於縣庠。又後列州學生張師尹等校正銜名三行，蓋是書之初刻本也。《四庫全書》著錄乃影宋鈔本。《總目》云："舊板散佚，流轉頗少。寫本僅存，可謂藝林之珍笈矣。"是寫本已罕祕乃爾，況此爲方氏原刊，更當何如寶貴耶！卷首有"弱侯"、"乾學"、"徐健菴"諸印，固久經名賢什襲。近時歙西鮑淥飲知不足齋重雕，即據此本校定。鮑氏《跋》稱："維時寧皇初政，韓侂胄方擁戴功，與趙汝愚相軋，罷朱子，嚴僞學之禁。斗南未敢誦言，迺祖述《離騷》，譬諸草木，薰蕕既判，忠佞斯呈，因以暢其流芳遺臭之旨。"又稱："前三卷首列名銜，而末卷自薋菉葹以下缺而不署，隱然寓不屑與小人爲伍之意。其疾惡之嚴如此，則深得斗南作書之微旨矣。"咸豐辛亥購於袁浦，重加裝池。同治壬戌，彥合主人自記。在卷末。①

【藏園批注】板式高闊，字迹古雋。白口雙闌，版心上記字數，下記刊工人名一字。後仁傑自序，行書上版。序後有慶元庚申方燦跋五行。後列張師尹校對、杜醇同校正、吳世傑校正三行。間有黑口，乃補板也。

【藏園群書經眼錄】卷十二·集部一·楚辭類，第八一六頁

---

① 宋本離騷草木疏。周批："紙印不甚精。板心大。字體極古雅，墨色極濃。書中逸品。"周批本第475頁。

離騷草木疏四卷　宋吳仁傑撰　△八七九

宋慶元六年庚申羅田縣庠刊本，版式高闊，半葉十二行，行二十一字，白口，左右雙闌，版心上記字數，下記刊工姓名。後有吳仁傑自序，以行書上版。又慶元庚申方燦跋五行，稱吳先生見屬，刊於縣庠。後有校正銜名三行，錄後：

"州　學　生　　　張　師尹　校　對

羅田縣縣學生　　　杜　醇　同校正

免解進士蘄州州學正充羅田縣縣學講書吳世傑校正"卷中間有黑口者，及補板也。海源閣書，辛未二月十二日見于天津鹽業銀行庫房。

【藏園訂補郘亭知見傳本書目】卷十二上·集部一·楚辭類，第九二九頁

離騷艸木疏四卷　宋吳仁傑撰

錢氏敏求記云，此書經屠本畯刪改，從曹秋岳處鈔得原本。

〔補〕○宋慶元六年羅田縣庠刊本，十二行二十一字，白口，左右雙闌，版心上記字數，下記刊工人名。有吳氏自序及慶元庚申方燦跋，稱刊于縣庠，後有羅田縣學校正銜名三行。海源閣藏。

北宋本陶淵明集十卷二冊一函

正德己卯仲冬廿日。在卷一後。

陶陶室藏《靖節集》第一本。在卷末。

此宋板《淵明集》，係汲古閣故物，其藏書目謂："與時本夐然不同。《桃花源記》'欣然規往'，俗本作'親'。《五柳先生贊·注》

云：有'之妻'二字。他如此類，不可枚舉。"蓋所貴乎宋板者，爲其可以正俗本之謬誤，而好古者，得開卷之益也。因摘《汲古書目》中語録諸簡端，後之藏是集者，庶幾知其所以可寶歟。道光二十八年花朝前十日，汪駿昌跋。在卷首。

此北宋槧《陶淵明集》，乃毛子晉故物。《汲古閣祕本書目》云："與世本敻然不同。如《桃花源記》'聞之欣然規往'，今時本誤作'親'，謬甚。《五柳先生贊·注》云：一本有'之妻'二字。按：《列女傳》是'其妻之言'也。他如此類甚多，不可枚舉。即四八目注，比時本多八十餘字，而通本一作云云，比時本多千餘字，洵稱奇籍。"又云："籤題係元人筆，不敢易去。"後與南宋槧湯東磵注陶靖節詩並爲吳門黃蕘圃所得，顔其室曰陶陶，而以施氏、顧氏注東坡先生詩之《和陶》二卷媵之，倩惕甫王先生爲之記，蓋皆世間絶無之祕笈也。湯《注》本，先公於道光己酉獲之袁江。又明年，此本及東坡《和陶》復來歸予齋，距蕘圃之藏已花甲一周。不知幾經轉徙，乃聚而之散，散而之聚，若有數存乎其間者，果天生神物，終當合耶。昔子晉藏東坡書、《淵明集》，斧季詫爲隋珠趙璧，似此豈多讓哉。我子孫其永寶用之。同治癸亥孟冬，楊紹和彦合甫識。在卷首。

每半葉十行，行十六字。有"文彭"、"文彭之印"、"文壽承印"、"太史之印"、"商微子後自亳之吳再遷于鄞"、"嘯菴"、"桃源戴氏"、"塙氏丙戌藏書"、"古遺民"、"宋本"、"甲"、"毛氏子晉"、"子晉之印"、"子晉書印"、"子晉"、"汲古閣主人"、"汲古閣"、"汲古得修綆"、"繁花塢"、"聽松風處"、"長宜子孫"、"燕巢"、"黃丕烈"、"士禮居"、"百宋一廛"、"陶陶室"、"雅庭"、"駿昌"、"士鐘"、

"閬源氏"、"小有壺天書畫船"各印記。①

【藏園訂補郘亭知見傳本書目】卷十二上·集部二上·別集類一上　漢
至盛唐,第九四二頁

〔補〕陶淵明集十卷晉陶潛撰

○宋刊本,十行十六字,白口,左右雙闌。汲古閣毛氏、黄丕烈
遞藏,黄氏陶陶室藏二陶集之一。前人號爲北宋本,然其字體雕工
頗與余藏樂府詩集相近,或是南宋初杭本。海源閣藏。

宋本陶靖節先生詩四卷二册一函

陶陶室藏《靖節集》第二本。在卷末。

湯文清公事實,詳見《宋史·儒林傳》。《靖節詩注》四卷,惟
馬氏《通考·經籍門》著於録。是書乃世間所希有,宋刻之最精
者也。流傳日久,紙墨敝渝。偶從友人處得之,不勝狂喜,手自補
綴,亟命工重加裝釘,分爲兩册,完好如新。余家舊藏有東澗選
本,妙絕古今,此更出其上矣。乾隆辛丑長至後三日,内樂村農周
春記。

《述酒》詩爲晉恭帝而作,其説略本韓子蒼,而芊勝、諸梁,黄山
谷亦嘗解之,非創於東澗也,特此注加詳耳。零陵王以九月終,與
詩所云"秋草雖未黄,融風久已分"者正合。靖節時當禪代,雖同五
世相韓之義,但不敢直言,而借廋辭以抒忠憤,向非諸公表微闡幽,

---

① 北宋本陶淵明集。周批:"白紙,印不精。有刻工姓名施俊、施章等,蓋浙本也。書
題首行剜補,'宋本''甲'印疑僞。孫延題書函簽。此書不及瞿氏藏江西刻本。"周
批本第477頁。

烏能白其末白之志哉。朱子謂《荆軻》一篇，平淡中露出豪放本相。須知其豪放從忠義來，與《述酒》同一心事。《陶集·祭程氏妹文》書“義熙三年”；《祭從弟敬遠文》惟云“癸亥”，《自祭文》惟云“丁卯”，此與《宋書》本傳之説相合，但指所著文章而言，若詩則不然。大約晉時書甲子，如“庚子”至“丙辰”是也。入宋不書甲子，如“九月閒居”之類是也。自來辨此者，都未明晰。鄭康成《誡子益恩書》末云：“若忽忘不識，亦已焉哉。”此命子詩末二句所本也。陶詩雖平淡，而無一字無出處如此。陶公，《晉書》、《宋書》、《南史》並有《傳》，一人而三史列傳，千古止此一人。人豈以爵位重耶！《晉書》作泉明，《南史》作深明，並避唐諱。東坡愛陶詩質而綺，癯而腴，晚年居海外，遍和其韻。子由爲之引，稱其遂與淵明比也。至諺庵律陶，不足觀矣。此本大字端楷，作歐陽率更體，頗便老眼，且校讎亦鮮形夭庚鈞之訛。裝後覆閲數過，誠可寶愛。松靄。

　　卷尾有“董宜陽印”。宜陽字子元，自號紫岡山樵，華亭人，上海諸生。工詩文，善書法，與何良俊、徐獻忠、張之象才名相亞，有四賢之目。松靄又書。_{均在卷首。}

　　項禹揆字子毗，秀水學生，明季遇難。見《明詩綜》。_{在卷四末補}注之前。

　　辛丑四月晦日，武林鮑以文自蘇州回櫂，同新倉吳葵里過松靄先生著書齋。是夜以文痁疾作，不能飲，燈下譚及於_{以下闕十餘字。}《陶淵明詩》，一本序末標湯漢，不知湯漢何許人也。先生便拍案稱好書，且告以《宋史》有《傳》，《文獻通考》著録。以文爽然若失，隨叩《陶集》攜行篋否，則荅云已送海鹽張芑堂矣。重午日，先生即從芑堂借觀。芑堂見書雖破碎，而裝面用金粟箋，心疑其爲祕册，索還甚急。賴張佩兼調停互易，初以書畫、銅瓷、端硯，俱不可。芑堂適需古墨，先生因出葉元卿"夢筆生花"大圓墨易之。墨重一斤，值白金如數，至癸卯五月，閱兩年而議始定，此書迺爲先生所有，蓋其得之之難如此。以文多方購覓，丙午始得一鈔本。芑堂慫恿葵里重行開雕，共懺悔覿面失宋刻公案，則此書之流通，未始非先生功德也。余交先生久，知得書始末最詳，茲備述之，以見先生嗜書之篤，賞鑑之精。而吳、鮑、張三君子之好事，亦流俗中所罕覯云。丁未冬日，輝山顧自修記。

　　湯伯紀注《陶詩》宋刻真本，在海寧周松靄家，相傳與宋刻《禮書》並儲一室，顏之曰"禮陶齋"。其書之得，近於巧取豪奪，故祕不示人，並云欲以殉葬。余素聞其説於吳興賈人，久懸懸於心中矣。去歲夏秋之交，喧傳書賈某得此書，欲求售於吳門，久而未至。後嘉禾友人札致余，有此書，許四十金，未果，已爲峽石人家得去。聞此言甚怏怏，然已無可如何矣，遂恝置之。今夏有吳子修候余，余往答之。出所藏書示余，湯注《陶詩》在焉。開卷展視，其爲宋本無疑。詢所由來，乃知峽石人即伊相識，可商交易者，遂倩人假歸。議久始諧百金之直，銀居太半，文玩副之。此余佞宋之心，固結而不可解者，後人視之，毋乃訕笑乎？嘉慶己巳中秋月，復翁記。

　　余得此書後，適原得此書之賈人吳東白來舍，知余得此書，因別以一舊刻小板之《陶集》贈余，易余家刻書而去。言中談及周公先去《禮書》，改顏其室曰"寶陶齋"；今又售去，改顏其室曰"夢陶齋"。余聞此言，益歎周公之好書，惓惓於心而不能去矣。并聞諸他估，吳賈往購此書，懷數十番而去。周初不知，但與論直。周索卅二番，云"身邊立有，決不悔言"。吳即如數與之，竟不能反。去書之日，泣下數行。余雖未面詢諸吳，然聞屢易顏室之名，亦可想見其情矣。

　　先公爲詩，宗王、孟而探源彭澤，陶公諸作，莫不諷誦焉。宦游垂四十載，雖文書填委，軍報倥傯之際，退食少暇，未嘗廢吟咏，至老猶孜孜不倦。每惜《淵明集》無佳刻，近時陶文毅公《集注》，考訂頗稱詳博，然亦不免訛誤，刊手尤俗劣，未爲盡善。向聞黃蕘圃陶陶故事，心艷羨之而不可得也。洎道光己酉、庚戌間來帥南河，訪之吳門，於是兩《陶集》始先後收弆之，《集注》據校者，凡十二本，有湯《注陶詩》，而無北宋槧《陶淵明集》。不勝狂喜，以爲合璧重光，莫是過矣。紹和案：阮文達公經進本即從此録出者，其提要曰：“淵明詩文高妙，學者未易窺測。漢乃反覆研究，如《述酒》之作，讀者幾不省爲何語。漢能窺見其指，詳加箋釋，以及他篇有宜發明者，亦併著之。清言微旨，抉出無遺。馬端臨《文獻通考》以爲淵明異代之知己，其稱説多與世本不同。如《擬古詩》‘聞有田子泰’句，《魏志》作‘泰’，今本多訛爲‘田子春’，惟此與《魏志》無異。其他佳處，尤不勝指。”洵知言也。餘詳前跋，不復贅。同治癸亥仲冬，東郡楊紹和彥合謹識。

　　吳氏拜經樓有重刊本，錢警石先生極贊其精。然以此相較，不啻婢學夫人。蓋槎客據者，實以文所得之鈔本，此本自藏周松靄禮陶齋，未嘗歸鮑氏也。吳本《跋》稱，辛丑歲歸舟過余，出以見示，乃以文初見此本之時。其始末，顧《跋》悉之矣。彥合又識。

　　先公愛讀《離騷》、《陶詩》，每夕將眠，必擁被默誦一過始就枕，數十年以爲常。往得馬和之畫屈子《九歌圖》册，董思翁《跋》徵仲小楷書《雜騷》、《九歌》長卷。馬《圖》，即思翁所稱有吳傅朋書者。吳迹惜不知何時佚去，因屬周丈容齋爾墉補書之。既又得李伯時畫《靖節高風圖》册。册首文三橋分書“靖節高風”四字。紹興癸丑，紹興三年。富直柔書陶詩於左方，乃明楊文敏公故物。嘗並兩《陶集》同儲,珍爲四寶,居恒置諸座右,以時展玩,皆平生第一銘心絶品也。紹和年來田居無事,惟與金石翰墨爲緣。家藏思陵内府本《太清樓帖》五卷,第二、第四、第六、第八、第十五卷。視北平翁氏第六卷右軍書,無毫髮異,皆南宋初精拓。援竊取翁氏晉觀名堂之意,自署曰"儀晉觀堂",復以兩《陶集》爲之配,借於山陰彭澤寓景仰之思云。甲子孟秋廿有七日,紹和再識。均在卷末。

每半葉七行,行十五字。有"秀石鐸景仁"、"董宜陽"、"天慵民"、"董癸子"、"海野居士"、"山主谿朋"、"一邱一壑"、"時還讀我書"、"徐氏長孺"、"項禹揆印"、"子毗父"、"子毗所藏"、"項子毗真賞章"、"吳山秀水中人"、"著書齋"、"周春"、"松靄苣兮"、"松靄藏書"、"海寧周氏家藏"、"松聲山房"、"子孫世昌"、"自謂是羲皇上人"、"内樂村農"、"士禮居"、"黃丕烈"、"士鐘"、"閬源氏"、"閬源真賞"等印。每册首末俱用金粟山藏經箋、宋人寫經爲護葉。①

【藏園訂補郘亭知見傳本書目】卷十二上·集部二上·別集類一上　漢至盛唐,第九四四頁

〔補〕陶靖節先生詩注四卷補注一卷宋湯漢撰

○宋刊本,七行十五字,白口,左右雙闌。清周春、黃丕烈跋。黃丕烈陶陶室藏二陶集之一。海源閣藏。此爲湯注之最初本,海内孤本。

---

① 宋本陶靖節先生詩。周批:"黃紙,天地頭甚小。字體極秀逸。初印。士禮居原槓,孫延題簽。"周批本第481頁。

校宋本陶淵明文集十卷三册

　　余同郡有顧氏，素稱藏書家。近年白堤錢聽默以白鏹易得數種，其中有影宋鈔《陶集》，云是秘本，錢君已轉售諸朱秋崖兄。余聞名久矣，思向秋崖假閱而未請。適秋崖以是書暫質予家，展讀一過，急取案頭刻本校録一通。雖影鈔本，亦未免有訛字闕文，然較刻本爲加詳矣。至於鈔本爲名人手筆，所以可珍，錢遵王《讀書敏求記》中已言之，當又賞鑑家所共悉也。古吳黄蕘圃校畢跋。在末卷後。

影宋精鈔本鮑氏集十卷二册一函

　　是書宋刻久稀，惟汲古閣影宋鈔本最稱精善，即盧抱經學士據校本也。顧近世收弄者，大抵轉相過録，非復毛氏之舊。此本乃汲古原書，紙白如玉，字法工雅絶倫，正如錢遵王所謂"楮墨更精於槧本，洵縹囊中異物也"。毛氏影鈔，藝林咸愛重之，得輒什襲，頗少流傳。先公官江南時極力訪求，所獲致佳者止數種。然浙吳兵燹垂十餘年，藏書之家，悉已蕩爲灰燼，即此箋箋者，未始非碩果之僅存矣，能勿寶諸。甲子十月，彦合主人識。

　　每半葉十行，行十六字。每册有"宋本"、"甲"、"毛晉私印"、"毛晉之印"、"毛氏子晉"、"汲古主人"、"毛扆之印"、"斧季"各印。又卷四、卷七末有朱文大方印一，其文曰"趙文敏公書"。卷末云："吾家業儒，辛勤置書；以遺子孫，其志何如。後人不讀，將至于鬻；頹其家聲，不如禽犢。若歸他室，當念斯言；取非其有，無寧舍旃。"①

---

① 影宋精鈔本鮑氏集。周批："白紙，寬大精美。汲古原裝，土禮居原櫝。宣德箋書衣紙、書套，皆毛氏原物，完整如新。毛鈔本余見二十餘種，當以此爲第一。此書爲庚丈收得，欲與余換書未果，今歸澄中，頗得善價也。丙子十二月。"周批本第497頁。

北宋本駱賓王文集十卷二冊

嘉慶丁卯，影寫一部。後十年丙子，秦敦夫太史開雕於揚州文局，覆勘印行。爲記帙首，使閱此者，知其是祖本也。思適居士書。在卷首。

陳氏《書録解題》言其卷首有魯國郗雲卿《序》。又言蜀本《序》文云，廣陵起義，不捷而遁。皆與此合。惟魯國下郗雲卿之名，毛鈔所據損失耳，然則爲蜀本《駱集》可知也。嘉慶丁卯九月，廣圻審定并記。

此宋板《駱賓王集》，余友顧抱沖小讀書堆藏書也。余欲假歸傳録，非一日矣。歲丁巳，抱沖下世，遺孤尚幼，一切書籍俱托季弟東京代司筦鑰。以余素與抱沖好，故時得借觀。此冊昨歲假録，至今始竣事而還之。檢《汲古閣珍藏祕本書目》，有云："宋板《駱賓王集》二本，藏經紙面，八兩。"當即是書。近日書價踴貴，其視毛氏所估，不知又添幾倍，阿和兄弟其善守之。嘉慶甲子十月十有四日，蕘翁黃丕烈識。均在卷末。

此本與予藏《王摩詰集》，皆每半葉十一行，行二十字，所謂北宋蜀本也。卷中有"宋本"、"甲"、"毛晉私印"、"毛晉書印"、"子晉"、"汲古主人"、"汲古閣"、"汲古得修綆"、"開卷一樂"、"魯可圭圖書"各印。卷第六至末，汲古閣毛鈔補，極佳。[1]

【藏園批注】白口，雙闌。版心無字，只"賓一"等字。邊闌描損。

---

[1]　北宋本駱賓王文集。周批："此不及王右丞。毛氏原裝，藏經紙書衣。"周批本第499頁。

【藏園群書經眼録】卷十二·集部一·唐五代別集類，第八三七頁

駱賓王文集十卷唐賓王撰　　存卷一至五，餘抄配 △八八一

宋蜀刻本，半葉十一行，行二十字，白口，左右雙闌，版心記"賓一"等字。

有顧廣圻跋二則，黃丕烈跋一則。有毛晉印。

按：此與李太白、王摩詰集同式。即秦氏石硯齋覆刻底本。其四周邊闌已描損，爲小疵。余所見黃氏汪氏藏宋本多如此，可惜！可恨。海源閣楊氏書，辛未二月觀于天津鹽業銀行庫房。

【藏園訂補郘亭知見傳本書目】卷十二上·集部二上·別集類一上　漢至盛唐　第九六四頁

〔補〕**駱賓王文集十卷**唐駱賓王撰

〇南宋初蜀中刊本，十一行二十字，白口，左右雙闌。存卷一至五，餘配毛氏汲古閣寫本。有顧廣圻、黃丕烈跋，毛晉藏印。即秦恩復石研齋覆刻底本。海源閣藏。此書與李太白、王摩詰二集版式相同，當爲彙刻唐人集，惜僅存此三帙。

宋本常建詩集二卷
杜審言詩集一卷
岑嘉州詩集四卷
皇甫冉詩集二卷四冊共一函

嘉靖戊午七月既望，雲樓館假來。在《皇甫集》後。

右宋槧四家詩集，不詳何人所編，無刊書年月。首常尉，次杜

必簡,次岑嘉州,次皇甫茂政。《常》、《杜》二集爲一册,《岑集》二册,《皇甫集》一册。卷末有明人題識,版刻頗精,古香可挹。余從都中故家得之,重事裝池,并考各本異同,附諸於後。宋存書室主人。

　　按:《常建集》,《宋史·藝文志》、晁氏《讀書志》、陳氏《書録解題》均作一卷。惟《四庫》所收汲古閣毛氏本作三卷,與各本異,詩則仍爲五十七首也。此本分上下二卷,上卷詩三十七首,下卷詩二十首。《四庫全書提要》所辨"曲徑通幽處",謂《歐集》及《西溪叢語》誤作"竹徑",此本原詩第四首固作"竹逕通幽",不誤也。餘可證俗本之誤者尚廿餘字,古書之可寶如是。《杜集》共詩四十三首,有明人朱校,頗精核,亦可珍也。

　　《岑嘉州集》,晁、鄭二家作十卷,陳氏作八卷,明正德熊相刊徐氏藏本作七卷,前有杜確《序》。此本四卷不分體,首尾完具,蓋趙宋時別行本也。《皇甫集》。陳氏作一卷,《宋·藝文志》作三卷。此本分上下二卷,與《讀書志》合,共詩二百一十八首,惟獨孤及序已佚。四集同出一版,每半葉十行,行十八字。有"克承"、"安雅生"、"元甫"、"停雲生"、"翰林待詔"、"廬山陽陳徵印"、"卍墨主人"、"井養山房"、"井養山房珍玩"、"陳崇本書畫印"、"崇本私印"、"伯菴"、"崇本珍賞"、"陳寅之印"、"商邱陳羣珍藏書畫印"、"袁裝之印"、"袁氏尚之"、"翰林學士任易"、"晉寧侯裔"、"周曰東印"、"吳郡顧元慶氏珍藏印"、"顧千里經眼記"各印記。[①]

---

① 宋本常建詩集。周批:"常集紙印極劣。杜集白紙初印。岑集只存前四卷,實非完書。當時只刻四卷,非完書而無缺佚。獨孤及序稱三百有五十篇。"周批本第505頁。

北宋本王摩詰文集十卷六冊

袁褧觀。在第五卷末。

　　右《王摩詰文集》十卷，每卷有"二泉主人"、"聽松風處"、"子京"、"項墨林鑒賞章"、"宋本"、"甲"等印。第五卷有款云袁褧觀及"袁氏尚之"印。今藏汪氏藝芸書舍，與前收《讀書敏求記》所藏《王右丞文集》，皆宋本而迥乎不合。予讀《文獻通考》引《書錄解題》云："建昌本與蜀本次序不同，大抵蜀刻《唐六十家集》多異於他處本，而此集編次尤無倫。"乃悟題《摩詰集》者，蜀也；題《右丞集》者，建昌本也。建昌本前六卷詩，後四卷文，自是寶曆二年表進之舊；而蜀本第二以下全錯亂，故直齋以爲尤無倫也。又讀洪邁《萬首絕句序》云："如王涯在翰林同學士令狐楚、張仲素所賦宮詞諸章，乃誤入《王維集》，其王維詩後注云別本。維又有《遊春詞》等十五篇，并《五言》十五篇，皆王涯所作，今以入涯詩中。"按：蜀本第一卷末有此各篇，但詩前標翰林學士知制誥王涯名，蓋其始鈔綴於此，而刻者不知刪去耳，亦未誤爲維詩，如洪所見之別本也。若建昌本，則固無此矣。至直齋所稱蜀本《六十家唐集》，世無完書。大興朱氏椒花吟舫有如千家。《權載之》之五十卷，嘉慶某年刊行；《張說之》三十卷，江都汪孟慈爲予寫其副。其餘聞尚有《王子安》等而未審。他則《李太白》三十卷，康熙中繆氏刊之。《駱賓王》十卷，曾在小讀書堆，後刊於揚州。二書真本，俱歸藝芸。今又收此，獨於秘笈深有宿緣，良可羨已。去歲以建昌本見借，得影鈔一部。茲承示蜀本，遂加對勘，除序次外，其多寡異同，亦互有短長。擬合成定本，再奉質正也，是爲跋。道光歲在戊子孟陬月人日，顧千里書，時年六十有三。在卷末。

　　錢遵王藏本，後歸黃復翁百宋一廛，即澗蘋所稱之建昌本，《讀書敏求記》云"是麻沙宋刻"。集中《送梓州李使君》詩，如牧翁所《跋》，作"山中一半雨，樹杪百重泉"。《初學集》云："蓋送行之詩，言其風土，深山冥晦，晴雨相半，故曰一半雨，而續之以夔女巴人之聯也。"此本正同。又張月霄《藏書志》有何義門手校本云"卷十工部楊尚書夫人《王氏墓志銘》寂寞安禪，其三以下恭讀《欽定全唐文》注下闕，此本校補《銘》二首，凡十二句，四十八字"，亦與此本相合。惟義門《跋》，但謂借毛斧季宋槧影寫本及退谷前輩從東海相國架上宋槧手鈔者校過。其爲蜀與建昌，殊未之及。顧《王氏誌銘》在卷十，而此本在卷八，且東海相國者，健菴司寇之弟立齋先生也。《百宋一廛賦注》云"傳是樓舊物"，則所據之宋槧，仍即遵王藏本耳。可知卷第敘次雖以建昌本爲勝，而此本乃北宋開雕，其間佳處，實建昌本所從出之源，宋槧中之最古者矣。彥合楊紹和識。在卷末。

　　每半葉十一行，行二十字。每冊有"二泉主人"、"聽松風處"、"袁氏尚之"、"宋本"、"甲"、"子京"、"項墨林鑑賞章"、"子孫寶之"、"鬻及借人爲不孝"、"筆研精良人生一樂"、"千里"、"汪士鐘印"、"閬源"、"閬源珍賞"各印。①

---

①　北宋本王摩詰文集。周批："汲古原裝。紙印精美，完整無缺。白紙。'宋本''甲'二印，乃汲古閣印。余藏《寒山子詩》正同，獨無毛氏名印，可異。此宋本之神品。"周批本第507頁。又于文末每冊有"二泉主人"、"聽松風處"、"袁氏尚之"印上，批云："頃見毛鈔《石林奏議》有此三印。又'宋本''甲'印。此二印及'聽松風處'印，疑是毛氏所鈐。天禄琳琅毛鈔《弟子職》等五書，有'筆硯精良，人生一樂'印，并著錄毛氏影鈔。此書天禄琳琅毛鈔，元本《論》《孟》有'聽松風處'印，正與此本同。頃見毛氏藏楊誠齋《易傳》，亦有此印。"周批本第512頁。

【藏園群書經眼錄】卷十二·集部一·唐五代別集類,第八四八頁

<h2 style="text-align:center">王摩詰文集十卷唐王維撰△八三八四</h2>

　　宋蜀中刊本,半葉十一行,行二十字,白口,左右雙闌。版心魚尾下記"摩詰幾",下記葉數,最下間記刻工姓名。

　　卷五末有袁褧觀欵。後有顧廣圻跋。

　　白紙印,未描邊闌,視駱集差強。海源閣藏,丁卯十月廿九日與葉譽虎赴津得見,有勞姓者送來,索二千五百元。

【藏園訂補郘亭知見傳本書目】卷十二上·集部二上·別集類一上　漢至盛唐,第九八八頁

<h3 style="text-align:center">〔補〕王摩詰文集十卷唐王維撰</h3>

　　○南宋初蜀中刊本,十一行二十字,白口,左右雙闌,版心魚尾下記摩詰幾,下記葉數及刊工人名。卷五末有袁褧觀欵,後有顧廣圻跋。晚印,多補修之版。海源閣遺書。

<h1 style="text-align:center">校宋本王右丞詩集六卷一冊</h1>

　　《摩詰集》,先借毛斧季十丈宋槧影寫本,屬道林叔校過。康熙己亥,又借退谷前輩從東海相國架上宋槧本手鈔者再校。此集庶可傳信矣。記示餘兒。

　　道光乙酉,錢唐何夢華以義門校本《摩詰集》十卷見示,因予先有手校宋本六卷詩不分體者,復以何校參之。復翁記。

　　余藏《王右丞文集》十卷,即其弟王縉表上者也。不知何時付梓,僅存詩六卷。雖宋刻,詩止六卷,餘盡古文,然序次先後,衍脫

亦多，爰從宋刻手校一過。其最不可通者，一題而兼古今體，宋刻
連敘，而時本分爲兩處，此急當改正者也。至於宋刻亦有脫落，可
據文義正之。七月下浣四日，蕘圃記。均在末卷後。

凡覆勘《王摩詰詩》六卷例，何校與舊校合者用圈，何校所據明
刻本與舊校合者用△，遇何校仍明刻及校宋者用何校識之，有校語
者，用"校云"別之。至於何校分卷及各首序次多與此刻同，間有異
者，標出之。校畢，總記於卷端。道光乙酉花朝前二日，積雨浹旬，
見日者今爲第二日矣。午後向暖，漸覺春融。然東南風大作，又復
濃雲滿天，不知明日尚能晴霽否？擬肩輿赴山塘訪故人也。復翁。
在卷首。

丙戌四月，伯洪借校一過。在末卷後。

有"士禮居"、"蕘圃手校"、"吳元渭印"、"幼□"、"長洲播芳樓
藏書"各印。

元本集千家注批點杜工部詩集二十卷二十册四函

按：《天一閣書目》著録是書，有大德癸卯盧陵劉將孫《序》云：
"先君子須溪先生每浩歎學詩者各自爲宗，無能讀《杜詩》者。高楚
芳類粹刻之，復删舊注之無稽者、汎溢者，特存精確必不可無者，求
爲序以傳。是本净其繁蕪，可以使讀者得於神，而批評標掇，足使
靈悟，固《草堂集》之郭象本矣。楚芳於是集用力勤，去取當，校正
審，賢他本草草藉吾家名以欺者甚遠，相之者，吾門劉郁云。"而《四
庫全書總目提要》僅據宋犖之言，疑爲高楚芳所編。又謂"前載王
洙、王安石、胡宗愈、蔡夢弼四《序》"，而不及將孫，是當日採進者，
乃明人覆本。蓋明刻如玉几山人、長洲許自昌等本甚夥，皆無將孫
《序》也。此本以《年譜》冠首，《目録》及卷一前標題"須溪先生劉

會孟評點”，皆明刻所無，紙墨古雅，的屬元時舊雕。惟將孫《序》亦
闕失者，則俗賈割去，欲充宋槧耳。卷首有“宋本”、“甲”等印，亦書估作僞。
是書專主須溪評點，故楚芳刪附諸注，僅存其半，殊未若《分類集千
家注》本之詳。然分類本所采須溪語絶寥寥，正宜合觀，庶可參證。
將孫自序先著，不嫌以郭象注《莊》爲媲，新城乃沿其説，誠如《總
目》所譏。顧須溪評點雖未盡當，而足使靈悟處要自不乏，亦讀《杜
詩》者所不容廢也。道光壬寅，河南中河通判王君葵初持贈。同治
癸亥，東郡楊紹和識。在卷首。

　　每半葉八行，行十八字。有“毛晉私印”、“子晉”、“毛氏圖
史”、“子孫永保之”、“席鑑之印”、“席氏玉照”、“張月霄印”、“愛
日精廬藏書”各印。

元本集千家注分類杜工部詩二十五卷
附文集二卷三十二册四函

　　李、杜詩，元時建陽書坊均有《分類集注》之本。《李集》，宋春
陵楊齊賢子見集注，元蕭士贇粹可補注；《杜集》，即此本也。卷首
題“東萊徐居仁編次，臨川黃鶴補注”。蓋分類分卷俱依居仁之舊，
《直齋書録解題》。《門類杜詩》二十五卷，東萊徐宅居仁編。《四庫全書總目》以分類始
於王洙。然原叔注本先古詩，後近體。其《自序》云：“起太平時，終湖南所作。視居行
之次，若歲時爲先後分十八卷；又《别録》、《賦筆》、《雜著》二十九篇爲二卷，合二十卷。”
未嘗析爲門類也。注則以叔似喬梓原本爲主，而續有補益。故黃氏所
輯，注家止一百五十一人。而郭知達《九家集注》成於淳熙辛丑，蔡
夢弼《草堂詩箋》成於嘉泰甲子，或在其前三十餘年，或十餘年，殊
未引及此本。姓氏中，則知達之九家及夢弼，均已采列，惟知達亦未
載。並以時賢劉氏會孟殿之，凡一百五十六人。每半葉十二行，行

大二十字小二十六字。楊蟠《觀子美畫像詩》後有"廣勤書堂新刊"
木記。卷之二十五後有"壬寅年孟春廣勤堂新刊"一行。按：元有
兩壬寅，一大德六年，一至正二十二年，此不知爲大德爲至正也。
自宋以來，惟《杜集》注者最多，而爲後人所攻駁者，亦惟《杜注》最
甚。伏讀《四庫全書總目》，《集千家注杜詩》提要曰"編中所集諸
家之注，真贋錯雜，多爲後來所抨彈。然宋以來，注杜諸家，鮮有專
本傳世，遺文緒論，頗賴此書以存，其蓽路藍縷之功，亦未可盡
廢"云云，洵稱篤論。顧《四庫》著錄者，猶是劉須溪批本，諸注皆
高楚芳所附入，已刪節十之五六。此本乃當時完帙，雖譌舛誠不
能免，而去古未遠，援據詳博，要爲注杜諸家之鼻祖也。特今世所
見，悉明人從楚芳本覆出者。視楚芳本，又多謬誤，正如俗翻《東坡
詩》之百家集注，全非本來面目矣。此本頗不數觀，《四庫總目》亦
未之收載也。同治癸亥四月，東郡彥合主人購於都門寓邸並識。在
末卷後。

宋本孟浩然詩集三卷二册

　　余於五月杪自都門歸，聞桐鄉金氏書有散在坊間者，即訪之，
得諸西山堂書凡五種：宋刻者爲《孟浩然詩集》、錢杲之《離騷集
傳》、《雲莊四六餘話》；影宋鈔者爲岳板《孝經》、呂夏卿《唐書直筆
新例》。索白鑼六十四金，急欲歸之，而議價再三，牢不可破。卒以
京板《佩文韻府》相易，貼銀十四兩，方得成此交易。此《孟浩然詩
集》，即五種之最佳，而余亦斷不忍舍者也。先是書友攜此書來，余
取舊藏元刻劉須溪批點本手勘一過，知彼此善惡，奚啻霄壤。非特
强分門類，不復合三卷原次序，且脱所不當脱，如《歲晚歸南山》作，
《新唐書》所云浩然自誦所爲詩也；元刻在所缺詩中。衍所不當衍，

如《歲除夜有懷》，明知《衆妙集》中爲崔塗詩也。元刻在所收詩中，去取果何據乎？今得宋刻正，如撥雲睹青矣。至於此刻爲南宋初刻，類此版式，唐人文集不下數十種。余所藏者，有《劉隨州》、《劉賓客》，余所見者有《姚少監》、《韓昌黎》，皆有"翰林國史院官書"長方印。然皆殘闕過半，究不若此本之爲全璧也。得書之日，忻幸無似，書此以著緣起。近情汪瀚雲主政作《續得書圖》，題此曰"襄陽月夜"，蓋絶妙詩中畫景云。嘉慶辛酉冬孟九日書於太白樓下，黃丕烈識。在卷首。

道光乙未，先公觀察襄陽。丙申，迎養先大父至官署。先大父平生喜登臨，遇佳山水泉石，攀陟幽勝，盡意乃返。襄陽故多漢、唐名賢及詩人棲隱迹，如隆中、峴山、鹿門、習池諸勝，支筇攝屐，日游其間，賦詩觴詠以爲樂。嘗繪圖紀事曰，以續吾九水二勞之游也。署東偏有孟亭，供浩然先生石刻畫像，乃乾隆辛丑吳門陳公大文所葺，即毛會建詩"一在襄陽一石城"者也。日久頹廢，先大父因重新之，並自爲《贊》，鑴石云："隱繼龐公，山登叔子。一代風流，青蓮知己。省中閣筆，疏雨微雲。誰其抗手？摩詰與君。踏雪尋梅，重陽就菊。神兮歸來，襄水之曲。"紹和時甫六齡，最爲先大父鍾愛，游躅所至，必追隨杖履以侍左右。緬想前塵，恍猶在目，而歲月不居，忽焉如駛，屈指於兹已二十有九年。先大父、先公之去世，或二十七年，或十年矣。紹和不肖，不能仰承先緒，老大悲傷，惟呼負負。今讀是集，根懷舊夢，更不禁涕泗之滂沱也。爰濡淚敬書於後，以志和罪。時同治甲子秋仲十九日，楊紹和識。在副葉。

每半葉十二行，行二十一字。卷首序前有"翰林國史院官書"

長方印。《百宋一廛賦》著録。有黃氏、顧氏、汪氏各印。①

宋本韋蘇州集十卷六册

　　詩家每以陶、韋、王、孟並稱，蓋王、孟皆源出於陶，而蘇州尤追步柴桑者也。余宋存書室中藏北宋本《陶淵明集》、南宋本《湯注陶靖節詩》、北宋蜀本《王摩詰集》、南宋初本《孟浩然集》，獨於《韋集》闕如也。歲辛亥，獲此本於袁江。每半葉十行，行十八字。與余前收黃復翁藏本《唐山人詩》款式正合，即《百宋一廛賦注》所謂“臨安府睦親坊南陳氏書棚本”也。計六册，每册有季滄葦印記。案《延令書目》載《韋集》凡二，然無六册者，惟宋板目中《韋蘇州集》下注云“四册，又二册”，當即此本，傳寫者誤分耳。余藏宋槧各書，經部則有《毛詩》、“三禮”；史部則有《史》、《漢》、《三國》，嘗以“四經四史”名齋。今於集部之陶、韋、王、孟四者，又皆得此至精至善之本，洵可謂琅嬛奇福矣，世世其永寶之。同治改元小陽，東郡楊紹和識。在卷首。

　　臨安陳氏書棚本，唐人集最多，在宋槧中亦最精善。錢心湖先生跋所藏《棠湖詩藁》云：“卷末稱臨安府棚北大街陳氏印行者，即書坊陳起解元也。曹斯棟《稗販》以《南宋名賢遺集》刊於臨安府棚北大街者爲陳思，而謂陳起自居睦親坊，然予所見名賢諸集亦有稱棚北大街睦親坊陳解元書籍鋪印行者，是不爲二地。且起之字芸居，思之字續芸，又疑思爲起之後人也。”予案：《南宋群賢小集》，石門顧君修已據宋本校刻，亦疑思爲起之子。思又著有《寶刻叢

---

① 宋本孟浩然詩集。周批：“精美，有描改處。余藏殘本《孟東野集》亦如是。士禮居原匣。”周批本第525頁。

編》、《寶刻類編》二書，尤爲淵博。蓋南宋時，臨安書肆有力者往往喜文章，好撰述，而江鈿陳氏其最著者也。盧抱經學士《群書拾補》所校是集，宋本，_{即席氏、項氏繙刊之本}。與此俱合。惟盧本有《拾遺》三葉，其目云："熙寧丙辰校本添四首，紹興壬子校本添三首，乾道辛卯校本添一首。"此本俱無之，想刻時在前，尚未經輯補耳。紹和又記。

是書世傳宋槧，祗盧本與此二者而已，均以王欽臣《序》冠首，次沈作喆所撰《補傳》。_{案：作喆字明遠，吳興人，丞相該之姪。紹興五年進士，改官爲江西運管，嘗作《哀扇工歌》。《梅磵詩話》云：《哀扇工歌》不傳。《宋詩紀事》據《清波別志》錄之。忤洪帥魏良臣，陷以深文，奪三官。著有《寓山集》三卷，《文獻通考》作三十卷。見《直齋書錄解題》。}伏讀《天祿琳琅書目》著錄本，純廟御題有"編次雕鎪，雅稱善本"云云，蓋即此本。_{末云卷末有《拾遺》，自屬此本無疑。}乃纂輯諸臣引顧瑛《玉山名勝集》，以明遠爲元人，_{似誤以明遠爲名。}遂入之元版書中，未免負此古本矣。和又記。_{作喆一，作仲喆。}

有"王孝詠印"、"慧音"、"太原仲子"、"後海學人"、"季振宜印"、"滄葦"、"季振宜讀書"各印。①

舊鈔本權載之文集五十卷摭遺一卷
附錄一卷十六冊一函

案：是集《四庫全書》所載，乃明嘉靖二十年楊慎得於滇南，僅存《目錄》及《詩賦》十卷。劉大謨《序》而刻之之本，五十卷之原帙久佚不傳，近祗漁洋《居易錄》稱無錫顧宸有藏本，劉體仁之子寫之

---

① 　宋本韋蘇州集。周批："此是明本。"周批本第 531 頁。

以贈，而其書亦不存。乾隆間，大興朱竹君學士得舊鈔全本。彭文勤公從朱文正公假之，親爲校勘，於嘉慶丙寅重付剞劂。文正《序》謂，詢之姪錫庚，問其所得之由。曰"五柳居陶書賈告予父曰：有不可得之書在某公處，公能以宋槧名本數種易之，可得也。予父允之。陶果得其書，請假鈔一部，以原書歸予父。然則海内不過二本耳，不敢輕以示人"云云，則其珍寶可知。此本乃孫淵如先生所藏，當與朱本同出一源。惟新刻本版式俗劣，校尤草略。如卷一先賦後詩，故目録卷一後標題"賦詩"二字，新刻竟倒作"詩賦"。又目録每題自爲一行，新刻則分作兩重，遇題目字多者，任意芟削，幾不成語。又卷中"一作"云云者甚多，固未必盡是。然存之足資參考，且原書所有應從其朔，而新刻悉經刊落，不識何以舛誤乃爾？微特非朱本之舊，恐並失彭校之真矣。此本幸尚存廬山面目，卷中用朱筆勘正處亦極詳密。卷末從《文苑英華》、《文粹》、《古今歲時雜詠》、《全芳備祖》。《萬首絶句》、《全唐詩》搜輯集中所無者爲《摭遺》一卷；又集新、舊《唐書》本傳、韓昌黎《墓碑》、楊於陵、李直方、王仲舒、蕭籍《祭文》，並采《唐書·藝文志》、《郡齋讀書志》、《直齋書録解題》、《經籍志》、《居易録》、《欽定四庫全書總目》著録是集語，及明刻本楊慎《序》、劉大謨《跋》此二篇漏未寫入，予亦未有明刻本，故無從補録。爲《附録》一卷。《附録》之目尚是淵翁自書，當即淵翁所摭録，故朱本無之。以世間僅有之祕籍，復經前賢手訂，亟當寶重，毋因其已有刻本而忽視之也。東郡楊紹和識。在末卷。

　　有"東魯觀察使者孫星衍印"各印。

　　【藏園訂補郘亭知見傳本書目】卷十二下·集部二下·別集類一下　中唐至五代，第一○一四頁

〔補〕權載之文集五十卷摭遺一卷唐權德輿撰附錄一卷

○清寫本，十一行二十二字，白口，四周雙闌。從宋蜀本出而改易行欵。摭遺一卷自《英華》、《文粹》、《歲時雜詠》、《全芳備祖》、《萬首絕句》、《全唐詩》中輯出。附錄一卷爲本傳、墓碑、祭文、著錄舊本及舊跋。楊紹和手跋。海源閣佚出之書，見于廠肆。

宋本昌黎先生文集四十卷外集十卷十六冊二函

南宋初刻唐人集，每半葉十二行，行二十一字之本凡數十種，與北宋蜀本，每半葉十一行，行二十字唐人諸集並稱，最爲精善。顧今世流傳絕罕，偶或遇之，率已損闕，求完帙不易得也。藏予齋者凡三：一《浩然》，一《可之》，皆完帙；一殘本鈔補者，即此《孟集》與此，均有元時"翰林國史院官書"朱文長印。卷四、卷十一、卷十六、卷三十二、卷四十之末、卷二十、卷二十五、卷三十三之首，凡八見。卷首冠以趙德文錄《序》，次李漢《序》。無注，而字句異同，注"一作"云云者極詳核。中闕二十一卷，《文集》卷五至卷七、卷十七至卷十九、卷二十至卷二十四、《外集》十卷。鈔補工緻，當由原刻影寫，非漫然爲之者。惟《目錄》、《外集》除《順宗實錄》外，計三十七篇，而鈔補則與朱子本同，僅二十六篇，此本無《與大顛師書》。頗不相應。或當時援嘉祐蜀本之例，卷中已從刊落，目尚仍舊，如《考異》所云"雖不載其文，猶存其目"耶？蓋此本即以原刻之卷證之目錄，如卷七衍《贈李大夫苦寒歌》，第十三脫《河中府連理木頌汴州東西水門記》，亦殊矛盾。故未敢因其不相應遽疑從別本出也。且凡自別本綴補者，牽合行式，痕迹顯然。此本天衣無縫，實非作偽者比，不特宋諱之缺筆及注"一作"云云，均視原刻恰符，爲可信也。何義門引毛斧季云："宋本李、杜、韓、柳集,李、柳兩家最少。"予謂今所習見《杜集》之高楚芳删節《千家注》本,《韓集》之王伯大重編《考異》本,今傳本以注釋俱散入句下,乃出書坊所爲,尚非伯大之舊。皆明代翻雕,紕繆百出,若宋末元初槧本,則並不多覯。等而上之,崧卿朱子之原書,更鮮之又鮮。此本刻時約尚在朱子之前,尤《韓集》中之最少者,可珍已。道光戊申冬月,先公自陝西巡撫擢督南河,展覲時獲之都門。同治甲子九月,東郡楊紹和識。

【藏園群書經眼錄】卷十二·集部一·唐五代別集類,第八七九至八八〇頁

新刊經進詳注昌黎先生文集四十卷外集十卷遺文三卷

附錄三卷 唐韓愈撰　宋文讜注　王儔補注　附錄題韓文公志

宋刊本,十行十八字,注雙行同,白口,左右雙闌。版心下方記刊工姓名,記首二册。有張昌、李正、楊定、楊先、張德先、史丙、王公濟、王龜、田正或加西字、文來、正伯、姚明、單回、已等。首殿中侍御史杜莘老詳注韓文引,大字七行。次文讜進書表,表末結銜題"右迪功郎新授達州東鄉縣尉兼主簿",乾道二年五月進呈。次讜自序,題"紹興己巳孟春"。次目錄。本書第一行題"新刊經進詳補注昌黎先生文卷第一",旁書"補注附"三字,二三行低六格,題"迪功郎普慈文讜詞源詳注","通直郎致仕淡齋王儔尚友補注"。次題類,低一格,文目低二格,題下注低三格。凡補注用白文別異之。字兼顏柳格,瘦勁有骨,刊工有"眉史丙"字,則爲蜀之眉山刊本矣。卷中貞字缺末筆,桓、構不缺,餘亦不甚謹。收藏鈐有:"乾學之印"白、"健菴"白、"崑山徐氏家藏"朱、"汪士鐘藏"白、"長洲汪駿昌藏"朱、"疋庭"小朱、"駿昌"白、"雅庭"朱各印記。海源閣書,辛未三月十二日見

于鹽業銀行,假得詳閱。

【藏園訂補郘亭知見傳本書目】卷十二下·集部二下·別集類一下　中唐至五代,第一〇一大頁

〔補〕昌黎先生文集四十卷外集十卷_{唐韓愈撰}

○南宋中期蜀中刊唐人集本,十二行二十一字,白口,左右雙闌。前有趙德文錄序,李漢序。鈐元"翰林國史院官書"朱記。存卷一至四、八至十六、二十五至四十,計二十九卷,餘卷及外集鈔配。海源閣佚出之書。見于津沽。

元本朱文公校昌黎先生文集四十卷外集十卷
附集傳遺文遺詩十二册二函

每半葉十三行,行二十三字。有"吳郡韓郙"、"酌白堂"、"魏國文武世家帝高陽之苗裔先襄毅之箕裘"各印。是書傳世多明時覆本,訛誤頗甚。此本雖無刊刻年月,然以字體紙色定之,確係元槧元印,亦可珍矣。

宋本五百家注音辨唐柳先生文集四十五卷
外集二卷二十四册四函

此亦南宋精雕唐人諸集之一,即《四庫》所收之本也。與《昌黎集》版式字數纖毫無殊,《四庫提要》稱爲槧鍥精工,紙墨如新,足稱善本,良可寶貴。《郡齋讀書志》載《集外文》一卷,《書錄解題》多《摭異》一卷、《音釋》一卷,均與此本不同。此本有鈔葉數繙,旁鈐"拙生"小印,疑是陸拙生所鈔,汪、黃二家所校補者。予家藏舊槧

唐宋人諸集善本頗夥，宋元刊《韓》、《柳集》凡六，此爲《柳集》第一本。往得《浩然》、《可之》、《昌黎》三集，皆有元國史院官書印，此本無之。與此本同購者，有羅昭諫《甲乙集》、《雲莊四六餘話》。《甲乙集》尤精，與《唐山人集》同一版，即所謂臨安府陳解元書棚本也。有“黃氏太沖”、“梨洲”、“乾學”、“徐建菴”、“東海傳是樓”、“平陽汪氏藏書印”、“士鐘”、“閬源真賞”各印。①

宋刊添注重校音辨唐柳先生文集四十五卷外集二卷二十四册四函

此本題《添注重校音辨唐柳先生文集》，每半葉九行，行十七字。按：何義門《讀書記》云：“康熙丙戌，假吳子誠所收宋槧大字本《柳集》，緣失《序文》、《目錄》，不知出於誰氏。合《非國語》二卷，共四十五卷，《外集》二卷附焉。雖闕十之二，然近代所祖刊本，皆莫及也。”又云，陳氏《書錄》曰：“姑蘇鄭定刊於嘉興，以諸家所注輯爲一編，曰《集注》，曰《補注》，何《跋》闕此六字，按《書錄》補。曰章，曰孫，曰張，曰董氏，而皆不著其名；曰《重校》，曰《添注》，則其所附益也。”疑即鄭定所刊。又校語中稱大字本者數條，證之此本，無不吻合，是即義門所據校、直齋所著錄者也。又予藏宋槧岳倦翁《愧郯錄》。亦刻剜於禾中，其行式字數及板心所記刻工，若曹冠宗、曹冠英、丁松、王顯諸姓名悉同此本，則爲鄭定嘉興所刊愈無疑義。《愧郯錄》序署“嘉定焉逢淹茂”，此本必同時授梓，蓋鄭定之知嘉興正在寧宗朝也。斧季謂《柳集》傳世絶尠，故義門以得見殘帙爲幸。此本通體完整，有鈔葉數十番。彌足珍已。往于江南獲《百家

---

① 　宋本五百家注音辨唐柳先生集。周批：“蜀本，字大悦目。”周批本第547頁。

注》本，乃傳是樓故物。此本卷首有"秀水朱氏潛采堂圖書"，則竹垞舊藏也。同治丙寅購於都門，庚午小陽，東郡楊紹和勰卿甫識。在卷末。①

【藏園群書題記】卷第十二‧集部二‧唐別集類二，第六一一至六一二頁

校宋刊大字本重校添注音辯唐柳先生文集跋

《柳子厚集》古刻本存於世者，有元刊十三行本，宋刊十二行本，余皆得寓目。近歲始有世綵堂本出世，其書出於紹興山中故家，余方游申江，聞訊急資助肆賈往致之，嗣乃爲粤人潘明訓以高價攫取，今蟫隱廬影印本是也。前歲海源閣藏書輦致來津，其中有宋刊九行本《唐柳先生文集》，余曾得一覽，審其版刻，當在諸本之前。然倉卒中不及校勘，深以爲憾。頃游廠市，在文友書坊見一宋刊殘本，行款正與海源閣所藏同。存卷爲卷八至十三、卷二十三至二十五、卷二十九、卷三十、卷三十五至三十九、卷四十二，通得十七卷。格式爲九行十七字，白口，雙闌，版心上記字數，下記刻工姓名。標題爲"重校添注音辯唐柳先生集"，避諱爲朗、匡、胤、恒、貞、桓、慎諸字，注文爲"韓曰"、"孫曰"、"童曰"、"張曰"、"集注曰"、"補注曰"各家，刊工爲朱梓、曹冠宗、曹冠英、鄭錫、朱春、高春、高文、繆恭、陳良、王仔、王僖、毛端、石昌、丁松、王遇、陳斗南、張待用、王顯、龐知柔、董澄、吳叙、金滋、徐禧、劉昭、馬良、丁日新諸人。

---

① 宋刊添注重校音辨唐柳先生文集。周批："字大悦目。白紙極薄，印殊不精，有鈔配。"周批本第549頁。

　　余取游氏本校其正文，所得異字多與世綵堂本同。其溢出之詩文，如卷十《司馬凌君墓後志》及卷四十二附録劉夢得詩，廖氏本亦有之。又取注文與廖氏本對勘，其文字亦脗合無二，各本異字注於下者亦正同。惟此本注上標明"孫氏"、"韓氏"等，廖本則去之，是塋中所刻正出此本，特刪去"重校添注"等字耳。

　　此書首卷僅存目録後半，序跋已失，不詳爲何時、何人所刻，海源閣本亦無之。然楊氏《楹書隅録》引《何義門讀書記》言，據陳氏《書録解題》："姑蘇鄭定刊於嘉興，以諸家所注輯爲一編，曰集注、曰補注、曰章、曰孫、曰韓、曰張、曰董而皆不著其名。其曰重校、曰添注，則其所附益也。"疑爲鄭定所刊。楊氏又據刊工姓名有曹冠宗、曹冠英、丁松、王顯諸人，與鄭氏在嘉興所刻《愧郯録》同，益可爲鄭刻之確證。今以此殘册中所存諸注家姓氏及刊工姓名考之，則余謂此本與海源閣藏本同者，既毫無疑義，而斷爲鄭氏嘉興所刻，亦因以證明矣。乙亥六月二十二日，藏園老人校畢記。

【藏園羣書經眼録】卷十二・集部一・唐五代別集類，第八九三至八九四頁

重校添注音辯唐柳先生文集四十五卷唐柳宗元撰，宋童宗説，韓醇等注。殘帙，存目十八葉，卷八至十三、廿三至廿五、廿九、卅、卅五至卅九、四二，計十七卷，每卷皆有殘缺

　　宋刊本，半葉九行，行十七字，白口，左右雙闌，版心上記字數，下記刊工姓名，有：朱梓、朱春、曹冠宗、曹冠英、鄭錫、高春、高文、繆恭、陳良、陳斗南、王仔、王偁、王遇、王顯、毛端、石昌、徐安禮、徐禧、吳鉉、吳敘、丁松、丁日新、張待用、龐知柔、董澄、金滋、劉昭、馬

良諸人。貞朗恒皆缺末筆。注文有"韓曰"、"孫曰"、"童曰"、"張曰"、"集注"、"補注"各說,文字異同記"重校一作某"。

藏印有"橫經閣收藏圖籍印"、"仁義里",皆朱文。甲戌十二月十三見於文友堂。

按:此書楊氏海源閣藏一全帙,前歲曾得一覽,其行欵刊工與此全同。楊氏《楹書隅錄》引《何義門讀書記》,言據陳氏《書錄解題》,爲姑蘇鄭定刊於嘉興。楊氏又據刊工中有曹冠宗、曹冠英、丁松、王顯諸人與鄭氏在嘉興所刻愧剡錄同,益可爲鄭刻之確證。

【藏園訂補郘亭知見傳本書目】卷十二下·集部二下,別集類一下　中唐至五代,第一〇二四至一〇二五頁

〔補〕重校添注音辯唐柳先生文集四十五卷

唐柳宗元撰,宋童宗說、韓醇等注。外集二卷。

〇宋寧宗間鄭定嘉興刊本,九行十七字,白口,左右雙闌,版心上記字數,下記刊工人名,有曹冠宗、曹冠英、丁松、王僖、吳椿等。字體方整,如《晦庵文集》,《東萊集》。海源閣楊氏藏一全帙。又見一殘帙,存目錄,卷八至十三,二十二至二十五,二十九至三十,三十五至三十九,四十二,計十七卷,每卷均有殘缺。鈐明朱氏橫經閣藏印。又見數殘冊,均內閣大庫物,其卷三十七、四十一兩卷余爲檢出,藏之午門歷史博物館,有元代補葉。余嘗取此本校游居敬本,改訂處多與世綵堂本同,其溢出之詩文世綵堂本亦有之,其注文及異字注於下者亦同,唯此本注上所標"韓曰"、"孫曰"等,世綵堂本無之。故余頗疑廖氏世綵堂本實取此本校定刪改付梓。

元本增廣注釋音辯唐柳先生集四十三卷
別集二卷十二册二函

每半葉十三行,行二十三字。與元槧《文公校正昌黎集》板式字體纖毫弗差,蓋二集同時並出也。予藏明代覆本,别入《海源閣目》中,即《四庫全書提要》所謂"頗多譌字"者,此猶是元刊原帙。張氏《藏書志》著録,有毛仁友《跋》云"延祐間刻",當即此本,而佚其《外集》、《附録》耳。卷首有"□塘王授圖書"、"陳氏道復"、"復生印"各印。

北宋本孟東野詩集十卷四册一函

泰興季振宜滄葦氏珍藏。

余同年友蔣賓嵎於乾隆甲寅,因學徒秋試偕遊白門,以五百青蚨從書攤易得刻本《孟東野集》,歸取示余。余曰:"此宋刻之佳者。"賓嵎曰:"予方買時,亦知其爲宋刻,特欲就君一決其善否爾。如非善本,當擬燕石之藏;若果宋雕,即爲寶劍之贈。"余不敢重違其意,遂拜受之,以藏諸讀未見書齋。因念余祖籍金陵,先塋在焉。今秋本擬附同人之舟,登家山躬掃松楸,藉斯游暇日,得以徧觀書市,廣采珍奇。後緣家務蝟集,未遂此願,心方悵然,何幸賓嵎爲余得是集,以慰渴思也。且余儲宋刻唐人集亦不下數種,如許《丁卯》、《羅昭諫》以及竇氏《聯珠集》,皆南宋刊本。惟此集實北宋精刊,間有修補之葉,仍復瑕不掩瑜,較余向藏洪武間人影寫書棚本《東野集》,奚啻霄壤。爰誌數語於卷尾餘紙,一以感賓嵎贈遺之意,一以見賓嵎賞鑒之精,我子孫其念之哉。嘉慶十有四年仲春,讀未見書齋主人黃丕烈識。

　　越歲庚午，是爲嘉慶十五年孟夏二十有八日，從錫山書友復得北宋蜀本、每葉二十四行、行二十一字，殘本一至五卷、目十卷尚全。燈下取此，略爲對勘，似有歧異，暇當以此核之。唐人文集，宋刊尤希，余何幸而完璧斷珪爲兩美之合耶。書此志喜，復翁。均在卷末。

　　每半葉十一行，行十六字。每冊有“錢氏敬先”、“存誠齋”、“錢氏家藏”、“子子孫孫永寶用”、“晉昌”、“季滄葦圖書記”、“季振宜印”、“滄葦”、“徐健菴”、“乾學”、“陳氏悅巖寶玩”、“安岐之印”、“儀周珍藏”、“安麓村藏書印”、“毘陵唐良士藏書”、“唐辰”、“于辰”、“良士”、“百宋一廛”、“士禮居”、“蕘圃卅年精心所聚”、“黃丕烈印”、“復翁”、“汪士鐘印”、“閬源真賞”各印記。

　　按：安岐字儀周，麓村，其別號也，亦號松泉老人，天津人，顏所居曰“沽水草堂”。學問宏通，極精鑑賞，收藏之富，甲於海內。著有《墨緣彙觀》，亦一時博雅好古之士也。而《百宋一廛賦》著錄此本，謂麓村乃“賣骨董者”，誤矣。周芸皋觀察《內自訟齋文集》謂“儀周，朝鮮人，從貢使入都，偶購得鈔本書，乃前人窖金地下，錄其數與藏處，皆隱語，徧視京師，惟明國公府似之，因見明公，一一指示其處。先後假金數百萬，業鹽於天津、揚州，息倍之多，富收藏，盡以歸國”云云。語尤荒誕，固無足辨也。彥合主人記。[1]

---

[1]　北宋本孟東野詩集。周批：“白紙印。有刻工姓名。可與《王摩詰集》頡頏，僅差一等。余得殘宋蜀本，而不得此書，可恨之至。有刓圈點處。小號通連，共一百六十八頁。慎字缺筆。士禮居原匣。歸李氏後已破損，可惜之至。李氏惡印，爲書減色。”周批本第555頁。

【藏園群書經眼録】卷十二・集部一・唐五代別集類，第八七〇至八七一頁

孟本野詩集十卷唐孟郊撰李□九〇八六

宋刊本，半葉十一行，行十六字，白口，左右雙闌。版心上間記字數，下間記刊工姓名，上魚尾下記“孟詩幾”，原版記葉數，通卷長號，凡一百六十七葉。補版間記卷數，而移葉數於下魚尾下。卷末有“泰興季振宜滄葦氏珍藏”題識一行。黃丕烈跋。

鈐有“錢氏敬先”、“錢氏家藏子子孫孫永寶用”朱文大印，又清季振宜、徐乾學、黃丕烈、汪士鐘及海源閣楊氏父子印。又有安岐、唐良士諸印。

按：此書書版斷爛已甚，一百六十七頁中，原版只十許葉，餘均補版。審其刀法筆勢，當爲江右刊本。海源閣佚書，今歸李木齋師。頃陶君蘭泉已影刊行世，此不詳記。丁卯十月見于李木齋先生家。

【藏園訂補郘亭知見傳本書目】卷十二下・集部二下・別集類一下　中唐至五代，第一〇三六頁

〔補〕孟本野詩集十卷唐孟郊撰

〇北宋刊遞修本，十一行十六字，白口，四周單闌。版心上方間記字數，下方間記刊工人名。總一百六十七葉，原版只十餘葉，餘爲補版，左右雙闌。江西刊本。海源閣佚出之書，歸李木齋先生，友人陶湘已影印行世。此即莫氏所記之宋刻小字本。

【藏園群書校勘跋識録】集部，第四〇五頁

孟東野詩集十卷

　　唐孟郊撰。宋刊本,半葉十一行行十六字,白口,左右雙邊,有部分補版四周單邊。書末黃丕烈跋文二則。入藏楊氏海源閣之前鈐印詳見下則之跋文,自海源閣之後,尚有"海源閣"、"東郡宋存書室珍藏"、"木齋"、"李印盛鐸"、"木犀軒藏書"、"李滂"、"周暹"諸印。《藏園群書經眼錄》著錄李盛鐸藏此宋刊本。

　　卷二之後書衣藏園題識曰:戊辰十月,從師門拜觀此帙,因假歸,取秦禾刻本校勘,凡五日而畢。乃知汲古閣所刻刪削一讚二書,增入"城南"以下聯句,輕改古書面目,實爲不知而妄作也。江安傅增湘謹志。(北京大學圖書館李□9086)[①]

校宋舊鈔本孟東野詩集十卷二冊

　　黃復翁於乾隆五十九年甲寅秋,得小字宋刊《孟東野詩集》十卷於蔣賓嵎處,雖宋時已經修版,然在諸刻中爲最善,細校一過。又有舊鈔,黑格綿紙,首題"孟東野詩集",結銜題"山南西道節度參謀試大理評事平昌孟郊"。亦十卷,無總目。末題"臨安府棚北睦親坊南陳宅經籍鋪印"。又復翁於嘉慶庚午購得殘宋刻《孟東野文集》十卷本,目錄尚全,後五卷缺,出梁溪故家。卷中有"翰林國史院官書"朱記。亦俱參校,終不如小字本之最精善也。嘉慶壬申三月三日,香巖居士周錫瓚記。在卷末。

　　余藏《孟東野集》二部:其一小板係全部,而有修板;其一大板係半部,而字體殊古拙,相傳爲蜀本。唐人集曾藏二劉殘帙,板刻

適同,取校《劉集》,他刻多有誤字。《孟集》余未之校。兹見香巖周丈手校蜀本,注明元藏本者是也。此本止有五卷,所校盡此,其中誤字亦多校出,是古人死校之法,妄人見之,詫爲異事。佳者宜留,而誤者宜去,何苦纖悉若此。殊不知日思誤書,正是一適。而誤之所由來,或字形相近,或字義兩通,遂有"一作某"云云。不則古人撰述,斷無有依違兩可者,自有兩本出而始有"一作某"云云矣。因校此,復姑記其校書大段如此。癸未仲冬,蕘夫。在第五卷末。

　　此書予從香巖後人借歸,命三孫美鎬傳錄香巖手校本。宋本有二刻,香巖已詳言之。今宋刻盡去,惟舊鈔存,故復借校宋本傳錄,閱一寒暑而竣事。予覆勘,亦復兩殊,上下冊未必一轍也。道光四年甲申五月十有九日燒燭跋,老蕘。在末卷後。

　　小字本已歸余齋。越四年甲寅,殘宋本亦歸余齋。

　　【藏園群書經眼錄】卷十二·集部一·唐五代別集類,第八七一至八七二頁

孟東野文集十卷存卷一、二,凡二卷△八四〇二

　　宋刊本,半葉十二行,每行二十一字,白口,左右雙闌,版心魚尾下題孟一、孟二等字。目錄首行題"孟本野文集目錄",次行題"孟郊字東野"。

　　鈐有"翰林國史院官書"朱文大印。又"百宋一廛"、"汪士鐘印"、"閬源甫"、"郁松年印"、"泰峰"各印。

　　按:《榿書隅錄》著錄《孟東野詩集》,中有黃丕烈跋,稱後得北宋蜀本,每葉二十四行,行二十一字,殘本一至五卷,目十卷全,字體殊古拙,相傳爲蜀本云。周錫瓚跋稱出梁溪故家,中有翰林國史院官書印。以行格及官印證之,即此帙。錄中附記謂殘宋本亦於

甲寅歸海源閣,意者閣下扃鐍偶疏而流入廠肆耶。然原書存五卷,茲僅得首二卷,又不能無離析之憾也。余嘗以此與席刻本相校,目錄詳簡不同,次第略有變易,改正字亦復不少。其尤鉅者卷一征婦怨四首,席刻乃誤合爲二首。昔黃丕烈謂蜀本多誤字,不及小字本之佳,其實此本佳處已不勝舉矣。

　　蜀刻唐人集與此同種者甚多,余歷年寓目者有皇甫持正、許丁卯、張文昌、司空表聖、鄭守愚、李長吉、孟浩然、劉文房、權載之、韓昌黎、張承吉、劉夢得、姚少監、陸宣公、元微之、孫可之諸家,皆有翰林國史院官書大印。各集中敦字已缺筆,元微之集序言刻於建安,則黃氏所言北宋蜀本者殆疏於考證而以意想推之耳。藏園。

　　前年廠市有宋本孟東野殘帙出,存第三、四、五卷,後有黃丕烈跋,考其行格,正是此本所佚,爲完顏景賢收得,樂昌鏡合,未卜何時,聊志於此,以告後人。藏園又志。

　　【藏園訂補邵亭知見傳本書目】卷十二下。集部二下。別集類一下中唐至五代,第一〇三六頁

〔補〕孟東野文集十卷 唐孟郊撰

　　〇南宋中期蜀本,十二行二十一字,白口,左右雙闌。鈐元代"翰林國史院官書"朱記。存卷一至五,海源閣佚出之書。余先得首二卷,後三卷旋亦佚出,爲景賢所得。余嘗以首二卷校席刻,次第略有改易,改訂字不少。卷一征婦怨宋本四首,席刻誤合爲二首。

元本增廣音注唐許郢州丁卯詩集二卷
續集一卷五册一函

　　案:《郢州集》,《新唐書‧藝文志》作二卷,陳直齋《書録解題》則注云"蜀本有《拾遺》二卷",而晁公武《讀書志》又稱"得《渾詩》完本五百篇,止二卷"。伏讀《四庫全書總目》,云:"毛晉汲古閣刊本二卷,詩僅三百餘篇,疑即晁氏所見之本,《讀書志》或誤三爲五,亦未可知。"此本《詩集》卷數篇數,視毛刊略同,則《讀書志》之誤"三"爲"五",愈信。惟《續集》分《遺篇》、《拾遺》、《續補》三類,統爲一卷,與各本殊不合。或直齋所指之《拾遺》三卷,《四庫》本之《續補》一卷,即就此本之三類而析之耶? 至《四庫》本《集外遺詩》一卷,更出後人掇拾者,非宋元舊第矣。予宋存書室中藏弆唐人集,皆宋槧精本,獨此集乃元刻。然遵王《敏求記》固謂:"暇日校用晦詩,元刻多幾大半,此又宋本之不如元本矣。"是此集正以元刻爲佳也。彦合主人識。在卷末。

　　每半葉十行,行十九字。有"元本"、"開卷一樂"、"竹虚齋藏書印"、"汪士鐘印"、"閬源真賞"、"平陽汪氏藏書"、"汪士鐘藏"、"三十五峯園主人"、"汪印文琛"各印記。[①]

宋本孫可之文集十卷二册

　　錫山華氏真賞齋藏。

　　《孫可之文集》,毛刻"三唐人集"而外世無刊本。即毛氏所本

---

① 元本許丁卯詩集。周批:"題占二行,目録半葉十一行。續集半葉十二行廿字。小黑口,左右雙邊。士禮居原槧。書有殘缺。紙印精。"周批本第 565-567 頁。

亦云："震澤王守溪先生從內閣録出者，究未識其爲刻與鈔也。"余友顧抱沖得宋刻本於華陽橋顧聽玉家，楮墨精良，首尾完好，真宋刻中上駟。爰從假歸，校於毛刻本上，實有佳處，悉爲勘定。內卷二、卷三與毛刻互倒，自當以宋刻爲是。其脱落，如卷八《唐故倉部郎中康公墓誌銘》楊嵩以下二十四字，宋刻獨全，知內閣本必非宋刻也。雖宋刻亦有訛脱，然無心之誤，讀者自知，卷中朱筆所改，已得其大半。夫抱沖與余之生，後守溪、子晉者幾何年，而所見有勝於前人者，不誠幸與！還書之日，因誌數語於卷端，藉抱沖小讀書堆以並傳不朽云。大清嘉慶元年正月上元日書於讀未見書齋，棘人黃丕烈。在卷首。

　　王震澤於正德丁丑刻《孫可之集》而自序之，謂"獲內閣祕本，手録以歸"。毛子晉合習之、持正爲"三唐人文"者也。此宋槧前在小讀書堆，今藏藝芸主人。丁亥夏閏，假來細勘正德本，知傳之多失，卷中絶無賞鑒諸家圖記，或皆未見歟？凡取《文粹》所有若干條入《辨證》。顧千里記。

　　澗薲居士曰："《龍多山録》云，樵起辛而遊，泪《思適齋集》誤泊。甲而休，此用《書》辛壬癸甲也。《刻武侯碑陰》云，獨謂武侯治於燕奭，此用《左傳》管夷吾治於高傒也。見宋刻而後知正德本之謬，校定書籍，可不慎哉。"又曰："道光丁亥，因有《文粹辨證》之役，遍搜唐賢遺集，得王濟之所刻《孫可之》內閣本，復從長洲汪氏借宋槧勘正，視汲古閣'三唐人'本，遠過之矣。"右二則，亦居士跋此本者，見於《思適齋集》，故補録之。予齋藏唐人集廿餘種，皆宋元槧之致佳者，而《浩然》、《昌黎》兩集並此本，同出一刻，尤精古絶倫，蓋即復翁云南宋初年鋟版者也。予年來海上仙船，風輒引去，昏波慧業，昇墜何常,青簡浮名,正未知幾生修到。然而謨觴斟液,宛委搜奇,僕何人斯,居然津逮,則如述古主人所謂"駭心悅目,不數蓬山"矣。秋雨初霽,新涼襲人,偶理縹囊,漫志於後,時癸亥八月之二十有四日也。彥合主人。均在卷末。

有"博依齋印"、"顧千里經眼記"各印。①

【藏園群書經眼錄】卷十二·集部一·唐五代別集類,第九一八至九一九頁

孫可之文集十卷唐孫樵撰

宋蜀刻本,半葉十二行,行二十一字,白口,左右雙闌,與皇甫持正,元微之諸集同式。海源閣藏。丁卯十月廿九日與葉譽虎赴津見之,索二千五百元。

【藏園訂補郘亭知見傳本書目】卷十二下·集部二下·別集類一下　中唐至五代,第一〇六一頁

〔補〕孫可之文集十卷唐孫樵撰

〇南宋中期蜀中刊唐人集本,十二行二十一字,白口,左右雙闌。海源閣藏。有黃丕烈跋。又一帙,有元翰林國史院朱記及劉體仁印,歸朱君文鈞,已印入《續古逸叢書》中。

校宋本孫可之文集十卷一册

《孫可之集》除毛氏刊入"三唐人集"中,世無刻本。子晉《跋》

---

① 宋本孫可之文集。周批:"精美,亦多描失,蟲蝕。此書議價未諧,由王子霖售之莫氏。"周批本第569頁。

云：其集十卷，乃震澤王守溪先生從內閣錄出者。亦未識內閣之本或刻或鈔，惜無明文耳。余友顧抱沖得群書於華陽橋顧聽玉家，中有宋刻《孫可之文集》。首尾完善，信稱善本。客歲借歸，至新春歲事粗畢，始竭一日之力，手爲對勘，宋本實有勝於毛刻者，知內閣本非宋刻也。卷中第二、第三，宋本與毛本互易，自當以所見宋刻爲是。宋刻亦有訛脫處，所謂無心之錯，有紅筆校正，悉與毛刻合，知錯處自可悟會耳。可之文，全得力於退之，觀其《復佛寺奏》，仿佛《諫迎佛骨表》，學有淵源，即此可見其大矣。大清嘉慶元年春正月元夕前一日燈下，書於養怡軒之北窗。棘人黃丕烈。

此書從東城顧氏得來，內有紅筆圈點并評語，未知誰氏筆。今校宋刻，悉用墨筆，後之閱者，可知所表異矣。蕘圃氏又識。

嘉慶庚申春中，從昭文同年友借明崇禎時所刻《經緯集》十卷。此毛刻敘次適同，然其間竟有與宋刻合者，可知書舊一日，佳處必有。內載王守溪《序》，謂正德丁丑授戶部主事白水王君直夫巳刻，則正德時自有刻本，何毛氏竟未及見，且并未及見崇禎時刻也。書此以誌博聞。丕烈。

辛酉冬日，偶至南倉橋書坊，見有殘帙半册，閱之，知爲《孫可之文》，而震澤王守溪刻者。行款字形與宋本大約相同。以百餘錢得之，攜歸取勘校宋本，十有八九之合，始信正德本亦從宋刻本出也。誌之以見書之源流有自，輒得徵信於後云。蕘圃又識。

甲子三月得一守溪本全帙，爲吳枚菴家書，暇日當臨校宋本一過。蕘圃。

乙丑冬十月，於書坊見守溪刻《孫可之集》。又有崇禎烏程閔齊伋刻《劉蛻》、《孫樵集》，劉云《拾遺》，孫云《職方》，此又向所未經見之本也。可知書不患無人刻，特傳之未廣，遂不知耳。因並儲之,而著其集之刻在崇禎時,刊者不止有《經緯集》之名,而又有《職方集》之名也。丕烈。均在末卷後。

道光戊申秋仲得宋本,用黃氏校本、家藏明鈔本手校一過,凡異字注於下方。退思老人識於四經四史齋。

顧本即歸於予齋之本,明刊各本,予齋亦有之,與此迥出兩刻。先公嘗手校之,有題字在卷後,敬錄於右。紹和謹跋。

元本注陸宣公奏議十五卷八冊一函

至正甲午仲夏,翠巖精舍重刊。

此本乃辛亥歲購於袁江,卷一末有至正重刊木記,爲書賈裁去,因據張氏《藏書志》補錄之。時同治紀元秋九月,方客歷下之濼源書院。東郡楊紹和識。

《中興奏議》,本堂舊刊盛行於世。近因回禄之變,所幸元收謝疊山先生《經進批點正本》猶存,於是重新綉梓,切見棘闈天開,策以經史時務。是書也,陳古今之得失,酌時務之切宜,故願與天下共之。幼學莊行之士儻熟乎此,則他日敷奏大廷,禹皋陳謨,不外是矣。至正甲午仲夏,翠巖精舍謹誌。

張氏《藏書志》載元至正本,卷一末有翠巖精舍木記。此本卷一末後半葉板心割補七行,字數約略正符,其爲書賈裁去,欲贗宋刻無疑。予昨秋客歷下,偶檢此本,因填寫重刊年月於割補處,而木記全文未及錄入,以《藏書志》不在行篋中也。茲書之副葉以存其舊。是書《四庫》未著錄,阮文達公撫浙時始奏進,洵不易覯之祕籍矣。紹和又識。時癸亥重陽後五日也。

卷前載《經進唐陸宣公奏議表》,書“迪功郎紹興府嵊縣主簿臣曄言”而不署姓。又《表》中稱至尊壽皇聖帝,而末署紹興二年,尤牴牾。《藏書志》云：“案，《清波雜志》曰：‘煇友人郎曄晦之，杭人，嘗注《三蘇文》及《陸宣公奏議》投進。’元《吳文正公集·陸宣公奏議增注序》曰‘因郎氏舊注而加詳’，劉岳申《申齋集》曰‘宋紹興中有郎曄，嘗注《宣公奏議》’，以此知爲郎曄也。《表》後云‘紹興二年八月初七日進呈’。案：《表》中有云‘恭維至尊壽皇聖帝’。考淳熙十六年光宗受內禪，尊孝宗爲至尊壽皇聖帝，次年改元紹熙，則‘興’爲‘熙’字之誤。”又嘉興錢警石丈《曝書雜志》云：“郎氏嘗輯《橫浦日新》。向讀陳直齋《解題》，云張九成子韶之甥于恕所編《心傳錄》，及其門人郎曄所記《日新》云云，意謂郎氏爲橫浦門人。及見于氏《心傳錄序》云：‘余學生郎曄粗得數語纂錄，而士大夫已翕然傳誦’，則郎氏似爲于恕之徒。然周昭禮《清波別志》明言晦之早從張子韶學，必不誣也。高氏《剡錄》成於嘉定甲戌，與晦之進書時相距不過二十餘年。今檢所列簿治題名，無郎曄姓名。《剡錄》世稱佳志，晦之學有淵源，又能注書以傳，不當遺之。《清波別志》謂其累舉得官，不霑一日祿而卒。郎氏蓋甫授官即表進所注書，旋即下世，未嘗任事，故志乘例不采錄也。”所考皆詳確，故特著之。《挈經室外集》謂“郎氏事蹟無考”，則偶疎檢閱耳。彥合又記。

《挈經》稱：“所注採經史爲多，無泛搜博引之失，不特選擇得當，節錄亦極精審。”最爲篤論。而警石丈謂“從邵蕙西部郎假觀翠巖刻，僅有題下注”，與此殊不合，恐所見仍非元本耳。元廬陵鍾士益補注，予未獲目驗。今所傳有注諸本，行間每附評語，或即出於士益之書。所謂“繼之以諸儒之評，廣之以一己之説”者耶。此本上方亦間有評語，據翠巖木記，當是疊山批點。疊山，寶祐中舉進士，距晦之進書時已六十餘年，則此本乃宋末所刊，而元末復經重梓者也。顧以此本校之，注多節刪，幾無一全者，凡所引書名並紀月紀日，亦皆削去，使郎氏精審之處盡汨其真，不知是何妄人所爲，愈徵此本之夐乎上矣。彥合再記。均在卷末。

乾隆間，山右蓀圃張君佩芳注《翰苑集》極賅洽，視此本詳略互見，頗資參考。警石丈謂"制誥不聞有注之者，草創之學，更非淺學所能從事"，殆未知有張君注本耳。張君《自序》云："宋紹興二年，嵊縣主簿諱華避廟諱改。者，進《奏議注》十五卷。今獨其《表》存而《注》不傳。"是亦未見此本。然《凡例》中有云："凡引古事古語，必載書名。及奏車奏議，皆因事獻替。有關治具，爰考年月事，詳注其下。"則與此本悉闇合，固注書之體宜然。而他注妄加刊落，真非予所敢知也。九月望日，彥合記。

每半葉十二行，行二十三字。有"忠訓樓印"、"謙牧堂藏書記"各印。

宋本唐求詩集一卷一冊

泰興季振宜滄葦氏珍藏。在卷尾。

此宋刻《唐求詩集》，與宋刻《茅亭客話》同得於友人顧千里所，云是桐鄉金諤嚴家物，而散入他人手者也。從前諸藏書家目錄不多見，惟《延令季氏書目》於《唐詩八家》條下列其名。今卷中有"季振宜字詵兮號滄葦"一印，"季振宜藏書"印；又有"泰興季振宜滄葦氏珍藏"墨書一行，其即《延令季氏書目》中物無疑。卷端有長方印甚古，惜其文莫辨，似三字，僅末"山"字可識。此外如"危氏大樸與之印"、"陶廬"、"顧湄之印"，共四印，皆表表可見者，惟"紫薇館"印不知誰氏。通卷僅八葉，而收藏自元明以來，皆知寶貴，宜其珍祕若斯。余檢《書錄解題》，載《唐求詩》一卷，云："唐唐求撰，與顧非熊同時，《藝文志》不載。"又檢《茅亭客話》，卷第三有"味江山人”一條，即論唐求事，爰影寫宋板之二十六行，附於此集後。非但可以考見其事蹟，且所載詩與此集間有異同，可以辨證，則此集之與《茅亭客話》必偕來者，豈非奇之又奇乎？嘉慶癸亥七月白露後一日，蕘翁黄丕烈書於百宋一廛。

越日，余友洞庭鈕非石過訪，出示此書，云長方印文是“鹿頂山”三字，記以俟考。

士禮居命工重裝。

十一月朔，往候海鹽友人張芑塘。芑塘亦愛素好古，年七旬，所見古書甚多，與長塘鮑淥飲相友善。於數年前曾得楊振武家書籍，内有宋刊《唐求詩集》，淥飲易去，未知今歸何處。因余所好收宋本，故爾談及，而不知此書之已爲余有也。歸而筆諸是集之副葉，以見古書源流，有不謀而相爲印證者。蕘翁。均在卷末。

按：《唐山人集》一卷，《書錄解題》云：“與顧非熊同時，《藝文志》、《郡齋讀書志》、《中興書目》均不載。”《延令季氏宋板目》中載之，書僅八葉，計詩三十有五首，爲南宋精槧，歷經名賢珍弄，精雅絕倫。滄葦題款在卷末，《山居》一首上有校字小楷，亦滄葦手跡。外籤，則顧氏南雅筆也。“鹿頂山”長印，予藏宋本《三禮圖》中亦有之，或宋人印，若建安余氏造紙之有“勤有”印也。記以俟考。咸豐辛酉秋八月，聊城楊紹和識。在副葉。

此本與《葦蘇州集》同一行式，皆臨安府棚北大街睦親坊南陳宅書籍鋪刊行，所謂書棚本是也。《百宋一廛賦》著錄有“鹿頂山”、“危氏大樸”、“紫薇館印”、“季振宜字詵兮號滄葦”、“季振宜藏書”、“顧湄之印”、“陶廬”、“藎之印”、“廣圻審定”、“士禮居”、“江夏丕烈”、“蕘夫”、“老蕘”、“有竹居”、“平江汪憲堂秋浦印記”、

“憲堂”、“秋浦”、“汪士鐘印”、“閬源真賞”、“平陽汪氏藏書印”各印記。①

【藏園訂補郘亭知見傳本書目】卷十二下·集部二下·別集類一下　中唐至五代，第一〇七九頁

〔補〕唐求詩集一卷唐唐求撰

〇宋刊本，十行十八字，白口，左右雙闌。行欵與宋陳宅書籍鋪本同而無牌記。黃丕烈跋。海源閣遺書，近歸周君叔弢。

宋本羅昭諫甲乙集十卷四册一函

宋刊《羅昭諫甲乙集》全函，真定梁氏珍本。題簽
予友王子下缺老處假閱，下缺畢記。景泰甲戌五月望日，葉盛識。在卷末。

昔居袁江，估人持士禮居藏宋刊《四唐人集》求售。《可之》、《昭諫》、《朱慶餘》三種，皆延令故物也，惜《甲乙集》爲他人所得。越數年，得此本於吾東故家，梁蕉林相國所藏。卷後有葉文莊手迹，蓋與滄葦本同出一刻，而此本尤書棚本中上駟也。宋存主人記。

每半葉十行，行十八字。卷首尾有木記云“臨安府棚北大街睦親坊南陳宅書籍鋪印行”。卷中有“葉盛之印”、“菉竹堂”、“李流芳印”、“棠村珍賞”、“蕉林梁氏書畫之印”、“安岐之印”、“安麓村藏書印”、“復翁”。本卷二、三、四有缺字，此本卷三、卷五亦有缺

① 　宋本唐求詩集。周批：“黃氏蝶裝原匣。此書完美，可愛玩。”周批本第589頁。

葉,惜無由校補。復翁《跋》,予嘗録副,爰附著於後以備考。

附記百宋一廛宋本題跋二則。

泰興季滄葦氏珍藏。

癸亥夏五月望日,重展讀於新居縣橋之百宋一廛中,并取四卷殘宋本展對一過,彼印本差後,紙背有"至正十一年"字,蓋元印也。舊藏毛氏汲古閣與席玉照家,未知渠兩家收藏時尚全否?卷中墨釘多同,間有舊人校補字,各書於上方,可謂慎重矣。就所補者録於此,以備參考。如:卷二《金陵夜泊》"冷煙輕"下作"霧"字,《湘南春日懷古》"蒼"下作"茫野樹礙"字,《別池陽所居》"雨葉老農"下作"傷"字,《送内史周大夫自杭州朝貢》"三變"下作"殿"字,《繡》"一片緑羅"下作"反絳綃"字;卷三《重過隨州故兵部李侍郎恩知因杅長句》"周高論百牙琴"上作"莊"字;卷四《姑蘇臺》"高泰伯開基日"上作"臺"字。共七處,未知所據是何本,就字跡論之,當在毛、席兩家收藏前。殘刻已照此本影寫補全,他日或與友人易去,未必久留我前,時説記梗概於此。蕘翁識。

卷五　集部下

宋本乖崖先生文集十二卷附録一卷四冊

自"右見厄史"以下從舊鈔本補,鈔本已於壬戌春攜贈蜀人張船山太史同年矣。蔉翁記。在卷末。

是集宋時有兩本:一見於趙希弁《讀書附志》,所稱錢易《墓誌》、李畋《語録》附於後者,凡十卷;一見於陳振孫《書録解題》,所稱郭森卿宰崇陽,取舊本十卷并以《語録》者,凡十二卷。此本首載咸淳己巳朝散大夫特差荆湖安撫大使司主管機宜文字權澧州軍州事賜緋龔夢龍《序》云:"前令君天台郭公森卿常刊置縣齋,己未兵燬,遂爲煨燼。今令尹左綿伊公廙以儒術飾吏,復鋟梓以壽其傳。"

是即郭本之重刻於崇陽者也。每半葉十行,行二十字。卷七至末
舊鈔補。板心有"賜書樓"三字。卷前有"樸學齋印"、黃氏各印。
莪圃《百宋一廛賦》著錄。

　　【藏園批注】首龔夢龍序,行書七行。次郭森序,九行。白口雙
闌,淡墨印,多模糊。下魚尾下記"古詩"、"律詩"、"雜著"等字,殊
少見。卷七起皆鈔補。

　　【藏園群書經眼錄】卷十三・集部二・北宋別集類,第九三四頁

乖崖先生文集十二卷宋張詠撰附錄一卷卷七至十二及

附錄配明寫本△八八五

　　宋咸淳五年己巳左綿伊虜崇陽縣刊本,半葉十行,行二十字,
白口,左右雙闌。版心下魚尾下記"古詩"、"律詩"、"雜著"等字,
殊爲少見。首龔夢龍序,行書七行,次郭森序,九行。全書淡墨印,
多模糊。海源閣書,辛未二月十二日觀於天津鹽業銀行庫房。

　　【藏園訂補郘亭知見傳本書目】卷十三上・集部三・別集類二上　　北宋
第一〇八五頁

〔補〕乖崖先生文集十二卷宋張詠撰。附錄一卷

　　〇宋咸淳五年伊虜崇陽縣齋重刊郭森卿本,十行二十字,白
口,左右雙闌,版心下魚尾下分記古詩、律詩、雜著等字。前咸淳己
巳龔夢龍序,言前令郭森卿常刊置縣齋,已未燬于兵,今令尹伊虜
復鋟梓云云,行書半葉七行,次郭森卿舊序,半葉九行。存卷一至
七,餘配明賜書樓鈔本。有黃丕烈跋。海源閣藏,辛未見於天津。

校宋本西湖林和靖先生詩集四卷二册

此集爲匏菴相國所藏，標題尚公手跡也。嘉靖戊申春，友人禮部陸君子傅購得之，間以遺余，其雅意不敢當，漫識卷末。隆池山樵彭年書於寒綠堂。

《和靖集》，余向購之於武林徐門子鋪中，後歸靈均。靈均身後藏書散盡，此册以殘缺獨存。戊子夏，趙昭攜過涇上，因復留之，如異鄉見故人也。攝六黃翼。①

《林和靖先生詩集》，余向於郡故藏書家得一鈔本，云是顧云美手鈔，已珍藏之矣。後海鹽友人攜一刻本來，取校鈔本，字句之間，實多是正，於鈔本外增多七言律詩六首，《號畧秀才以七言四律詩爲寄輙敢酬和惟采覽》、《壽陽城南寫望懷歷陽故友》、《至梁峽口懷朱嚴從事之官嶺外》、《兩夕次於此西梁山下泊船懷別潤州果上人》、《春日懷歷陽後園遊兼寄宣城》、《天使松思齊上人》。洵善本也。物主需直四金，余因其書尚是明刻，未必有此重價，姑置之。今夏六月，陶五柳主人覿一舊本，於余前艷稱之，曰："此書在買骨董人沈鴻紹處，非貴直不售也，且末有彭隆池《跋》，沈益珍之。"屬五柳主人代購。越日以書來，展卷視之，古色黝然。此本紙白而字大，與海鹽本之紙黃而字小迥異，然其爲明刻則同。復取以校鈔本，則海鹽本是正之處都與此刻合，而七律中又增多一首。《和酬泉南陳賢良高見贈》其餘如"閩師見寫"云云已下三首，鈔本在卷一後，而此在卷三中，是所據本異也。顧鈔本又卷首多《序》一首，《補遺》中多《題草詞》一首，此皆無之。《序》或脫落，

---

① 和靖詩集。按，黃跋此目下無"和靖集"至"攝六黃翼"一段。此段文字疑係編者因下條"影宋精鈔本和靖先生詩集"所引此文而誤置。見《黃丕烈書目題跋》卷八，第175頁。

而《詞》或《詩集》所本無，特後人掇拾所存耳。再鈔本卷一末有小注云："有佳句云：草泥行郭索，雲木叫鉤輈，考失全篇"十八字，更足以見鈔本所自大抵傳錄之本，不及此刻本之可信矣。刻本有紹興時人題識，其來當有原委，素諗故友顧抱沖有殘宋本，擬從其弟東京借來一爲校勘云。嘉慶丁巳閏六月朔日，書於讀未見書齋，黃丕烈。

閏六月三日，東京以其仲氏遺書慨然見借，余於四日竭一日之力校畢。惜宋本殘缺不全，已遭剜補，惟梅《序》完好。餘詩三十一葉，首題曰"和靖先生詩集上"。次行空二格，標目《古詩》，列五言四首，後接《律詩》標目。以後五言七言不復分體，共得一百五十餘首。雖非完璧，其所有者，勝於此刻多矣。予檢《宋史‧藝文志》，稱《林逋詩》七卷，又《詩》二卷。《文獻通考》則云《林和靖詩》三卷，《西湖紀逸》一卷。今宋本卷首及版心皆云《和靖先生詩集》上。"上"字係修改者，其下半一畫，尚係原刻字痕，其爲"一"爲"二"、爲"三"，未敢定也，姑著所疑於此。蕘圃。

殘宋本後有吾家子羽《跋》，備述源流，并著殘缺獨存之故。天下佳物，原不必以完善而始獲珍祕。然能賞識者，世有幾人。不隨所藏之書而盡散者，正以不知己而始獲知己也。予於《林集》搜訪幾年，即有名鈔舊刻，總非本書面目。今見宋刻，雖曰殘缺，然以古詩、律詩分體，而五言七言不復分析，皆是古人編集舊例，存此，亦庶幾見古意爾。丕烈。

殘宋本，余屬塾師顧潤賞影摹一本，藏諸士禮居中，可與此本相參考云。蕘圃。均在末卷後。

卷首副葉標題"林和靖先生詩集"，即匏菴先生手筆也。隆池《跋》用小楷書，亦極精妙。卷中有"原博"、"匏菴"、"古太史氏"、

"彭年"、"子加"、"彭氏子加"印。

影宋精鈔本和靖先生詩集一冊<small>無卷第</small>

《和靖集》，余向購之於武林徐門子鋪中，後歸靈均。靈均身後藏書散盡，此冊以殘缺獨存。戊子夏，趙昭攜過涇上，因復留之，如異鄉見故人也。攝六黃翼。

《林和靖先生詩》，僅見明刻本四卷者爲最古，<small>余所藏，爲姚江陳贊編次本。盧抱經《羣書拾補》云：「明正統八年，餘姚陳贊惟成刻本。」則余所藏，即明正統本也。</small>故人顧抱沖有殘宋本，實希世珍也。今夏從抱沖弟東京借歸，手校其異同於明本上，覺宋刻之妙，雖殘缺而獲益滋多。適抱沖從弟澗蘋爲余家塾師，謂余曰："此種書世不多有，當録一副本存諸士禮居中，未始非爲此書廣其傳也。且抱沖已故，其書不常寓目，今得副本展玩，不如見故人耶。"余感其言，即倩澗蘋用舊紙手自影摹，自題籤至跋語，共三十四葉，與抱沖本無纖毫之異，恐汲古精鈔，無以過是矣。宋刻《和靖先生詩》下俱有"上"字，似割補而描寫者，其每葉排次數目亦非本真，故均未寫入。余按：《文獻通考》云，《林和靖詩》三卷。今宋刻"上"字係修改，然下一畫尚係原刻，其爲菴"一"、爲"二"、爲"三"，俱未可知，故并著其原委，以告後之讀是書者。嘉慶歲在丁巳季秋月四日，黃丕烈書於讀未見書齋。

嘉慶丁卯夏四月二十有八日，偶檢及此，其去鈔書之日已歷十載矣。回憶抱沖之没在丁巳四月，近因其弟東京徙居，往賀焉。抱沖之長子阿和亦出見，嶄然頭角，已成人。問其遺書，尚扃閉櫥中。今其子年漸長，庶幾能讀父書乎？而余以父執老友，或可藉寓目，亦未可知，書此誌喜。復翁。均在册末。①

宋本范文正公集二十卷別集四卷八册二函

《愛日精廬藏書志》著録《文正集》二十卷，後附《遺文》一卷，乃元天曆刊本。《序》末有"天曆戊辰刻於家塾歲寒堂"木記。此本爲南宋初番陽郡齋所槧州學原本，後題"嘉定壬申仲夏重修，朝奉郎通判饒州軍州兼管内勸農營田事宋鈞、朝請大夫知饒州軍州兼管内勸農營田事趙旧櫰監修"銜名二行。每半葉十二行，行二十字。余齋舊藏宋本唐人集，有元"翰林國史院官書"印者數種。繼得殘本《姚少監集》，板式略小，與此印記正同，皆元内府藏本也。此本字大悦目，體式古雅，剞劂尤精。卷前後有"同升私印"、"金粟軒"、"錢穀"、"朮寶"、"中吴錢氏收藏印"、"海翁"、"其永寶用"、"鄭杰之印"、"昌英珍祕"、"一名人杰字昌英"、"鄭氏注韓居收藏印"、"注韓居士珍藏祕玩"、"季振宜印"、"滄葦"、"季滄葦藏書"各印。

【藏園群書經眼録】卷十三·集部二·北宋別集類，第九四三頁

范文正公集二十卷別集四卷宋范仲淹撰

元天曆刊本，十二行二十字，白口，左右雙闌，版心下記人名。前有蘇軾序，別集後有乾道丁亥邵武俞翊跋、淳熙丙午北海綦焕跋，跋後有嘉定壬申仲夏重修一行，官銜二行：

"朝奉郎通判饒州軍州兼管内勸農營田事　　宋鈞

---

① 影宋精鈔本和靖先生詩集。周批："黄氏蝶裝，極精美。"周批本第613頁。

朝請大夫知饒州軍州兼管内勸農營田事　　趙旧櫕"

鈐有"中吳錢氏收藏印"朱及季滄葦、鄭昌英注韓居各印。楊敬
夫藏書，乙亥正月七日見。

【藏園訂補郘亭知見傳本書目】卷十三上・集部三・別集類二上　北
宋，第一〇九四頁

〔補〕范文正公集二十卷別集四卷政府奏議二卷尺牘三卷
宋范仲淹撰。遺文一卷宋范純仁、范純粹撰。年譜一卷宋樓鑰撰。
年譜補遺一卷祭文一卷諸賢贊頌論疏一卷
論頌一卷詩頌一卷朝廷優崇一卷言行拾遺事録四卷
鄱陽遺事録一卷遺跡一卷褒賢祠記二卷

〇元天曆元年歲寒堂重刊宋鄱陽郡齋本，十二行二十字，白
口，左右雙闌，版心上記字數，下記刊工人名。前蘇軾序，序後有
"天曆戊辰改元褒賢世家重刻於家塾歲寒堂"篆文牌記。別集後有
乾道丁亥俞翊跋、淳熙丙午綦焕跋，後有嘉定壬申重修一行及饒州
通判、知州銜名兩行。故官藏二帙，一存本集、別集，一存本集、別
集、尺牘，均割去蘇序後牌記，以充宋刊。後一本天禄後目著録，正
作宋刊本。海虞瞿氏有一帙，存本集、別集、遺文，天曆牌記尚存。
劉承幹、潘宗周二家亦有之，爲明修本。海源閣楊氏亦有一帙。

宋本莆陽居士蔡公文集三十六卷十六册二函

右宋槧本《蔡忠惠公集》三十六卷，晁公武《讀書志》云："襄字
君謨，興化人，天聖中舉進士，慶曆三年知諫院。仁宗慨然思治，增
置諫官四員，君謨在選中。皇祐中，知制誥，累遷翰林學士，權三

司,嘗知福、泉、杭三州。"是本首題"莆陽居士蔡公文集",版心書"端明集"。蓋忠惠曾爲端明殿學士,猶稱龍圖者,其實非官名也。前有王文忠公《序》云:"初見其《四賢一不肖詩》於張唐英所撰《仁英政要》,甚歆慕之。其後見公文集,乃没而不載,竊以爲恨。乾道四年冬,得郡温陵,道出莆田,求其遺文,則郡與學皆無之,於是移書興化守鍾君松傅,君自得訪於故家而得其善本。教授蔣雍與公同邑,手校正之,鋟版於郡庠,得古律詩三百七十首,奏議六十四首,雜文五百八十四首,而以《四賢一不肖詩》置諸卷首,與奏議之切直舊所不載者悉編之,比他集爲最全。"據此,則文公校刊之本,勝於從前諸本多多矣。《四庫總目》云:"《宋史・藝文志》載《襄集》六十卷、《奏議》十卷。《文獻通考》則作十七卷,多寡縣殊。疑《通考》以《奏議》十卷合集六十卷,總爲七十卷,而傳刻訛倒其文爲十七卷耳。"今按《郡齋讀書志》亦作十七卷,與《通考》同,而《直齋書錄解題》作三十六卷,與此合,蓋當時或有多寡不同,故文忠謂此集比他集爲最全。然則世所傳本,恐無復多於是者矣。《總目》又云:"《書錄解題》惟載十朋三十六卷之本。元代版復散佚,明人皆未睹全帙。閩謝肇淛嘗從葉向高入祕閣檢尋,亦僅有目無書。"據此,則文忠所刊者,僅見陳振孫之著錄而已,在前明內府中,並未得見是本也。《總目》又云:"萬曆中,莆田盧廷選始得鈔本於豫章俞氏,於是御史陳一元刻於南昌,析爲四十卷。興化知府蔡善繼復刻於郡署,仍爲三十六卷,而附以徐燉所輯《別紀》十卷。然盧本錯雜少緒,陳、蔡二本均未及詮次,後其里人宋珏重爲編定,僅刻其詩集以行。雍正甲寅,襄裔孫廷魁又裒次重刻。"據此,則現行之本,只據盧廷選所得鈔本展轉沿刻,終未見文忠所刊之原本也。《總目》又稱:"《四賢一不肖詩》,集中不載。"今本不以弁首,知非十朋之舊。按：文忠《序》云：“國朝四葉文章尤盛，歐陽文忠公、徂徠先生石守道、河南尹師魯、莆田蔡公君謨，皆所謂傑然者。永叔之文，追配韓子，其剛氣所激，尤見於《責高司諫書》。徂徠之氣，則見於《慶曆聖德頌》。師魯則見於《願與范文正公同貶》之書。君謨則見於《四賢一不肖詩》。”文忠之立言如此，蓋古人編刻前賢文集，必自有意旨所在。如劉禹錫次《呂衡州集》，斷自《人文化成論》，至《諸葛武侯廟記》爲上篇。李漢編《韓昌黎集》，則以《感二鳥》諸賦居首，非若後世僅事剖劂之功已也。是本鏤鍥工緻，其字畫皆歐體，間有闕佚，迺名手摹仿補足。紙色墨色，渾然如一，迫視之，幾難辨別，可稱天衣無縫。流傳至今且六百祀，而古色古香，神彩焕耀，想見忠惠在宋仁宗朝危言讜論，持正不撓之槩，生氣猶凛凛也。而文忠立朝剛正，史稱一代偉人，宜其氣類相投，校勘斯集，精覈無遺，當與《梅溪文集》後先媲美矣。憶乾隆庚子之夏，正陽門外不戒於火，逼邇里居，是書與家藏百衲本《史記》，倉猝中同爲肱篋持去，余百計鉤稽，始獲青氈還舊。神物護持，定非偶然。兹藏於家又四十二載，感手澤之猶存，念雲烟之如幻，正未卜後來復爲何人所得。循環展讀，泫然雨下。道光三年癸未仲春廿二日，少河山人識。在卷末。

每半葉十行，行十九字。卷一至卷六、卷二十五至末，均影宋精鈔補。有“大興朱氏竹君藏書之印”、“朱筠之印”、“笥河府君遺藏書畫”、“朱錫庚印”、“錫庚閱目”、“茶花吟舫”各印。後少河《跋》之二十六年戊申歸於余齋，今又十有六年矣。予齋所藏唐人集多舊槧，而宋刻宋人集殊不多，此爲第一銘心絶品也。

【藏園群書經眼錄】卷十三·集部二·北宋別集類，第九四六頁

莆陽居士蔡公文集三十六卷_{宋蔡襄撰} 存卷七至二十四,計十八卷,餘鈔配

宋刊本,半葉十行,行十九字,白口,左右雙闌。版心中縫寬展,魚尾下記"端明集幾",下記葉數,最下記刊工姓名。後有朱少河錫庚跋。

按:此本紙墨明麗,以字體雕工論,疑亦江右所刊,海内孤本。海源閣舊藏。丁卯十月,有勞姓者持海源閣藏宋本二十六種在津求售。憫其流落,乃與葉譽虎、顏駿人諸君籌爲保書會,擬合力收之。二十九日偕譽虎赴津,得見二十三種,此書即在其中,索六千五百元。其他孤本秘籍尚有宋本説苑_{索六千元}、宋本新序_{索五千五百}、宋本淮南鴻烈解_{索五千元}、宋本荀子_{四千五百}、宋本管子_{四千}、宋本莊子_{三千}、宋本王摩詰集_{二千五百}、宋本三謝詩_{一千五百}、宋本孫可之集_{二千五百}、宋本范文正公集_{三千}、宋本陶詩_{三千五百}、宋本擊壤集_{三千五百}、宋本愧剡録_{三千五百}、宋本唐四家詩_{二千}等。與諧價未成,尋爲有力者分攜以去。

【藏園訂補郘亭知見傳本書目】卷十三上・集部三・別集類二上 北京,第一〇九七頁

〔補〕莆陽居士蔡公文集三十六卷_{宋蔡襄撰}

〇宋江西刊本,十行十九字,白口,左右雙闌,版心下記刊工人名,魚尾下題"端明集"。有道光三年朱錫庚跋。存卷七至二十四,計十八卷,餘鈔配。海源閣藏。

宋本元豐類稾五十卷續附一卷二十四册二函

　　右宋槧本《元豐類稾》五十卷,《直齋書録解題》云:"《元豐類稾》五十卷,《續》四十卷,《年譜》一卷,中書舍人南豐曾鞏子固撰。王震爲之《序》。《年譜》,朱文公所輯也。韓持國爲鞏《神道碑》稱:"《類稾》五十卷、《續》四十卷、《外集》十卷。本傳同之。及朱文公爲《譜》時,《類稾》之外,但有《別集》六卷,以爲散佚者五十卷,而《別集》所存,十之一也。開禧乙丑,建昌守趙汝礪、丞陳東得其族孫瀤者,校而刊之,因碑傳之舊,定著爲四十卷。"據此,則朱文公爲《年譜》時,《續稾》並《外集》已散佚不全。而趙汝礪、陳東所定者,但就碑傳所著之數定爲四十卷,以符原數而已,固非當時之舊矣。《義門讀書記》引何椒邱之言曰:"明初,惟《類稾》藏於秘閣,士大夫鮮得見。永樂初,李文毅公爲庶吉士,讀書秘閣,日記數篇,休沐日輒録之,今書坊所刻《南豐文粹》十卷是也。正統中,趙司業琬始得《類稾》全書,以畀宜興令鄒旦刻之,然字多訛舛,讀者病焉。成化中,南豐令楊參又取宜興本重刻於其縣,踵訛承謬,無能是正。太學生趙璽訪得舊本,悉力讎校,而未能盡善。余取《文粹》、《文鑑》諸書參校,乃稍可讀。"據此,則不惟《續稾》散佚已久,即《類稾》五十卷,在前明藏於内府,外間亦未能窺。至趙琬所得《類稾》全書,亦未言其得自何本,想亦轉相鈔録,烏焉三寫,是以難免訛舛耳。《四庫書目》云:"今世所行,凡有二本:一爲明成化六年南豐知縣楊參所刊,前有元豐八年王震《序》,後有大德甲辰東平丁思敬《序》,又有《年譜序》二篇,無撰人姓名,而《年譜》已佚,蓋已非宋本之舊;一爲康熙中長洲顧崧齡所刊,以宋本參校,補入第七卷中《水西亭書事詩》一首。第四十七卷中,《太子賓客陳公神道碑銘》中闕四百六十八字。"今校是本第七卷、第四十卷,宛然俱存,豈即顧氏所據之本耶?是本紙質薄而細潤,格式疏而字體樸茂,洵南宋槧本之佳者。卷尾載《行狀》、《墓誌》、《神道碑》三篇,而卷首無序,殆日久剝落歟。中有"四明孫氏禹見珍玩"印一,"孫雲翼"印一,"徐健菴"、"乾學"印各一,"季振宜號滄葦"印一。滄葦乃錢遵王曾售書於彼者,是書當亦在所售之列。又"經訓堂王氏之印"、"琴德一字蘭泉"、"青浦王昶"印三。故刑部侍郎王蘭泉先生與先大夫爲乾隆甲戌同榜進士,相知最篤,是蓋先生從軍金川時所貽者,藏於余家六十年。爰識於是,用告後來。道光三年癸未春二月既望,少河山人識。在卷首。

　　每半葉十行,行二十字。朱《跋》所載諸印外,尚有"古吳王氏"、"王履吉印"、"玉蘭堂"、"五峰樵客"、"江東竹塢"、"翠竹軒"、"曲水山房"、"照菴"、"蜀山草堂"、"拙訥隱者"、"季振宜讀書"、"浮海季應召印"、"大興朱氏竹君藏書之印"、"朱筠之印"、"茶花吟舫"、"朱錫庚印"、"朱錫翰印",並吾師"文恪"名字及"堪喜齋印"。又"孫氏禹見珍玩"一印,首二字乃"曲阿",非"四明"。"季振宜號滄葦"一印,"號"上有"字詵兮"三字,少河《跋》偶誤記耳。案:《延令宋板書目》有《曾南豐集》五十卷十二册,當即此本,册則後人重裝時析分之也。①

　　【藏園批注】大版心,高廣異常。白口雙闌,版心上記字數,下記人名一字。疑與故宮本同。俟再考之。

───────────

① 宋本元豐類稿。周批:"此大德本,與故宮所藏同。故宮本黃紙,此白紙。"周批本第627頁。

【藏園群書經眼録】卷十三・集部二・北宋別集類，第九五一至九五二頁

元豐類稿五十卷宋曾鞏撰續附一卷△八八三

元大德八年甲辰東平丁思敬刊本，半葉十行，行二十字，白口，左右雙闌，版心上記字數，下記刊工人名一字，版匡高廣異常。有朱錫庚跋。鈐有明文氏玉蘭堂、王履吉、清季振宜、季應召及朱竹君藏印。

按：此與故宮藏本正同，故宮本前有大德八年程文海序，題“大德重刊元豐類稿序”，此本佚去，楊氏誤認爲宋本。海源閣藏書，辛未二月十二日觀於天津鹽業銀行庫房。

【藏園訂補郘亭知見傳本書目】卷十三上・集部三・別集類二上　北宋，第一一〇八頁

〔補〕元豐類稿五十卷宋曾鞏撰續附一卷宋曾鞏撰

○元大德八年東平丁思敬刊大字本，十行二十字，白口，左右雙闌，版心上記字數，下記刊工人名。前大德八年程文海撰“大德重刊元豐類稿序”，後有同年丁思敬跋，云前邑黃斗齋嘗繡梓而燬，得善本于其後裔再爲刻之云云。故宮藏，鈐明李廷相序。楊氏海源閣亦有一本，文徵明、王寵、季振宜遞藏。失去序跋，楊氏誤訂爲宋本，《楹書隅録》著録。

明修金本丹淵集四十卷拾遺二卷
附録一卷六册一函

《丹淵集》，明刊者已不易得，此本爲金泰和間從宋慶元四年戊

午家誠之邛州本重梓。卷末木記云"金泰和丙辰晦明軒張宅記"。惟卷中板號有注大德、至正、正統者,蓋經元明補修之本也。每半葉九行,行十八字。有"王士祿印"、"王士禎印"、"貽上"、"漁洋山人"、"錢大昕"、"辛楣"、"安樂堂藏書記"、"明善堂鑒定書畫印記"、"何紹基"、"何紹業觀"各印記。

北宋本康節先生擊壤集十五卷六冊一函

《伊川擊壤集》,元明皆有刊本,均作二十卷。汲古閣毛氏所刻,源出《道藏》,而舛漏殊甚。按:《四庫》所收,即汲古本也。元槧本較毛刻多詩五十餘首,藏書家謂爲善本,余齋亦有之。此本作《内集》十二卷,《外集》三卷。前有治平丙午中秋《自序》,編次與各本迥異。《序》後有蔡氏弼《題語》一則,蓋由公手訂二十卷本,重編爲此本。卷一前後木記題"建安蔡子文刊于東塾之敬室"。細行密字,鐫印至精。《龜山語録》所稱"須信畫前原有易,自從删後更無詩"一聯,諸本所佚者,此本在卷十二中。每半葉十三行,行二十二、三字不等。卷首末有"曲阿孫育"印。丙寅初秋獲於都門,詒晉齋故物也。①

【藏園訂補邵亭知見傳本書目】卷十三上·集部三·別集類二上北宋,第一一一三頁

〔補〕伊川擊壤集十八卷宋邵雍撰

○元刊本,十三行二十二三字不等。前有治平丙午自序。卷

---

① 北宋本康節擊壤集。周批:"首冊刊印極精,以後草率。目録後刓補,恐非全書。"周批本第635頁。

十八鈔配。海源閣藏，號爲宋本。

明本歐陽文忠公集五十卷四册

此本爲無錫鄒曉屏先生藏書。先生《午風堂叢談》云："《歐陽文忠集考異》五十卷，臨江曾魯撰，以綿本、蘇本、家本、宣和本、吉本參考成編。前有蘇《序》，所云得公詩文七百六十六篇於其子棐，序而論之者。文忠詩文，惟《居士集》五十卷爲所自定'此當即公自定本'。《考異》亦精核。魯字得之，至元十六年舉於鄉。洪武初召修《元史》，歷官禮部侍郎。徐尊生嘗曰：'南京有博士二人：以筆爲舌者，宋景濂也；以舌爲筆者，曾得之也。時咸重之。'此本尚是元刻，藏書家不多見也。"謹考《四庫全書總目·居士集》云："舊本每卷有'熙寧五年子發等編次'數字。而軾《序》謂'得於其子棐，乃次而論之'。蓋《序》作於元祐六年，時發已卒，故《序》中不及耳。周必大編《修集》，通一百五十三卷。此編僅三之一，然出自修所手輯。《文獻通考》引葉夢得之言曰：'文忠晚年取生平所爲文，自編定。'今所謂《居士集》者，往往一篇閲至數十過，有累日去取未決者。則選擇審矣。"按：歐公詩文，以《居士集》爲最精，此本每卷末題云"熙寧五年秋七月男發等編定"，尤可證爲文忠自定之舊。而得之《考異》之刻，自來藏書家殊少著録，洵稱罕秘矣。惟卷末有"時柔兆攝提格縣人陳斐允文重校譌謬"一行。以得之之時考之，當是洪武十九年丙寅。《叢談》云元刻，偶未審耳。黄復翁嘗謂"書有不必宋元刻而亦可珍者"，正此類也。同治二年八月，東郡楊紹和識。

何義門先生《讀書記》云："明初，曾得之嘗著《南豐類槀辨誤》，惜乎不傳，吾將安所取正哉。"可知得之所著諸書，久經散佚，傳世寥寥。此本實僅存之碩果，義門亦未之見也。和又記。均在卷末。

有午風堂書畫印。[①]

明本蘇老泉嘉祐集十四卷十四册一函

按：《老泉集》在宋時凡四本：曾南豐撰《墓志》稱二十卷，公武、直齋所載皆十五卷；徐氏傳是樓藏紹興十七年婺州刊本作十六卷，附錄二卷；康熙間邵仁泓翻雕宋本亦十六卷；其十四卷者，惟《天禄琳琅書目》、《延陵季氏書目》著錄。《天禄》本云：“其版仿宋巾箱本式，而字體較大。”視此本正同。但稱“標題不仍嘉祐之名”，則又與此本未合。《老泉集》佳刻頗尠，此本雖非宋元舊帙，然尚饒有古意，當是明初開梓者，故亟存之。彥合記。卷末有“朱之赤印”、“卧菴所藏”二印。

元本增刊校正王狀元集注分類東坡先生詩
二十五卷二十六册一函

《東坡詩》舊注，今所傳者，惟王氏、施氏二本。梅溪《集注》成於乾道間。施、顧之注，至嘉定初，德初之子宿始經刊行，已後《集注》三十餘年。仁和王先生文誥云：“王注猶以全牢，任其臠割，割無不正。迨施注執匕，幾於伐毛而換髓矣。故王、施並引經史，而詩之本事，見於王者爲多。施則因其詳略而損益之，或穿穴傍出，佐以別載，中有參酌，雖趣操不同，而意實相濟。”最爲篤論。或目施、顧勝王者，非也。顧《集注》自吳興茅本併爲三十類，新安朱本又省爲二十九類，芟夷屢改，舛謬紛然，於是邵長蘅輩起而詬之，而

不知非梅溪之真面也。乾隆間，馮星實先生得元槧舊本，輯爲《合注》而後《集注》復顯於世。然原書固未重雕，舉世要以不覩廬山爲憾矣。此本與馮本正同，不識即星實先生所藏否？咸豐辛亥，先公購於吳門，每册有"濮陽李廷相雙檜堂書畫私印"，蓋吾郡李文敏公故物。文敏，字夢弼，濮州人，尚書瓚之子，宏治壬戌翰林。正德初，逆瑾擅權，惡其不附已，改兵部主事。後瑾誅，歷翰林院學士，官至南京户部尚書。濮州，晉屬濮陽國，後魏爲濮陽郡治，後周因之。唐天寶初，復改濮州，曰濮陽郡。宋曰濮州。濮陽郡，明屬東昌府。本朝雍正十三年，改屬曹州府轄。時逾三百餘年，地越二千餘里，乃展轉復歸吾郡，楮墨猶完好如新，斯誠文字精英，在在有鬼神呵護。而先公與文敏異代同心，淵源若接，亦或文忠之靈，有以默相感召，用能結此勝緣歟？是此本之在天壤，非特珍若播璵，而合浦珠還，尤藝林一段佳話也。敬書其後，以示將來。同治甲子夏仲，東郡楊紹和。在卷末。

每半葉十一行，行大十九字，小二十五字。卷首《集注》姓氏後有"建安虞平齋務本書堂刊"木記、"雙檜堂書畫私印"、"李廷相印"、"夢弼"、"平陽汪氏"各印。[1]

【藏園群書題記】卷第十三·集部三·宋別集類一，第六七八至六八〇頁

宋虞平齋刊本集注分類東坡先生詩跋

此爲楊氏海源閣舊藏，即《楹書隅錄》所載之虞平齋本也，題曰

---

[1]　元本增刊校正王狀元分類東坡詩。此書非元本。傅增湘定爲"宋建安虞平齋務本堂刊本"，并云："注家姓氏後有篆文木記曰'建安虞平齋務本堂刊'，是建本之至精者。"見《藏園群書經眼錄》卷十三。周批："黃紙精印。有人定此爲宋本。此書歸余，旋與沉丈易書。"周批本第643頁。

"增刊校正王狀元集注分類東坡先生詩"。半葉十一行,行十九字,注雙行二十五字,黑口,左右雙闌,版心上方記字數。注家姓氏後有篆文木記,曰"建安虞平齋務本書堂刊"。字體雋麗,鋒稜峭露,是建本之至精者。歷藏李氏雙檜堂、汪氏藝芸精舍,後歸於楊至堂漕督,今入秋浦周氏莊嚴堪,此本書行格及傳授源流之大略也。

余舊藏宋、元刊王注蘇詩各一帙:宋本有泉州市舶司偽牌子,楊幼雲蘇齋舊物,原書不全,歸余後得別本補完之;元刊為建安熊氏木,遞藏漢陽葉潤臣敦夙好齋、松江韓綠卿讀有用書齋,今春南游探梅,獲之海上。取虞氏本對核之,其版式、行格及刊工、字體,與前二本靡不符合,蓋坊肆同在建安,年代相距未遠,而蘇詩王注乃有三刻,一時風尚,萬本爭傳,其風流勝概可以想見也。

第余詳加比勘,亦有不盡同者。他本開卷首為趙夔序,次為王十朋序,此本則王前而趙後,一異也;他本標題作"王狀元集百家注分類東坡先生詩",此本上有"增刊校正"四字,而無"百家"二字,二異也;熊本《紀年錄》於逐年事蹟皆夾行細書,此本則大字直下,三異也;熊氏本有劉須溪批點,故行間有點擲,題下有評語,此本無之,四異也;注家姓名熊本別以陰文,"泉州本"無之,此本則加圓圈,五異也;此本偶有增注,附綴本詩末,標以陰文"增刊"二字,他本則否,六異也。據此觀之此本之刻其在泉州本之後乎?此外尚有萬卷堂本,為皕宋樓所藏,余於靜嘉文庫見之,行款相同,亦鈐有李如柏雙檜堂印,知五百年前與此本固一家眷屬也。明代有汪氏誠意齋集書堂本、劉氏安正堂本,卷第雖同,而行款已易。至梁谿王永積,增入和陶詩,改為三十二卷,刪削注文至十餘萬字,並將王氏原分七十八門者,《皕宋志》作七十二門,《丁氏善本書室志》作七十六門,皆誤記。併省為三十門。吳興茅維復再刊之,於是宋本面目後人遂無從窺見矣。

按：王氏此注後人多訾議之，《四庫提要》頗疑爲依託，邵長蘅
至撰《王注正訛》一卷以糾摘其失。平情論之，此注兼收博蓄，誠不
免舛雜之譏，然搜採近百家，網羅宏富，足供後人掇拾之資，且詩之
本事，王氏所得爲多。其後施氏輯注，轉得取材於是，或因其詳略
而損益之，蓋旨趣不同，而意實相濟。今人或揚施而抑王，非篤論
也。又邵氏掎摭之端，所據者爲吳興茅氏、新安朱氏一再芟夷屢改
之本，實未覯宋、元古刻，以窺見梅溪之本真。泊乾隆時，馮應榴得
元槧舊本，輯爲合注，而王氏集注始爲世所推重。然原書迄未重
梓，余得宋刻後，欲求一晚近之本以勘證其異同，而竟不可得，蓋自
宋元以來，惟明代金臺汪諒曾以元本覆諸木，第其書亦不恒見也。
嗚呼！真本久佚，而繆種流傳，轉使前賢蒙其謗議，斯亦深足慨喟
者矣！又按：陸氏心源跋萬卷堂本，以王序文理拙繆，決非出自梅
溪，而別引《庚溪詩話》孝宗召對梁叔子，詢及趙夔等注蘇詩事，
因疑此注實夔所輯，而坊肆託之十朋云。此説殊繆，余意孝宗所
見或即馮星實所稱之五家注本，今海虞瞿氏尚存殘帙，其趙注之
外，尚有趙、程、師、李、宋諸氏，考其宋諱闕筆，正是高、孝時所刊。
況其時更有八注、十注本，安見其必爲王氏集注乎？

此帙楮墨精湛，近時涵芬樓《四部叢刊》所印蘇詩《集注》即用
虞氏本，爲貴筑黃子壽所藏，字畫頗爲明麗。然以較此帙，似尚不
如。昔楊氏得此書於吳門，其子紹和矜詡甚至，有“珍若璠璵”之
語。近歲流落津沽，爲秋浦周叔弢所獲。前日忽馳書見告，言欲得
藏園祕笈數種，願以是書爲酬，余欣然允諾。因檢取明鈔本《席上
輔談》有金俊明、黃蕘圃跋，明鈔《賓退錄》有孫岷自跋，舊鈔《邵氏
聞見錄》爲陳西昀所校，皆前輩名蹟，而爲君家所無者，手攜往津，

鄭重相付,於是務本書堂之精槧遂載歸雙鑑樓中,與"泉州市舶"、建安熊氏二本鼎峙成三矣。自盧溝發難以來,困守危城,插架萬籤,環視已爲身累,訪奇抽祕更復何心?今者丹鉛重理,荷良友之嘉惠,忽明珠之見投,自顧衰頹,長逢喪亂,惟此區區之書福差足自娛,爰誌此一段因緣,庶異時傳爲書林之掌故云爾。丁丑十二月十九日。祀東坡於蜀賢祠,歸而記之。

收藏有"濮陽李廷相雙檜堂書畫私印"、"君明孫子鑑賞"、"汪士鐘印"、"藝芸主人"、"汪士鐘曾讀"、"憲奎"、"秋浦"、"平陽汪氏藏書印"、"宋本"、"平江汪憲奎字秋浦印記"、"徐遵禮字從文別號虛涵子識"、"楊以增字益之又字至堂晚號寒樵行二"、"東郡楊紹和字彥合藏書之印"、"東郡楊氏宋存書室珍藏"、"聊攝楊氏宋存書室珍藏"、"周暹"諸印記。

【藏園群書經眼錄】卷十三·集部二·北宋別集類,第九七八頁

增刊校正王狀元集注分類東坡先生詩二十五卷

宋蘇軾撰 題宋王十朋纂集東坡紀年錄一卷宋傅藻撰 △五四二一

宋建安虞平齋務本書堂刊本,半葉十一行,每行十九字,注雙行二十五字,細墨口,左右雙闌,版心上記字數。注家姓氏後有篆文木記曰:"建安虞平齋務本書堂刊",是建本之至精者。

鈐有"濮陽李廷相雙檜堂書畫私印"、"君明"、"孫子鑑賞"、"汪士鐘印"、"藝芸主人"、"汪士鐘曾讀"、"憲奎"、"秋浦"、"宋本"、"平江汪憲奎字秋浦印記"、"徐遵禮字從文別號涵虛子識"、"楊以增字益之又字至堂晚號寒樵行二"、"東郡楊紹和字彥合藏書之印"、"東郡楊氏宋存書室珍藏"各印。

按：此書海源閣舊藏，近歸周叔弢。後叔弢欲得余藏明鈔《席上輔談》、金俊明校、黃丕烈跋。明鈔《賓退錄》、葉奕校、孫江跋。明鈔《邵氏聞見錄》，陳墫校。以此書爲報。

【藏園訂補郘亭知見傳本書目】卷十三上·集部三·別集類二上北宋，第一一三三頁

〔補〕增刊校正王狀元集注分類本坡先生詩二十五卷
宋蘇軾撰，題王十朋纂輯。東坡紀年錄一卷

○宋建安虞平齋務本書堂刊本，十一行十九字，注雙行二十五字，細黑口，左右雙闌。分七十八門。注家姓氏後有“建安虞平齋務本書堂刊”篆文牌記，明李廷相、清楊氏海源閣遞藏，今在余齋。又一帙，潘宗周藏，已印入《四部叢刊》中。

宋本注東坡先生詩卷第四十一卷
第四十二二册一函

《注東坡先生詩》，出吳興施氏、吳郡顧氏者，宋刻不多見。余往年遊都中，見之於翁覃溪先生所，即商邱宋中丞得諸吳中本也。書多剝落，原缺十二卷，覃溪愛之甚，藏弄之室，名曰“蘇齋”，誠重其世無二本耳。此外有奇零之本，未及記所存卷，今藏小讀書堆。惟《和陶詩》二卷，係全部之第四十一、四十二卷，雖不全，而自可單行。香嚴書屋中有之，主人亦肯割愛，而需直昂，且余謂非商邱本所缺卷，不急急購之，然往來於懷已三年矣。辛未立冬日，榕皋潘丈拉遊天平觀紅葉，道出來鳳橋，順訪香嚴主人。榕丈云：“聞其有宋刻東坡《和陶詩》，可往借一觀乎？”余曰：“言借未必可得，吾當詭

言得以取之。"既見，談及是書，并與議直，竟許可。遂攜之舟中，與榕丈欣賞者累日。榕丈慫恿余得之，余亦以己巳冬新葺陶陶室，貯宋刻兩《陶集》，而此東坡《和陶》宋刻，亦當並儲，以爲宋廛盛事。特因力有不足，故遲之三年而願未遂。兹一旦以旁人借觀之言，無意中成之，可爲奇事。是晚宿吾與菴，向菴僧澄谷借商邱新刻《施注蘇詩》勘之。《注》語竟無一首完全者，豈向所收宋刻，雖非缺卷，而亦多殘損耶？抑係妄人之删削耶？觀此，益信宋刻之可貴。蘇齋所藏商邱昔得於吳中者，彼猶遜於此矣。得之直未歸，得之意已決。乘興書此，謂三年宿願，一旦了之也。復翁記。

　　陶詩，自杜、韓兩鉅公皆有微辭。獨東坡推而高之，至駕曹、鮑、李、杜之上，謂其質而實綺，癯而實腴。子朱子出，以東坡爲允，引其緒，發其蘊，而千古之評遂定。竊惟質而綺者，由其意之足也；癯而腴者，由其神之全也。不外求，故其意足；無内媿，故其神全。此固有進乎技者。蘇公和作，以綺而學質，以腴而學癯，其超於人也遠矣。超於人，此其所以猶後於陶也與？吾友邗上馬子嶰谷，涉江闓小玲瓏山館藏古書，收得蘇公《和陶詩》示余。憶百家注分類刻，《和陶》無注，近宋氏刻，因綿津先生獲舊本少十二卷，故《和陶注》寥寥數行。忽得完注宋槧善本，讀之欣暢不已。儻依此重雕，並更正字頭偏旁小舛數處，公之海内，以補缺略，真藝林一快，吾友其有意乎？余雖昏耄，猶願佐校讎之役焉。

　　余藏宋刊施注東坡《和陶詩》四十年，以爲宋牧仲先生已鑴版行世，視爲尋常習見之書，雖宋刻而不甚珍重。偶閱下相徐書堂先生名用錫。《圭美堂集》内有《跋宋版施注和陶詩》，言宋公所刊，注寥寥數行，未爲完善。邗上馬嶰谷有宋刊完注本，聳其重雕而未成。余始知新刊之未全，而信此本之可貴。黃主政蕘圃假校一過，極言商邱所刊與宋本迥異，其書可覆醬瓿，方悟徐公之言爲不謬，是雖尋常習見之書，而爲絶無僅有之本，當珍之重之。菉圃藏書而能讀書者，因録徐《跋》於後，而以書歸之，勝於余之徒藏而不能讀者遠矣。時嘉慶十六年辛未十月，周錫瓚跋。時年七十。

香嚴周丈，郡中藏書家之耆舊也，年已七十矣，猶拳拳於此。謂書之聚散不常，而必以得其人，肩付託之重，方爲書之得所。嘗爲余言：“昔年歸朱奐文游之書，朱亦以此相勖，故兹之轉歸於人，務守斯意也。”是書余得在前，而香嚴之跋在後，故余前跋先之。香嚴藏之四十年而未知其佳，及證以徐書堂之跋，又益以余校勘之功，方始信新刻之非，而知宋刻之妙。則藏書之難可見矣。爰筆而書之，以告後之讀是書者。辛未冬至日，求古居重裝并記，復翁。

東坡生日是今朝，媿未焚香與奠椒。卻羡蘇齋翁學士，年年設宴話通宵。

東坡生日是今朝，一老衝寒赴友招。聞道春風來杖履，凌雲意氣正飄飄。

東坡生日是今朝，我獨閒居苦寂寥。但把《和陶詩》熟誦，樽無濁酒也愁消。

東坡生日是今朝，助我清吟興轉饒。誰復景蘇同此意，縣橋人又憶花橋。

十二月十有九日往訪潘丈榕皋，知赴友人之招，爲東坡生日修瓣香之祝。晚歸，意欲同修此典，獨居寡歡，不復爲此，因出此《和陶詩》諷誦一過，並題四絶句於後。蘇齋翁學士歲例出宋刻《注東坡詩》，於今日開筵宴客，致祝髯蘇，故詩及之。復翁。均在卷末。

此書舊藏香嚴書屋，標題及分册俱未愜意，因櫝已製成，毀之可惜，且存之，以見授受源流，遂於櫝上聊誌數語，以諗來者。標題當云《注東坡先生詩》卷第四十一、卷第四十二；分冊當云二冊全函。蓋此係《東坡先生詩》宋刻殘本，不過《和陶淵明詩》爲全璧耳。余藏諸陶陶室中，尤爲兩美之合。向聞蘇齋於東坡生日陳書設筵，邀朋儕爲文字之飲，余媿未能。但開函拜讀，題詩紀事，而研有餘墨，并書是檟。辛未十二月十九日，識於百宋一廛之南窗。在檟面。

東坡生日是今朝，薊北蘇齋歲奠椒。何似宋廛人獨坐，《和陶》一卷詠深宵。

東坡生日是今朝，有客城南置酒招。早覺春風來杖履，篆煙濃傍鬢絲飄。

東坡生日是今朝，可有朝雲慰寂寥。想到六如亭下路，蠻風暖處雪全消。

東坡生日是今朝，斗室長吟興自饒。善本流傳期共賞，一瓻擬致縣東橋。

嘉慶辛未臘月二十六日，雨窗次韻奉題，潘奕雋，時年七十有二。在卷末。

仁和王見大先生《編注集成》云：“施《注》殘編，不絶如縷，得宋刻及影鈔本者，當如原書若干字一行，若干行一篇，若干篇一卷，空其殘蝕之字刊行。此前人本來面目，仍當公之於世。其是非得失，亦施、顧之責，非藏書家責也。今皆鑰諸秘篋，出其已作，彼雖不完，非瞽者比，何至矜不成人，必曰‘階也、席也，非我相之不可也哉’。苟其傳之吾輩，諸書取於施者，庶後之人知其究竟，據以詳覈。”又云：“歷考古書，有有書闕譔人名氏者，有無書僅傳書名及譔人名氏者。若其書其人並傳，而書名舉世不知，此從古所無也。施《注蘇詩》必有原名，邵《注》、《合注》，親見宋刻，查《注》亦見影鈔本，皆閟而不發。《注》雖補邵，共約過半，而書名不復，前人不可廢

墜我手之義,後人所當謹也。"予案:施《注》原名,惟翁氏補注言之。所論皆
極精確。《編注集成》考訂視《合注》加詳,議論亦博繁可喜。惟時有傷襲之失,凡例
多至二萬餘言,頗屬創見。《自序》之末,忽以夾注載人評語,則更陋矣。今宋槧本
自蘇齋後,不知流傳何所,先公曾訪之數十年,杳弗可得,恐不絕如
綫之殘編,幾成絕響矣。噫! 使施、顧原書不能傳之千古,而後世
之人徒深慨想,不獲一睹施、顧之真,所謂知其究竟,據以詳覈者,
竟至茫如、昧如,果誰之過乎? 邵固無足論,牧仲諸先生能免於責
賢之義乎? 此本雖衹《和陶》二卷,然是武子嘉定時初刻,尚可考見
本來面目。翁本既無傳,而施、顧靈爽式憑,不至終歸磨滅,吉光片
羽,實賴此碩果之僅存。六百餘年,滄桑屢變,獨未與劫火同銷,豈
偶然哉。昔人云:"鳳凰一毛,麒麟一甲,終是希世之寶。"信已。每
卷標題《注東坡先生詩》卷幾,《直齋書録解題》作《注東坡集》,當是傳刻之誤。
至此本將原卷第四十一、第四十二數目字俱挖改,作上下,板心亦然。則俗賈所爲,欲充
完帙耳。次平列吳興施氏、吳郡顧氏。卷前各有目録,而以子由所贊
《和陶詩引》弁首。每半葉九行,行十六字。卷之首末鈐"季振宜"、
"滄葦"兩印,蓋延令舊物也。蕘圃藏兩《陶集》。已先此本歸予齋。
予藏王氏《集注》,正無《和陶》,得此,尤兩美之合。墨緣勝事,爰書
以志幸。同治甲子,東郡楊紹和識於儀晉觀堂。

　　予案:編年勝於分類,固已。顧《和陶》諸詩雖起於揚州,終於
儋州,在惠州者又十之三四,本非一時所作,然觀子由《詩引》云云,
則實公所手定。當時自成一集,必應謹循遺軌,此後學撰注之體宜
然也。施、顧用殿編年詩之後,不敢妄加移易,正爲是公之原帙,其
所併者,特省四卷爲二耳。公《墓志》作四卷,宋刊杭本《東坡集》同。邵《注》
紕繆良多,而《和陶》猶知彙載。查《注》獨創異説,分之各卷,子由
《詩引》遂删而不録。《合注》因之未改,僅補録《詩引》於三十五

卷。《和陶》、《飲酒詩》題引下《編注》案云：查《注》以所編《和陶》
與《詩引》年月詩數不符，抹去不載；《合注》亦以其故，載於此處，避
其從誤之跡，皆非是。所論誠允。而《編注》又改載四十一卷，總案
丁丑十二月條下，亦未見其是也。以公手定之集，乃取而竄亂之，
謂不如我編年之例之善也。信乎？否乎？補注者補其未備也，乃
並其所有而削之，而闕不一言。可乎？否乎？《合注》、《編注》於舊
注本之序跋、例言、姓氏及勅贊評語，靡不列之簡端，而公弟所作之
《詩引》，反僅附見《注》中，其體例更當乎？否乎？且查《注》於第
四十卷《翰林帖子詞》獨不編年，謂存施氏之舊。《和陶》則必假編
年以紊其舊第，而其間以意推之者，年月復未能盡確，何怪《編注》
有全不了了之譏也。此本詩數，卷第四十一五十四首，卷第四十二
五十三首，校之《詩引》百有九篇尚少二首。當是《引》成，續經刪
益，《詩引》成於丁丑十二月，而卷內諸詩尚有丁丑以後之作，自是續爲補入。抑刊時
或有合併，均未可知。邵《注》第四十一分《答龐參軍》爲六，《時
運》爲四，作六十二首；第四十二分《停雲》爲四，《勸農》爲六；又刪
《歸去來辭》作六十首。翁氏《補注》謂六十二之數未合，蓋漏計
《答龐參軍》之六首耳。至《歸去來集字》等篇，則明係後人竄入，此
本固無之也。諸家論著皆未及此，特辨之，以質識者。紹和又記。
均在卷末。

　　有"思政軒收藏"雙文古長印、"季振宜印"、"滄葦"、"宋本"、
"周錫瓚印""仲漣"、"潘奕雋"、"守愚"、"花橋老圃"、"黃丕烈"、
"復翁"、"陶陶室"、"無雙"、"汪士鐘印"、"汪士鐘讀書"、"民部尚
書郎"、"汪厚齋藏書"、"汪文琛印"、"厚齋"、"三十五峰園主人"各
印記。

【藏園訂補郘亭知見傳本書目】卷十三上・集部三・別集類二上　北宋,第一一三五頁

〔補〕注東坡先生詩四十二卷 宋蘇軾撰,施元之、顧禧注

〇宋嘉泰淮東漕司刊,景定三年鄭羽重修本,九行十六字,注雙行同,白口,左右雙闌。有景定壬戌鄭羽跋,云重刊一百七十九板云云。有翁松禪師跋及潘祖蔭跋,云是怡府舊藏。又汪鳴鑾觀欵。存卷一至四,十一至十八,二十一至四十二,計三十四卷,缺八卷。世好翁君斌孫藏。此書傳世有四本,均不全,除此景定重修本外,均嘉泰原刊本。袁思亮藏一帙,爲毛晉、宋犖、揆叙、翁方綱遞藏,存卷三、四、七、十至二十二、二十四至二十五、二十七至三十四、三十七至三十八、四十一至四十二,共三十卷。宋氏曾倩邵長蘅删補,于康熙三十八年刊爲施注蘇詩四十二卷,袁本經火焚,已殘損斷爛,存十餘卷。繆荃孫先生藏一殘本,存卷十一、十二、二十五、二十六,橅印頗佳,後爲劉君承幹收入。其影本則歸余齋。楊氏海源閣藏卷四十一至四十二,爲和陶詩,後爲周君叔弢收去。有黃丕烈跋。

明銅活字本欒城集五十卷後集二十四卷三集十卷應詔集十卷二十册二函

五研樓珍藏善本。在册面。

此五研樓校明銅活字本《欒城集》,首尾完善,集中校明繙宋筠州本,多《劾許將疏》一首。版印精雅,爲吾鄉新城王氏故物,後歸阮文達公小瑯環仙館,予得諸山陽儉翁丁丈者。案:明刊各書,以銅活字本爲最善。昔得黃氏百宋一廛藍印《墨子》,復翁校用黃筆。後又得義

門朱校《急就章》，亦藍印，皆綠格本也。今得此集，綠格墨印，朱墨
爛然，校勘精審，古色古香，緻足寶愛。是《錄》所編，皆先公遺藏；
予昔年所購善本，間附錄一二，皆希有之秘笈也。每半葉九行，行
二十字。有"西樵"、"倦圃書印"、"研經室"、"阮元"、"伯元"、"山
陽丁晏"、"儉卿過目"各印記。

宋本類編增廣黃先生大全文集五十卷十六冊二函

《黃山谷大全集》係南宋刊本，吾家世藏宋本，僅留此種，是可
寶也，子孫其善守之。書凡五十卷，十六冊。乾隆壬戌除夕，隱拙翁廷芳
志。在卷首。

道光甲申之秋，有平湖書友攜示宋刻《山谷大全集》樣本，有刻
有鈔，云是錢君夢廬屬售者。索直頗昂，雖心愛之，未及議易也。
夢廬素係神交，并曾通假書籍，故遂札詢之。夢廬復云："《山谷大
全集》，諸家書目皆不著錄，惟《絳雲樓目》有之，只廿六卷。此其全
者，係沈茮園先生故物，後人因營葬，始用贈人。"適余有他種書籍
銷去，遂捓擋得之。書凡五十卷，中闕十三至十八卷，舊時鈔補，未
知出自何本，蓋較絳雲所藏居然完璧矣。歲殘未暇付裝。越明年，
余有滂喜園書籍鋪之設，襄事者爲茂塘老友。手爲裝池，知缺卷外
尚欠一葉，鈔補一葉，統五百單八云。乙酉孟夏月望後一日，蕘夫
手識。在末卷後。

每半葉十五行，行二十七字。目錄後有碑牌云："麻沙鎮水南
劉仲吉宅，近求到《類編增廣黃先生大全文集》五十卷，比之先印行
者增三分之一。不欲私藏，庸鑱木以廣其傳，幸學士詳鑒焉。乾道
端午識。"目錄後及卷二、卷六、卷十一等卷後，鈐方印一，文云"文
安開國"，又卷二十四、二十五、四十五、四十七後，鈐方印一，文云

“累代仕宦,清白傳家,開封史氏”,皆朱文,似是元人圖記。又各册有“查昇之印”、“仁和沈廷芳字畹叔一字荶園”、“沈廷芳印”、“荶園”、“古柱下史”、“古杭忠清里沈氏隱拙齋藏書印”、“購此書甚不易遺子孫弗輕棄”、“玉峰徐氏藏書”、“西谿草堂”、“彦清印”、“黃丕烈”、“士禮居藏”、“百宋一廛”等印。荶園先生爲聲山宮詹外孫,或是書乃查氏所藏而後歸沈氏者。世無二本,洵可爲至寶矣。①

【藏園羣書經眼録】卷十三·集部三·北宋別集類,第九八四至九八五頁

類編增廣黃先生大全文集五十卷宋黃庭堅撰李□九〇八五②

宋乾道麻沙鎮水南劉仲吉宅刊本,半葉十五行,每行二十六字,細黑口,四周單闌。前有門目,大字,半葉十行,細黑口,左右雙闌,次目録二卷,半葉十五行,亦左右雙闌。目録卷下末葉後有牌子,文曰:

麻沙鎮水南劉仲吉宅近求到
類編增廣黃先生大全文集計
五十卷比之先印行者增三分
之一不欲私藏庸鑱木以廣其
傳幸學士詳鑒焉乾道端午識

後有黃丕烈跋,録如下:

---

① 宋本類編增廣黃先生大全文集。周批:“黃紙。是坊刻,不精。”周批本第667頁。
② 此爲北京大學圖書館藏書號。

“道光甲申之秋有平湖書友携示宋刻山谷大全集樣本，有刻有鈔，云是錢君夢廬屬售者，索直頗昂，雖心愛之，未及議易也。夢廬素係神交，并曾通假書籍，故遂札詢之。夢廬復云，山谷大全集諸家書目皆不著錄，惟絳雲樓目有之，只廿六卷，此其全者，係沈茮園先生故物，後人因營葬，始用贈人。適余有他種書籍銷去，遂摒擋得之。書凡五十卷，中闕十三至十八卷，舊時鈔補，未知出自何本，蓋較絳雲所藏居然完璧矣。歲殘未暇付裝，越明年，余有滂喜園書籍鋪之設，襄事者爲胡茂塘老友，手爲裝池，知缺卷外尚欠一葉鈔補一葉，統五百丹八云。乙酉孟夏月望後一日蕘夫手識。”後鈐“黃丕烈印”白文回文一印。

鈐有“玉峯徐氏家藏”朱、“查昇之印”白、“沈廷芳印”白回文、“茮園”朱、“沈廷芳印”朱回文、“古柱下史”朱、“士禮居”白、“黃丕烈印”白回文、“蕘夫”朱、“百宋一廛”白、“復翁”白、“汪氏某泉”朱、“汪士鐘印”白回文、“閬源甫”朱、“汪振勳印”朱回文、“楳泉”朱、“汪士鐘曾讀”朱及海源閣楊氏父子印。（李木齋先生藏）

宋本山谷老人刀筆二十卷十册

《蘇黃尺牘》雖有刻本，然未見全豹。適於肆中見《山谷刀筆》，而遺缺甚多，因遍覓鈔錄，遂成完本，亦一快也。天啟二年花朝，石齋老人識。在末卷後。

卷末跋尾款題“天啟二年花朝石齋老人識”。下有“石齋”白文印。按：石齋，明漳浦黃忠端公別號也。忠端生於萬曆十三年乙酉，中天啟二年壬戌進士，年甫三十有八，似於老人之稱未合。紀年疑或有筆誤。然卷首有圖書三：曰“存雅堂”，曰“雲間”，曰“臥子手鈔"。確是明青浦陳忠裕公印記。忠裕,崇禎十年登第,出忠端之門。師生交誼最篤,頻相過從,則此本當爲忠端所藏,而忠裕曾經假錄者矣。兩公文章節義,彪炳千秋,實爲有明一代偉人,其浩氣英光,固已貫日月而格金石。而此本以零編斷簡,二百年來幸得藉傳不朽,豈非兩公手澤所存,在在有鬼神呵護耶。國初歸華亭沈文恪公,卷首末有"沈荃"印。又"惕甫"一印,則長洲王先生芑孫也。伏讀《四庫全書總目》,云:"是編向有宋刻,非後人所爲。"此本密行細字,楮墨精佳,蓋即天水朝舊槧,洵書城之秘笈。況重以兩公鑑賞,愈當球璧珍之矣。道光庚戌,日照印林許丈瀚爲先公購於吳門。越十四年,同治癸亥東邵楊紹和識。

彭文勤公曰:"此書與《文集》、《別集》、《外集》中書簡微有異同,不可偏廢。其以歷官編次,尤足考見當時出處之跡,與黃嗇編詩目入《年譜》同意。少年時嘗以《蘇詩》編年有施《注》,而《黃詩》無編年本,欲取任淵、史季溫、史容三家之注,以嗇《譜》敘次,及同時人倡和附見,都爲一編,命曰《黃詩三集補注》,而忽忽三十年不能成書。"余齋藏宋刊《山谷大全集》,與此恰堪璧合,暇時當取校其異同也。偶讀《知聖道齋讀書跋尾》,因並記之。紹和。均在卷後。

每半葉十二行,行十九字。

宋本寶晉山林集拾遺八卷十册二函

華氏真賞齋珍本。

南宮《山林集》嘗見鈔本六十卷,茲則其孫憲所刻《拾遺》爾。歲嘉靖己酉六月甲子,鄞豐道生觀於錫山華中甫真賞齋。均在卷末。

錫山華中甫真賞齋舊藏,同治丙寅初秋得于春明,宋存書室主人記。在外函。

案:陳氏《書録解題》所載《寶晉集》十四卷,《四庫提要》謂疑即岳珂編綴之本。《四庫》所收八卷本,名《寶晉英光集》。余齋向得黃氏復翁手校本,祇六卷,云出自吳文定公舊鈔,校語頗多疏漏。此本爲嘉泰辛酉筠陽郡齋所刊,《詩集》四卷,《寶章待訪集》一卷,《書史》、《畫史》、硯史各一卷,可證岳本之誤者十餘條,據以見各本之妄改詩句者復廿餘字,洵僅見之秘本也。每半葉十行,行十六字。有"真賞"、"華夏"、"魯郡鄗氏"、"豐氏人叔"、"南禺外史"、"李升之印"、"李裕"、"彭城中子審定"各印記。[1]

【藏園批注】大字方雅,十行十六字。白口雙闌。版心上記字數,下記人名。前蔡肇墓誌,後有嘉泰改元嗣孫米憲手跋,以行中上版,字疏放,猶有祖風也。

【藏園群書經眼録】卷十三·集部二,北宋集類,第九九六頁

寶晉山林集拾遺八卷　宋米芾撰　△八七三

宋嘉泰辛酉筠陽郡齋刊本,大版心,半葉十行,行十六字,白口,左右雙闌,版心上記字數,下記刊工人名。前蔡肇墓誌,後有嘉泰改元嗣孫米憲手跋,以行書上版,字疏放,猶有祖風。此書世無二帙,明華氏真賞齋故物,有嘉靖己酉豐道生坊識語。海源閣書,辛未三月十二日觀於天津鹽業銀行庫房。

---

① 　宋本寶晉山林集。周批:"刻工姓名,寧聲、況天祐、徐興宗。黃紙,精美。版心極寬。"周批本第675頁。

【藏園訂補郘亭知見傳本書目】卷十三上・集部三・別集類二上　北
宋,第一一五一頁

〔補〕寶晉山林集拾遺八卷宋米芾撰

○宋嘉泰元年筠陽郡齋刊本,十行十六字,白口,左右雙闌,版
心上記字數,下記刊工人名。前蔡肇撰墓誌,後有嘉泰改元嗣孫米
憲跋,以行書上版,猶有祖風。本書後四卷爲《寶章待訪錄》、《書
史》、《畫史》、《硯史》四種。此書孤本,明華夏舊藏,有豐坊跋,言
嘗見鈔本山林集六十卷云云。

明本枅櫚先生文集二十五卷二册

書有不必宋元舊刻而亦足珍者,此種是也。《述古堂書目》云:
"鄧肅《枅櫚集》二十五卷,猶是足本,近時傳本則爲十六卷矣。古
書失傳,即此可見。"是書出郡故家某姓,攜來時破損,殊不耐觀,命
工稍爲整理而藏之。己巳春三月,復翁記。

余得是書即游杭。自杭歸,知貝簡香亦得是集鈔本,傳聞是十
六卷。及假觀之,乃知亦二十五卷本,且即從此刻出者,然已遠不
逮矣。鈔本爲古虞曹氏藏書,上有"毛扆斧季"印,當屬佳書。乃開
卷第一葉去"永安後學"、"知永安縣事"二行,添"古詩"二字於第
三行爲一行。又改"皇帝"空格爲提行頂格,以符此刻半葉之行款,
失其真矣。卷中磨滅處、字跡糊塗者皆闕之,此刻猶可辨認。卷中
闕葉累累,所據不如此刻之完善矣。向以書必刻本爲勝,觀此益
信,勿謂明刻不足重也。四月晦日,復翁又識。

頃有書友攜賜書樓蔣氏所藏呂無黨鈔本,頗精雅,并謹慎之
至,於漫滅處,皆以細筆畫識之,存其真也。乃取是刻校對,其所識

字已有大謬者，或印本尚不及此，而摹寫未的也。擬重購備考，卒以索直貴置之。辛未五月，復翁記。均在卷末。

此本乃正德己卯南海羅珊所刊。卷中有"朱之赤印"、"千秋里人"、"卧菴所藏"、"正氣堂"各印。

宋本後村居士集五十卷十册二函

按：《後村集》，毛氏刻入《津逮祕書》者，僅《題跋》二卷。坊刻多《文集》三十卷、《詩話後集》二卷，雖從舊刻繕録，而舛訛殊甚。此本爲南宋麻沙槧之最善者，《詩集》十六卷、《詩話》二卷、《詩餘》二卷、《文集》三十卷，無《後集》之名。每半葉十行，行二十一字。有"安樂堂藏書"印。①

【藏園批注】黑口雙闌，印本清朗。

明本集杜句詩四卷附詠文丞相詩一卷三册

首載永新劉定之《序》云："少時聞公在幽囚中，有《集杜句詩》，及官詞林，始録而得之。詩皆古體，五言四句，凡二百首，分爲四卷。集首有《總序》，又有《小序》散於章首，其後又有《跋尾》。序跋中有缺文者，指元之君臣，宋之叛逆。今皆補之爲白字，不没公初意也。姓某履善甫者，《指南集》中所謂范雎變張禄，越蠡改陶朱之意也。公之宗孫廷珮欲鋟梓，以廣其傳，乃序而歸之。"次天順己卯南陽李賢，宣德戊申池陽柯暹《宋信國文公祠堂記》兩篇，次《信國文忠烈公像》及《自贊》，次《自序》，末題姓某履善甫。《敘

---

① 宋本後村居士集。周批："黃紙，有鈔補。目録分上下，後有林秀發款。卷一第四首作宿莊家二首。左右雙邊，瞿本四周雙邊。"周批本第 681 頁。

次》、《目録》分前卷上下，後卷上下，共四卷。而後卷上之後，又有壬午元日一《跋》，亦題姓某，書每章首。《小序》遇元之君臣，宋之叛逆，別作陰文白字，均與定之《序》合。惟題姓某之《序跋》中並無缺文，白字辭意亦無涉及宋元者，當是定之所稱《序跋》，乃併章首《小序》言之，而語未分明耳。《四庫全書總目》著録本謂“序跋並無缺字，即定之所補。而履善甫上巳署天祥之名，則不知何人補入。又定之稱爲四卷，而今本止一卷”云云，蓋所據之本，乃經後人删併竄亂，已失其真，未嘗獲見此宗珊原刻矣。至《詠文丞相詩》一卷，前列吳郡張慶之子善《自序》，末有崇德徐輔《文山詩史後序》云：“永新著姓文廷佩甫，宋丞相信國公之宗孫也。得公《集杜句詩》，取同時張子善所集《杜句詠公詩》合爲一帙。”定之《序》亦云：“子善嘗集杜句，述公始終大概，而疏其事於下方以證之，予遂録附公詩之後。是子善之作，固與公詩同刻。”而《總目》殊未之及，想更散佚已久。然《總目》所云：“於國家淪喪之由，生平閱歷之境，及忠臣義士之周旋患難者，一一詳誌其實，顛末粲然，不愧詩史之目。吳之振《宋詩選》徒以裁割巧合評之，所見抑亦末矣。”則至爲確論也。此本傳世絶少，鑑賞家亦罕有儲藏者，勿以其明刊而忽之。同治癸亥秋仲，東郡後學楊紹和拜讀謹識。在卷後。

有“吳趨蔣硯溪圖書記”、“小□公服”、“菊生”各印。

【藏園訂補郘亭知見傳本書目】卷十三下·集部四·別集類三　南宋，第一二六〇至一二六一頁

〔補〕集杜句詩四卷宋文天祥撰。詠文丞相詩一卷宋張慶之撰。

〇明天順間宗孫文珊刊本，八行十六字，黑口，四周雙闌。前

劉定之序,言官詞林時錄得此本,序跋中有缺文者指元之君臣、宋之叛逆,今皆補爲白字,序而付文山宗孫廷珮鋟梓以傳云云。次天順三年李賢撰詞記,宣德三年柯暹詞記,次像、自贊、自序。次目錄,分前後卷,卷各爲上下。文氏自署爲"姓某履善甫"。詠文詩前有張慶之自序。末有徐輔撰文山詩史後序,言亦文册所刊,同出於劉定之傳本也。海源閣藏,壬申春見於津沽。

元本筠溪牧潛集七卷一册

謹案:《四庫總目》云,"《牧潛集》七卷,前有崇禎己卯僧明河書姚廣孝《序後》一篇,稱初得鈔本於武林,前有方回《序》,後有洪喬祖《跋》,又有姚廣孝《序》。後又得見刻本,多詩數首,因校付毛晉刻之。此本即子晉所刻,僅有喬祖《跋》及明河此文,無方、姚二《序》。明河又稱嘗讀《虎邱舊志》,見圓至《修隆禪師塔記》,歎其文字之妙,今此記不見集中"云云。此本題曰《筠溪牧潛集》,方《序》、洪《跋》俱在。共分七類,曰《詩》,曰《銘》,曰《碑記》,曰《序》,曰《書》,曰《雜著》,曰《榜疏》。每類首葉以天干字甲至庚記之,無卷數。《修隆禪師塔記》作《修虎邱塔頌序》,在"丁"字類中。蓋子晉所刻已多脫佚,此則大德間之原槧也。庚午七月,彥合楊紹和識。在卷首。

每半葉十二行,行二十一字。卷首末有"玉雨堂印"、"賜書樓"、"樸學齋"、"錢仁術藏書記"、"韓氏藏書"、"魏公後裔韓肅瑩印"、"小亭錢塘人"、"小亭鑑定"、"子推"各印。

元本梅花字字香二卷一册

楊氏海源閣珍藏秘本。在卷前。

錢遵王《讀書敏求記》云:"豫亨《梅花字字香》刊于至大《記》誤

作"正"。辛亥,字畫古勁,亦如梅之老幹虬枝,亞影疏窗,殊可愛玩。"
近時,仁和胡君珽得五硯樓袁氏鈔本,刻入《琳琅祕室叢書》。其
《跋》云:"遵王所藏元刻已歸內府,世少傳本。此本爲怡邸舊物,即
至大原刊,紙墨古雅,信遵王所評不虛也。"胡刻舛誤頗多,如每詩
標原作姓名於後,皆隨所集之序次,故一詩之中,一人集至數句,亦
必重書。其偶未注出者,則以空格或墨釘間之。而胡刻一概連寫,
遂令序次混淆,詩與人均牴牾不合,且莫辨漏注者爲何句。非見此
原刊,幾無從是正矣。《前集》詩五十首、《後集》詩四十八首,豫亨
《序》言百首,蓋舉成數。《四庫總目》作二百首,"二"乃衍字耳。
余藏韋珪《梅花百詠》亦元刊,與此恰堪璧合,皆僅見之書也。丙寅
冬購,庚午六月二十三日,東郡楊紹和勰卿識。

　　一葉七行,甚佳,願請一觀,稱奇賞羨。

　　二葉八行,引白雲。

　　後十三葉四行,沈适。

　　十五葉十一行,趙福元。

　　十六葉四行,斬新一朵。十一行,會須載酒。

　　十七葉八行,林季謙,九行,不受胭脂。十行,風吹雪壓。十一
行,方士劚成。

　　每半葉七行,行十九字。紙破處,以胡刻補錄如右。唯末葉末
行,胡刻作陳竹泉、東坡、王梅溪、秋崖、和靖、劉禹錫、東坡。就此
本可辨者證之,絕不合,當考其原詩注之。均在卷末。

　　卷首有明善堂覽書畫印記、安樂堂藏書記二印。①

---

① 梅花字字香。周批:"蝶裝冊頁。版心無書名。左右雙邊,白口,大版心。"周批本第
　689–691頁。

【藏園訂補郘亭知見傳本書目】卷十四·集部五·別集類四　金元，第一三一五頁

〔補〕梅花字字香二卷元郭豫亨撰

○元至大間刊本，七行十四字，白口，左右雙闌。寫刻本，刊印均精，蝴蝶裝。《讀書敏求記》著錄，鈐有清怡親王府藏印。海源閣散出之書，有楊紹和跋，《楹書隅錄》著錄。近歸周君叔弢。

明本東維子文集三十一卷八册

此書收自東城故家，裝潢精妙，久已什襲珍之矣。頃五柳居收得揚州蔣西圃家書數種，亦有此集，從余借此本，補《目錄》一至七葉。而余本亦闕七卷第六葉、二十二卷第五葉、二十三卷第十二葉，復從揚州本補兩葉，其二十三卷中一葉，均闕如也。原有烏闌空紙，惟恐影寫損裝，遂照錄以備誦讀。書訖，誌其緣起如此。辛酉孟冬，黃丕烈。在卷末。

有千里、復翁兩家印記。①

明本鐵崖先生古樂府十卷復古詩集六卷四册一函

卷首有"金星輅藏書"印，即《文瑞樓書目》著錄之本。富春吳復輯《古樂府》在至正六年丙戌，龍洲章琬輯《復古集》，亦在至正二十四年甲辰，皆元時所編定。《樂府補》六卷，則是入明後續經采錄者。此本以《古樂府》、《復古集》合刊而無《樂府補》，蓋明初之最

---

① 明本東維子集。周批："白紙，精印，裝潢精美。大版心。"周批本第693頁。

先刻也。予齋藏《東維子文集》，亦明初舊槧，與此恰堪璧合。惟此本《目錄》統爲十六卷，似有未安，故仍分列之。

宋本三謝詩一卷一册

郭氏木葉齋鑒定宋本。在卷首。

書《三謝詩》後。

江左諸謝詩文，見《文選》者六人，希逸無詩，宣遠、叔源有詩不工。今取靈運、惠連、元暉詩，合六十四篇，爲《三謝詩》。是三人者詩，至元暉語益工，然蕭散自得之趣，亦復少減，漸有唐風矣。於此可以觀世變也。唐子西書。康熙壬辰九月蔣杲錄。

郡中賜書樓蔣氏，余素聞其有宋刻《三謝詩》。去秋向主人索觀，以贗本相混，其真本則未之見也。今乙卯五月，書友吕邦惟攜此宋刻來，楮墨古雅，洵宋刻中上駟。卷端有“郭氏木葉齋鑒定宋本”九字，不知誰何所書。卷末有蔣篁亭墨跡數行，敘述是書原委頗悉。蓋其爲篁亭所藏，子孫故秘不肯出，而兹忽介書友以示余者，殆將求善賈而沽諸乎？問其直，果索白金十六兩，中人往反三四，而始以每葉白金二錢易得。宋刻之貴，至以葉數論價，亦貴之甚矣。顧念余生平無他嗜好，於書獨嗜好成癖，遇宋刻苟力可勉致，無不致之以爲快。矧此書世間罕有，存此宋刻，差足自豪。錢物可得，書不可得。雖費當勿校耳，豈特也是翁宜有是言哉。至於是書爲唐庚子西所集，《通考》據《中興書目》云然。近時大興朱竹君曾得宋刻，詫爲希有，舉以告五柳居陶君廷學曰：“此宣城本也。”余從廷學子蘊輝得是言，并誌之以傳信於後。乾隆六十年六月四日，棘人黄丕烈識。

嘉慶七年歲在壬戌九月五日，檢書及此，其去前跋時已閲七載矣。回憶乙卯被災，此書亦在危急之中，卒賴神物護持，得以無失墜。展卷之餘，喜懼交并，此書不特宋本可寶，且有前賢手澤存焉。近作《再續得書十二圖》，以此列入，名曰《三徑就荒》，蓋猶不忘篁亭之遺也。蒅翁又記。均在卷末。

　　每半葉十二行，行二十二字。卷末有"嘉泰甲子郡守譙令憲重修"一行，旁書"宋寧宗嘉泰四年"七字，亦篁翁筆也。有"臣指生"、"宋本"、"思學齋"、"包南咸印"、"邵彌"、"僧彌"、"士禮居藏"、"復翁"、"黃印丕烈"、"蒅翁"、"憲堂"、"秋浦"、"汪憲堂印"、"平陽汪氏藏書"印、"汪士鐘印"、"閬源真賞"各印。①

【藏園訂補邵亭知見傳本書】卷十六上·集部八·總集類，第一五二三頁

三謝詩一卷宋唐庚集

　　〔補〕○宋本《三謝詩》為聊城楊氏海源閣舊藏，近為日本滿鐵大連圖書館收去。日人橋川時雄已影印。

元本文選六十卷六十一冊六函

　　《文選》善本行世最少。此為元初知池州路總管府事張伯顏刊板，字畫工緻，讎校精審，與宋紹熙間尤延之遂初堂原刻無異，較明人翻刻已不啻霄壤；況汲古閣之脫誤，更何足論耶。近胡果泉中丞

---

① 宋本三謝詩。周批："白紙。蝶裝。印不精，有漫漶處。上字數，下刻工。"周批本第697頁。又，上文"賜書樓"，當作"貯書樓"。蔣氏指蔣杲，字子遵，号篁亭，清長洲人。葉昌熾《藏書紀事詩》引《蘇州府志》云："蔣司馬宅在飲馬橋北，兵部侍郎蔣元益所居。中有貯書樓，何焯嘗授經于此。"

亦取尤本重刊，然此視之，尚在其前五百年，良可寶貴矣。大興朱少河家多藏書，因得假觀，展玩賞歎，爲識其後。時嘉慶庚午初夏，陽湖孫星衍記。

　　余十二歲時誦《文選》，乃汲古閣所刊李善注本，在近時讀本中爲最善，猶恨其脱誤良多，即何義門學士評校，尚有未盡，疑莫能明。聞吾鄉馬氏道古樓曾藏宋本，已爲書肆購去，不知所歸。三十年來，舟車南北，恒以自隨者，惟汲古閣本而已。今歲寓吳於吾友黃君蕘圃處，見有持宋本《六臣注文選》出售者，價直太昂，且以其六臣注也而忽之，以爲安得有舊本李注乎？蕘圃曰：“數年前曾見元重刊宋本，今聞尚在。”余欣然，屬其轉購。越數日，方盛暑，蕘圃遣蒼頭持札負書而來。閱之，則李注《文選》也。云託書賈從甪直嚴氏得來者，遂如其價而購之。書凡六十卷，《目》一卷。每葉二十行，行二十一字。每卷首題“奉政大夫、同知池州路、總管府事張伯顔助率重刊”。按錢詹事《養新錄》稱，是書有前海北海南道肅政廉訪使余漣序，今此本缺焉。又不列年月，然余定爲延祐本。考鄭元祐《僑吳集》，有《平江路總管致仕張公壙誌》云：“張氏，長洲之相城人。公諱世昌，字正卿，成宗賜名伯顔。由將作院判官累任慶元路同知。延祐七年陞奉政大夫、池州路同知。泰定五年改福寧州尹，後遷漳州路總管。告老，以平江路總管致仕。”今合諸卷首結銜，知刊於延祐時矣。錢遵王《讀書敏求記》云：“善注有張伯顔重刊元版，不及宋版遠甚。”以余所聞，中吳藏書家所有宋本已多不全，似未若斯之完善，復借鈕君非石所藏元本校之。惟卷末後鈕本有“監造路吏劉晉英郡人葉誠”十一字。此已剥蝕，其行款字畫纖毫畢合。或云明萬曆間金臺汪諒所刊，未必然也。爰翻閱一過，始知汲古閣本所脱者，如司馬長卿《上林賦》脱標

"郭璞注";張平子《思玄賦》脱"爛漫麗靡,藐以迭遷"二句并注,陸士衡《答賈長淵詩》脱"魯侯戻止,衮服委蛇"二句并注,曹子建《箜篌引》脱"百年忽我遺,生存華屋處"二句,鮑明遠《放歌行》脱"今君有何疾,臨路獨遲迴"二句,枚叔《七發》脱"自太子有悦色",至"然而有起色矣"二段,共十九行并《注》,《宣德皇后令》脱標"任彦升"三字,曹子建《求通親親表》脱"有不蒙施之物"一句。若斯之類,遽數難終。惟司馬長卿《封禪文》脱"上帝垂恩儲祉,將以慶成"二句,元刊已脱。又如《西都賦注》引"三倉"之作"王倉",《閒居賦注》引韋、孟詩之作安革猛詩,元刊亦然。汲古本蓋仍其誤,而義門亦未之校正也。余好書無力,未敢貪多,惟童而習者,每思善本是正文字。邇來隨有所獲,今更得此,不勝狂喜。它日擬築選樓以儲之,非特賀兹書之遭,且以銘良友之德云爾。嘉慶十年六月既望識。

　　是書乃荼花吟舫朱氏藏本,癸卯,先大夫展觀時購於都門。舊册殘敝,卷首孫淵如先生題語亦多漫漶。丁未,先大夫移撫關中,倩良工重加裝池,屬幕中顧君淳慶照録如左。頃讀陳仲魚先生綴文,亦有是書跋語一則,因並録之,以資考證。時同治改元之冬月,東郡楊紹和謹識。均在卷首。

校宋本唐文粹一百卷十六册

　　從毛黼季借宋刻《文粹》二十册。每册卷數不一,其板心數目自"一"起,盡一册爲度。紙理瑩潔,字畫完善,宋板所希有。校之新本,或有脱誤處,當非寫刻之繆,意古本如是,猶未没其實也。用校此本,去其不可通者十一二,識其可從者十七八,以備另有一適之義。後之覽者,庶毋謂余刻舟買櫝也。癸卯十月十有九日校畢

識，常熟陸貽典勅先甫書於奇雲樓之半广。_{在末卷後。}

卷末列臨安府開雕年月銜名，蓋從紹興本校録者也。有"宋本"、"陸貽典印"、"勅先"、"吳純叔"各印。

元本重校正唐文粹一百卷四十八册六函

每半葉十四行，行二十三字。卷末有木記，爲書賈割去，相其板式，蓋元本也。卷尾有傳是、藝芸兩家藏書印。其宋元各印非真，殊爲書玷。①

影宋精鈔本西崑詶唱集二卷一册

宋初，楊文公與錢、劉二公特刱詩格，組織華麗，一變晚唐詩體而效李義山。取"玉山册府"之名，名《西崑詶唱》，人因目之曰"西崑體"。其《南朝》、《漢武》等篇，僅見於《瀛奎律髓》，先君每以不得見此爲悵。甲辰三月，同葉君林宗入郡訪朱卧菴之赤，其榻上亂書一堆，大都廢曆及潦草醫方，殘帙中有繕整一册，抽視之，乃《西崑詶唱》也，爲之一驚。卷末行書一行云"萬曆乙丑九月十七日書畢"，下有功甫印，乃錢功甫手鈔也，因與借歸。次日，林宗入城，喧傳得此，最先匍匐而來者，定遠先生也。倉茫索觀，陳書于案，叩頭無數，而後開卷，朗吟竟日，索酒痛飲而罷。使先君而在得見此書，不知若何慰悦。言念及此，不禁淚下沾衣也。案楊文公《序》云："景德中，忝佐修書之任。紫微錢君希聖、祕閣劉君子儀並負懿文，更唱迭和，而予參詶繼之末。其屬而和者，又十有五人。"今三公之外，惟十一人代意。第七首下，但名秉而無姓，其二人則闕如也。

---

① 元本重校正唐文粹。周批："明本。"周批本第711頁。

揣當年原本，定係宋刻。何子道林書法甚工，屬擬宋而精鈔之。今流傳轉寫，遍滿人寰，要必以此本爲勝也。外舅覲菴先生從錢鈔影寫一部，亦有跋語，今并《考異》附錄於後。

附錄覲菴先生《跋》。

此書出郡人錢功甫手鈔，余從毛倩斧季印錄者也。功甫爲磬室先生子，富於藏書，兼多祕本。牧翁先生語余："嘗訪書於功甫，功甫自歎無子，許悉以藏書相贈，約以次日往。退而通夕無寐，凌晨過其家，晤對移日，都不理昨語。微叩之，詭辭相卻，已無意贈書矣，乃悵然而返。後又詣之，時值嚴冬，方映窗日，手鈔《金人弔伐錄》，且訊郵便圖與曹能始覓《粤西方誌》。始識其興復不淺，無惑乎前之食言，而求書之意，亦遂絶望矣。不踰年功甫没，所藏俱雲烟散去，不謂此書尚流落人間也。"牧翁絳雲未炬時，羽陵祕簡，甲於江南，生平慕此，獨未得見。頃斧季從郡友借，牧翁已卧病逾月，未浹旬而仙去。豈祕書出没，固亦有數，而前後際終慳一見耶？緬惟疇昔，緒言如昨，典刑徂謝，尚期於二三夙素。繕錄一編，焚諸殯宫，以申挂劍之義也。撫卷爲之三歎。甲辰六月十有九日，常熟陸貽典敕先識。均在卷末。

此本先公得之江南，亦汲古閣影鈔之致佳者，筆精墨妙，雅可寶玩，誠希世珍也。至是書乃子晉生前所未見者，而卷中有其名字各印，當由斧季補鈐耳。彦合記。

每半葉十二行，行二十字。有"宋本"、"希世之珍"、"子晉"、"虞山子晉"、"子晉私印"、"子晉書印"、"汲古主人"、"汲古得修綆"、"仲雛"、"故國人家"、"毛扆之印"、"斧季"、"開卷一樂"、"書香千載"、"筆研精良人生一樂"、"楊瀨之印"、"繼梁"、"席鑑之印"、"席氏玉照"、"汪士鐘印"、"三十五峰園主人"各印。又大方印，文云"趙文敏公書"。卷末云"吾家業儒，辛勤置書，以遺子孫，其志何如。後人不讀，將至于鬻，頹其家聲，不如禽犢。苟歸他室，當念斯言，取非其有，毋寧舍旃"，亦毛氏印也。①

【藏園群書經眼錄】卷十八·集部七·總集二，第一二七三頁

西崑酬唱集二卷宋楊億等撰

舊寫本，絶精。虞山周楨以寧、雲間王圖煒彤文注。海源閣遺籍。庚午。

【藏園訂補郘亭知見傳本書目】卷十六上·集部八·總集類，第一五一九至一五二〇頁

〔補〕西崑酬唱集二卷宋楊億編

〇清寫本。清周楨、王圖煒注。聊城楊氏海源閣舊藏。

宋本新刊國朝二百家名賢文粹一百九十七卷
六十册六函

每半葉十四行，行二十四字。不著編輯者姓名。首載慶元丙辰朝散大夫、直祕閣知邛州軍州兼管内勸農事、眉山王稱季平父《序》云："吾鄉抑文章之所自出，鄉人有欲集國朝聞人勝士之文刊爲一集者，屬予爲序。"次列二百家名賢世次，僅一百九十九人。共分六類，曰《論著》，曰《策》，曰《書》，曰《記》，曰《序》，曰

---

① 　影宋精鈔本西崑酬唱集。周批："極精。此非影宋，特精鈔耳。"周批本第713頁。

《雜文》，每類之中又各分子目。末有慶元丁巳咸陽書隱齋《跋》，稱"文章莫盛於國朝。近歲傳於世者，詩有選，經濟有錄，播芳琬琰皆有集，獨其著述論議，所以經緯天人，發明道學，該貫今古者或罕其傳。此書旁搜類聚，總括精華"云云。當即編輯者之自序，其體例已可概見。《祕閣書目》、作三百卷，似誤。《國史經籍志》、《菉竹堂書目》皆著錄。卷首有"鼎元"、"伯雅"兩印，及"普福常住藏書之記"、"筠生"各印。蓋王弇州先生藏本也。①

【藏園群書經眼錄】卷十八·集部七·總集二，第一二七四至一二七五頁

新刊國朝二百家名賢文粹三百卷存卷十五、十八至二十、九十至九十三、一百六十四至一百六十八、一百七十至一百七十六、一百八十四至一百九十、二百五至二百八、二百七十二至二百七十七、二百八十五至二百八十六，計存四十一卷△八五九四

宋慶元三年書隱齋刊本，半葉十四行，每行二十四字，白口，左右雙闌。缺宋諱至敦字止。審其雕工，當是蜀中刊本。各卷鈐有甓社書院文籍楷書朱記。內卷一百七十至七十六計七卷余藏。(壬戌)後又見海源閣舊藏一百九十七卷，卷次均經剜改。諧價未成。

【藏園訂補郘亭知見傳本書目】卷十六上·集部八·總集類，第一五三〇頁

─────────

① 宋本新刊國朝二百家名賢文粹。周批："白紙。卷第剜改。王序，半葉七行，行楷。天壤間孤本，宜永寶之。紙印，比之大庫本爲次。"周批本第719頁。

〔補〕新刊國朝二百家各賢文粹三百卷編輯人未詳

○海源閣亦藏殘本一百九十七卷，卷次均經剜改。余輯宋代蜀文，以重價求此書，以藏者所望過奢，終未能諧。後爲友人收去，亦秘藏不出。此書爲宋文淵藪，所存宋代蜀賢佚文至夥，近在眉睫而不獲一檢視，引爲平生憾事。

批校本唐詩鼓吹十卷十册

先兄於己巳秋冬，曾與亡友程廩年湘衡將此書詳悉批點，雖意見間有不同，而大旨吻合。程書爲友人轉轉假借失之，先兄此書爲孫羲山取去。壬午、癸未間，於汲古閣中得覯二癡先生批本，紅墨互用，乞以傳謄是册。癸巳殘臘，先兄攜之以北，亦間有點批，略而不詳，未及竣事，因馮已硃墨，故用黄以别之。今羲山取去之册已不可見，觀者勿以略而忽諸。康熙壬寅殘秋船窗記，時去先兄之没僅百日耳。嗚呼痛哉！小山仲子。

亦有與舊本所見不同處，大約今定勝昔。仲子又記。

先兄遺墨遂無片紙之存，書籍名帖及半生手稿，大半爲盲人竊去，手稿遂無一字之留，爲可恨恨。均在卷末。

何義門先生平生博極群書，精於校理，手自契勘之本，不下數十百種，至今藝林奉爲枕祕。然儲藏家大都轉相傳録，求先生原本，不易覯也。此本先公獲自吳門汪氏藝芸書舍，卷末有小山題語，丹黄滿紙，皆先生手蹟，批校至爲詳賅，洵珍笈已。彦合記。

有“何焯私印”、“屺瞻何煌之印”、“何仲子、顧千里”各印。

元本梅花百詠一卷一册

庭前黃梅花盛開，戊辰元旦試筆，適檢及此《梅花百詠》，因附錄於卷端。

無多土力足滋培，猶憶移居此地栽。花意十分逢臘盛，春心一點冒寒開。中央色秉群芳正，後殿名齊早歲魁。知爾和羹且莫問，孤高自許肯輸梅。

臘梅與梅花不同，然一開於春初，一開於冬盡，蠟梅若爲歲華之殿焉。故《梅花百詠》中亦及此種。兹名爲黃梅花者，蓋用近時洪稺存、吳穀人《消寒會中詩》題名也。復翁。在卷首。

韋珪《梅花百詠》傳本絕少，元刻尤稀。此本出杭人姚虎臣家，海寧陳仲魚爲余購者。初余與仲魚辛酉計偕獲宋本《梅花喜神譜》於琉璃廠，仲魚由是知余愛古書，並知余愛古書之有涉於梅者，故代購此，以爲合璧焉。余既得此書，重加裝潢，寶愛之至，曾賦詩紀事，與仲魚欣賞之。忽忽未經錄藁於本書尾，其事又隔四五年矣。今虎臣已故，仲魚亦旋舊里，落落晨星，好古之友無一二人，見聞孤陋，誰爲之助余發憤耶？余衰年多病，近又卧牀六七日，病魔盛而書魔漸衰，於此事亦嬾矣。今日起坐，檢樓頭書，偶及此，因遂補記一段情事。喜耶？懼耶？吾不得而知之矣。嘉慶壬申春季十有三日，黃丕烈識。

越歲戊寅冬十月三日重觀，其去壬申已過六年，去戊辰又過十年矣。其中時事之變遷，人物之代謝，不知其幾，而吾與此書尚存，豈不幸耶？吾友中如稺存、仲魚相繼徂逝，穀人先生亦於今歲作古，風流雲散，撫景茫然，區區身外之物，猶往來於懷而不能去。得則喜，失則憂，欲一損其嗜好之故習，以歸於無何有之鄉，未知能果斷否也。古云："十年一大變,五年亦小變。"吾於此書流觀,作如是想。復翁。

此書世鮮傳鈔,憶惟王蓮涇家《孝慈堂書目》有之,而未之見。收此書後曾獲一鈔本,係中吳心山藏者。心山姓金,名可埰,字心山,工文嗜酒,而晚善畫。余向年與之角藝文場,初不知其爲畫人也。及其善畫,而與之蹤跡疏,故不得其畫。身後購求頗難,間得二一小幅梅竹,殊可觀。此書涂抹滿紙,甚至點竄詩句,大約酒後醉筆。《補騷》一篇中,此本破損失字處,藉可補一二,附識於卷尾。序中缺少同之,想亡失已久。戊寅冬十月四日,復翁又記。

二十二葉後一行"野寂寞其無人",後二行"何所獨無芳草兮",後三行"退將復修吾初服"。均在卷末。

每半葉九行,行十六字。謹案:《四庫全書》著錄《梅花百詠》,乃馮子振、釋明本倡和之作。德珪詩則傳世絕少,亦僅見之書矣。《拏經室外集》所載鈔本,即從此影摹者也。咸豐辛亥,有估人持此本與宋刻《梅花喜神譜》來袁江求售,余極思並購之。而《喜神譜》忽爲他人攜去,至今猶縈之夢想云。卷末有汪、黃二家印。[1]

元本國朝文類七十卷目録三卷三十六冊

右《元文類》十四冊,崇禎丙子六月綺川朱彝收藏。在卷末。

每半葉十行,行十九字。卷首載"至元二年,中書省准翰林院待制謝端等呈請於江南學校錢糧內刊行,移咨江浙行中書省,劄付

---

[1]　元本梅花百詠。周批:"白紙。廿二頁。黃氏蝶裝原匣。白口,左右雙邊。板心作'梅吟'。楊維楨序,半葉七行。于文傳序,半葉八行。韋序,半葉八行,低一格。嘉慶十二年四月,陳仲魚贈黃蕘圃。見明刻本周憲王《名華百詠三種》陳氏跋尾。"周批本第725頁。

江浙儒學提舉司,委令西湖書院山長方員、儒士葉森_{西湖山長方員及儒}_{士葉森名},並見《文獻通考》。校勘印造", 及"至正元年,准本司提舉黃、奉政關近在大都於蘇參議家獲覯元編集檢草校正,將缺少板數漏誤字樣刊補完備"公文二道。《目錄》後並有"儒士葉森點"_{下一字不}_辨。一行。案:葉文莊《水東日記》云:"蘇天爵爲右司都事時,所類元詩文,名曰《國朝文類》,凡七十卷,元統中,監察御史南鄭王理序之。有元名人文集,如王百一、閻高唐、姚牧菴、元清河、馬祖常、元好問之卓卓者,今皆無傳,_{謹案},《四庫總目》云:"祖常《石田集》,好問《遺山集》,今皆有傳本。蓋明代不行於世,盛偶未見,故其説云然。"則有以考勝朝一代文章之盛,獨賴是編而已。嘗見至正初浙省元刻大字本,有陳旅序,即此本也。是書元刻有大字、小字兩本。小字本爲建安劉氏翠巖精舍所刊,槧鍥之工,視此頗勝。然此本乃當時官板,且曾以蘇氏元編校正,俾四十一卷《經世大典軍制》以下之文各本所無者,此獨補成完帙,故藏書家亦極爲寶重也。舊藏張古漁先生與古樓。卷首有"張敦仁"、"葆采印信"、"陽城張氏藏書"三印。

元本國朝文類七十卷二十四册四函

是書元刊最著者有二:一爲翠巖精舍小字本,一爲西湖書院大字本。而鑑藏家尤重翠巖,蓋小字本固勝於大字本也。此本每半葉十三行,行二十四字,板式、字體均與翠巖本無異。《目錄》不分卷,卷四十一《經世大典軍制》以下全缺,亦同翠巖。惟卷十八《李節婦贊》、卷三十一《建陽縣江源復一堂記》、卷六十九《李節婦傳》、卷七十《高昌偰氏家傳》,皆翠巖本所無。而《李節婦傳》,則西湖本亦有之。考翠巖本,但載元統二年王理《序》,當是最初刻。西湖本,至元初刻已補入陳旅《序》、王守誠《跋》。至正二年復修補一十八板九千三百九十餘字。又于《目録》及各卷内較正九十三板，脱漏差誤一百三十餘字，於是四十一卷始成完帙。_{見西湖本至正二年中書省下杭州路西湖書院公文。}此本殆從翠巖本翻雕，而刊時在西湖本初刻之後，未補之前，故陳、王《序》《跋》均依西湖本補入，《軍制》以下之文，則仍闕如也。至《李節婦贊》諸篇，想又由他本蒐輯者。葉氏《水東日記》曰“嘗見至正初浙省元刻大字本，有陳旅《序》。此本則有書坊自增《考亭書院記》、《建陽縣江源復一堂記》、《高昌偰氏家傳》”云云，殊不盡然。葉氏所見僅西湖本，不知《考亭書院記》翠巖本已有之矣。況元刊諸本互有差池，自是各從所據，非出一源，不得謂西湖本所無者，即屬書坊妄益也。此本雖不著刊書年月，而紙墨俱舊，鏤鍥尤工，決係元槧無疑，可與翠巖、西湖相爲鼎峙矣。明時晉藩、修德堂亦先後同梓。晉藩本予未收，修德堂本則入《海源閣書目》中。彦合主人識。_{在卷末。}

　　嘉興警石錢丈手校元明諸本云：“卷二十七《楊氏奐郇國夫人殿記》，夫人姓并官氏，初疑‘并’爲‘亓’字之誤，及見兩元刻俱作‘并’，乃考之孫氏志祖《家語疏證》、梁氏玉繩《漢書人表考》，王氏昶《金石粹編》諸書，知《漢禮器碑》、宋大中祥符《郇國夫人敕》，及覃溪翁氏所見國學暨江寧府學《元明加封詔書碑》，皆作‘并’。‘并’字爲是。往時讀俗本《家語》，遂不知聖妃姓氏，妄改古書，可笑也。”此本正作“并官”。予昔在袁公浦獲見黃復翁所藏宋槧《東家雜記》，亦作“并官”。顧澗蘋居士《百宋一廛賦》所謂“愈求野於禮失，慨并官之久舛”者也。古書可寶如是，如是。彦合又記。

　　有“禹績”、“顧盦”、“敏求齋圖書印”各印。

宋本雲莊四六餘話一卷二册一函

是書乃黃蕘翁藏本。《百宋一廛賦注》云："首題楊困道深仲，末題幔亭黎夢庚秀伯校正。不見諸家著錄，惟《述古堂目》有之，云'一卷，鈔'。益知宋槧之爲罕祕矣。"又《拏經室外集》云："是編藏書家目錄未見，此依宋刊過錄。凡宋人說部中之言四六者，若《玉壺清話》、《容齋隨筆》、《能改齋漫錄》、《文章叢說》之類，莫不廣搜博採。其論四六，多以翦裁爲工。"又云："制誥箋表，貴乎謹嚴；啓疏雜著，不妨宏肆。持論精審，固習駢體者之所必資也。"觀於兩公所記，可見此本之珍貴矣。有"虞山潘氏寶藏"、"潘京倩收藏圖書"、"子華後人"、"梅林潘氏家藏"、"士禮居"、"丕烈"、"蕘夫"各印。

元本文則十卷二册

每半葉九行，行十八字。無卷第，以甲乙爲次。分十類，總一百五十六條。前載至正十一年上元楊翮《序》，謂："海岱劉君庭幹官南臺都事，刻之金陵學官。"有"五湖長太史華家"、"雲卧閣"、"青陽齋"、"貞志齋"、"心遠道人"、"鹿洞山長"、"□春谷之印"、"鳳池"、"卧雲遺蹟"諸印記。[①]

元本蒼崖先生金石例十卷附鈔本附錄一卷二册

甲申之春，有堂寫贈。粗讀一過，以意改正數處，并畫其條段。

---

① 元本文則。周批："黃紙初印。第五十一頁陽面止，下缺。上字數，白口，左右雙邊。序文下方刻工，史正之刊。"周批本第 743 頁。

然無他本爲證也。思適居七記。在《附錄》卷末。

　　是書凡三刻：一濟南本，文僖之子詡刊定；一鄱陽本，王思明校正；一爲龍宗武摹泰和楊寅弼鈔本而刻者。盧雅雨先生所鎸《金石三例》謂“從鄱陽本録出，故有思明《敍》”，即此本也。案思明《敍》稱：“至正丁亥，予忝教番陽，公之子敏中爲理官，嘗屬郡士楊本端如緝其次第，既已，刻於家，而公諸人學之。賓師景陽吳君旭子謙、吳君以牧謂此書將歸中州，則邦之人，焉能一一見之。乃復加校正而壽諸梓。”署款明年戊子夏六月。蓋詡本雖校於鄱陽，而實刻於濟南，故思明復雕此本，列之鄱陽學宫，以垂永久。詡《跋》書至正五年者，當是謀始於乙酉耳。《四庫全書總目》即據詡本著録，乃謂“至正五年刊於鄱陽”，似尚未之審也。焦氏《經籍志》作楊本撰，誤尤甚矣。末有鈔葉十餘紙，首列《伯常先生金石八例》，次題《文章精義》，國子助教臨川李淦耆卿述。而標題曰《別卷附録》，自是從他書寫入。然澗蘋居士僅以意改正，而苦無他本爲證，是亦未知其藍本矣。姑仍之俟考。協卿記，時壬戌八月。

　　每半葉十行，行二十二字。[①]

元本東坡樂府二卷二册

　　余所藏宋元人詞極富，皆精鈔或舊鈔，而名人校藏者，若宋元刻本，向未有焉。既從骨董鋪中獲一元刻《稼軒長短句》，可稱絕無僅有之物。其時余友顧千里館余家，共相欣賞，以爲此種寶物，竟以賤直得之。何世之不知寶而子幸遇之乎？蓋《辛詞》直不過白鏹七金也。近年無力購書，遇宋元刻又不忍釋手，必典質借貸而購

---

①　元本倉崖先生金石例。周批：“黃麻紙初印，當是明初本。”周批本第745頁。

之,未免室人交徧讁我矣。故以賣書爲買書,取其可割愛者去之,如鈔本詞屢欲去,而爲買宋刻《太平御覽》計是已。今秋顧千里自黎川歸,余訪之城南思適齋。千里曰:"聞子欲賣詞,余反有一詞,欲子買之。"余曰:"此必宋刻矣。"千里曰:"非宋刻,卻勝於宋刻。昔錢遵王已云宋本殊不足觀,則元本信亦可寶。"請觀之。則延祐庚申刻《東坡樂府》也。其時索直卅金,余以囊澀未及購取。後思余欲去詞,《辛詞》本欲留存,且蘇、辛本爲並稱,合之實爲雙璧,因檢書一二種,售諸友人,得銀廿四金。千里意猶不足,余力實無餘,復益以日本刻《簡齋集》,如前需數,而交易始成。余遂得以書歸。取毛鈔《東坡詞》勘之,非一本,二卷雖同,其序次前後,字句歧異,當兩存之。鈔本附《東坡詞拾遺》一卷,有紹興辛未孟冬至游居士曾慥《跋》,謂"《東坡先生長短句》既鏤版,復得張賓老所編并載於蜀本者,悉收之"。似前二卷,亦係曾刊。而《直齋解題》但云《東坡詞》二卷,不云有《拾遺》,似非此本。然直齋云"集中戚氏敘穆天子西王母事",今毛鈔本亦有此語,似宋刻即毛鈔所自出。而此刻戚氏下無此注釋,大概錢所云穿鑿附會者也。且毛鈔遇注釋處,往往云"公舊注"云云,俱與此刻合,而其餘多不同,或彼有此無,或彼無此有。余以毛鈔注釋多標明"公舊注",則此刻之注釋乃其舊文。遵王欲棄宋留元,未始無意。此書未必述古舊藏,前明迭經文、王兩家收藏,本朝又爲健菴、滄葦鑒賞,宜此書之益增聲價矣。癸亥季冬六日,蕘翁黃丕烈識。<small>在卷首。</small>

每半葉十行,行十八字。有"竹垞"、"辛夷館印"、"玉蘭堂"、"古吳王氏梅谿精舍"、"石上題詩掃綠苔"、"季滄葦藏書"、"振宜之印"、"滄葦"、"乾學"、"徐健菴"、"歙鮑氏知不足齋藏書"、"鮑以文藏書記"、"顧廣圻印"、"顧澗蘋藏書"、"思適齋"、"老蕘"、

"曾藏汪閬源家"各印。①

校元本東坡樂府二卷一册

蘇、辛《詞》，余皆有元刻善本，友人張訒菴各借去校閱。年來力絀，悉轉徙他所，仍從訒菴借校本傳録。辛《詞》向已校，此又近時借臨者，破一日有半之工，手校上下二卷，去真存副，自笑其癡也。癸未仲冬，蕘夫。在末卷後。

元本稼軒長短句十二卷四册一函

余素不解詞，而所藏宋元諸名家詞獨富，如《汲古閣珍藏祕本書目》中所載原藁皆在焉。然皆精鈔、舊鈔，而無有宋元槧本。頃從郡故家得此刻《稼軒詞》，而歎其珍秘無匹也。《稼軒詞》卷帙多寡不同，以此十二卷者爲最善，毛氏亦從此鈔出，惜其行款體例有不同耳。澗薲據毛鈔以增補闕葉，非憑空撰出者可比，而《洞仙歌》中缺一字，鈔本亦無，因以墨釘識之，其十一卷中四之五一葉，亦即是卷七之八一葉之例，非文有脫落而故强就之也。是書得此補足，幾還舊觀。至於是書舊刻，純乎元人松雪翁書，而俗子不知，妄爲描寫，可謂浮雲之污。甚至强作解事，校改原文。如卷十中《爲人慶八十席上戲作》有云："人間八十最風流，長貼在兒兒額上。"校者云：下"兒"字當作"孫"。澗薲以爲"兒兒"或是奴家之稱。二語之意，當以"八"字作"眉"字解。知此，則"兒"爲"孫"，豈不大可笑乎？本擬滅此幾字，恐損古書，故凡遇俗手描寫處，皆不滅其痕。

---

① 元本東坡樂府。周批："白紙初印，似宋刻。白口，左右雙邊，黃氏原匣。"周批本第749頁。

後之明眼人，當自領之。嘉慶己未，黃丕烈識。在卷首。

　　《文獻通考》《稼軒詞》四卷。陳氏曰："信州本十二卷，視長沙為多。"此元大德間所刊，以卷數考之，蓋出於信州本。《宋史·藝文志》云，《辛棄疾長短句》十二卷，亦即此也。嘉慶己未，蕘圃買得於骨董肆，内缺三葉，出舊藏汲古閣鈔本，命予補足。因檢卷中所有之字，集而為之，所無者僅十許字耳。既成，遂識數語於後。七月廿二日，澗薲書。

　　嘉慶庚申十月，長洲陶梁觀。

　　十月四日，嘉定瞿中溶同觀。均在卷末。

　　每半葉九行，行十六字。卷末題款云："大德己亥中呂月刊畢於廣信書院。後學孫粹然，同職張公俊。"每册有"朱之赤覽賞"、"朱卧菴所藏印"、"朱之赤印"、"道行仙"、"袁氏魚叔"、"夢鯉"、"袁魚叔印"、"碧雲居"、"黃丕烈印"、"蕘圃"、"廣圻審定"、"曾藏汪閬源家"、"鏡汀書畫記"各印記。

　　光緒癸未秋試東郡畢，登楊氏海源閣，向鳳阿舍人借讀是書，越二年乙酉歸之。書此以志眼福。汪鳴鑾。

　　光緒十三年九月，臨桂王鵬運、吳許玉瑑同觀並識。保彝補綠。[1]

校元本稼軒長短句十二卷四册

　　直齋陳氏曰："《稼軒詞》以信州本十二卷為多。"黃蕘翁所藏大德刊本，大字行書，流麗娟秀，如松雪翁體，以卷數考之，當出於信州本。此嘉靖歷城王詔刊本，似即出於元本，以元本所闕三葉，此

---

[1]　元本稼軒長短句。周批："元刻中甲觀。大字寬行，行楷古雅。黃紙。黃氏原匣。上黑綫口，下白口。信鉛暢叔仁刊。第一頁下魚尾，上字數，下間有刻工，祝、周。"周批本第757頁。

本皆同也。惟中間每多謬訛不合，或因流傳鈔寫，妄有改竄歟？今借黃氏元本一一校正補闕，有可疑者，則兩存之，亦成一善本矣。嘉慶丙子四月十八日校畢，訒菴居士記。

　　昔人不輕借書於人，恐其秘本流傳之廣也。此鄙陋之見，何足以語於藏書之道。余平生愛書，如護頭目，卻不輕借人，非恐秘本流傳之廣也。人心難測，有借而不還者，有借去輕視之而或致損污遺失者，故不輕假人也。同好如張君訒菴，雖交不過十年，而愛書之專，校書之勤，余自愧不及，故敝藏多有借去手校者。此《辛稼軒長短句》元本，余未及校，已爲他人購去，因復從訒菴借校本手臨於何孟倫本上，蓋又在王詔本下也。然脫誤並同，又有歧異處，此艾子所謂一蟹不如一蟹也。顧何刊本有一二字合元本，猶未若王刊本之謬；亦有一二字似本勝於王刊本者，此訒菴所云可疑兩存之字也。向使未經借出，而無校本之流傳，則元本幾成獨種矣，又何從而臨校耶？書此，以爲借書與人者勸。庚辰小春二十九日，復翁記。均在末卷後。

宋本花間集十卷二册

　　謹案：《四庫》所收《花間集》十卷，爲汲古閣毛氏刊本。子晉所刊各書，往往與所藏宋本不合，此猶其精審者也。此本爲宋淳熙十四年丁未鄂州使庫所刊，板印精良，其紙則皆鄂州使庫公文册也。《花間》一集爲詞家之祖，斯刻則又是《集》之祖也。溫庭筠以下十八人，凡詞五百首，與《書錄解題》所言合。卷一前四葉、卷十後三葉及歐陽炯《序》、陸游二《跋》均佚，毛氏鈔補極工。惟卷尾三葉及子晉三印，辛酉之秋遭亂復失。世鮮宋槧，無由補寫，致可惜也。予齋藏明人鈔本，末附貫酸齋《跋》，所佚《女冠子》以下十五首在

焉。而以毛刻校之,調同而字異者五首。每半葉十行,行十七八字
不等。有"冬生草堂"、"乾學之印"、"健菴"、"崑山徐氏家藏"、"聽
雨樓"、"查氏有圻珍賞書畫"各印。咸豐己未獲於都門,水西莊故
物也。案:此本光緒癸巳臨桂王氏四印齋借刊印行。保彝謹注。①

---

① 宋本花間集。周批:"字體古拙,或是北宋。白紙,印不精。白口,左右雙邊。李珣
《南鄉子》存七首。陳彥、李浩、余浩。"卷末有"光緒乙酉十月重加手裝,鳳阿記"。
周批本第765—766頁。

楹書隅録續編

楹書隅録續編

　　昨歲,撰《楹書隅録初編》成,得書五卷,皆先公四經四史齋舊藏善本。予昔年所收精槧,間附録焉。惟繼得黃、汪二家精校名鈔各本,以避兵而儲諸山中者,悉未登録。今春,珥筆稍暇,命兒子保彝由里中鈔寄原書跋尾若干條,手加甄録,補成九十餘種,釐爲四卷,命曰《續編》。若予年來嗜痂所在,不乏珍笈,手校諸籍,亦頗罕秘,《三編》之纂,擬俟諸他日。

　　同治辛未中秋彥合主人識于京寓五端友齋

續編卷一　經部

元本一
校本二
鈔本一

校本春秋繁露十七卷三册

　　右《春秋繁露》十七卷，袁壽階借得揚州秦太史藏鈔本，而余轉假以手自校讐者也。鈔本爲影宋，遇宋諱間有闕者。字畫斬方，一筆不苟，信屬宋刻精本。每卷首尾葉最末一行欄格外，有細楷書十字，曰："虞山錢遵王述古堂藏書。"蓋猶述古舊物矣。今以《永樂大典》本證之，多與此合，知兩本同出一源。唯纂輯時稍加點竄，不如此鈔本爲宋刻真面目。若明刻，則有豪釐千里之分矣。鈔本述古後未知誰藏，惟卷一格外有墨書一行云："休寧戴震觀於江都客邸。"今歸秦太史。有"臣恩復"、"秦伯敦父"、"石研齋秦氏印"三圖記。通體有蠹蝕黴爛痕，已經裱托，幸不甚傷字，故校讐時未及注出。嘉慶九年甲子二月朔辛酉日蕘翁黃丕烈識。

　　嘉慶甲戌秋，偶過胥門經義齋書坊。坊友胡立群爲余言："浙江人係歸班進士,謁選入都,云行篋中攜有宋版《春秋繁露》。字形類顏、歐書,所印紙似澄心堂紙,裝四冊,索直百金。”因水道沮滯,急於趨程,不能取閲。以所聞證所見,疑即影宋所自出也。筆諸是冊尾,以紀奇書流傳在天壤間,固自不乏,特未遇則不知耳。復翁。

均在末卷。

元本爾雅三卷三冊一函

　　余齋舊藏宋槧諸經善本頗夥。往歲於江南得汲古舊藏元刻《爾雅注疏》、元雪窗書院本《爾雅注》,皆精善之本。今歲偕李伯雨駕部游書肆,伯雨獲此本,即以見贈,較汲古舊藏十行本《注疏》行式頗似,其鐫印精良,較諸本尤勝。按:《爾雅》各本均無明代補刊重修者,《注疏》與雪窗二本皆元刊元印,此本無刊刻年月及木記,尚在雪窗本之前。愛日精廬所記《釋訓》,“綽綽、爰爰,緩也”以下重語及小注,雪窗及閩、監、毛本俱脱。又《釋文》私改各條,此本俱不誤,與余齋藏北宋單疏殘本堪稱雙璧,洵僅見之笈也。每半葉十二行,行大小皆二十一字。有“華亭朱氏經術堂印”、“元本”、“甲”、“毛氏子晉”、“子晉書印”、“汲古主人”、“東吳毛氏圖書”、“昆虞之印”、“昆虞子固”、“昆虞書畫”、“心摹手追”、“與壽福廬”、“昆虞字敬修家于燕生於黔年甫二齡隨宦于灤陽八閩往來于湖湘齊魯吳越之間”、“嘯雲間”、“竹雪盦”各印。

　　【藏園批注】鄭樵注十二行二十一字,注雙行同。大黑口,四周雙闌。摹印極精。

　　【藏園群書經眼錄】卷二·經部二·小學類,第一〇三頁

爾雅注三卷_{宋鄭樵注}△八五五

元刊本，十二行二十一字，注雙行同，大黑口，四周雙闌。摹印極精。_{海源閣書，辛未二月十二日觀於天津鹽業銀行庫房。}

【藏園訂補郘亭知見傳本書目】_{卷三·經部十·小學類，第一六一頁}

爾雅注三卷_{宋鄭樵撰}

〔補〕〇元刊本，十二行二十一字，注雙行同，大黑口，四周雙闌。聊城楊氏藏。

校本博雅十卷一册

此書於丙辰年高郵宋定之曾借去，謂將携至王懷祖處，助伊校勘之用也。閱一二載，懷祖先生《廣雅疏證》出，見其中所引有影宋本，未知即此與否。定之久不來，書亦未歸。及歲辛酉入都，晤王編修伯申。伯申，懷祖子也。問其端的，云此書曾由定之借閱，已還之矣。後向定之蹤跡，今始見還。雖幾乎遺失，而影宋本佳處，《疏證》已掇之，亦一幸事。俟取《疏證》一核之。壬戌之秋七月既望，蕘翁丕烈識。_{在末卷後。}

此本即據支硎山人影宋本校勘者，支硎原《跋》並《致劉太守書》及顧千里《跋後》，均照寫於卷之首尾，因已載張氏《藏書志》，故不具錄。

精鈔本汗簡七卷二册一函

《後序》：

《汗簡》，郭宗正忠恕集成之後，儒家罕有得者，余訪之久矣。近聞秘閣新本，乃集賢李公衍修。公名建中。公素居外任，稿草秘於巾箱中。大中祥符四年，罷西京留臺，歸闕，果以此書示余。余謂公曰：“結繩之後，倉頡、史籀製作已來，三王與霸國文字或有異同。始皇兼天下，李斯爲小篆，可謂至哉。而遭秦之所劫者，盡在此矣。”時五年正月九日也，余尚判步軍糧料。尋奉綸旨，主在京博、易兩司，事務皆繁難，而句撿榷估之餘得之，模寫至三月二日方畢。雖筆跡駑弱，有愧於名賢，且樂善君子必憫余留心於此道焉。天禧二年七月十七日，開封府判官、虞部員外郎李直方述。

郭忠恕字恕先，雒陽人，少能屬文，七歲舉童子。初周祖召爲博士，後因爭忿於朝堂，貶崖州司户。秩滿去官，不復仕。縱放岐雍陝雒之間。善畫屋木林石，格非師授。有設紈素求爲圖畫者，必怒而去。乘興即自爲之。尤精字學，宋元憲嘗手校忠恕《佩觿》三篇寶玩之。太宗素知其名，召赴闕下，授以國子監主簿。忠恕益縱酒，肆言時政，頗有謗讟。上惡之，配流登州，死於齊之臨邑道中，尸解焉。見《圖畫見聞記》第三卷。

絳有碑，篆千餘字，李陽冰愛之。其中有“碧落”二字，謂之《碧落碑》。後有識者云：“有唐十三祀龍集敦牂，哀子李訓等爲母造道門。”唐潘遠《紀聞談》。

郭忠恕論書云：“小篆散而八分生，八分破而隸書出。隸書悖而行書作，行書狂而草書聖。自隸而下，吾口不欲觀。周越《法書後苑》。

煠，《吳祐傳》，殺青者，以火炙簡令汗，取其青，易書不蠹，謂之“煞青”，亦謂之“汗簡”。見劉向《別録》。

《汗簡》一編，乃郭忠恕所集，凡七十一家字蹟爲證。《古尚書》爲始，《石經》、《説文》次之，觀其原委，深有自來。嗟夫！字學之始,始於蒼頡。無字之字,天真粲然;有字之字,筆法宛然。古無筆,筆于秦,至秦而小篆生矣。今人率皆遺小篆之法,不古之尚。而今之尚流,而愈流忘本,亦是古人製字,良各有說,特後世莫知其故。傳之久而復久,不免有舛謬,竟喪其本真。《汗簡》之作,追古法於既泯,流薪傳於無窮,郭公之功多矣。後之業字學者,可不知之。庚寅六月,所南鄭思肖爲山碉葉君題《汗簡》後。

　　右《汗簡》上中下各二卷,末卷爲《略例》、《目錄》,共七卷。李公建中《序》,爲郭宗正忠恕所撰,引用者七十一家,亦云博矣。崇禎十四年,借之山西張孟恭氏,久置案頭,未及鈔錄。今年乙酉,避兵入鄉,居于莫城西之洋蕩村。大海橫流,人情鼎沸,此鄉尤幸無恙。屋小炎蒸,無書可讀,架上偶携此本,便發興書之,二十日而畢。家人笑謂予曰:“世亂如此,揮汗寫書,近聞有焚書之令,未知此一編者,助得秦坑幾許虐焰。”予亦自笑而已。猶憶予家有舊鈔《張燕公集》,卷末識云:“吳元年南濠老人伍德手錄。”此時何時,嘯歌不廢,他年安知不留此洋蕩老人本耶? 但此書向無刻本,張本亦非曉字學者所書,遺失訛謬,未可意革。李公《序》云:“‘趙’字‘舊’字下俱有‘臣忠恕’字。”今“趙”字下尚存,“舊”下則亡之矣。確然知其非全本也。既無善本可資是正,而所引七十一家,予所有者,僅僅始一終取,本《說文》、《古老子》及《碧落碑》而已,又何從訂其訛謬哉。亦姑存其形似耳。又此書亦有不可余意處,如“沔”字、“汸”字、“泯”字、“涸”字,俱從“水”。今“沔”從“丏”,“汸”從“方”,“泯”從“氏”,“涸”從“鹵”,“腈”從“丹”而入“脊部”,“郤”從“邑”而入“谷部”;“馼”從“馬”而入“史部”;“朽”從“木”而入“丂部”。諸此之類,不可枚舉。大氐因古文字少,未免援文就部,以足其數,其實非也。《目錄》八紙,應在第七卷,今七卷首行尚存

“略敘目録”四字。古人著書，多有目録，是他人作者，故每云書若
干卷，目録幾卷。即一人所作，目録亦或在後，徐常侍所校《說文》，
其明證也。今人一概移置卷首，非是。今此本《目録》亦在第七卷，
後人知之。書成後，偶餘二紙，信筆書此，以供他年一笑。太歲乙
酉閏六月之十日，屠守老人識。

　　予昔在江南得汲古主人舊藏《佩觿》、《字鑑》，有斧季朱筆校正
手蹟，精雅絕倫，得未曾有。近獲《龍龕手鑑》及此本，尤稱精善。
《龍龕手鑑》爲子晉寫以贈勅先者。此本則葉石君由牧齋所藏舊本
手寫而成，字體古秀，較馮己蒼本款式稍大，而點畫特爲精妙，勘校
綦詳，洵奇書也。其《後序》三段猶牧翁筆，朱校則也是翁所補。著
于録，以見古書授受源流云。同治庚午冬月初雪，海源閣主人志。
<small>均在卷末。</small>

　　上中下各分二卷。每半葉八行，行作五排，原字在上，分注於
下。《目録》一卷居後，古例也。有“葉石君”、“蒙叟”、“虞山錢曾
遵王藏書”、“明善堂珍藏書畫印”、“安樂堂藏書記”各印。①

---

① 精鈔本汗簡。周批：“只有錢遵王印”。周批本第811頁。

續編卷二　史部

校本十五

鈔本一

校舊鈔本建炎時政記三卷一册

甲戌季冬，余新知陳仲遵爲余言："遺經堂近有舊書一單，大半皆鈔本，曾見之乎?"余曰："未也。"蓋時迫歲除，無暇爲此冷淡生活，故久不至書坊，即坊友亦久不來也。大除偶過元妙觀前，遂至是坊蹤跡之。檢及是册，苦不知其載於何書目。偶與仲遵談及，謂是書係李忠定公所著，載在《郡齋讀書志》第五卷上二十二葉，並借余鮑氏知不足齋鈔本。因手校一過，鮑本實有可正是本誤處。然每卷脱去起止一行，又每日多接連，空格多作"某"字，且改"赤"爲"尺"，皆非古書面目，究不如此怡顔堂鈔書之爲舊也。乙亥正月十日記，復翁。

《李群玉》、《方干詩集》合裝者，余家向有一本，係空居閣舊藏。刻有書賈持此册來，亦《李》、《方》合裝。而二集後墨筆題識多同，想同出一源。此則汲古舊藏，審其字跡，似毛本後於馮本也。初得見是書時，以馮本對勘，鈔無異字。惟此本《方集》多汲古孫綏萬跋語，知取黑格條鈔本及東山席氏刻本一爲校勘者。然其意以黑格爲不足據，而席氏刻，余又以爲在舊鈔後，不應據刻改鈔，故遂置之。及書賈持去，偶閱《讀書敏求記》，云“元英先生家集十卷，此云元英者，避宋諱也。集中《贈美人》七言長句四首，今本爲俗子芟去，得此始補全之”。方歎讀書未遍，致失善本，急令書賈取回，出重資購而並儲焉，稍補余過。嘉慶癸酉三月晦日復翁識。均在末卷後。

　　道光辛巳冬，見黑格條鈔本，有子晉跋語，即是分授綏萬之本也。價昂未收，聞是香嚴藏本。復翁記。二跋原誤。紹曾案：以上兩則復翁跋，當入集部《李群玉、方干詩集》，誤入此處，當年楊氏即已發現，故於黃跋第二則後用小字加注：“二跋原誤。”繆荃孫《蕘圃藏書題識》，即移入集部《李群玉、方干詩集》中，但《楹書隅綠》及《隅錄續編》均未著錄《李群玉、方干詩集》，故衹能一仍其舊。

　　格中心下方有“怡顏堂鈔書”五字。

　　嘉慶乙亥夏日，惕甫借讀一過。在卷首

校本孤臣泣血録二册不分卷

　　此明刻本《靖康孤臣泣血録》，因是葉石翁、孫慶翁兩家藏本，故收之。歲辛酉，得郡中青芝山房所藏鈔本，遂手校一過於此刻上，覺勝此遠甚。命工重裝，藏諸篋衍。今日坐雨無聊，偶檢及此，爰題數語。壬戌立冬後二日甲寅黃丕烈識。

　　卷首有“葉樹廉印”、“石君”、“孫從添印”等印。①

---

① 孤臣泣血録。周批：“半葉八行十六字，白口，無魚尾，板心有‘靖康二年’四字。”周批本第819頁。

校舊鈔本紹興十八年同年小録一册_{不分卷}

《紹興同年小録》。明弘治間曾有刻本。《浙江采輯遺書目録》詳言之。余友蔣藝萱之素好張東畲有此書。藝萱攜以示余，余亦欲得之，因物主寶爲宋刻，故議價未妥。去年殘臘，海鹽家椒升以此本來，易去青錢一千五百文。蓋猶是舊鈔，且傳本罕有，宜珍之，以與元刻《統元年進士題名録》並藏焉。嘉慶三年歲在戊午三月六日黃丕烈識。

嘉慶己巳，恭遇今上五旬萬壽，各省大僚虔備貢品，書籍文玩亦在購辦之列。吾吳爲江南會垣，珍物雲集，城中特開貢局，景慶始開於前，大觀繼開於後。前所云弘治刻《紹興十八年同年小録》，適出大觀之局，余借歸校勘，多所是正。惜物主仍視爲宋刻，未知可能成交否？向來以舊鈔書爲可寶，今歷觀諸書鈔本，最爲難信。即如兹《録》脱落甚多，此其一也。惟舊刻自宋而元而明初，縱有舛訛，皆屬無心，非有意删削也。聊記於此，以爲讀書者示準則云。己巳七月十日復翁識。

大觀局者，葑門彭、宋兩家所開也。彭行三，號朗峰；宋亦行三，號曉巖，皆諸生。弘治本之《紹興同年小録》，爲朗峰之兄彭梧岡物也。彭得於張，屢欲歸余，而其值總無的實數目，窺其意，仍視爲宋刻，故不之果。且係便家，似非重值，毋寧置之，則此書斷不可出矣。筆之於此，以見書雖明刻，罕秘而不可得如此。甲戌仲春望後三日，春寒奇甚，復翁。_{以上各跋，均在册末。}

是册對弘治刻本，可謂精審。然經後人拔去刻本人名，未知原本面目如何。余別得金陵嚴長明家鈔本，與此殊異，可參考之。時甲戌仲春望後三日，養疴西廂，檢此識。復翁。_{在卷首。}

此《錄》而外，尚有《寶祐四年登科錄》，以文天祥榜故也。所見傳鈔本外，惟明刻爲最初本，然無刊刻年月，玩其板刻字形及紙墨，似較《紹興十八年同年錄》稍後。昔曾於經義書坊見之，係無錫故家物。物主持來審是何時刻本，余適至坊間，故見之，彼視爲宋刻，故未敢問值也。閱歲辛巳，又從師德堂書坊見一本，仿佛與前所見相同，而視爲宋刻，物主之見解，如合一轍，亦遂置之。計一百餘葉，卷帙稍益於《紹興同年錄》。後知暫質於武林友人僑吳者張心栽處，余得復見之，故數其葉如此。爰書此，附載於紙尾，以見二《錄》舊本無過明刻云爾。道光辛巳秋八月，菉夫識。
在冊末。

校舊鈔本宋遺民錄十五卷二冊一函

古書日就湮沒，即如明初本，已不可多得，矧前於此者乎。此《宋遺民錄》猶是照明初刻本寫者，篋藏久矣。頃收得毛子晉藏本，於明刻似影摹，故明人題語多有，此稍脫略矣。全書經斧季用朱墨兩筆手校，又有別一人墨校，余悉臨之，以備參考。至於每卷各有《附錄》，總置書後，足見古人搜訪之勤，體例之善。蓋是書原係程篁墩所輯，儻有未備、未確者，不妨俟後人補之、正之。近時《知不足齋叢書》中刊此，於所補者，刊入當卷下，所正者盡空其文。吾無取乎爾也。茲第就程《錄》所有，悉爲校勘，而毛氏之《附錄》者不存焉，亦取存此《宋遺民錄》之真本而已。復翁。

校元舊鈔本國朝名臣事略十五卷二冊

《名臣事略》，吾家曾蓄元刊本，乃吳枚菴舊物也。中有漫漶，丁卯季秋菉圃黃君易去，以香嚴書屋精本校爲完璧。予後得此鈔本,中多闕字,與元本漫漶處正同,想即出祖前本録出耳。且鈔手甚劣,有全行脱落者。今閒居多暇,因復從黃君假得校定元本校讀一過,闕者補之,訛者證之,雖遠遜古刻,若供翻閱,則猶可爲善本也。嘉慶已巳重陽日,長洲張紹仁記於綠筠廬。

道光癸未春,因友人收得貝䃋蔽家書,中有舊鈔本蘇天爵《名臣事略》,係王西沚家物,其實是明時淡生堂鈔本也。思購之,以臨校元本。元本原係執經堂物,余向年承詡菴相讓,故詡菴所留,反屬鈔本之校元刻者。余於去年歲除,料理歲務,以古書爲活計,元刻亦轉歸他所。今從友人易此舊鈔,從是本手爲校勘,復得補校幾個漏落字,或所據元刻,有初印、後印之不同,抑淡生主人從義長者改竄,他日仍擬再借元刻一參之。冬至後三日,蕘夫識。

所鉤勒行款,惟十一卷參差一行,并記。均在卷末。

卷首有仲魚圖象印、“得此書費辛苦後之人其鑒我”印,並“張氏紹仁”、“長洲宋氏”各印記。

校舊鈔本錦里耆舊傳四卷二册

《錦里耆舊傳》四卷,蓋不全書也。余舊藏爲馮氏藏本,相傳爲歷來鈔録之本,衹後四卷,故標題卷五至卷八。此本有竹垞老人記,未知即《曝書亭集》所跋本否。《跋》云三卷,又云“至乾德三年止”,殊不合也。昨以馮本校其異字於上下方,是者圈之,非者抹之,展卷可了然也。馮本亦有誤處,得此可正。書不嫌多置,職是故耳。立夏前一日,復翁記。

續案:竹垞翁《跋》云:“尋有除目二十六人。”此册所載卻合,如馮本多“王昭遠右領衛上將軍”一行。雖亦止二十六人,而王昭遠一人兼兩官，未知所多者果確否也。并記。均在末卷後。

卷首有"竹垞老人"印。

校舊鈔本蜀檮杌未附吳曦之叛　均不分卷

《外史檮杌》十卷，見於宋人著録，而近所傳者，未知何自出。余向藏舊鈔本，較此少遜。頃借海寧陳仲魚藏本勘一過，彼分卷二，前後俱有序。其《自序》中語與宋人所載合，必非妄矣，因補録於卷中。此似出明刻，末有范得志《跋》可證矣。《曦之叛》云云，又因蜀而附焉者也。丁卯夏五月念六日，復翁黃丕烈識。

校陳本畢，因取舊藏馮己蒼本校一過，脫誤纍纍，誠較此本爲遜。而鈔手甚舊，必非無據者。其異同悉用墨筆標於上下方，統三本閱之，陳本爲勝矣。其前後序，不識果出於《文類》否？復翁又記。

癸酉莫春，吳枚菴借此校本去，歸時見有紅筆夾籤若干條，蓋從其本校出者也，因亦以紅筆著其緣由。四月立夏前三日，復翁。以上各跋，均在册末。

校鈔本馬令南唐書三十卷二册

余向收得馮氏藏本《南唐書》二册，因家有舊刻，轉歸於周丈香嚴。後余適以舊刻歸他所，而案頭反無馬《書》舊本，遂從香嚴假歸，命門僕影録一本，録畢久未取對。日來梅雨淹旬，閒居少客，先用硃筆手校，録誤字一過，次臨硃筆校閱語於上方及行間，又次臨硃筆句讀，蓋重其爲馮氏藏本也。馮氏名舒，字己蒼。卷三十後墨筆所録跋語，亦舊時己蒼用硃筆識者也。分本亦照原本，册首册尾各有"上黨"長方印、"馮氏藏本"方印。兹不能摹其篆文，以楷書記其款式而已。嘉慶庚午夏至後一日，黃丕烈識。

卷中尚有顯然訛字，句讀亦有舛錯。沈欽韓記。均在末卷後。

校本陸游南唐書二十卷二册

汲古閣初刻陸氏《南唐書》。舛誤特甚，此再刻者，已多所改正。然如《讀書敏求記》所云"卷例俱遵《史》、《漢》體，首行書某紀、某傳卷第幾，而注《南唐書》於下。今流俗鈔本竟稱'南唐書本紀'卷第一、卷二、三，'列傳'亦如之。開卷便見其謬"者，尚未改去，其他沿襲舊譌，可知其不少矣。陸敕先校本藏小讀書堆，傳臨一過，頗多裨益，藏諸篋中久矣。今蕘圃話及此書未得佳本，而予適欲得其重本之《野客叢書》，因舉以相易。蕘圃其姑儲此以俟。特未審遵王所藏、敕先所見是一是二，惜《敏求記》不言其詳也，他時庶乎遇而辨之。嘉慶己未五月，顧廣圻記。在卷首。

《南唐書》，馬、陸並稱。余家舊藏元本馬《書》，較時本頗善。陸《書》向無舊刻。頃從澗薲易得傳録陸敕先校本，雖非舊刻，亦可與馬《書》並稱善本矣。毛刻附於《劍南集》以行。余所藏放翁之詩文，皆有宋刻，惟此本與《老學菴筆記》皆無宋刻。今得此校本，差可與《老學菴筆記》校本並藏，日後倘得舊本，不可取以相參證乎。嘉慶己未夏五月中澣九日，梅雨連朝，陰霾積悶，書此以破岑寂。棘人黄丕烈識。

乙丑冬日，得陸敕先手校錢遵王鈔本，復取此參一過，目録校改，悉如《敏求記》中云云矣。向時澗薲《跋》云："特未審遵王所藏、敕先所校者是一是二。"今乃豁然頓悟，蓋錢遵王之鈔本較善也。蕘翁。

丁卯歲，收得穴研齋鈔本，卷末一葉，格旁有"虞山錢遵王藏書"七字一行，審是遵王手書。則陸取校者，必此書矣。頃取出略爲對勘，時有歧異，未知其故，或遵王尚有別本邪？抑救先校時有脫誤邪？張訒菴、吳枚菴各借此臨校，余記憶不清。謂已從遵王原本手校一過。今出穴研齋鈔本證之，知未校過也。恐疑誤良友，書此自訟。己亥五月二日，廿止醒人識。以上各跋，均在末卷。

案：末跋"己亥"，疑"乙亥"之誤。①

校影宋鈔本剡録十一卷二冊

此高似孫《剡録》殘本，從周丈香嚴藏本影寫者。周本爲姑餘山人沈與文所藏，卷中有"吳門世儒家"、"埜竹齋"兩長方印；又有"沈與文印"、"姑與山人"兩方印。其爲明嘉靖時鈔無疑。遇"完"字作"宀"，"朗"字作"朖"，當是影宋鈔者。宋人地志最足取重，世有梓本，如范成大之志會稽等書，已不能盡得宋本面目，況宋本外絕無流傳者乎？此本流傳甚少，得此亦足珍秘。聞嘉定錢少詹家有全本，久假之而無以應我，蓋竹汀先生於此書非常所寓目者。一時尋覓未得，遂不能借鈔，殊爲悵然，識之以見古書難得全璧。所遇每如是二冊，誤字不少，暇日當細爲手校一過。嘉慶戊午秋八月二十八日燈下，取周本對勘竣事，聊記於此。棘人黃丕烈。在第六卷下後。

此八卷至十二卷，余從錢少詹藏本補錄者也。少詹本與周香嚴所藏影宋殘本行款悉同，而筆墨差少古致，大約國初人鈔本。前有"語古"小長方印；又一小方印，其文曰"髯"，皆何義門先生之章

① 　陸游南唐書。周批："'郡先輩錢磬室手抄本校一過。丁巳嘉平朔救先記。'此行在《音釋》後，顧氏手迹。"周批本第839頁。

也。中多紅筆。①

校宋舊鈔本幽蘭居士東京夢華録十卷一册

乙亥八月，借江氏宋刊本校閲一過。枚菴漫士。

余向見《汲古閣珍藏祕本書目》有《宋板東京夢華録》，及收得一元刻，楮墨精好，始疑宋版之説，或即指是，蓋元刻亦不易得也。頃從吳枚菴家獲其散出之書，中有舊鈔《東京夢華録》，係枚菴手校江氏宋刊本，云宋本八行、十六字。取對元刻，行款不同，卷中紅筆校處亦多歧異。乃歎天壤甚大，有宋板而不能發見者，幾危矣哉。甲子三月十日蕘翁識。

余舊藏元刊本爲顧五痴家物，因與此鈔本及校宋本俱不符，故未校兹。昨歲冬季，已歸藝芸書屋，衹留此舊鈔校本爲齋中展玩之副。蓋此等書非有關大用，不必定以刻本爲勝也。聊書數語，以當解嘲。丙子歲初三日，復翁。

戊寅夏，濂溪坊蔣氏書散出，爲壽松堂蔣氏收得。中有弘治甲子年重新刊行本，每葉十六行，行十六字。大旨與此校八行、十六字本同，或當日即據此本以爲宋刊也。校本云八行者，就半葉計之也。方悔前此信此校之爲宋刊，故不敢以元刻校宋。兹見明刻與宋校合，而所謂宋刊者，全不可信。甚哉！書非目見，難以臆斷也。

---

① 剟録。據王大隆《蕘圃藏書題識再續録》卷一所録，"中多紅筆"下尚有"添改字，余傳録時悉一以墨筆臨之，而注其上方，惟兩處曾屬潤賡以紅筆影摹之，重其爲義門所校也。前一卷至卷六上下，遇異同或校正處，皆覆勘之，而注曰'錢本'，明兩本之異也。較周所藏，差爲增益。然兩本比較，終少七卷，未知何故，俟更訪之。蕘圃"，計九十七字，此書未録，應補。見中華書局《清人書目題跋叢刊》六《黃丕烈書目題跋》，第361頁。

初伏第四日，復翁記。

越日晨起無事，取弘治甲子重新刊行本，校其異於別紙，間有
勝於校本者，擬仍録諸卷中。至訛謬處亦復不少，似前跋以爲八行
十六字即是此本，未必確也。總之，書非目觀，憑口説耳食以定是
非，斷斷乎其不可。校畢，復翁又記。

道光癸未元夕後三日，沈小宛借此歸還，因欲注其所撰《荆公
文集注》也。中有校語二條，并記。蕘夫。

道光癸未二月，張紹仁借觀。均在卷末。

校元本夢華録十卷一册

余所收東城顧桐井家大板細字元刻《幽蘭居士東京夢華録》十
卷，楮墨精妙，是明初印本，已歸諸藝芸書舍矣。頃於坊間獲此刻，
少第十卷，倩工摹《祕册彙函》本補之。仍往借之，手校如右，并補
趙師俠《跋》。兹因手校，知字有描寫處，稍爲美玉之疵耳。癸未二
月，蕘夫。

此《幽蘭居士東京夢華録》十卷，東城顧桐井家藏書也。因顧
質於張，余以白金二十四兩從張處購得。裝潢精妙，楮墨古雅，板
大而字細，人皆以爲宋刻，余獨謂不然。書中惟"祖宗"二字空格，
餘字不避宋諱，當是元刻中之上駟。至於印本，當在明初。蓋就其
紙背文字驗之，有"本班助教廖崇志堂西二班民生黄刷卷遠差易中
等《論語》、《大誥》"云云。雖文字不可卒讀，而所云皆國子監中
事，知廢紙爲監中册籍也。余向藏何子未校者，即出於此刻，知毛
刻猶未盡善，不但失去淳熙丁未浚儀趙師俠介之《後序》而已。竹
垞翁所藏，爲弘治癸亥重雕本，此殆其原者。惟汲古閣珍藏秘本有
所謂宋刻，其《書目》載之，未知與此又孰勝耶？卷中收藏圖書甚

多,知其人者,獨"顧氏"、"大有"諸印,爲我吴郡故家。"夷白齋"一印,不識是陳基否?然篆文印色俱新,恐非其人矣。嘉慶庚申閏四月芒種後三日,輯《所見古書録》,啓緘讀之,因補題數語於後。閲收得時已二載餘矣。讀未見書齋主人黄丕烈識。道光癸未仲春,美鏐敬臨於讀未見書齋之西軒。

從黄蕘翁借觀元槧《夢華録》,蕘翁囑爲覆校。此本拾遺、補闕又得三十餘字,復以毛氏汲古閣舊藏鈔本參閲,並記其異同數字於眉間。道光癸未二月廿四清明日,張紹仁識。均在卷末。

【藏園批注】用汲古閣刊本校,卷十乃補鈔。

校本中吴紀聞六卷二册

去冬,有嘉禾友人與余同好來訪余,即住齋中,書友聞之,雜沓而至。適有人持明刻《中吴紀聞》校過者,云是陳白陽山人手校,友人遂買之。余向蓄是書有二刻:一明刻,一毛刻而何校者。擬留臨校,參其異同,友人允諾,留將半年,今始臨校。爲家藏多係已校者,恐亂校本面目,必再得一本,方可下筆。是書頃向骨董鋪得來,爲西沚家散出之書,人去而物亦去,可傷也夫!辛未四月有四日,復翁。

西沚即西莊王鳴盛之號也,嘉定人,僑居閶門外龐家街。乙亥記。

乙亥花朝,收得李明古家遺書,中有鈔本《中吴紀聞》,亦有道復跋語,不知與前所見陳校本誰假誰真。後鈔本歸張訒菴,俟假勘之。四月十八記。

五月十有九日,借張本勘一過,與前所見陳校本不盡合,中一二佳字用朱字記出,惟前本脱一葉。此本字跡,補脱與原鈔字跡異,疑前爲陳校原本,而此臨之也。復翁。均在卷末。

　明刻與陳校,玆校恐亂其真。明刻與此異者,僅以墨筆識之。惜陳校未知所本,抑出意改也。復翁記。在卷首。

校本武林舊事十卷二册

　《武林舊事》乃弁陽老人草窗周密公謹所集也,刊本止第六卷。山中仇先生所藏本終十卷,後歸西河莫氏家。余就假於莫氏,因手鈔成全書,以識歲月,藏於家塾。至元後戊寅正月,忻厚德用和父。

　舊鈔補《敘》一篇,係遵王手書者,此本今在周香嚴令似漱六居。余於夏間借歸手校,其墨校者,余悉據改。其朱校,屬西賓陸拙生臨之。復翁記。均在末卷後。

　舊刻止有宋廷佐六卷本。《祕笈》所刻有《後武林舊事》,未之見也。近日《知不足齋叢書》謂"參酌於宋、陳兩家刻本",然非其舊矣。詞句尚多佳處,讀者可以鮑本爲據。余喜蓄古書,宋廷佐本向亦有之,時以明刻,未之珍惜,已易去,今但存影鈔本矣。辛未仲冬,復翁記。在卷首。

　辛未大除,偶過五柳居,主人出《祕笈》相示,因從彼借《武林舊事》歸。《祕笈》以"某待詔"已下爲一卷,後分二、三、四、五卷,爲《後武林舊事》,總成五卷。余取校於此本。壬申正月二十一日校訖記。復翁。

　鮑《叢書》據陳《祕笈》本校《後武林舊事》,余誤陳爲商。壬申春,覆勘記。在卷首。

　嘉慶辛未冬,重録錢遵王所藏舊鈔本朱校。陸拙生記。均在末卷後。

校宋舊鈔本中興館閣錄九卷續錄九卷四册

全書借顧抱沖小讀書堆影宋鈔本手校，内正、續《官聯》有倒置者，此照影宋鈔本補脱，照舊校宋刻本正誤。宋廛一翁記，丙子季秋。

此書向藏宋刻，曾借小讀書堆影宋本勘之，惟《續録》文誤訂入《前録》中者三葉，影宋時承其錯簡而混厠《前録》中，并擅改版心，妄填名目，以致正、續不分。賴有宋刻正之，詳見余所撰《所見古書録》中。近宋刻已歸他姓，復購得一鈔本，其原或出聚珍本，由《永樂大典》掇拾者，所誤三葉，以空白闕疑。兹據影宋本補其文，據宋刻正其誤。其餘《續録》、《官聯》，兹覆校始知尚有錯簡，惜當時宋刻未暇正也。復翁。均在卷首。

此鈔本余得諸五柳居，實嘉善人家物也。聞其家有一進士，故多藏書，是必能讀書者。是書不詳所由來，行款全非舊本，意從《永樂大典》本出，而未敢必也。余今手校此影宋本，又依向所親見宋刻之勝於影宋鈔者，手證其誤，此本居然善本矣。因思此等書籍視之無甚緊要，而欲考究一朝典實，非但館閣制度可於此見，即其中人材輩出，姓氏、籍貫、科第，犁然在目，孰謂非一緊要書耶。余固不憚借本讎校若此也。復翁。在卷末。

缺第一卷及《續録》第九卷。

舊鈔本絳雲樓書目一卷一册

小山氏手鈔本。在卷首。

案：《絳雲樓書目》有二本，一無倦圃《序》，不附《靜惕堂書目》，詮次亦多不同，似所注宋、元版字樣較多。久欲參校，奈二本皆屬鈔本，未敢輕改，姑各仍其舊。頃五柳主人以此本見遺，手寫極工雅，知是何仲老鈔本，較昔長孫從坊間得者遠勝。爰手校一過，并囑澗蘋補其空行，俾爲完本云。癸未歲杪，老薆記。在卷末。

予齋藏錢氏《絳雲》、季氏《延令》、徐氏《傳是》各書目，皆鈔本。惟此目與《篆竹堂書目》並佳，且爲前賢手定，尤足珍愛。恃著於録，以見藏書家淵源云。同治紀元仲冬，海源閣主人跋。在福葉。

有"小山"、"煌印"、"千里"、"顧廣圻審定"、"蕘圃手校"、"士禮居"、"書魔"各印。

續編卷三　子部

明銅活字本二
校本四十二
鈔本一

校明鈔本鹽鐵論十卷一冊

禎游學宮時，得漢廬江太守丞汝南桓寬次公所著《鹽鐵論》，讀之，愛其辭博，其論覈，可以施之天地、國家，非空言也。惜所鈔紙墨，歲久漫漶，或不能句，有遺恨焉。迺者承乏江陰，始得宋嘉泰壬戌刻本於薦紳家，如獲拱璧，因命工刻梓，嘉與四方大夫士共之。弘治辛酉十月朔日，新淦涂禎識。

嘉慶癸亥，蕘翁屬閱一過，就所見標於上方。此書明代屢刻，俱遜於攖寧齋鈔本。然誤處仍多，惜不得宋元舊槧，一掃風庭之葉也。嘉泰壬戌本見弘治辛酉涂禎《跋》中，不識尚在天壤間否？顧千里記。均在卷首。

太元書室刊本校，甲寅除夕前一日。澗蘋記。

校畢時，未及一更，新月半規，天光潔净，令人添静意幾許。蕘圃氏。

右《鹽鐵論》十卷,係活字本。余借顧澗蘋影寫本傳錄者,原本出於洞庭鈕匪石之友所藏。其用以校活字本者,則又瞿氏所藏太元書室本也。雖經校勘,訛字尚多,俟以舊鈔本正之。棘人黄丕烈。

嘉慶癸亥夏,用攖寧齋書鈔本校,與太元書室刊本甚近。然首有都穆《序》,謂刻於江陰。其作序年歲又同出弘治辛酉,而實勝活字本,未知何故。丕烈校竣書。

通本用墨筆於藍硃二筆上,是者加圈,非者加豎,兩存者加點,疑者不加圈點。庶兩本佳處、訛謬者,亦不掩矣。端陽日,蕘翁記。

以上各跋,均在末卷後。

校宋本韓非子二十卷二册

向從郡城周香嚴家借得張鼎文本《韓非子》,雖明刻,然頗近古,已屬余友顧澗蘋臨校於趙本矣。去年在坊間購得此刻,取與所校張本核之多合,固知其爲善本也。然究未知其本之何自出。爰假貞節堂袁氏所藏《道藏》本手校一過,見卷中有同卷字,又有虧四記號,乃知亦自《道藏》本出,故大段尚好。惟字句間有不同,想是校改重梓所致,與《道藏》猶不盡合。新歲杜門謝客,竭三四日力而校讎至再,今而後,《道藏》本之面目纖悉無遺。趙本云自宋本出,澗蘋又爲余校臨諸本於上,取兩本讀之,信可爲參互考訂之助爾。壬戌春正月九日,黄丕烈。

以朱筆校《道藏》本,此壬戌春間事也。既於是年秋獲影宋本,復手校首幾卷,旋即中止。蓋影宋雖出自述古,而此外又有宋刻本,適借諸他所。手校於影宋本上,其異同尚多,不暇悉臨校於茲也。今長夏無事,取所有子書,次第校勘。《淮南》、《列子》二家,已從宋刻精校,此猶少副本,因復續取校宋刻、影宋本,傳錄於此。《道藏》本與宋刻本互有出入,當參考而鉤其中可耳。丙子六月下弦,復翁。均在末卷後。

書必真本爲上,其次從真本手校乃可信。蓋手校真本,止隔一層。即如此本,余於宋刻、《藏》本,兩皆親見真本,似可爲信矣。

《韓非子》,別有顧千里爲余手臨諸家校本在趙本上。然諸家所校宋刻及《藏》本,今取以勘余親見之宋刻與《藏》本,皆不同。余故云手校真本,乃可信也。均在卷首。

校元本宋提刑洗冤集錄五卷二冊

《洗冤錄》舊刻不多見,得見覆刻本已鮮,世傳者非其本書矣。余家舊藏《宋提刑洗冤集錄》五卷,前有《聖朝頒降新例》幾條,載“大德”云云,故定是元刻。茲胡文煥覆本,文理略同,殊多脱誤,且改易卷第,因手校之,庶可讀也。復翁。

明人喜刻書,而又不肯守其舊,故所刻往往戾於古。即如此書,能翻刻之,可謂善矣,而必欲改其卷第,添設條目,何耶?余向檢《也是園書目》,於《律令門》載有《洗冤錄》一卷,《無冤錄》一卷,《平冤錄》一卷。茲從此刻考之,殆即指是書也。蓋書分上下,猶是一卷耳,故《目》云一卷也。《無冤》、《平冤》亦胡文煥刻,余與此《錄》併得之。丁卯秋九月,黃丕烈識。均在卷末。

校明鈔本靈臺祕苑十五卷八冊

此《靈臺祕苑》十五卷,係明人舊鈔,雖有舛誤,尚可是正。近從馬鋪橋周香嚴家借得騎龍巷顧氏鈔本,各卷參差不一,與舊本序次無相合者,舛誤處竟莫可是正矣。舊鈔脱"房星釋文"一條,從周本補足。卷十三"羽林軍"後脱葉,因序次不對,難以補入,姑就舊鈔目録,按顧鈔本而傳録十一條,未識是否。當俟善本正之。乙卯三月,棘人黃丕烈。

端陽前二日,書友吳東亭示一新鈔本,急檢卷十三文,惟"鈇鉞"一條及"王良"一條與顧鈔本有歧異者。因文理稍勝,竟從新本,謄清於卷中素紙。餘條亦間參兩本,正其舛誤焉。蕘圃氏。均在末卷後。

校明鈔本畫鑒一卷一册

嘉靖乙丑春三月十三日,鹿田居士史臣紀勘畢。

隆慶三年首夏,顧玄緯載勘,計四十葉。

夏六月小暑日,皇山七十五翁姚咨又校一過。

乙丑歲,有書賈吳姓者持是求售,予因以下闕錢易得。下闕海虞馮彥淵記。均在卷末。

吳郡姑餘山人沈與文校勘。在卷首。

此册余舊藏有年矣,歷經名家收藏,并手校一過。頃從坊間又獲一舊鈔本,出自郡中賜書樓蔣氏,雖訛舛特甚,而字句間有可爲此本校勘左證者,悉用别紙粘於上方,舊時校語,亦粘於别紙,即書校語於後,注云:"蔣本續校者,皆余筆也。"古人審慎,多作意揣之詞,故未便輕改。兹得别本爲據,可釋然無疑矣。閒窗枯坐,破一日工夫,校此於百宋一廛之北窗下。時濃雲密布,天意釀寒,一種清冷之致,頗自得耳。辛未冬至後四日,復翁識。在卷末。

版心有"野竹齋校刻"五字。卷首末有"姚伯子手校印"、"上黨馮氏藏本"、"馮彥淵收藏記"、"容十"、"姑餘吳岫家藏"、"方山"、"濠南居士"、"姑餘山人"、"沈與文印"各印記。

校舊鈔本衍極五卷一册

至正二十六年歲在丙午八月庚戌朔寫起,至十有八日丁卯鈔畢於泗北村居映雪齋。華亭孫道明叔識,時年七十歲。

弘治丙辰十月十二日,吳山盧雍謹録於長洲烏鵲橋寓所。

康熙二年癸卯三月,予僑寓吳門半塘,偶過訪金孝章,出示此書,猶是吳匏庵先生家藏本也。得未曾見,喜而借鈔,酬應之暇,繕寫竣事。始三月二十一日,畢四月初七日,通計一十六日。老眼雖昏,魯魚稍訂,後之覽者,尚毋忽諸。江陰周榮起識,時年六十四歲。

周榮起,字硯農,江陰老儒。書多手鈔,精六書之學,毛子晉刻校古書,多其刊正,年八十七乃卒。子長源,字鄰侯,亦文士。二女曰禧、祜,皆工畫。禧名尤著云。吳翌鳳附志,時年丙午四月四日,雨窗。

《衍極》以五卷者爲佳,明神廟時刻猶如此,近傳二卷,非其舊矣。《讀書敏求記》云:"龍溪令趙敬叔爲之鋟梓以傳",今考《陳衆仲書》云"又喜趙龍溪之能篤意於斯文,然後喜著書者之託以不朽也",則此書在元時當有刻本,世所傳者,不過明刻耳。此册尚是元人鈔本録出,翫吳枚菴跋識,是康熙時人周硯農手鈔。余所藏明刻本,當遜而居乙。惟卷端有李齋《序》一首,明刻反有,爰補録備覽云。嘉慶甲子六月念日,識於百宋一廛之北窗。黃丕烈。

越歲庚辰,於坊間見有藍格舊鈔本,係從弘治時能静元孫正隆重刊本鈔出者。取對此鈔,實有脱失,急爲手校其異於周本上。周本雖鈔自元人録本,然正隆所據,必非無本,故不憚損汙此本,俾文得其全也。復翁。

凡書不可不細校一通。第就其外而觀之，爲某本勝於某本，此非定論也。即如此書，先得明刻本，後得名人鈔本，即定爲鈔勝於刻，此殊不然。余向時卻未敢以明刻校名鈔，近得舊鈔，遂取以校鈔本，知脱失有在明刻所有者，則鈔所自出本無也。但文取其備，因悉補之。惟是字句之間，此或同於明刻，或同於名鈔。是明刻已見正隆重刊本，而名鈔出自元人録本，則所據必元刻，故有不同也。名鈔本有一二佳字爲其所獨，如"反汗"，"汗"字極佳，此字明刻、舊鈔皆作"反復"，非矣。不知妄作，明刻極多，神廟時本各書，往往如是，故余校此本不復記出。苟可與舊鈔證明，而異乎名鈔者，文理較勝，偶亦取之。校畢復讎，因記原委，以質來者。見獨學人記。均在末卷後。

卷首有"祕本"、"楊灝之印"、"繼梁"、"吳翌鳳家藏"、"文苑"、"吳枚菴流覽所及"各印。

字法古雅可愛，真祕本也。

校舊鈔本文房四譜五卷一册

癸酉二月，從吳枚菴借本校。吳本初命門生揚濟陽生所録朱本。朱本者，朱文游所藏拂水蒙叟本也。蒙叟本，從趙清常本對校者，徐《序》是叟手録，蓋即《敏求記》中所載本也。趙清常本借録孫唐卿本。當枚菴録是書後，復從李氏借得錢蒙叟原本及趙清常原本，親爲校勘。以朱筆注錢，黃筆注趙，并録趙、錢兩人之《跋》於後。今余臨校，但注錢、趙而已。此本得諸海鹽家椒升，所云筆之《詞賦》，又每譜《詞賦》及易簡《後序》，皆有之，是爲善本。然筆之《雜説》脱四十五條，硯之《敘事》脱九條，則又不知何以異也，幸賴吳本足之。吳本有不及此本者，詞句間當再爲斟酌耳。復翁校畢識。

余既借吳枚菴校本手校此本矣，因吳校得知吳本所從校者，有錢蒙叟本，又有清常本，蒙叟所取以對校者。兩本皆出同郡朱文游家。余識朱丈時，其書大半散去，且余亦未及搜訪至此等書籍，故是書亦無從問訊。及見吳《跋》云云，乃思文筆惟郡中周丈香嚴收之最多，因往訪之。果有錢蒙叟本，《序》係蒙叟手録，通體朱墨兩筆，校勘亦出蒙叟手跡，洵奇遇也。顧有疑焉：枚菴前借諸朱丈者，的係真本，吳云錢對校趙清常本并有《跋》。今周本無蒙叟跋，亦不見及趙本一語，豈所謂錢以趙本對校者，其詳載趙本上，前枚菴借時，錢、趙兩本都見，故得知其詳耶？惜趙本未爲香嚴所收，而其詳不可得聞矣。最有異者，枚菴云錢作某，今證諸錢本，不合者亦甚夥，抑又何耶？俟持周藏錢本還質諸枚菴，想必有以核其實也。錢本究係鈔本，不無疑誤。余此時專校錢本，故無論是否之字，錢本合於此鈔，原本合於吳校本者，皆以墨筆圈之，或識其字於上下方，所以徵信也。若斟酌是非，旁引曲證，或即就本書他處引用，及別書所載者，祛其誤而存其疑，是在讀者用心可爾。癸酉暮春廿有五日，復翁。

廿又六日續借吳枚菴本，知錢《跋》果在趙本。此錢原本，本無《跋》也。

《書史會要》云：“蘇易簡，字太簡，梓州桐山人。官至知陳州，贈禮部尚書。風度奇秀，善筆札。”

馬端臨《文獻通考》作《文房四寶》五卷，今人俗諺，尚有此稱，理或然歟？

吳枚菴本《跋》二通：

朱文游所藏拂水蒙叟本甚爲精審，予六七年前嘗見之。濟陽生從朱本録出，奈胸無點墨，浪作鈔胥，遂致齟齬，不可卒讀。丁酉春日，命門生撨之，惜文游養疴閉關，末由借其原本一校讐也。明年仲冬九月，枚菴漫士識於東城寓舍。

又明年初夏，文游出示拂水原本，云："蒙叟從趙清常本對校者，卷首徐常侍一《序》是叟手録。"閲之，訛脱依然，殊失所望，略正數字，再識於此。漫士又書。

是夏六月，文游丈復以清常原本見借，校正數字。廿五日枚菴記。

趙、錢兩《跋》：

《文房四譜》四卷，戊申八月中，友人孫唐卿氏自家山來，奚囊中持此書，因借録并校其訛者，無慮數十。續檢得《徐騎省集》中有是書之《序》，不知何年失去。今録如前，可謂洛浦之遺矣。時萬曆三十六年九月十三日，海虞清常道人書於柏臺公署。

《文房四譜》五卷，此本闕二卷，筆之《詞賦》、又每譜《詞賦》俱闕，又脱易簡《後序》，非完書也。丙寅五月牧翁記。

廿五日校畢錢本，殊多疑誤之處，因重向枚菴借伊校本覆勘，始悉枚菴所校有不盡出錢、趙兩本者。蓋伊亦以錢本爲"訛脱依然，殊失所望，略正數字"也。則余所臨校之吳本，非特錢與趙不可分辨，且吳之校出於兩本外者，亦不甚區別，故重以吳本續校，卷中云"續案"又云"吳本"者，吳鈔之本；"吳校"者，吳校之本。皆非出於錢、趙兩本也。并補録諸跋，以備參考。時癸酉三月廿又六日，復翁。

舊鈔本硯箋四卷二册

《硯箋》四卷，刊入《揚州十二種》中，舊刻無有也。去年曾見兩

鈔本：一則陸東蘿得諸冷攤者，一則陳仲魚鈔諸友人者。陸本既歸
余，遂借陳本校陸本，似實有不同處。然陳本與揚州本爲近，未敢
信陳本而疑陸本也。頃五月下旬，余世好顧侍萱茂才出其家藏毛
校本，託余轉付裝池，因得借校。大段與陳本合，而卷二《硯說門》
"石性堅膩如玉"條，脫小注"蔡帖"二字起，至"唐中世以前"條"未
甚貴"三字止，適多一葉。蓋揚州本與陸本皆改易行款，故不知其
闕失，即陳本行款似與顧本同，亦不免脫此一葉也。時侍萱將游武
林，思攜贈百硯齋主人，未敢請歸余。其還書札有云："余之得遇此
書，固余之幸；此書之得遇余，亦此書之幸。"謂此一葉，苟非余表而
出之，不幾歸湮没乎？是實余區區愛書之心，有以致此奇遇也。迨
侍萱自武林歸，會面者數矣，彼此不復及前事。適鄉先輩陸西屏著
有《續硯箋》留在案頭，侍萱曾見之。後中元日，晚凉時來候余，欲
借陸書，因言及毛鈔《硯箋》所贈之人未之受，尚留篋中。余未及待
其詞之畢，而即要之曰："余有陸本，又有《揚州》本，任君所欲，攜一
本去，毛鈔本斷斷乎其必歸余。"蒙允翼晨相贈，余迫不及待，急遣
奴踏月相索。彼此作書往復，極一段情話，不可無以記之，爰著其
顛末如此。至於此書既去復來，以愛硯者而不愛説硯之書，卒使愛
書者終有之，殆有數存乎其間，不可令人思議已。嘉慶十七年歲在
壬申中元後二日書於學耕堂，求古居主人黃丕烈識。

　　卷一誤書卷二，癸酉元旦，偶重展，始知之。蕘翁記。

　　題毛鈔本《硯箋》得"箋"字禁押本事。

　　求書踏月遞長箋，窺秘華陽有洞天。勝是多金遺舊物，珍其完
璧愈新鎸。手中葉展奇真絶，心上花開喜欲顛。添得《硯箋》及《硯
史》，護持神物想琴川。復翁漫筆。

　　偶檢《述古堂書目·文房門》"高似孫《硯箋》四卷一本，宋

板”，因知此書宋板尚留人間也。余於古書因緣甚好，或再遇宋板，以鬠我欲乎？書此期之。再按：此本係舊鈔而毛藏者，前云“毛鈔本”，誤也。并記。七月晦日，復翁又識。均在末卷後。

有“子晉”、“汲古主人”、“楊灝之印”、“繼梁”各印記。

校明藍印銅活字本墨子十五卷二册

《墨子》向無善本，往時顧抱沖訪書海鹽張氏，曾得明藍印本，歸其從弟千里，歎爲絶佳。自後卻無所遇，因從千里借吳匏菴鈔本傳録一本，以備誦讀。頃周香嚴有伊親託售之書，内有藍印《墨子》，遂乞歸余。其來札云：“此刻與畢刻稍異，彼據《道藏》本，此出自内府，皆本於宋刻，未易優劣也。”余復取吳鈔本相勘，大段相同，而鈔所自出，雖未知其何從，其年代較先於此，或可互證也。家藏子書極多宋刻，惟《晏子》、《墨子》皆明本之善者，是可喜已。嘉慶丙辰春三月七日，從友人齋頭賞牡丹歸，燒燭書此。蕘翁。

丁卯春，以養疴杜門，因假袁氏五硯樓所藏正統十年十一月十一日《道藏》本手校此刻，其異同甚少也。香嚴云此出自内府，恐未必然，蓋亦據《道藏》本也。《道藏》本每卷標題下有“沛一”等數，今悉記於卷尾。復翁黃丕烈識。二跋均在卷末。

丁卯秋，續得嘉靖癸丑歲春二月吳興陸穩敍刻本，與此差後一年。而陸《敍》中有“前年居京師，幸於友人家覓内府本讀之”語，知香嚴以爲此從内府本者，非無據也。陸《敍》又云：“別駕唐公以博學聞於世，視郡暇，訪余於山堂，得《墨子》原本，將歸而梓之。”是又一本矣。今取唐本以勘陸本，殊有不合，知陸所云唐得《墨》原本者，非即陸本也。陸本出内府，唐本出《道藏》，殆不謬矣。惟陸本無《敍》，唐本有陸之《序》，後人遂疑唐本出自陸本。其實陸刻先一年,唐刻後一年,實不侔爾。秋九月六日,復翁。在卷首。此本於光緒癸未,公車北上,爲潘文勤師借校未還。文勤没,遂不可復見。保彝附記。

校舊鈔本墨子三卷三册

《讀書敏求記》載潛溪《諸子辨》云:"《墨子》三卷,戰國時宋大夫墨翟撰。上卷七篇,號曰《經》;中卷、下卷六篇,號曰《論》,共十三篇。"據此,則是書兩行於此者也。蓋《墨子》十五卷,《道藏》收之。余所藏嘉靖時刻有二本,皆十五卷。取《道藏》本勘之,無大異者。惟此字句間有不同,當必所自出殊矣。丁卯九月三日燈下記。復翁。①

【藏園訂補郘亭知見傳本書目】卷十上·子部十上·雜家類上,第六六〇至六六一頁

〔補〕墨子三卷

〇明寫本,有黄丕烈跋,云與十五卷本字句間有不同。海源閣遺書,余曾借校。

校舊鈔本鶡冠子三卷三册

案:中卷缺文二處,一取《道藏》本補之,行款卻合一。《道藏》本僅空二格,此空二十三行半,且多"地府,幽陰之謂"六字小注於"若陰陽"云云白文前,當非無據也。或此舊鈔在宋刻上寫下,實見

---

① 校舊鈔本墨子。周批:"黑格,白棉紙。此書閲時匆促,不記是俞氏手迹否。此書海源閣有二本,一無黄跋。"又批:"正德元年俞弁録。卷末。"周批本第913頁。

空此幾行。而《道藏》僅空二格，且去"地府"云云小注，或以意爲之，或所據本異也。安得更有古於《道藏》之本在，取以相證乎？復翁。在中卷後。

余得此舊鈔本《鶡冠子》三册，藏諸篋中久矣，其同得者，尚有《墨子》上、中、下三卷。因其鈔手尚舊，故備插架。收書二十年，從無善本可對，且蠹蝕塵封，幾同下馴。頃借袁氏五硯樓各種子書《道藏》本，手勘同異，遂及此書。行款大略相同，訛舛更甚。世無宋元善本，《道藏》其先河也。惟所缺，《道藏》每空二格，此或注元缺字，或空幾葉幾行。其鈔所自出必非《道藏》，或自古本出，亦未可知，存疑可爾。丕烈。

己巳仲冬十有四日，訪寓公張涵齋學士於茡溪，余與涵齋別已三四年矣。茶話移晷，極談古書各種源流。涵齋耋而好學，於子書尤所究心，因及《鶡冠子》。謂近刻不全備，偶於《通雅》中所引《環流章》"譬若東西南北之道，多"濫首不足，益以累重，噎意爲模"共十二字。接蹈然其爲分等也"，知余有舊本并校《道藏》者，屬爲檢閱。余歸視之，此本未有，即《道藏》亦無之，《通雅》疑誤也。且"譬若"作"故"亦互異。我輩墨守舊本，餘俱非所知，故著之。是册雖校《道藏》，然已不可多得。壽階於今兹將《道藏》諸本悉歸芸臺中丞，而外間無有藏《道藏》者，可不寶之哉！壽階秋初得疾於杭，八月初歸，即去世，後日已百日矣。重閱此書，不勝人琴俱亡之痛。復翁。均在末卷後。

校宋本劉子新論十卷一册

殘宋《劉子新論》有注本，藏孫伯淵家，余從之借校於舊鈔《道藏》本上。缺首二卷，以明刻本補之。明刻與《道藏》本殊異，反與此程榮本同，而三卷以後，此又不同於宋本，是未知所據云何也。茲復用宋本專校正文於程榮本上，俾知宋本佳處。至宋本之注，因與此不同，未暇校也。且有正文、小注校本在舊鈔《道藏》本上，故此從略焉。壬申端午後一日，西賓陸拙生以書歸進。復翁記。在末卷後。

校宋明鈔本劉子新論十卷三冊

晁氏《讀書志》云："齊劉晝孔昭撰，唐袁孝政注。凡五十五篇，言修心治身之道，而辭頗俗薄。或以爲劉勰，或以爲劉孝標，未知孰是。"庚午巳月晦日，葉子寅讀識。

辛卯夏五月十七日晨窗，見太翁、外舅圖記。此冊有外舅圖記，内子圖記補印。

此書丁丑冬得之梅花館，越宿即取去。庚辰秋再見之南樓，如逢故人，亟攜之歸。内鈔録多誤，硃筆已校正。至劉子姓氏，南陽先生雖言之，而終無的據，當以俟知者。世無刻本，可勿珍諸？康熙庚寅中秋十八日，許心扆識。均在卷首。

此亦五硯樓書也。因舊鈔，檢出之，不令隨他書去。卷端題"劉子"，卷下又有"無一"至"無十"字號，其爲《藏》本出無疑。惜五硯主人在日，未取《藏》本勘之，爲一恨事。而《藏》本早售去，茲無從借校，又一恨矣。我友周丈香嚴家多秘書，向假得活字本校如右，其硃墨兩筆舊校者都合。余兹校活字本，是者存之，非者不贅焉。讀是書者，以舊鈔爲主，活字參之可耳。嘉慶庚午五月一日校畢，時在支硎道中。復翁。在末卷後。

此書世鮮刻本，惟程榮《漢魏叢書》本有之，然脱誤甚多，不可據也。是舊鈔以他書《道藏》本證之，每葉二十行，行十七字，其自

《藏》本出無疑。不知何故，正文與注或錯出，或訛舛，舊校而外，又賴活字本校正無算。可知書非宋刻，可據者十不一二也。余向從萃古齋見一小匣子細字本，主人云是宋刻，惜亦不全。後聞爲陽湖孫伯淵售去，當致書山左，向彼借校，一破群疑。讀書在廣見博聞，余謂藏書之道亦然。藏而能讀，非見聞廣博，不足以奏其功焉。庚午五月十三燒燭重檢，復翁又記。在卷首。

壬申四月，假得孫淵如觀察所藏小字殘宋刻本，手校一過。首二卷全缺，他卷亦多脫葉。復翁記。

宋刻分卷與此異，其十卷則同，所異在每卷分合。

宋本二冊，見季滄葦《延令書目》，題云"劉子二新論"，孫氏五松園所藏即此本。今借校於此本上，其勝處固多，其脫誤處當以《藏》本、活字本參之。

是書校宋本，不憚至再至三，每校一次，即得訛字幾處。書之難校，"埽葉"、"拂塵"，可謂至論。四月十八，第三次校畢記。均在末卷後。

宋本《劉子新論》跋：

《劉子新論》十卷，南宋板本，陶大使所贈。予見《子彙》本作二卷，無注。又有孫鑛評本，文不完，題播州袁孝政注，以孝政官爲地名，謬甚。但自"清神"至"尊學"，注文反多於此本，不知何故，宜細考。宋題劉勰者，仍《唐志》之舊，與明人逕題劉晝者殊，無足怪也。孫星衍記於金陵五松園。

宋本

裝潢二冊，根號乾坤。　　題籤劉子新論宋板神品。　　圖書第一冊副葉上：子儋　鑒定法書之印　在明刻補缺目錄第一葉一行上：　季印振宜　滄葦　在明刻補缺目錄第一葉一、二行上：　沈子橢印　在明刻補缺卷一第一葉一、二行之中：　揚州

季氏　滄葦　振宜之印　在宋刻卷五第十三葉末行：　蒊匫草堂　在第二冊副葉上：良惠堂沈九川印

鑒定法書之印　在宋刻鈔補卷六第一葉第一、二行之中：　季振宜藏書　蒊匫在宋刻第六卷第十葉後三行　志雅齋　在宋刻第七卷第一葉前二行：　九翁　趙氏子昂

在宋刻第八卷第一葉前二行：　竹塢　在宋刻第十卷第十葉，不計行：　宗伯沈文私印　御史振宜之印　葉數　目錄二葉，卷一八葉。　卷二九葉。以上皆明刻。

卷三計十葉，內脫第八葉。卷四計十葉，內脫第四、第五葉。　卷五計十三葉，全。卷六計十葉，內鈔補首二葉。　卷七計八葉，全。　卷八計九葉，內脫第六葉。　卷九計八葉，內脫第二、第三、第四葉。

卷十計十葉，全，無鈔補　版心　白口，上記大小字數。　小耳　記每章章名於每葉尾欄外上方。　實存宋刻六十八葉。　內鈔半葉。

校宋刻畢，復記宋刻面目如右。在卷首。

余好古書，無則必求其有，有則必求其本之異，爲之手校。校則必求其本之善，而一再校之。此余所好在是也。年來家事攖心，漸奪余好，其興少衰，未有如今茲之甚者。日坐齋中，身閒心忙，視書無一字可入肚，雖流覽之，殊無所得也。古人謂凡人爲一事到成就處，必有魔來擾之。此其是耶？此書因讎校，留案頭三年矣，因記愁緒於此。復翁。時癸酉五月二十有六日，三男生有一載矣。能讀父書者，賴此子。

嘉慶丙子閏六月，因收得《道藏》本《黃帝八十一難經句解》內有缺葉，遂托穹窿道士向玄妙觀借《藏》本補鈔，且云《藏》本如欲借觀，不妨往取。余於鈔補竣事後，開一目去，復檢得數種，原有者校之，不全者補之，卷帙少者擬次第傳錄之。此《劉子》原出《道藏》，惜有錯誤，先經前人以朱、墨二筆校勘，及入余手，復取活字本、殘

宋本，宋缺補以明刻本，校正文及注，取《子彙》本校正文，幾於火棗兒餻矣。兹則專取《道藏》原本覆勘之，始知此舊鈔本實出《道藏》，惟稍有脱落耳。即活字本、宋刻本，正文及注，亦未必大有歧異，不知所補明刻二卷出於何本，其注多少互異。兹既得見《道藏》真本，自然以此爲主，而以活字、宋刻兩本參焉。明刻之二卷，斷不可據。正文《子彙》本極佳，可取證也。所校《道藏》，皆標於下方，以“藏”字注於字下，通體於本行文字詞句有經宋本、活字本、明本及前人朱墨二筆校改增損者，不復再加區别。惟視下方無《道藏》本標出者，皆與《藏》本合。而舊鈔之爲《道藏》，固可即本身字而知之矣。至於字體不盡合《道藏》本，未能一一照改也。得此番校正後，《劉子》一書可稱善本，余之心力幾悴於此。八月八日燒燭，廿止醒人識。

　　嘉慶十七年四月十四日覆校畢，陸雲士記。以上各跋，均在末卷後。

　　道光癸未秋日，長洲張紹仁借讀。在卷四末。

　　是書尠善本，宋刻又不易覿，賴此尚存宋刻面目，且歷經前賢手校，極爲精審，至可寶也。卷中有“葉子寅印”、“春玉圃人”、“葉豹文印”、“葉國華印”、“歸高陽葉氏印”、“南陽閨秀”、“葵園”、“高陽葵園藏書”、“葉氏菉竹堂藏書”、“丹臣”、“廷檮之印”、“袁氏又愷”、“五硯樓”、“袁氏所藏金石圖書印”、“二姫經舍”、“海寧陳鱣觀”、“仲魚審定”、“拙生手校”並黄氏諸印記。①

　　【藏園群書題記】卷第七・子部二・雜家類・雜學、雜説，第三五〇至三五五頁

————————

① 校宋明鈔本劉子新論。周批：“棉紙，藍格，《道藏》本出。”又補黄丕烈跋三則。周批本第921–926頁。

黄蕘圃校宋本劉子注跋

　　題"播州録事參軍袁孝政注"。明鈔藍格本,半葉九行,行十七字,低一格,標題注"無一"、"無二"等字,知從《道藏》本出也。黄蕘圃以宋刊本、明活字本、《子彙》本、《道藏》本重校。其校《道藏》、《子彙》、活字各本均用墨筆分注於上下方。校宋本用朱筆,其宋本闕前二卷,以明翻本配入者,則改用黄筆。余既取其校宋本傳録於新印《道藏》本上,兹將卷中題跋備書於後,以見蕘翁之於是書,其收羅衆本,致力精勤,殊非後人之所敢望也。宋本半葉十一行,每行十八字,注雙行列正文下。明活字本半葉九行,每行十八字,注大字低一格。《子彙》本半葉十行,每行二十字,無注。并附志焉。

　　收藏印記列左:

　　　"葉氏菉竹堂藏書"、朱圓。"葉印子寅"、"春王圖人"、"葉豹文印"、均白文。"葉國華氏"、朱。"歸高陽葉氏印"、朱白文。"高陽葵園藏書"、"葵園"、均白文。"昐印"、"南陽閨秀"、均朱。"心宸"、白。"丹臣"、白。"廷橋之印"、"袁又愷氏"、"五硯樓"、"又愷"、"五硯樓袁氏收藏金石圖書印"、"海寧陳鱣觀"、"簡莊審定"、"巽夫借閲"、"拙生手校"、均朱。"黄丕烈印"、白。"丕烈之印"、白。"蕘夫"、"老蕘"、"士禮居"、"蕘圃手校"、"五峯山人"、"陶復菴"、均朱。"丕烈"朱。"蕘言"、"復翁"、"宋廛一翁"、"士禮居"、"二疏精舍"、均白。"士禮居精校書籍"、"丕烈"、"復翁"、均朱。"廿止醒人"、白。"益之手校"。朱文。

　　《劉子》一書余昔年見唐人卷子本於何秋輦中丞家,存《去情》

後半及《韜光》、《崇學》、《專學》、《辨樂》、《履信》、《思順》等篇，曾假得手校於鄂局《百子》本上，嗣收得天一閣藏明人龍川精舍寫本，以《漢魏》本校之，訂正極多。近年又獲觀明活字本於蘇州許博明處，其異字頗有出明鈔本外者。門人孫楷第從事此書，余發篋授之，供其校釋，然終以未得見宋本爲憾。北京圖書館所收歸安姚氏書中有影宋本二卷，余諦視之，乃從《子彙》本摹寫，不足一盼也。頃者聊城楊氏書爲駐軍所纂取，海源閣中掃地俱盡，展轉流入坊市，余於文友堂見此帙，重爲蕘翁手蹟，遂以高價收之。原書所校者，如《子集》本、活字本、《道藏》本，余咸經手勘，獨宋刻未耳。闌外眉間，朱墨爛然，斑斕錯雜，宛如赤煉蛇，不僅火棗兒糕矣。其佳勝處，舉龍川、《道藏》、活字、《子彙》各本皆遠不及，以此知宋刻之足貴，良非虛語。宋刻自五松園後流轉不知所歸，即傳校本亦世所未見，然則蕘翁此帙殆爲天壤孤行之本，視與宋刻同珍，亦奚不可哉！原本書衣有蕘圃手書“五硯樓遺書，士禮居校重裝，壬申六月，復翁記”二行，屈指計之，已甲子再周矣。百年轉軸，文物淪喪，此戔戔故紙獨完好如新，自逭於劫火兵塵之厄，既喜祕籍之得有所歸，更冀後人之善爲世守矣。庚午十一月小寒節，藏園主人識。

　　晁氏《讀書志》云：齊劉晝孔昭撰，唐袁孝政注，凡五十五篇，言脩心治身之道，而辭頗俗薄。或以爲劉勰，或以爲劉孝標，未知孰是。庚午巳月晦日，葉子寅讀識。

　　此書丁丑冬得之梅花館，越宿即取去。庚辰秋，再見之南樓，如逢故人，亟攜之歸。内抄録多誤，硃筆已較正。至劉子姓氏，南陽先生雖言之，而終無的據，當以俟知者。世無刻本，可勿珍諸？康熙庚寅中秋十八日，許心扆識。

　　辛卯夏五月十七日晨牕，見太翁外舅圖記，此冊外有外舅圖記，内子圖記補印。

此亦五硯樓書也，因舊抄，檢出之，不令隨他書去。卷端題《劉子》，卷下又有"無一"至"無十"字號，其爲藏本出無疑。惜五硯樓主人在日未取藏本勘之，爲一恨事，而藏本早售出，兹無從借校，又一恨矣。我友周丈香嚴家多祕書，向假得活字本校如右。其硃、墨兩筆舊校者都合，余兹校活字本，是者存之，非者不贅焉。讀是書者以舊鈔爲主，活字參之可耳。嘉慶庚午五月一日校畢，時在支硎道中，復翁。

此書世鮮刻本，惟程榮《漢魏叢書》本有之，然脱誤甚多，不可據也。是舊鈔以他書《道藏》本證之，每葉二十行，行十七字，其自藏本出無疑，不知何故正文與注或錯出，或訛舛，舊校而外，又賴活字本校正無算，可知書非宋刻，可據者十不一二也。余向從萃古齋見一小匣子細字本，主人云是宋刻，惜亦不全，後聞爲陽湖孫伯淵售去。當致書山左，向彼借校，一破群疑。讀書在廣見博聞，余謂藏書之道亦然。藏而能讀，非見聞廣博，不足以奏其功焉。庚午五月十三，燒燭重檢，復翁又記。

余好古書，無則必求其有，有則必求其本之異，爲之手校，校則必求其本之善而一再校之，此余所好在是也。年來家事攖心，漸奪余好，其興少衰，未有如今兹之甚者。日坐齋中，身閒心忙，視書無一字可入肚，雖流覽之，殊無所得也。古人謂凡人爲一事，到成就處必有魔來擾之，此其是耶！此書因讎校留案頭三年矣，因記愁緒於此。復翁。

時癸酉五月二十六日，三男生十有一載矣。能讀父書，尚賴此子。

宋本二册，見季滄葦《延令書目》，題曰《劉子新論》。孫氏五松園所藏即此本,今借校於此本上,其勝處固多,其脫誤處當以藏本、活本參之。此蕘翁朱筆,在書衣上。

　　宋刻分卷與此異,其十卷則同,所異在每卷分合。此題亦在書衣。

　　宋本補缺二卷,想是翻宋本,以行款每葉二十行,行十八字,與宋本行款同也。然每題上空三格,與宋本異,且宋本與藏本、活本正文小注無甚大異,而此本小注全有多寡損益,殊可怪也。校畢記,復翁。黃筆,在卷一末。

　　丙子八月,借玄妙觀藏本校正。又小注多同,所異者行款錯誤耳。孫藏宋本上所補明刻殊不足信,黃筆校處可從削也。丕烈。墨筆,在卷一末。

　　余校此書用活字本,用《子彙》本,可謂勤矣,而猶惓惓於宋刻者,蓋書以宋刻爲最佳,世無宋刻則已,苟有之而聞之見之,不能得之,必思借之,手爲校之,此余愛書之苦衷也。陽湖孫伯淵與余同愛書之友也,思借此書於二年之前,適伊病假歸田,來游吴中,面假於去冬,今假於孟夏,諄諄以尚未校過爲詞,必約日見還。余因竭幾日畢之,讐勘者佐以西賓陸拙生,丹黃粲然,幾致目眩。然心苦爲分明,讀者何難尋其脈絡耶!校畢復以伯淵跋語及宋本面目盡記於卷首,宋刻之似,略可辨識。他日與伯淵熟商,能再借我影鈔,則余又滋幸矣。孟夏十有三日雨牕,黃丕烈識。

　　壬申四月,假得孫淵如觀察所藏小字殘宋刻本校一過。首二卷全缺,他卷亦多脫葉。復翁記。

　　是書校宋,不憚至再至三,每校一次,即得訛字幾處,書之難校,掃葉拂塵,可謂至論。四月十八日,第三次校畢記。

　　嘉慶丙子閏六月，因收得《道藏》本《黃帝八十一難經句解》，內有缺葉，遂托穹窿道士向玄妙觀借藏本補鈔，且云藏本如欲借觀，不妨往取。余於鈔補竣事後，開一目去，復檢得數種，原有者校之，不全者補之，卷帙少者擬次第傳錄之。此《劉子》原出《道藏》，惜有錯誤，先經前人以朱、墨二筆校勘，及入余手，復取活字本、殘宋本（宋缺補以明刻本）校正文及注，取《子彙》本校正文，幾於火棗兒饎矣。茲則專取《道藏》原本覆勘之，始知此舊鈔本實出《道藏》，唯稍有脫落耳。即活字本、宋刻本正文及注亦未必大有歧異，不知所補明刻二卷出於何本？其注多少互異。茲既得見《道藏》真本，自然以此為主，而以活字、宋刻兩本參焉，明刻之二卷斷不可據。正文《子彙》本極佳，可取證也。所校《道藏》皆標於下方，以"藏"字注於字下，通體於本行文字詞句有經宋本、活本、明本及前人朱、墨二筆校改增損者，不復再加區別，唯視下方無《道藏》本標出者，皆與藏本合，而舊抄之為《道藏》固可即本身字而知之矣。至於字體不盡合《道藏》本，未能一一照改也。得此番校正後，《劉子》一書，可稱善本，余之心力亦瘁於此。八月八日燒燭，廿止醒人識。

　　　　以上皆黃蕘圃手跋，尚有蕘圃所錄孫淵如宋本跋語及所記宋本行款、葉數、印章并影寫二葉，均見《楹書隅錄》，不更複出。

　　　　嘉慶十七年四月十四日覆校畢，陸雲士記。

　　　　道光癸未秋日，長洲張紹仁借讀。

劉子注十卷_{唐袁孝政撰}△——三三一

明傳鈔道藏本，藍格，九行十七字，低一格。

黃丕烈以宋本校，用朱筆。其宋本闕前二卷，以明翻本配入，改用黃筆校。宋本半葉十一行，行十八字，注雙行。又用明活字本校，九行十八字，注大字低一格。子彙本校，十行二十字，無注。又用道藏本重校。活字本、子彙本、道藏本用墨筆校。有跋十二則。又葉子寅、許心扆跋，張紹仁觀欵。陸損之覆校並跋。海源閣遺書，庚午歲收得。

【藏園訂補郘亭知見傳本書目】卷十上·子部十上·雜家類上，第六七〇頁

〔補〕劉子注十卷_{北齊劉畫撰，唐袁孝政注}

〇明傳鈔道藏本。藍格，九行十七字，黃丕烈用宋本、明活字本、子彙本、道藏本校，有跋十二則。陸損之校並跋。葉子寅、許心扆、張紹仁題識。海源閣遺書，余藏。

校舊鈔本^{蘆浦筆記}_{楊公筆錄}一册_{附沈括《補筆談》二葉，均不分卷。}

此節錄本《蘆浦筆記》，較十卷本爲勝。鮑刻《知不足齋叢書》本雖讎勘精審，猶遜此，矧其他乎？惟余舊藏穴研齋鈔本，此勝處悉同，此本未可以節文輕棄也。復翁記。甲戌九月。在册面。

此舊鈔《蘆浦筆記》及《楊公筆錄》，初書友攜示，余以《蘆浦筆記》家有舊藏本，《楊公筆錄》未知其書，且裝潢狹小，殊不耐觀，遂還之矣。適張訒菴來談及，亦見此二種，其《蘆浦筆記》雖非足本，然有一二處殊勝鮑刻。余復取回，與舊藏本相勘，凡舊藏本勝處無

一不合，惜非足本，其本之所自出，當可信其爲佳耳。書之不可輕棄如此，爰令賈人重爲裝潢而收之。《楊公筆録》向與偕來，即附後云。甲戌九月廿有九日，晨起雨窗識。復翁。

十月初十，取舊藏本校，即穴研齋繕寫本也。復翁。均在冊首。

余居城西時，惟府東有一書坊，所謂敏求堂是也。既而由府以至按察司前，直至胥門學士街，三十年間，書坊之多，幾以十數矣。玄妙觀前向多書坊，今亦更盛。自余再遷縣橋，與觀前甚近，故賈人之蹤，日盈我門矣。是冊出墨林居，蓋新開鋪子者，始以此書來，余因其行款甚狹小，并閱《蘆浦筆記》之文多不全，還之。既得友人之曾見此者指示其佳處，而復收之，語詳前《跋》中。今日又過觀前諸坊，無書可覽，惟於學山堂見亡友顧抱沖手閱汪文盛本《漢書》，其中朱墨燦然，細審之，識是抱沖筆其所閱，著筆不多，想未經卒業之本，或係生前換出，故流落坊間。忽過余眼，倍添懷舊之思矣。憶余於二十年前，彼此同好，有得輒復相示。今不得見其人，并不得見其書，而余之所謂賞奇析疑者，又大半換一番人。時光之速，人事之變，何可勝慨耶。抱沖之歿在丁巳年，其二子皆髫齡。今皆成人，惜蹤跡久疏，難如昔年觀書之便也。歸來燒燭，見案頭有觀前所得之書在，記此一段感慨於此。時十月初九二更書。復翁。在冊末。

校明鈔本西溪叢語二卷一冊

吳郡沈辨之野竹齋校本，訛謬尚未盡，亦當再讀一過。此本雖訛謬殆不可讀，然刻本藉之得以補脱、改正宏多，幸勿忽視之。仲老記。

《西溪叢語》最舊爲鵋鳴館刻，向聞壽松堂蔣氏得濂溪坊顧氏書，有錢曾遵王校本，因借校於《津逮》本上。雜諸書堆中，檢而失之。適小讀書堆有舊鈔本，爲嘉靖時野竹齋沈與文所藏，較遵王本爲古。但不知異同若何。復從壽松借之。乃壽松又有一舊鈔本，止上卷，鈔本亦後於沈本，而訛謬亦復不少。兹取以參沈本，就可兩存者，書於此上方。錢本可參校沈本者，書於下方。至於敘次先後，壽松舊鈔本略與沈本同。錢本敘次倒置，脫落亦多，遵王悉校之，其校正略同沈本，卻非出於卻沈本。其跋不詳本所自出，故未可知也。錢《跋》別録附考。乙卯秋，復翁記。

余前校錢鈔本，曾借過張訒菴所藏吳枚菴臨何小山校本鵯鳴館舊刻上，久而忘之矣。今因得此舊鈔，復與訒菴談及，重借訒菴本覆之。雖臨何小山本，卻與此校本又不同，因復校於下方。注云"刻"者，何校，此本之所從出也。又校之未盡者，亦注云"刻"。何校於刻本而又不出於此鈔者，注云"校"，所以辨異也。何校用葉石君所藏嘉魚館惡鈔本，正是此本。而末云"七十四病叟煌記"，又與仲老記者異矣。復翁記。

附記壽松堂蔣氏兩鈔本：

一藍格本，每葉二十行，每行二十二字，前有《序》，標題下不分卷，結尾亦上標書名，無卷數。按諸沈本，實上卷也。一黑格本，每葉二十行，每行二十一字，原失序，分上卷、下卷，上卷計脫七條，下卷計脫兩半條、一全條，皆遵王手補，其顛倒處，亦以數目先後誌之。最後有跋語三行，附著於此。

己酉清和晦日，校於述古堂之北窗。雙鉤闌外，柳罩池面，黃鶯坐澤，求其友聲，可謂"今雨來人不到門"矣。貫花道人錢曾遵王記。

按：己酉清和，爲述古主人詮次家藏書目告成之時，《述古堂藏書目序》可考。彼云"佛日前七日"，此云"晦日"，蓋去詮次時已一月矣。貫花道人止見於此，殆取《龍龕手鑑序》中"穿貫線之花"語意乎？

錢鈔據脱葉之本，故脱七條。其實脱三條，蓋上卷第四十三葉，別本原有。

附録吴枚菴臨何小山校本原跋：

吴郡沈辨之野竹齋校本，訛謬尚未盡，亦當再讀一遍。

乾隆辛酉三月廿五日，用葉石君所藏嘉魚館惡鈔本校，亦藉改正云。時入夏之六日，陰雨不已，麥豆之苗爛盡，耕者何以爲食？可憂！可憂！七十四病叟煌記。

按：煌，義門之弟，號小山，行二，故又稱仲老云。以上各跋，均在末卷後。

古人云："校書如掃落葉，如拂幾塵。"此言誠然。余於是書校至再至三矣，而誤字仍有存者，因復用吴臨何校本在鶡鳴館舊刻本上者覆校。兹始竣事，略記面目，俾讀者覽焉。一校之在上方者，舊鈔止存上卷本也。一校之在下方者，錢鈔本也。一校之在下方而注明"刻"者，鶡鳴館本也。一校之在下方而注明"校"者，即臨何校之向據此野竹齋鈔本，又參用別本，何校之注明"別本"及"一作"本也。何校雖據此鈔本，而又往往不與此本合，或當日之偶有脱落，或出於以意去取也。今余悉校鶡鳴館刻之與此野竹齋鈔之異同，又全載何小山取野竹齋鈔本校於別本異同，於此原校野竹齋鈔本之上，庶使後之覽者，盡得野竹齋鈔與鶡鳴館刻之面目而無遺憾矣。昔人留心此書，如錢也是翁，但得鶡鳴館傳録之本，不及見野竹齋鈔本矣。即有增補，大段與野竹齋鈔本合，而字句多少，全未及此野竹齋鈔本，可見聞見之難若是。至於《漁洋文鈔》已以鶡鳴館刻爲最古，又所見之未廣也。乙卯中秋前一日，燒燭校訖記。

續借汲古《津逮》本校，知臨何校之所云“別本”者，往往而合，捨此未見有別本專刻者矣。十八日又記。以上兩《跋》，均在卷首。

昔漁洋獲此書鶡鳴館刻本，上下卷各缺一葉，因從汲古刻本補之，知二本相同也。余前有汲古本校錢鈔本，失之，不復記憶其異同。汲古在《津逮祕書》中零本，倉卒不可得。適從理齋農部處借得汲古刻，復取與此舊鈔一對，方悉與鶡鳴館刻不甚相遠。其脫失處並同，偶有一二異字，并注下方，云“毛”者是也。汲古刻前失《自序》，此不逮鶡鳴館本。理齋欲假余鈔本臨校，余先校汲古而著其崖略如此。中秋後三日燒燭書，薲夫。

廿有六日理齋借校，爲余考證“扻”字一條，精確之至，因錄其校語於上方。余加續案，以拜一字之師云。復翁又識。

續經張訒菴借校此本，復爲余校鶡鳴館本，得數十條，悉以夾籤附於各條下，精審之至，亦謹慎之至也。兹殘歲，坐雨百宋一廛中，手書於本書各條上方，恐其久而散失脫落也。訒菴校書，心到、眼到、手到，在朋好中無出其右，故其書俱善。近聞稍稍易出，如有得者，莫以尋常校本視之，因併筆於此。乙卯季冬月廿有六日，復翁。

一書讐校幾番來，歲晚無聊卷又開。風雨打窗人獨坐，暗驚寒暑迭相催。

人亡人得楚弓同，寒士精神故紙中。多少藏書家具在，姓名不逐暮雲空。復翁漫筆。

鶡鳴館刻與此鈔序次大有不同，此本卻未將刻本先後校入。別有鶡鳴館本在，可互證也。以上各《跋》，均在卷末後。

卷首有“葉萬”、“石君”、“慶增氏”、“孫從沾印”、“袁氏魯望”、“嘉魚館”各印記。①

【藏園群書經眼録】卷八·子部二·雜家類一,第五八九頁

西溪叢語二卷 宋姚寬撰

明野竹齋寫本,大字八行十六字。卷末一行文曰:

“吳郡沈辨之野竹齋校本,訛謬尚未盡,亦當再讀一過。”

黃丕烈覆校錢述古校本。又參校吳翌鳳臨何煌校本。又參鵁鳴館本、汲古津逮本。有黃氏手跋七則,題己卯中秋,又己卯秋。鈐印列後:

“葉萬”白、“石君”白、“袁氏魯望”朱、“孫從添印”白、“慶增氏”朱、“嘉魚館”白。海源閣藏書。乙亥。

【藏園訂補郘亭知見傳本書目】卷十上·子部十上·雜家類上,第六八四至六八五頁

〔補〕西溪叢語二卷 宋姚寬撰

○明沈與文野竹齋寫本,八行十六字。黃丕烈據錢曾校本、吳翌鳳臨何煌校本校,又用鵁鳴館本、津逮秘書本參校並跋。翰文齋見。

校宋鈔本賓退録十卷一冊

此書向倩甫里陳生假汝南氏所藏明代刻本影寫,照原本讎校,

---

① 西溪叢語。周批:“野竹齋藏舊鈔本。竹紙,半葉八行十六字。”又補録黃丕烈題識四則。周批本第937頁。

無一字不改正。今康熙六十有一年歲壬寅夏孟，書賈王接三持宋槧五冊來，索價十金，無力購之。留案二日，扃戶屏客，細加校勘，用朱筆塗改。宋本內欠七翻，未校七翻中必有謬誤之處，心殊快。然通二冊校過者，已無魚魯，可稱世間善本矣。但宋本十行十八字，計連欠葉，共二百有二番。此本行格不同，頗少古意，惟一序，特於宋本上影寫增入，爲可觀也。蓮涇後學王聞遠識於孝慈堂之東窗。

此校宋本《賓退錄》出於王蓮涇家，余藏之有年矣。此書雖有新刻，未敢取信。續又得一我法齋舊鈔本，因此已校宋，不敢取證此。頃鮑淥飲以是書毛鈔本屬其子歸余，中塗爲捷足者得之，同得者，尚有毛鈔周公謹《蘋洲魚笛譜》、沈冠雲臨惠氏父子校閱本《逸周書》，共十番。今欲倚價歸余，余之力亦同蓮涇，遂效蓮涇故態，扃戶屏客，細加校閱，用硃筆塗改，亦竭二日之力而畢。毛本云“宋本對錄”，則非影寫矣，與王所見宋本時有歧異。而所云“二百有二番”及“十行十八字”，皆同。惟毛仍失《序》一番爾。中所校序次先後及增損字微異，未知同此一刻否也。俟再訪之。丙寅孟夏，蕘翁識。均在末卷後。

余收書二十餘年，遇故家所散者，無論舊刻、名鈔及手校、手稿本，苟可勉力購之，無敢失諸交臂。即如此書，爲王蓮涇藏校本，收之已有歷年。今又遇毛鈔本，極欲並儲，已爲他人所得，雖可商，然已懊惱矣。遂假校於此，去蓮涇校時八十五年。而前所謂“宋本內欠七翻，未校七翻中必有謬誤之處，心殊快快”者，今可補其闕，豈不甚樂。然究未遇宋刻，仍不敢云“通二冊校過者，已無魚魯，可稱世間善本”也。蕘翁又筆。在卷首。

校宋舊鈔本學齋佔畢二卷一册

余收此叢書堂鈔本《學齋佔畢》殘本二卷,藏諸篋中久矣,苦無善本鈔足。頃友人顧子千里從揚州歸,攜得古書幾種相質,有舊鈔足本。取而互勘,行款已不同,知非同出一源。惜渠本缺《序》并首卷首葉之前半幅,賴此補全,可爲忻喜。翌日往訪周丈香嚴,云有不全宋刻。假歸手校,知千里本實從宋刻録出,故行款多合。此鈔本行款每葉少四行,行之字雖同是二十字,已略異矣。因取宋刻校此一卷,其二卷已屬鈔補,亦就其異同校之,未敢信彼是而此非也。乙丑八月二十有六日,黄丕烈識。以下各跋,均在卷末。

復取顧本校,多與周本合,用墨筆識之鈔本。顧、周兩本似出一源,而周本有不同者,皆出後人剜改,又與此本合,未知此本照周本録出,抑周本反據此本改之? 古書源流甚是難考,聊筆之以誌同異。蕘翁。此段在右跋之前。

越歲乙酉,爲道光五年秋七月二十有六日,書友以香嚴舊藏此書殘宋刻一卷,舊鈔一卷,共二卷,裝二册求售。蓋香嚴作古,書多分散,兒孫有不愛此,或并藉此先世寶藏聲名,挾册索重值獲利,故肯贈人。予亦重是故友物,必勉力購之。此時聊厭我欲,聊盡我情耳。安知我之兒孫不猶是耶? 後之視今,無亦猶今之視昔,何獨於書。而廿年之隔,老人雖病,猶及重觀故物,亦何幸歟。附識於此。六十三歲老人蕘翁識。

紅格格心有"叢書堂"三字。卷末副葉有"明吴匏菴先生手訂藏本"一行。

校本封氏聞見記十卷二册

康熙丁未仲冬念四日甲子陰窗閲，何焯。

壬辰四月，借蔣氏家藏鈔本校録一過，增補三百餘字。内何學士暨小山所閲，以雌黄、墨筆爲别。秋厓朱邦衡識。

道光甲申歲初四日，校鐵如意齋藏叢書堂録本。原出汲古舊藏，中有毛斧季手校"燒尾"、"狂謔"兩條，各本所無，因取録於本門上方。老薹記。

初五日起，覆勘畢。均在卷末。

校舊鈔本塵史三卷三册

此書脱誤獨多，幾不可讀，當就沈景倩是正。辛未初夏。

癸巳仲夏，又閲於落小菴中。景倩下世十餘年，留心書史者絶無其人。牧翁所藏數萬卷，辛卯二月四日一炬爲盡。景倩書庫，其子變化無遺，校讎路絶矣。花朝前一日，顧菴記。兩《跋》均硃筆，在卷首。

此《塵史》上中下三卷，係舊鈔而義門先生手校者，向與舊鈔之《碧雲騢》、《羯鼓録》合裝，因遭蠹蝕，重爲裝池，而分此種爲三册。其二種别裝，又非義門校者，故分之也。暑窗無所消遣，時取舊藏古籍零種，繙閲一二，頓覺心目一清云。嘉慶甲子七月二日，黄丕烈識。

是書裝成，適周丈香嚴過訪，問及是書有無别本可校，香嚴云有毛斧季校本在。余聞之，以爲此必義門所云毛鈔者是也。既從香嚴假歸，對勘一過，疑義門所云毛鈔未必即此，因云毛鈔作某者，不盡合耳。而斧季卻見此本，蓋周本末有斧季《跋》云："從舊鈔三本校，一爲何元朗所藏，一爲欽仲陽所藏，一爲舅氏仲木所藏。"余本則欽仲陽藏本矣。茲復手校異同於上下方，不標毛鈔者，恐誤義門校也。斧季本本與三本異，謂是別本，原作四卷，後照舊鈔校正。三本同出於一，而斧季以爲何本最善。惜斧季未及細注某本作某，茲不可辨。余謂此本有"慶元五年郡守鄱陽洪邁重修"一條，必是傳錄宋本。毛本無此，且楮墨俱古。毛鈔不逮欽仲陽本，亦可云善。義門所校與毛校亦不盡合，未知又何據矣。古書必以刻本爲善，一經校勘，即失古來面目，雖屬聞人動筆，亦有一失。如卷中"集賢張君房"一條，"儆戒會最五十事"本不誤，今"最"校作"蕞"，誤甚。近惠松崖有《漢事會最》一書，正與此同義。而反改爲"蕞"，豈非不學無術乎？并書以示儆。中元前日，蕘翁又識。

余得見何元朗本，香嚴之歿，已逾百日，惜無從再借毛鈔本一證爲恨。乙卯五月廿九日記。

余最喜藏書兼購重本，取其彼此可互勘也。即如此書，收是本後又覆至二本：一爲張青芝手錄本，一爲馬寒中家藏本。然皆在此本後，無先是者。且是書已經義門校勘，非復原書面目。即余所校毛斧季本，亦不過於義門同時，皆非古本也。頃書友攜示一舊鈔本，行款與義門所校本同，其鈔手較舊，尚留古書面目。因急收之，記其梗概於是，尚容續校也。癸酉中元前一日，復翁。

城南小讀書堆，余故友顧抱沖藏書齋名也。抱沖收藏與余同時，故兩家書互相商確而得之。抱沖歿在嘉慶之丁巳，二十年來，欲借觀其遺書而不能得。蓋始其孤皆幼，即有季弟在，以非其所典守，故未之許。余幸其尚能慎守弗失，可敬也。近聞稍稍有搖動之意，余亦力紃，素所藏者，尚不能自保，遑問其他乎？後探知典質消售俄空焉，從坊間得殘零書帳，因屬賈人之與往來者，檢取數種，以爲留存故交遺物之計。但開值甚昂，不但世好在先，未便較量，而勉力爲此，斷斷不能多收。此《塵史》斧季所云何元朗本，適在檢取中，因竭一日力，將原鈔異同處悉標於上方，云"何本"者是也。何本上方及行間有朱筆校語，兹幷録之，云"校某"者是也。昔斧季所校三本，一欽仲陽本，已爲余收；一何元朗本，又爲余見；未及收未及見者，止仲木本耳。書此誌幸。何元朗本，棉紙紅格舊鈔，每葉二十行，每行二十字。首標《塵史》，即接序文。序文後題"鳳臺尹王得臣字彦輔"。次行低二格，標目二行，每六類爲一行。第三行低三格，即標子目。後行頂格接正文，是爲一卷。一卷盡，又接標目三行。每六類爲一行，共十二類爲二行。又五類爲一行，皆低一格。子目、正文同前卷式，是爲二卷。其三卷，則空三格。分五類爲一行，十五類爲三行。又空四格爲子目，正文頂格同前。通三卷，計八十四葉，與欽仲陽本迥異。後亦無"慶元"一條，未知何元朗本又出何本也。卷首格欄上有"東海"二字，陽文葫蘆印。格欄下有"何元朗"三字陰文印，校者亦不記姓名，似斧季而不敢定。所校皆云"疑"者，亦小心謹慎人也。蕘翁。各跋均在卷末。

卷首及每册有"青城山人"、"欽仲陽印"、"余懷之印"等印。

校宋本春渚紀聞十卷四册

《春渚紀聞》校宋本，在郡中楊氏，係毛斧季手校《津逮》本。余經借校一本，旋爲錢唐何夢華易去。續又收得一舊鈔本，枚菴吳君復臨毛校，自以爲盡美矣。頃又借得一藍格鈔本，較勝於余藏，爲手校其異，讎之至再，因記。至此本之善，尚容詳述。癸酉七月廿六燈下，復翁識。在末卷後。

此本紅筆净校藍格鈔本，雖誤字亦盡校出，存其面目也。藍格鈔本向藏郡中某家，售諸書賈，書賈轉售諸執經堂張氏。一日過訪張君訒菴，欲向余借是書舊鈔本吳枚菴校宋者。余問故，以新得藍格鈔本對，急請觀之。鈔較舊於余所藏者，遂假歸校讎，頗有佳處。蓋行款雖非宋本，而與宋本時有合者，此可信也，爰誌原委於卷首。復翁。在卷首。

　　師儉堂楊氏藏有毛斧季跋、校宋本《春渚紀聞》，余借校一過，其書後爲錢唐友人何夢華取去。後又得一舊鈔本，所脫與毛本同，而行款殊與校宋合。余第手補目録，未經校勘也。兹因借得藍格舊鈔本校此本，覆取楊本再校，始知舊鈔多與宋刻不甚遠也。凡毛校皆用黃筆，毛校亦有朱、黃二筆之異，復於本處著之。復翁校畢識。

　　余校藍格本訖，復取毛斧季校宋本覆校，即付裝池，謂可了事矣。適又借得周香嚴書屋藏紅格本，略校一過。是書舊藏朱象元、曹秋岳兩家，亦古本。然係鈔本，且校者未著所自，不敢輕信，故未循行細校。但取與藍格本、毛校本及所刻有異同者校之，以見字句之是者，當知何去何從耳。蓋毛校究係宋本佳者，固當據以見各本之非。謬者亦當存，以見各本之是，悉出後人校勘。故余不憚再三覆校也。癸酉九月十七下午，校紅格本畢，并識。復翁。

　　吳枚菴手校舊鈔本，西畇草堂陳氏於甲戌十二月歸去，案頭止此一本矣。復翁記。均在末卷後。

　　嘉慶丁丑仲秋，坊友以浦城祝氏留香室所刻書數種示余，其中有《何博士備論》及何薳《春渚紀聞》。余始初但見《備論》，取對舊藏鈔本都合，知所刻非泛然者。後因索觀《春渚紀聞》，其後載有拙跋，知此刻即據余校本。而余之校本，蓋曾爲錢唐友人何夢華攜去故也。末有祖之望《跋》，謂既刻《備論》，又刻《紀聞》，俾何氏喬梓著述並傳，此真盛德事也。因記於此，復翁。在卷首。

余於《春渚紀聞》，讎校至再至三，可謂毫髮無遺憾矣。閩省且據余校本入刻，自謂余不負古書，書亦不負余也。戊寅初冬，又獲有明人影宋鈔本，取校毛校，時有佳處，且可據以證各本之不同而歸於一矣。雖訛謬不無，大約影鈔時失之，或宋本誤也。并記。復翁。在末卷後。①

校宋本卻掃編三卷一册

徐度《卻掃編》三卷，《讀書敏求記》云："是册原書爲王伯穀家藏宋刻，後歸牧翁，亦付之絳雲一燼中矣。存此摹本，猶有中郎虎賁之想。"據遵王所云，渠所藏，影宋本矣。今余聞平湖錢君夢廬新得宋本，急作書往借之。果宋刻本，爲書棚本，不知與絳雲原本同乎？異乎？取校毛刻，多所是正者。首有序文一篇，毛所無也，影寫補之。錢本爲歷來藏書家珍賞。"玉蘭堂"、"竹塢"二印，文氏也。"乾學"、"徐健菴"二印，傳是樓也。"季振宜藏書"、"季振宜字詵兮號滄葦"二印，延令季氏也。"宋筠"、"蘭揮"、"三晉提刑"三印，商邱宋氏也。此皆可知者也。又有"硯田農"一印，"𥳑莊""𥳑"即"籃"字，見《説文》。"莊"即"莊"字，見《説文》。道光二年仲春日壽鳳識。一印，"碧山草堂"一印，"七十二峰深處"一印，"舊學史氏復隱書印"一印，"碧沁"一印，"舊學圖書"一印，"宋本"一印，不知其誰氏矣。已上皆鈐於卷中者。別有副葉三紙，一在卷中首，二在卷下首尾，紙色古質，似是元朝紙。每葉面居中鈐印三方：一曰"徐氏家藏"，

———————————

① 春渚紀聞。周批："汲古本。"又補黄丕烈跋十二則。周批本第967—972頁。

一曰"大司馬之章"，一曰"子孫寶之"，審是元朝人印。印文古質，彌覺可愛，真古書也。是書出杭賈，適錢唐何夢華見之，云："五六年前，在杭某故家見之，惜其時物主不求售，故未得。"今夢廬以番餅三十枚，得於歲暮云。校畢，復翁記。

余校宋刻後，別取古穴研齋繕寫本證之，知彼繕寫多同宋刻，特行款殊耳。然有宋刻如此，而繕寫異者，特標之卷中，黑筆是也。復翁。

余居在縣橋，蓋臨頓路之東也。仲魚來，自西而東，舊學前乃其所經過者。余所居非舊學前也。舊學基址爲長洲縣舊治，此縣東橋之得名以此，而縣橋又以爲里名也。吳人呼"縣橋巷"爲"懸橋巷"，余遷此始正之。乙亥夏五記。均在卷末。

述古何人舊姓錢，向時書籍等雲烟。虎賁猶作中郎想，摹本曾傳《卻掃編》。

小劫樓頭起絳雲，六丁取去世無聞。浙中別有儲藏富，三卷居然是祕文。

懷人異地各聞名，一紙書馳兩日程。忽爾夜航來遠道，開函古豔使人驚。

曾留竹塢玉蘭堂，卻在文家不是王。七十二峰深處好，幾家流轉感滄桑。

君家書籍憶臨安，多少奇文是宋刊。十卷《茅亭客話》本，攜來雙璧好同看。

汲古雕來穴研鈔，弆言一葉並皆拋。影橅補闕珍如寶，不獨奇疑取互交。

此詩六絕句，爲借校錢氏宋刻《卻掃編》而作，其實未題於宋本後也。既而夢廬知有是詩，遂寄素箋屬書，遂書此寄示。而余校本亦未附録入，故仲魚借校時，亦不知有此段情話也。長夏無聊，出舊麓書此，暇日當與仲魚質證云。乙亥六月四日，復翁。在卷首。

乙亥三月，仲魚還是書，偶談及夢廬此書，近欲與峽石蔣夢華各以所愛物相易，將成交矣。惜余得信之遲，而不及先與之一商也。六月四日復翁記。

仲魚於丁丑二月中辭世，先得諸傳聞，後吳蘇閣札來，始知凶耗之的，待訃不至，擬往弔未果。案頭所借之書，猶未還也。二十年來好友，一旦幽明暌隔，傷也如何！偶檢是書，爲識數語以寄慨云爾。夏五，復翁。

道光三年癸未歲初八日，偶憩學士街書坊，知夢廬書籍亦散逸，所有宋刻《卻掃編》，已歸富家馬氏，不復有相易之日矣。越十有八日，沈小宛借此還余，因記。蕘夫。

嘉慶十九年重九日，至吳門訪黃主政復翁於舊學前。復翁以其手校《卻掃編》見示，蓋從平湖錢夢廬所得宋刊本對校於毛刻者，復以舊藏穴研齋寫本重勘。讀其跋尾，具見用意之勤。余欣賞久之，借歸紫微講舍，適案頭有張氏照曠閣刻本，遂取而臨校一過。其《自序》一篇，張刻卻有，不知據何本所録。張刻且多一《跋》，係嘉泰壬戌邵康作，而毛刻及錢氏宋本、穴研齋舊鈔皆無之，可見藏書不嫌重複也。壬戌爲嘉泰二年，上距紹興初徐度作此書已七十餘年，大約邵《跋》在尹家書籍鋪刊行之後耳。考《渭南文集‧跋卻掃編》云：「此書之作，敦立猶少年，故大抵無紹興以後事。淳熙己酉十一月，書於儀曹直廬。」按：是《跋》先於嘉泰壬戌計十二年，稱其字爲敦立，而邵《跋》則稱仲立，殆避光廟諱而改「敦」作「仲」歟？邵《跋》中疑尚有誤字，今補録於毛刻本，俟更與復翁審定之。重九後十日，海寧陳鱣書於向山閣。均在卷末。

校舊鈔本霏雪録一冊 不分卷

《霏雪録》，明人説部之佳者，余藏篋中久矣。浙中梁眉子曾一借之，是傳録其副，抑藉爲校讎之用，皆不得而知也。頃試飲堂殘零之書歸於坊友，中有刻本，遂取校其異。板本反有脱落處，皆歲久板壞故，兹鈔本卻有之，想此鈔所據本，尚非板子既壞後所印本也。然玩後序，似當初原有刻本已失，兹刻及所鈔皆非初刻本而重梓本矣。刻本多成化時胡謐、弘治時張文昭兩跋，命孫兒影寫足之。時壬午中秋三日寫成，越日晨起書。蒐夫。在卷末。

校舊鈔本洞天清録一冊

吳丈枚菴多藏秘本，大抵皆手鈔、手校者。久客楚中，舊藏書籍寄儲親友所者，半皆散逸，扆行篋中尚留一二歸家，從渠借鈔非一矣。《洞天清録集》，余去歲借歸，苦無他本可校。繼從坊間覓有《胡氏叢書》本，又以其本不全，未即動手。届歲除，檢還之。忽於坊間得一舊鈔，見有《洞天清録》字樣，急收之，苦吳本已還，無從對勘。越乙亥正月四日，復向枚菴借歸，竭一日力，遂手校之。舊鈔本序次紊亂，并脱《古琴辨》一門，復命鈔胥照胡本影寫足之，以俟續校。是冊不盡爲《洞天清録集》，而有他書附後，并雜厠其中。俟校畢重裝，而以他書附焉，存其來歷也。乙亥新正五日，復翁記。是日陳拙安爲余鐫“一陽更生”印，適來，即以鈐於是《跋》之後。印文取“一陽更生”者，蓋即更號復翁之意。其詳見《復翁説》，兹不復贅。在卷首。

校本意林五卷二册

嘉慶丙子二月，依《道藏》本校補脱訛。訒菴。

道光紀元辛巳冬月，士禮居重向讀異齋借此校本傳録一部，蓋《道藏》本已歸藝芸矣。録畢，適坊友以聚珍本來，頗與《道藏》近，特稍有歧異耳。想經參酌，未必悉據《道藏》矣。復見心翁識。

校宋舊鈔本東萊先生詩律武庫二册

此《東萊先生詩律武庫》二册，舊鈔本，余於去年以二番餅得之，已篋藏之矣。頃有書坊以舊刻本來，楮墨古雅，余粗閲一過，審爲元刻。因索值太昂，囊中乏錢，止許以白金三兩五錢。蓋書裝七册，每册五星。未及諧而去。然心戀其古物，不能恝置之。會吾友五柳主人歸自京，其同業必取決於彼。詢之，果以六番餅易得。遂從彼取回，破幾日工，校如前。卷中遇“朗”、“㲈”、“亘”等諱，間避之，乃知宋刻，非元刻也。誌此，以見書之難定如此。庚午五月初九日，復翁校畢識。

乙亥歲除，歸藝芸書屋。百宋一廛中，僅留此鈔本矣，宋本面目略具云爾。丙子春正月初三日，復翁識。

宋板《詩律武庫》，載諸《汲古閣珍藏祕本書目》，余所取以校是舊鈔者，殆即此刻也。宋刻前、後二集各十五卷，皆題“東萊先生詩律武庫”爲首行，各有“目録”二字，次行題“東萊呂氏編於麗澤書院”。《前集》有碑牌四行云：“今得呂氏家塾手校《武庫》一帙，用是爲詩戰之具，固可以掃千軍而降勍敵。不欲秘藏，刻梓以_{原空諸}天下，收書君子，伏幸詳鑒。謹咨。”《前集》卷一《慶誕》，卷二《幼敏》，卷三《榮貴》，卷四《榮貴慶壽》，卷五、卷六《仙道》，卷七《聲樂》，卷八、卷九、卷十《釋學》，卷十一《文章》，卷十二《詩詠》，卷十三、十四《遊賞》，卷十五《贈送》。《後集》卷一、卷二《酒飲》，卷三《儉約》、《名譽》，卷四《才能》、《識鑒》，卷五《識鑒》、《恩德》、《書畫》，^①卷九《靈異》，卷十《雷雨》，卷十一《佳人》，卷十二《曠達》，卷十三《感慨》，卷十四《感慨》、《警懼》，卷十五《賢豪》。茲鈔首標總目門類，通體不分卷，當別一本，并間有勝於宋刻者。字句之間，彼或脱佚也。卷中原有硃筆校改，時有同異，或有合於宋刻者，或有宋刻同誤而此以意校改者。茲校悉誌宋刻訛字，亦存真也。宋刻每葉二十二行，每行十九字。茲不校其行款者，因非一本，故兩存之。宋刻有鈔補或破損未全者，茲未明著，以此本亦有所自，非必不可信者也。復翁又記。<small>均在卷末。</small>

【藏園批注】此書覯於廠市，原本乃明人所鈔也。

【藏園群書經眼錄】<small>卷十·子部四·類書類，第六九三頁</small>

東萊先生詩律武庫前集十三卷後集十七卷<small>題宋呂祖謙撰</small>

明寫本，棉紙墨格，十行十八字。黃丕烈以宋刻本手校，有跋三則。《楹書隅錄》已載，不更錄。寫本目錄上慶誕至贈送凡十三類，下飲酒至賢豪凡十七類，與宋本不同。蓋宋本每卷或有兩類，或一類分爲兩卷也。鈐有"蕘圃手校"、"廿止醒人"二印，又楊氏印七方。<small>海源閣遺籍。庚午。</small>

---

① 　詩律武庫。"卷九"上脱"卷六《書畫》、《技藝》，卷七《寶器》、《珍產》，卷八《珍產》、《靈異》"十八字，見《蕘圃藏書題識》卷五中華書局版《清人書目題跋叢刊》六，第234頁。

【藏園訂補郘亭知見傳本書目】卷十下·子部十一·類書類，第七八三頁

〔補〕東萊先生詩律武庫前集十三卷後集十七卷題宋呂祖謙撰

○明寫本，墨格，十行十八字。前集十三類，自慶誕至贈送，後集十七類，自飲酒至賢豪，分卷與宋本不同。黃丕烈據宋本校，有跋三則。楊氏海源閣藏。

明銅活字本開元天寶遺事二卷一冊

此册爲虞山錢兄楚珩見贈。黃筆無款，在卷末。

古書自宋元板刻而外，其最可信者，莫如銅板活字。蓋所據皆舊本，刻亦在先也。諸書中有會通館、蘭雪堂、錫山安氏館等名目，皆活字本也。此建業張氏本，僅見是書，余收之，與《西京雜記》並儲，漢唐遺跡略具一二矣。蕘夫。在卷首。

此書舊藏周丈香嚴書屋中，余於嘉慶壬申歲借校一過。所校者，爲埭川顧氏家塾梓行本，彼此互有得失。惟是覆嚴州本，故重視之。卷中向有舊校之字，大約據顧本。如上卷二葉三行第六字"收"，原作"守"；後七行第五字"使"原作"須"。九葉八行第三格第一字"饞"，原作"乾"；後七行第二字"法"，原作"鐵"。余借校時尚然。不知香嚴身後，後人重裝，竟將舊校之字攙入，殊失活本真面目。余得此後，出校本證之，悉知其妄。猶幸余見真本在前，可據舊校一一標明也。其餘增補鉤乙，未經改易，存之以見校者手筆，差爲可喜。憶己卯春，香嚴作古，遺書分散，其目流轉於坊間，獨此書不著錄，或疑其家固守，或已屬他人，竟於無意中遇之，雖重值不惜矣。辛巳三月，蕘夫。

此書估人傳示周氏所開《目錄》，注云："某人題籤，某家藏弄。"

皆自有迹者言之也。最後標目一行下，有雌黃楷字二行，余審視之，知係義門手書。儻起香嚴而質之，想亦以爲是也。又記。宋刻《新定續志·書籍門》有云《開元天寶遺事》，知此從刊之桐江學宮本出也。

四月朔，往訪香嚴季子於水月亭，晤言及此，乃知重裝攙入，係其仲兄所爲。若謝菴，猶不致若是之妄。謝菴出所著《群書綴述》相質，萃元明以來人著述爲目録之學者，以續貴與《經籍考》。子晉之有斧季，相去當不遠也。蕘夫又記。均在卷末。

"虞山見贈"兩行，即蕘翁所審爲義門筆者。卷中有"停雲"、"文起"、"文寵光"、"長洲茂苑"、"玉蘭堂"、"袁雪"、"懷霜閣"十餘印，固歷經前賢珍襲矣。

校宋本湘山野録三卷續湘山野録一卷一册

宋人説部，所藏舊本極多。即如此書，得宋刻元人補鈔本於華陽橋顧氏，又得毛斧季手校本於混堂巷顧氏。方幸其兩美必合，而毛校本已爲友人易去，宋刻元人補鈔本又幾幾乎不能自存。因乘此祖本尚留案頭，手校一過。若者爲宋刻，若者爲元人補鈔，略著梗概。至於行款，未及鉤勒，蓋有補鈔者，則脱失、增衍，已非整齊，無容屑屑爲此也。收書之力，與年俱退，惜書之心，亦與年俱衰。即校書之目力心緒，亦勉强。爲此書之涙落。豈真寶物不常聚耶？抑清福果難享也？廿止醒人識。

毛斧季校本已歸張訒菴，宋刻元人補鈔本，頃又歸藝芸書舍。兹重取歸張毛校本覆勘，又多添校處，惜祖本無從印證。或當日毛校參以己意，或余校有漏落也。校訖並記，復翁。均在卷末。

【藏園群書校勘跋識録】子部,第二五七至二五八頁

湘山野録三卷續録一卷

宋釋文瑩撰。明崇禎毛氏汲古閣刻《津逮秘書》本,半葉八行,行十九字,白口,左右雙邊。鈐"四明盧氏抱經樓藏書印"印。辛未年(1931)藏園臨邢之襄藏黄丕烈校宋刊元鈔本及毛扆校並校勘。

各卷藏園先生跋識録如下:

書衣内護葉題識曰:此書出自寧波抱經樓,爲《津逮秘書》中初印本,頗爲難觀。聞南中新刊本半翻宋槧半影元鈔,未知視此異同若何? 他日當一勘之。戊午端午日,沅叔記。

卷上末葉識曰:辛未正月初二日校宋本,臨堯圃筆也。沅未。

此處又以"藏園傅氏寫本"紙補録二則(一葉),並識曰:此葉原本凡十八行,爲元人所鈔,應補右卷上第二葉第三行後。沅叔手記。

卷中末葉識曰:辛未人日校。

《續録》卷末葉藏園先生過録黄丕烈題跋,並識曰:辛未試燈日校畢,沅叔記於長春室。

書末以另紙抄録黄丕烈跋文一則,並跋曰:《湘山野録》三卷《續録》一卷,黄堯圃取宋刊元抄本手校於汲古閣刻本,用墨筆復以毛斧季校本,用黄筆重録之。原本爲海源閣所藏,今爲同學邢贊庭所得,因假歸臨於此帙上,然以新翻本核之,則毛校有誤者,黄校亦有脱漏者,俟暇日取新本覆勘,以臻完善焉。辛未正月十三日,傅增湘記。(書號5132)

校宋本揮塵前録四卷後録六卷
三録三卷餘話二卷六册

壬戌秋七月，借試飲堂殘宋本校此《前録》四卷。蕘翁丕烈。

宋本書籍難得，得宋本而又殘缺不全，以校時刻，卒難完善，豈不可恨！即如此書，《前録》、《三録》俱得全卷，《後録》僅有二卷。前三録皆有二本，而卒未完善，安得全爲之校勘耶？乙丑秋又六月十六，蕘翁記。

乙丑秋又六月，續以繁露堂藏宋本補校。在《前録》末卷後。

校宋鈔本河南邵氏聞見録二十卷二册

嘉靖十三年夏日，對宋本校勘一過。前本與中間一册，在予家四十年始得辏完，可見奇書則不易遇也，寶之，寶之。野竹居士謹記。

余向年初欲購書時，因交白隄錢聽默，聞有元人鈔本《邵氏聞見録》在其肆中，未及買并未及見也。後知售於他所，心甚念之，然無可蹤跡矣。頃檢五硯樓遺書，見有錢手校者，因傳録之。其校在毛刻上，間有此鈔本與校本同者，始知此鈔之善。又有與校本異而勝於刻本者，當存此鈔之舊。余校時雖照錢校鉤抹，然錢校未知能悉存元鈔面目與否，且此鈔已有與元鈔合者，可知必有所據，未敢悉遵錢校爲定本也。惟是所增幾條及字句，有添補處，似錢校爲勝，則此書有野竹居士云"對宋本校勘一過"者，不知又何故脱誤矣。《敏求記》有"陸其清有宋人鈔本"云云，在精鈔本上，安能一旦遇之，一證斯鈔也乎？壬申十月十二日，是日交冬第一寒信。復翁。以上兩《跋》，均在末卷後。

　　錢聽默手校本，余臨校後，即歸諸喬司空巷張訒菴處，蓋五硯樓不能蓄此也。兹鈔本有嘉靖時野竹居士跋。吳中杉瀆橋，嘉靖時有沈與文頗蓄書，其刊刻《詩外傳》有"野竹齋"字樣，不知野竹居士即沈與文否？嘉慶癸酉正月二十有八日午後，知非子識。在卷首。

　　道光二年又三月十一日，欽韓重校。字改正者，以方別之。上格小注，皆鄙見也。在第一册第十卷末。

　　道光二年又三月立夏前三日，沈欽韓重校。在末卷後。

校舊鈔本河南邵氏聞見後錄三十卷一册

　　宋人説部，雖有刻本，必取其鈔本藏之，恐時刻非出自善本，故棄刻取鈔也。鈔本又必求其最善者，故一本不已，又置別本也。此《邵氏聞見後錄》鈔本甚精，忘其爲誰家物。卷中有職思居齋記，名之爲職思居本云。藏篋中久矣，無別本可勘。頃五柳主人以曹秋岳家藏本見示，鈔手甚舊，而取對此本，卻多訛謬脱落，似但據舊鈔，即以此本爲乙，未必全是也。因參校一過，而著其梗概於此。甲戌秋九月三十日雨窗，復翁書於陶陶室。

　　續借張訒菴藏《津逮》本手校一過，雖明知曹本之誤，亦一一校入，存其真也。因思案頭無別本可校，遂仍以異處校於此。内有灼然可見其誤者，不復校於此本上。而疑似之間，亦間存之。至於脱誤，彼此互有，當並參之。若彼勝於此者，確有幾條，固非曹本無以糾《津逮》之謬也，十月初九録曹本異處，皆從手校《津逮》本上寫之，尚未從曹本逐字細校，願以異日畢之。復翁又記。

　　道光二年閏三月立夏前三日，沈欽韓校讀。均在末卷後。

校舊鈔本歸潛志十四卷二冊

此鈔本《歸潛志》，忘其所由來，已惄置之久矣。會有坊友攜示張青芝手鈔八卷本，遂校勘一過。復因張本未全，又從坊間借得十四卷本鈔本統校之，始悉此本多訛舛，又有錯入他書。凡書鈔本，固未可信，苟非他本參校，又何從知其誤耶？且書必備諸本，凡一本即有一本佳處。即如此，固多訛舛矣，而亦有一二處爲他本所不及。故購者必置重沓之本也。復翁。

余既手校《歸潛志》於張校舊鈔，二本合者，姑以圈識之，而斷之曰是、曰誤，取"三占從二"之意也。然於金源事未諳，所言皆妄耳。丁丑夏五，浙江湖州之南潯人施北研先生，來余家小住五日，與談金源事，如瓶瀉水，無一留停。蓋北研以老諸生不利舉業，積數十年精力，究心於金源一代事迹，故能如是也。所著有《金史詳校》、《元遺山詩文箋》、《金源雜興》等著，余見其後二種。茲屬校此下方，"某作某"者是也。

北研自有《跋》在終卷，而附記北研著述於此者，亦見一鄉一邑間，不乏樸學之士，特世無知之者耳。即有知之者，而著述不能使之行，是誰之過歟？爲之慨然。以上各《跋》，均在卷首。

癸酉仲冬廿有四日，於經義齋書坊見有張青芝手錄劉祁《歸潛志》八卷本，取歸與舊藏本對，似較勝。惜無後六卷，因憶是坊架上向有鈔本《歸潛志》全者在，越日復往取之。先校此六卷，實優於向所藏者。遂竭一日半夜力校畢，此當留此全本矣。適春生吳大來訪，余云是青芝所鈔，渠欲轉購之，明日當取張本校前八卷也。十一月廿七日燒燭校畢，時二更餘矣。復翁。在第二冊卷九前。

丁丑夏六月過復翁家，相知十餘年，始識面也。翁以余喜説金源事，因出此舊鈔。原校與鮑刻略同，惟《歸潛堂記》之"銅壺"，此作"銅臺"。向閱鮑本，"壺"字不解，曾擬改作"鞻"字，今見此"臺"字，乃知舊本之足貴。至"太宗神射"之爲"太祖神功"，李純甫卒於元光末，王仲見爲王廣道猶子，良由神川誤記，不必校。先生因屬綴言，不揣鄙拙書此。北研謹識。

校舊鈔本 _{山居新話}_{東園友聞} 一册 _{不分卷}

壬申春三月，復翁手校元刻一過。_{在册首。}

乾隆丙午五月買得此本，閱月借松陵楊慧樓進士藏本校對，補綠前後序文并卷尾脱葉，可稱完本矣。慧樓淡於功名，鈔撮元人説部甚多。又集前賢翰墨爲《昭代叢書續編》，振奇好古，近日鮮有其人矣。并書於此，亦樂吾道之不孤云。漫士記。_{在《山居新話》卷末。}

楊瑀《山居新話》四卷，夏頤《東園友聞》二卷，錢少詹《補元史藝文志》曾收之。頃從坊間買得此二種，是合裝者，皆舊鈔，然俱無卷數。案其文義非全者，當是傳本之異。至楊瑀書，《四庫》書亦收之。夏頤書，則未有也。《山居新話》，錢作《新語》，恐誤。薓翁識。_{在册末。}

校明鈔本遂昌山人雜錄一册 _{不分卷}

崇禎七年六月，四明范廷芝異生甫校。

商氏所刻，訛舛不復可讀，此粗愈爾。

《遂昌山人雜錄》，余所藏舊鈔本，十八行二十七字，字體較此略整齊，亦係黑格。格邊有"歲丙子鈔畢"五字，在最後一葉，然未詳其鈔自誰氏。即"歲丙子"，亦不知其何朝也。頃揚州書友攜此册來，不第爲四明范氏所鈔，可爲珍寶，且係義門先生閱本，尤足貴重，因急收之。復取余舊藏本相勘，大段此本爲勝，然有一、二譌舛，亦足互爲校正。不揣惡劣，用墨筆勘之。舊藏本審是明代所鈔，所云"歲丙子"，若在崇禎朝，當是九年，較此鈔又後也。爰並藏，以此爲甲而彼爲乙云。嘉慶歲在乙丑閏六月三日，蕘翁黃丕烈識。均在卷末。

每葉格心有"臥雲山房"四字。卷首有"四明范光下一字闕。家藏印"、"貞志堂"、"何焯"、"屺瞻"等印。"商氏"一行，碎字無款，當即義門所識也。

校舊鈔本遂昌山人雜録一册不分卷

此鈔本《遂昌山人雜録》，未知鈔自誰氏，其格邊但云"歲丙子鈔畢"，亦未詳其何朝之丙子也。近得一"崇禎七年六月四明范廷芝異生甫校"本，出此校勘，頗資是正。間有此善於彼者，當參考云。蕘翁。

校本穆天子傳一册

嘉慶乙丑，余初見九行廿二字本，信爲佳本，遂遍借諸家藏本手校於此。其最舊者爲叢書堂鈔本，然注多删節。故此所校，以舊鈔本爲校，餘不過備查核也。蕘翁。在卷首。

丙寅五月朔，書友以范刻《穆天子傳》求售。每半葉九行，行十八字。每卷次行標"晉郭璞注，明范欽訂"，似前所見范本猶翻刻也。字大悅目，印本清爽。惜前人讀過，朱墨燦然，於闕文□字，皆有案語存疑，標於上方。竊思此書在荀勖校定時，已病其殘缺，郭璞作注，間於注中存疑，後人安能以意補缺耶？通體句讀，頗便觀覽，因悉臨之。其異同處，亦用朱筆標注焉。在卷首《序》後。因續見

范刻本,用硃筆校之,復以九行二十二字覆勘,悉注九行本。間有
用墨圈者,亦六行本也。丙寅五月三日記。_{在卷首。}

　　九行二十二字本校本又與此刻同,疑此即從九行二十二字本
出。則彼爲明刻之最先本無疑。

　　同時又借陳仲魚所得明范欽吉、陳德文校刊本校一過,大段與
此刻同,而一二處有合舊鈔者,并記。同時又借香嚴書屋藏舊鈔
本,鈐有叢書堂印,本文與此刻同,與所校鈔本不合,且注多節略,
似非善本。聊校,存其一二異字。蕘翁。

　　校畢此卷,已將夕矣,余以病軀,得間校此,雖憂亦樂也。予病
前校書,已苦其煩,何況病後,家人禁勿看書者,幾匝月矣。自下樓
後,枯坐內書房,日聽家人婦子料理歲事,雖非手親治之,耳聞能毋
心動乎? 因借此六卷書,消我兩日憂,轉不覺其煩也。大除夕燃
燭,復翁識。

　　丙子秋日,借玄妙觀《道藏》本校,又正數字,皆就前校影鈔《道
藏》本所誤者。餘淨校《道藏》,別有本子在。復翁。_{以上各跋,均在末卷後。}

　　【藏園訂補郘亭知見傳本書目】第十一上·子部十二·小說家類,第八
五五至八五六頁

穆天子傳六卷_{晉郭璞注。天一閣本。}

　　〔補〕○明萬曆二十年程榮刊漢魏叢書本,九行二十字,白口,
左右雙闌。黄丕烈手校。海源閣藏。已影印行世。

校本劇談録二卷一册

　　乙丑十月,以開萬樓所藏舊鈔本校,首多《序》一篇,卷中亦時

有一二佳字。每卷撰人多官銜，皆古式也。書以舊爲佳。信然。即有譌字，可揣而知也。蕘翁。

校鈔本江淮異人錄一冊不分卷

　　舊藏嘉靖間伍氏刊本，訛脫幾不成書。武林鮑綠飲以藏本校正，因重錄之。馬氏《通考》、陳氏《解題》俱作二卷，然二十五人事迹具在，則爲全本無疑。乾隆癸卯霜降日，延陵吳翌鳳識。

　　鮑校伍氏刊本，余亦見之，所據以入《叢書》者，非此校本也。乙亥春，從李氏獲見顧秀野草堂本，校於鮑校伍本上，茲復謄於吳枚菴手鈔本云。復翁。均在冊末。

校本江淮異人錄一冊不分卷　紹曾案：總目作校宋本。

　　《江淮異人錄》一卷，傳本甚罕，余得此於吳興賈人。鮑君以文復從宋刻校正，真善本矣。辛丑二月吳枚菴記。在卷末。

　　《江淮異人錄》，向未見有善本。此冊藏五硯樓，識是枚菴所藏而鮑君淥飲校過者，因檢出之。是冊刻入《知不足齋叢書》第十二集。案：《叢書》刻本，非淥飲手校本也。檢淥飲《跋》，但云善本，並未言宋刻校正，其源亦出於伍本，并以爲伍已有改竄，未知何據。《叢書》與此本微異，其刊成在乾隆丁未，復在辛丑後，不知何以不據是本而又改易也。案：此本未盡善，故鮑刻不據此。此云“伍忠光”，彼作“伍光忠”，或係筆誤。枚菴藏本爲淥飲刻入《叢書》，往往著其緣起，而此書不及枚菴名，當非是本矣。余喜古書，雖已經刻行，必藏其舊者，況疊經名手校過，尤爲可寶。淥飲筆墨不輕與人，余訂交二十年來，求其手跡，卒不可得。得此補闕，良慰余懷。嘉慶庚午夏季六日，復翁記。以下二跋在卷末。

吳枚菴別有乾隆癸卯重錄鮑校本，亦爲余所收。蓋原本出於鮑，故付梓不云吳本也。乙亥元夕前日又記。

古書安能盡見。即如此書，鮑已得善本校伍氏本矣，枚菴云以文從宋刻校正，殆未可信。枚菴既有此鮑校本，復又重錄一清本，想已云盡善矣。頃子僎以友人求售，售之秀野藏鈔本見示，予竭半日力校之，繼以二更遂畢。此觸處多妙處，鮑君已作古，不及語之，吳丈朝夕見，當一一告之，俾知《江淮異人錄》尚有善本出鮑本外也。特古書深藏，恨不能盡見耳。今日校書竟日，不致心煩頭脹，甚快事也。乙亥元夕前一日，復翁。以下二跋在卷首。

續校鮑刻《叢書》本，非即初次所校。淥飲《跋》云："喜善本，特梓以存其舊。"蓋又一本矣。妙處多與顧本合，稍有異同，殊瑣屑也。元夕又記。

校宋明鈔本茅亭客話十卷二册

《茅亭客話》，惟毛氏《津逮》中有之，舊本世不多見，鈔本則載於《汲古閣珍藏祕本書目》，余於去秋曾得一宋刻，即《讀書敏求記》所云"太廟前尹家書籍鋪刊行本"也。取校毛刻，多所改正，兼多石京《後序》一篇，信稱善本。兹又從吳枚菴家得錢罄室藏本，行款雖與宋刻不同，而字之誤者，不到十分之一，有一二衍字或以意擅改字，亦皆與宋刻舊校合。蓋宋刻已經俗人塗抹，後來傳錄多本於此，故適同耳。余破兩夜力，復用宋刻真本校勘一過，因題數語於卷尾。甲子二月晦，蕘翁記。

中和重裝，去其補蠹蝕痕紙色之不純者，斐然可觀矣。蕘翁又記。

十月十有三日，雨窗無聊，整理書籍及此，重展一過。竊幸此等秘本,獲一爲難,今余兼有宋刻、舊鈔,何幸如之。俗人以余好收古書,動以洩天地奇秘爲戒。憶春初遭大兒之變,親友勸余勿再收藏,然余反藉此消遣,故校此書時,猶在大兒七中。夏秋以來,心緒略定,不謂九月下旬,又值伯兄去世。倫常間多不如意事,造物之忌,其果然耶?而余藉此消遣之計,仍如故也,爲之破涕爲笑。菉翁又記。

　　壬申仲冬九日,訪友至胥門,因觀坊間所收吳稷堂書。内舊刻名鈔絶無創獲,遇稍舊者,賈人已拔置别儲一處矣。余至請觀,見目標《默記》而注九册,心疑是書不應如是之多,索其書,乃彙鈔各種而適存九册也,《默記》特其中一種耳。中有《茅亭客話》,取歸與此對較,此鈔本爲佳,往往與宋刻合,此本外又益一舊鈔矣。復翁丕烈。

　　此書宋刻,近亦轉歸他所,所藏惟此及穴研齋鈔本矣。論字之與宋刻合,穴研齋本爲佳;若要存宋刻面目,則此手校者爲勝矣。舍刻論鈔,二本不相上下也。戊寅元旦雪窗記。宋廛一翁。均在卷末。

　　卷首《目録》後有"賣衣買書志亦迂,愛護不異隨侯珠。有借不返遭神誅,子孫鬻之何其愚"木記。卷末有"錢穀"、"叔寶"、"吳枚菴流覽所及"各印。

校本段少卿酉陽雜俎前集二十卷
二册續集十卷一册

　　乙亥夏,吳丈枚菴於新交處借一明刻本《酉陽雜俎》,《前集》、《續集》俱全。既自校矣,又轉付張訒庵校之。余即從訒庵借其手校本,校於明刻新都本上。訒庵云《前集》頗佳,《續集》與汲古本不甚異。且余所藏新都本止二十卷，故借校止《前集》云。張本從內鄉李雲鵠校本補趙琦美《序》，又補宋嘉定時人二《序》，又淳祐時人一《序》，皆未之傳錄。惟趙《序》煞有關係，知此二十卷源流實出於宋刻，又出於校勘，故與此新都本迥異，又與汲古本亦殊，就所見本，此較勝矣。趙因得《續集》而又得《前集》，蓋琦美之堂兄可庵於歸翁繆含齋可貞氏處，轉錄崐山俞質夫先生宋刻《雜俎》《前集》，琦美又校三四過，錯誤分合，補脫正誤，不可指屈，并爲搜《廣記》類書及雜説所引，隨類續補。嘉禾項群玉氏復以數條見示，續所未備。噫！此趙本之《雜俎》耳。姑臨校以俟宋本可耳。復翁臨張訒菴校本訖，并記。在《前集》第十二卷前。

　　《酉陽雜俎》無宋元刻及舊鈔，故所儲止明刻焉。明刻別有內鄉李雲鵠校本，雖出自宋刻，而增刪已經動手，所謂趙本也。校如右。

　　續以五柳居每葉二十行、每行二十三字本校趙本異字，有與同者，加黑圈識之。復翁。均在《前集》末卷後。

　　《續集》十卷未校，即《前集》所據之李雲鵠刻本，想經復翁配入者也。

校明鈔本録異記八卷一册

　　右《録異記》一集，凡八卷，十七類，乃五代人杜光庭所纂，得於友人家，假歸録出，仍鈔別本，總計七十翻。時正德己卯三月望後一日，吳門柳僉大中録畢於桐涇別墅之清遠樓中。其日細雨，閉門弄筆，强述一章以記之：

　　鈔書與讀書，日日愛樓居。窗下滿池水，萍間却餌魚。時名隨巧拙，天道已盈虚。莫信村居好，山居樂有餘。己卯首夏，訪大中村居，承假是録。録畢，用書尾原韻奉謝：

　　生平酷好書，僻性憪城居。洗杓嘗鴟酒，焚芸辟蠹魚。荷君函裹秘，益我腹中虛。好語田園輩，辛勤廿載餘。端陽後二日，長洲守約道人俞弁志。字子容，著《山樵暇語》十卷。案：此注用墨筆，審其字，似是義門手迹。

　　萬曆己丑首夏，趙子元度訪予齋居，欲得文中子《元經》，予舉以贈之，因語予近得杜光庭《録異記》。凡八卷。予請借觀。去數日，録一册見贈。據前二《跋》，距正德己卯又七十一矣。元度爲今大司成定宇公冢器，翩翩好古，言論風旨綽有父風，蓋後來之俊云。是歲端陽後二日，西巖山人謹識。

　　方書此時，亦漫然耳。至六月廿日復觀之，乃與前跋俱端陽後二日。事之偶合如此，亦異矣哉！西巖并書。西巖，名四麟。案：此注用朱筆，當是蕘圃所記。以上各跋，均在卷末。

　　杜光庭，長安人，應《九經》舉，屢不第，思欲脱屣利名，逍遥物外。會僖宗幸蜀，以蜀中道門牢落，思得名士以振之。時潘尊師道術甚高，僖宗所重，光庭數下闕三字。僖宗駕回，詔尊師於兩街求其可者，遂以光庭應詔。僖宗召問，稱旨，即令披戴，仍賜紫衣，號廣成先生，馳驛赴蜀。及王建據蜀，待之尤厚，又號爲天師。光庭嘗以《道德經》注者雖多，未暢厥旨，因著《廣成義》八十卷。他術稱是，識者多之。右出陶岳《五代史補》。己丑季夏，西巖子録。在卷首。

　　余生五十三年，但知有安愚，而不知有守約。今乃并得讀其詩，二老風流可愛，他日誌耆舊者，當訪其事蹟存之也。康熙癸巳，焯識。

　　嘉慶乙丑夏六月十三日，有事入山，便道至閶門留耕書棧訪揚州書賈，因出舊鈔書數册示余。余所檢者，此爲最佳。卷尾綴柳、俞二公詩，想見昔賢留心書籍，往往寄情吟詠，與吾儕三益聯吟時所爲《題書記事詩》先後同揆也。興之所至，繼賦一律云：

爲欲訪名書，尋蹤到客居。刻虞鵠類鶩，鈔怕魯成魚。善本讎
非妄，前賢愛不虛。一編真可寶，可以概其餘。莪翁黃丕烈。

柳、俞去後趙、秦來，二老風流亦異哉。獨有髯何誰與繼，宋廛今
日卷重開。此書先有柳安愚、俞守約彼此唱和，後有趙元度、秦西巖彼此授受。二老風
流，得替人矣。惟義門學士後，無有手迹留此書者。今入余手，屢加校勘，妄思繼之。

四卷奇書出道經，秋宵校閱一燈青。酒杯孤負中秋月，細雨空
庭笑聚螢。校此書，適在中秋。是夜無月，坐堂中看兒女輩聚螢爲樂。宋廛一
翁。以上各跋，均在卷末。

卷首末有“秦季公”、“酉巖山人”、“四麞”、“逍遥生”、“橋李曹
氏藏書印”、“曹溶”、“咸陽一布衣”、“又□齋收藏圖書印”各印。
歷經諸賢題詠，名迹燦然，亦珍笈矣。

校宋本道德真經指歸十三卷二册

嘉興刻《道德真經指歸》，是吾邑趙玄度本。後從錢功甫得乃
翁叔寶鈔本，自七卷訖十三卷，前有《總序》，後有“人之讒也”至
“信言不美”四章，與《總序》相合，其中爲刻本所闕落者尤多。焦弱
侯輯《老氏翼》，亦未見此本，良可寶也。但未知與《道藏》本有異同
否。絳雲餘燼，亂帙中得之，屬尊王遣人繕寫成善本，更參訂之。
辛丑除夕，牧翁記。

亂帙中簡出《道德指歸》，專人馳去，此夕將此殘書商搉，良可
一胡盧也。諸俟獻歲面言。謙益再筆。

此書亦出郡城顧氏，而忘其爲某房矣。頃顧氏爲任蔣橋一房
分支，而遷居在濂溪坊者，有書欲消。余往觀之，於叢殘中檢得嚴
君平《道德指歸論》，係錢東潤手跋本，內黏附與尊王之札一條。想

經尊王繕寫既成，而倩東澗跋之，以原札附入之本也。後書主欲併他書總去，爲他人所得。余蹤跡是書所在，假歸覆勘，中有一二誤字及脫校處，復用朱筆正之。校畢因記，時嘉慶甲戌秋重陽日也。復翁。

　　道光癸未，張訒菴從余借此本臨校，頗以此本脫誤尚多，即余復校錢跋本亦未盡，思得《道藏》本校一過，方愜所願，親往天慶觀借之，含糊答應，竟以未有爲詞。此言入於吾耳。余連年入夏病暑，諸事不適，視青籍如仇，矧校勘耶？故訒菴之請，久無以應。交秋精神漸復，遇事喜爲。近校《范石湖集》二册，過而興未已，遂從觀中借得《道藏》本手校，自十四至十六午時畢。其覆校，則全賴訒菴之眼明手快也。蒇夫。

　　《道藏》本“能”字號計十一卷。其“能一”至“能四”，爲李約《道德真經新注》。其“能五”至“能十一”，爲《道德真經指歸》。前有《序》，空一格，《序》後接《君平說》，空三格標目，其說亦空一格。間半葉，提行標目，次行標撰人、注人，空四格。又提行頂格標經文，後接《指歸》，空一格。通體皆同。每卷爲一册。每紙一幅摺五幅，每幅五行，每行十七字。茲就《道藏》本行款鉤畫，儻就校勘款式尋之，似可仍照《道藏》本録出，庶幾與同讀是書者參之。癸未重陽後七日，蒇夫識。

　　古人愛書如命，故獲一異本，雖殘帙，亦轉相告語其情事，今猶古也。然書本子，一本有一本之面目，非得真本，即盡善矣，安得謂之盡善乎？所以東澗於此本錢叔寶鈔者，已爲可寶，而猶留一《道藏》本在想望未見之中，是真能知書者。今余何幸，而所見勝於東澗。東澗當日有遵王互相商確，引爲同調。而余適有訒菴借校，因思《道藏》之本，余能遂訒菴之願，且訒菴又能補余校之漏。可見愛書者,尤不可不愛友也。九月下澣五日,訒盦補校疏略訖,揀還,復書此以誌。秋清逸士。

道光癸未九月十九日,重對《道藏》本覆勘一過。訒盦。均在卷末。

校宋本列子八卷二册

此所校宋本《列子》,殷敬順釋文未行以前本也,其中間附作注者舊音。此本字句,往往與《釋文》所云"一本作某"者合,洵古本也。惜中多修板及鈔補處,一一注明,而通體描寫粘補字,不無涉而致誤矣。丙子,蕘夫記。

校訖并鈎勒每行起訖。前二卷於小注不到底者,亦鈎勒之。三卷後止鈎勒到底行款矣。

校宋本訖,偶檢盧抱經《群書拾補》,有專校《列子》張湛《注》,其所校都有與宋本合者,用墨圈識之。而余因取《拾補》爲證,復取宋本讎之,又得數字,始知校書不易,讎書爲急也。天壞間物莫能兩全,能讀書矣,而不能藏書,故雖能讀書如抱經,而所見非宋刻,故區別《釋文》於張湛《注》外,如"賈逵《姓氏英覽》"、"用綦十二故"二條,尚誤刪《釋文》爲《注》,坐藏書不多故也。而余幸藏有宋板矣,坐不能讀書,故藏宋本《列子》二十餘年,未經用力。直至日莫途遠,始究心焉,得無爲炳燭之明乎? 書此誌憾。時丙子五月二十二日,蕘夫又記。均在末卷後。

校鈔本鳴鶴餘音九卷三册

此舊鈔《鳴鶴餘音》八卷,標"隨一"至"隨八"字號,乃《道藏》本也。檢《道藏目錄詳注》卷四"隨"字號計九卷,《鳴鶴餘音》。卷一之九,仙游山道士彭致中集諸仙詩歌詞賦。據此,則是本尚缺第九卷也。余以語古舊藏珍之。語古爲何義門家齋名。義門所藏,亦僅止此。去冬從嘉禾友人處得一刻本,首載《重刊鳴鶴餘音序》,與此字句微有不同,而卷中所載,與此全異,必非彭致中所集書矣,自當以此爲準。庚午夏五中澣八日,梅雨悶人,檢書及此,因記。復翁。

丙子夏,從天慶觀借《道藏》本補全,并校此八卷,越十月十有一日統畢。續補者,當別裝附後云。丙子十月,從天慶觀借《道藏》本補全,并手校此本。此本藏自語古齋中,有補録虞道園和馮尊師《蘇武慢》十二首,訛字獨多,知非補自《道藏》本也。前衍《記》一篇,後羨《無俗念》一首,悉從《道藏》本正之。此脱八卷尾及第九卷,以別紙照《道藏》本補全焉。宋廛一翁記。均在第八卷後。

續編卷四　集部

校本二十六

鈔本五

校本蔡中郎文集十卷外傳一卷二册

余所藏《蔡中郎集》六卷本，係述古藏弃者。既而余友顧千里舉盧抱經所言"《蔡集》以天聖年間歐静所輯本爲最古，第一卷首篇是《橋太尉碑》，今本移易其篇第，又并篇中顛倒次序，大失其意"云云，謂六卷本實誤本之祖。歐本自在天壤間，何不留心搜訪之。今乙丑正月十有九日，展墓還，道經胥門憩經義齋書坊，坊中小主人胡立群頗習目録之學，持明刻《蔡中郎集》示余。余始猶以爲六卷本，無足重。立群云："此十卷本也。晁、陳兩家皆以十卷爲善，見行本皆六卷矣。"余開卷，見有《故太尉橋公廟碑》，知與盧説合，且有"樸學齋"、"歸來草堂"兩圖記，知爲葉石君舊藏，何幸而得此，以踐千里留心搜訪之語耶。覆檢《鍾山札記》，果與之悉合，爰題數語，以證此本之善。至是刻爲明神廟時徐子器刻，特未知抱經所見又何本爾。嘉慶乙丑春二十日，是爲雨水節，蕘翁識。在末卷後。

　　余初得此刻，即借香嚴書屋所藏舊鈔本校勘。鈔本亦出樸學齋，與此刻同是葉石君所藏。然鈔刻分卷同而文理殊不同，取校此刻，大有加損，即有鈔本似誤者，今悉仍之，通體硃筆是也。蕘翁。

　　借鈔本校未畢，適錢唐何夢華行篋中攜得華氏活字本，參校，知鈔本爲最佳，活字本近之。且鈔本皆行草，事體有未甚明晢者，可以活字本參之。書之不可不多本相勘如是，如是。蕘翁又識。均在《外傳》後。

　　校《蔡集》訖，其中鈔本、活字本之異同，可謂無遺漏矣。然不得宋刻，總不敢定其是非。即以文理論之，此刻實可通，而鈔與活本皆不如是，是又未敢定此爲是也。卷中硃墨兩筆之圈抹，皆就兩本校之。非圈者必是，抹者必非也，讀者辨之。在卷首。

　　《蔡中郎集》，予向未究心。蕘翁得述古堂所藏六卷本見示，一望決其不佳。後遂別得此本，又再三覆勘。予亦影鈔蘭雪本一部，相從借閱，偶有所見，記之於上方，皆顯然舊並不誤。而徐子器刻時妄改者也。夫六卷本無足論，即十卷本其佳惡不同如此。書以彌古爲彌善，可不待智者而後知矣。乃世間有一等人，其人蕘翁門下士也。必謂書無庸講本子。噫！將自欺耶？將欺人耶？敢書此以質蕘翁。丙寅十二月澗蘋居士。

　　抱經自言其所見《蔡集》爲宋刻，在《鍾山札記》“別風淮雨”一條中。今此本妄改“雖變”二字，鈔本、活字本皆誤作“維而”二字，皆非其所見決然矣。但未審果宋刻否耳？黃君前因余言訪得十卷各本，安知不更以予言訪得宋刻耶？遂更書此以貽之。嘉慶丁卯正月七日燈下，時惟蕘翁更字復翁之明年。澗蘋。均在第五卷後。

　　按：當以鈔本爲最佳，活字板次之。此徐子器本所改，其淺近者或有是處，稍難讀，則每不知而作矣。不揣檮昧，輒加評論，雖未得詳備,然準例求之,無難也。宋槧若出,必足證我之非謬。丁卯正月九日燈下,澗蘋又書。在卷首。

此本癸丑歲先大夫校刊於袁江節署。有"樸學齋"、"歸來草堂"兩印。

校舊鈔本毗陵集二十卷四冊

余所藏唐人文集極多,非舊刻即名鈔,不下一二百種,惟《毗陵集》無善本。今秋訪友上津橋,於骨董鋪中獲見舊鈔本,同時又有淡生堂鈔本蘇天爵《國朝名臣事略》,索值十番,攜歸取對,《毗陵集》借香嚴書屋藏鈔本,《事略》出藏鈔本,彼此互助。《事略》固無甚大佳,《毗陵集》則似勝於所借本。蓋香嚴本行款雖似自宋本出,而丹黃燦然,已爲校者所亂,反不若此本之一仍其舊。此本行款雖異,而鈔手甚舊,知非妄作者,因擬獨留《毗陵集》,而還其《事略》。許以四番,物主不允,久而始成。蓋還書之後,無過而問焉者,故懇如所許而售也。他日當仍借香嚴本,細爲參校云。乙丑十一月念五日,薲翁識。

是集借得同郡吳枚菴藏遵王手校舊鈔本,粗勘一過,錢校謂出於趙靈均所藏方山吳岫本及馮己蒼本,其原本出吳文定公鈔錄天府秘藏本。今余校注云:"原本者,鈔本舊文也;舊校者,遵王手校異文也。"枚菴又從《英華》、《文粹》校其異同,余悉傳之。間有注吳校云者,以枚菴手跡證之,知非遵王筆矣。遵王校用墨筆,枚菴校用硃筆,茲混而一之,故必注某校也。雨窗無事,輟幾日工畢此。復翁校并識,時嘉慶癸酉二月二十有九日。

枚菴本,余極欲易之,不敢啟齒。甲戌夏旱,米價遽貴,枚菴不無去書稍佐薪水之費。吳春生以五餅金易去,今錢述古本在露凝書屋中矣。乙亥正月二十日，新知陳仲遵氏借讀還余，并記。復翁。

　　余向亦有重本，去年易去，所藏止此。趙氏新刊本，亦未有也。同日記。均在末卷後。

　　有“王鳴盛印”、“西莊居士”各印。

校舊鈔本 韓君平詩集五卷 錢考功詩集十卷 一册

　　韓翃字君平，南陽人。天寶十三年進士，侯希逸表佐幕府。府罷，十年不仕，李勉任宣武，復辟之。建中初，以駕部郎中知制誥，終中書舍人。《集》五卷。

　　案：此明監察御史河中劉成德編輯，刑部郎中江都蕭海校正本所載於卷首者也。明知《集》爲五卷，而必分體爲八卷，一《五言古詩》；二《七言古詩》；三《五言律詩》；四《五言排律》；五《七言律詩》；六《五言絶句》；七《六言絶句》；八《七言絶句》，是可笑也。姑記與舊鈔異同之字而已。

　　甲申六月小盡日，蕘夫記。在韓集卷首。

　　己丑年正月，清遠堂主人道穀命童子張秀鈔竟，南窗記。在《錢集》卷後。

　　二集共裝一册。①

　　【藏園批注】此册見於廠市。韓集蕘夫校，錢集乃石君校也。

　　【藏園群書經眼録】卷十二·集部一·唐五代別集類，第八七〇、八六五頁

韓君平詩集五卷_{唐韓翃撰}△八三九八

葉氏樸學齋寫本，十行十八字。有葉樹廉朱筆校，據《文苑英華》也。前録《唐詩紀事》，後録佚詩，皆葉氏手書。

黃蕘夫丕烈以墨筆校，係據明刊本。（海源閣遺籍。庚午）

錢考功詩集十卷_{唐錢起撰}△八三九八

葉氏樸學齋寫本，十行十八字。葉石君_{樹廉}以朱筆校，不言所據何本。前後各葉亦石君手書。與葉氏寫本《韓君平詩》合訂一册。鈐有海源閣三印。（海源閣遺籍。庚午）

【藏園訂補邵亭知見傳本書目】卷十二下·集部二下·別集類一下　中唐至五代，第一〇〇八、一〇〇七頁

〔補〕韓君平詩集五卷_{唐韓翃撰}

〇清葉樹廉家寫本，十行十八字。葉樹廉據《文苑英華》校，並録《唐詩紀事》及佚詩。黃丕烈據明正德間劉成德編刊分體八卷本校並跋。與康熙己丑葉氏命館童張秀鈔《錢考功詩集》十卷同裝一册。海源閣佚出之書，見於肆中，曾借校一過。

〔補〕錢考功詩集十卷_{唐錢起撰}

〇清葉氏樸學齋寫本，十行十八字，卷末葉氏題己丑正月命童子張秀鈔竟云云，則寫于順治六年也。葉樹廉以朱筆校。與《韓君平集》合裝一册。海源閣藏，《楹書隅録續編》著録。庚午歲見於廠肆。

校明鈔本李校書集三卷一冊

時萬曆肆拾捌年正月初六日鈔完。

按：李端字正己，趙州人，李嘉祐之姪也。大曆五年進士，從郭曖游。曖嘗進官，大集賓客賦詩，端最工。錢起曰：“此素為之，請賦起姓。”端立獻一章，又工於前，客乃服，曖賜帛百疋。後移疾江南，仕至杭州司馬。有詩三卷。

《李端集》三卷，見諸《書錄解題》。藏書如述古，未列於目，想傳本希也。余於唐人集，遇本即收，不下數十餘種，而此集亦無。頃揚州估人攜此求售，喜為得未曾有。本係舊鈔，校者之筆亦是明人。前後所鈐圖記止一印，而印文印色皆非近時，則此本誠可寶矣。裝成并記，蒐翁。

按：《文獻通考》引晁氏云云，有“新開金埒看調馬，舊賜銅山許鑄錢”之句，此即所賦錢起姓一篇中語也。附誌備考，八月三日燈下記。

余家比鄰有以李鑑明古家舊藏本書一單託消者，内多唐人小集專刻本，因與好友分得。此《李正己集》，檢舊藏本，出此勘之殊異，而先有校勘語附於卷端，校而未終，又不詳載其所自，殊疏漏也。事隔十年，并影響都忘，屬想不得其故。今與此新收本對之，似為近之。日來枯坐一室，校讎都絕。今晨喚一小舟，往吾與菴，與琢堂相期，在彼一宿。舟中無聊，自縣橋出平江路，由西而達閶門。一路漕艘濡滯，兼之順道過訪段茂堂、周香嚴二老，抵西津橋始畢。舟小無置筆硯地，傾側幾不成字。觀此集多與方外人作友，故諸詩人因游而得方外友，又因方外友而得詩。余非詩人也，然每至僧菴必得詩，其亦事理之所有而性情之所近者乎？校畢記。時乙亥二月花朝日,適逢春社,跋於支硎道中。

余至吾與菴,琢堂亦從鄧尉返棹來,遂同宿菴中。花朝月夕,親戚情話,因用此集中《同苗員外宿薦福寺》韻賦詩紀事,并邀琢堂同作。

爲愛聯牀話,禪房作客房。竹清疏漏月,梅白淺經霜。聽梵依虛牖,尋詩繞曲廊。歸鴻哀未減,警枕轉神傷。均在卷末。

乙亥春仲,復得同郡李明古家藏本手校一過,記於上下方,卷中墨筆是也。此集無李鑑明古藏印,但有"徐氏完石圖書",故名之曰"徐完石本"云。在卷首。

是集傳本絕希,故儲藏家亦尠著錄。惟明時有活字四卷本,而謬誤特甚。此本舊爲明人鈔校,復經蕘翁手勘,洵堪寶秘。卷中舊印,乃朱文"陳萊"二字。案《玉篇》,"萊",古"尞"字也。

【藏園訂補郘亭知見傳本書目】卷十二下·集部二下·別集類一下　中唐至五代,第一○一一頁

〔補〕李校書集三卷唐李端撰

○明萬曆四十八年寫本,十行十八字,清黃丕烈跋。又據明刊十行十八字本校並跋。海源閣遺書,《楹書隅錄續編》著錄。見於廠肆,後歸北京圖書館。

校鈔本宗玄先生文集三卷一册

嘉慶丁卯借袁氏五硯樓明刻《道藏》本手校,略有異同也。復翁。在卷首。

乾隆甲辰重九吳翌鳳借江藩《道藏》本錄於求我齋中。嘉慶乙

亥轉從蕘圃借鈔。在末卷後。

校舊鈔本呂衡州文集十卷二冊

此本十卷，實祇此集之半，大約好事者之偽爲也。在目上方。

吳岫所藏舊鈔殘本校。每葉二十行，每行十字。在第一卷上方。

每冊有"周春"、"松靄"各印，即復翁所謂周松靄十卷本，前校語亦復翁手記也。內附顧澗蘋一札云："承示《衡州》一集一冊，弟查竹垞《勸刻祕本書目》云：'余家有寫本《衡州集》五卷，及借范氏天一閣寫本校對一次，其天一閣寫本則每卷分爲二卷，共爲十卷，究莫定其爲誰氏所分也。且范氏寫本，其中《鹿賦》一篇兼多誤字，不及余家藏本之善，洵祕寶也。'以上竹垞《書目》云云。今仁兄此冊得之嘉禾，或即竹垞舊藏耳。然前錄之所稱冊數卷數均不合，或是別一本也。"

校舊鈔本呂衡州文集十卷二冊

右《呂衡州集》十卷，甲子歲從錢牧齋借得前五卷，戊辰歲從郡中買得後三卷，俱宋本；第六、第七二卷均之缺如，因棄置久之。越三年辛未，友人姚君章始爲余錄之，因取《英粹》所載者，照目寫入，以俟他年得完本校定。正月盡日識，屢守居士。

凡行間所注"某"作"某"，俱愚所校。此本則一照宋本鈔寫，第二卷《聞砧》以下十五首，宋本所無，案陳解元棚本錄入。均在末卷後。

有"王鳴盛"、"西莊居士"各印記。

校舊鈔本呂衡州文集十卷三冊缺第一至第三卷

余藏《呂刺史文集》，棉紙舊鈔本，得諸碧鳳坊顧氏，惜闕其首三卷。因欲鈔補，遇是集即收。

　　有周松靄藏十卷本，錢遵王藏五卷本，毛子晉藏五卷本，又借得周香嚴藏葉石君家鈔本十卷全者，知周本、毛本皆不可據。周本硬析五卷爲十卷，毛本又移易十卷中爲五卷，紛如亂絲，無可取證。最後得王西泜藏十卷本，出於葉鈔原本，方信錢本之五卷，乃十卷之僅存前五卷也。去年倩友傳録錢本之三卷，思補顧本所闕，因照顧本行款寫之。新年杜門謝客，取王本校其異於錢本，雖未必合舊鈔面目，然葉鈔十卷，其來有自。末有屛守居士跋謂：“甲子歲從錢牧齋借得前五卷，戊辰歲從郡中買得後三卷，俱宋本。”則葉鈔之前五卷，其據宋本可信矣。再行間所注“某”作“某”，俱屛守所校。又云：“第二卷《聞砧》以下十五首，宋本所無，案陳解元棚本增入。”是顧本原失之三卷中第二卷，未知有此否？安得宋本一證之乎？時道光元年二日立春，宋廛一翁定更後燒燭書。在末卷後。

校明鈔本呂衡州文集五卷一册

　　從友人處借嘉靖壬午清明日吳門忍齋黃冀録本訂一遍，卷首有“六爻堂”、“黃女成氏”二印記。崇禎甲申二月初吉。

　　丙戌元宵後五日，又求施師重訂。

　　舊鈔《呂衡州文集》十卷本，余得諸東城顧五癡家，惜亡其首三卷。後海鹽家椒升來，以新鈔本售余，雖亦十卷，序次與舊鈔不同。馬鋪橋周香嚴先生借兩本去，取所藏葉石君家鈔本對之，知舊鈔者爲佳。而海鹽本蓋分前五卷，以符十卷之數耳。葉本有劉《序》并全目，余俱鈔得，而前三卷異同較海鹽本爲勝者盡録之，擬補顧本所失落也。厥後香嚴又得吳岫所藏五卷舊鈔本，余亦借校，亦幾幾乎稱善矣。近從書友郁某得一毛子晉手跋本，亦衹五卷，而與海鹽本不同，其所謂五者，蓋取十卷而紊亂之者也。爰取葉本、顧本參訂，知第一、第二乃是葉本之第一、二、三，以一、二卷爲一卷，三卷爲二卷也。三卷之前五篇，乃葉、顧本第四卷之半，後十篇則又葉、顧本之第八卷也。四卷爲葉、顧本之第九卷，五卷爲葉、顧本之第十卷。顛倒錯亂，不知其由，姑存之，以待考核云爾。黃丕烈識。

　　嘉慶壬戌冬十一月望前二日，復從周丈香嚴處借得一舊鈔本，亦五卷，與此行款正同，顛倒錯亂，卻復如此，知此本由來有舊矣。卷端墨書一行云“照依錢少室家藏本鈔寫”。朱印一文云“沈印穀伯”。卷末有《跋》五行云：“此書向無佳本，讀之不勝魯魚。近在君宣齋頭獲覯此編，有‘王庭槐圖書’并校錄跋語，云彼先君從内府傳寫者，亟取歸而讎正之，大約次序相同，互有少差耳。俟有博學，還祈請正。萬曆丙辰仲秋記於懸磬室。”爰誌此備考，蕘翁丕烈。均在末卷後。

　　有“子晉一名鳳苞”、“隱湖”、“小隱”、“子晉私印”、“一字子久”、“汲古閣”各印記。

舊鈔本呂衡州文集五卷一册

　　卷首有“錢曾”、“述古堂圖書記”兩印，即復翁所謂遵王五卷本也。

校宋明鈔本李衛公文集十七卷
外集四卷别集四卷三册

　　向余手校宋本在明刻本上，明刻係竹紙，已經染色，故紙質色黃性硬，觸手便損，因無别本可用，故勉用之。頃長孫秉剛從坊間見此紅格舊鈔本，袖歸取質。余曰：“此明人鈔本，且爲楊灝繼梁藏,佳書也。"惜《會昌一品制集》缺十八卷下計三卷,然用以臨校宋本大佳。此鈔佳字與宋本合者,記於上方,爰輟二日功,手臨舊校於上,入新歲來一快事也。壬午二月初吉,蕘夫。

庚辰秋,殘宋本《會昌一品制集》,錢唐友人何夢華介以歸,常熟陳子準所藏,止此手校宋本之十卷矣。幸而從前暇日校此,俾宋本面目略識一二,其他雖舊鈔,與宋本已全異矣。余向收書,遇殘帙亦不惜重價購者,職是故耳。今年老力絀,不能如前此之愛護勿失,猶幸異地同心,知余所蓄爲佳而寶之,其亦不幸中之幸耶。重閱校本,書之慨然。壬午春臨。均在第十卷末。

此紅格舊鈔《李文饒文集》、《會昌一品制集》一卷至十七卷,計缺尾之三卷,爲卷十八、卷十九、卷二十。《李衛公外集·窮愁志》四卷全。《李衛公別集》七卷至十卷,計缺首之六卷,共三冊。凡書貴從其原有之面目,故就所缺存之,無取乎他本補之。去歲二月初,得此臨校宋本,又照此鈔錄《外集》,以補棉紙之獨少此集者,久藏篋中矣。後又見有黑格舊鈔《一品制集》之僅存一卷至十六卷本,因出此相對,靱置案頭,歲除未歸,今始檢得,爰題數語,以誌抱守老人之別有深意於殘編斷簡也。癸未歲初五日,蕘夫。在卷首。

有"楊灝之印"、"繼梁"、"莫釐峰主人"、"曹禾"各印記。《文集》卷十八至二十,《別集》卷一至六均闕。

校明鈔本清塞詩二卷一冊

此周賀詩也。少年爲僧,號清塞,與無可齊名。寶曆間,姚合爲杭州,讀其《哭僧詩》云:"凍髭亡夜剃,遺偈病中書。"擊節嘆賞,加以冠巾,字南鄉。坊間《清塞》《周賀》離爲二集,篇章互混,其《留辭姚郎中》至《送僧》四十五首,乃菏澤李和父編入《唐僧宏秀集》中者也。因汰其重複，又編四十五首，釐爲上、下卷，仍其舊名。余嘗謂詩禪古稱韻品，惟唐時鉅公輒欲其反，初不知何意。如韓昌黎亦欲冠巾觀、靈二老，既見觀霜髭種種，爲之潸然，惜其無及先輩，謂其善戲謔兮，不爲虐兮，猶乎？否耶？隱湖毛晉跋。

《清塞詩》宋刻，在李和父所編《唐僧宏秀集》中。《周賀詩》宋刻自有書棚本在，見藏濂溪坊蔣氏，余曾借校於舊鈔本上。此册出自毛子晉，以意竄定，非其舊也。吾友陶公因係子晉手跋本歸余，余亦以汲古本重之。適聞思菴主昆峰上人處，有武林梵天寺賜紫沙門法欽編《唐宋高僧詩集》，有元祐元年楊無爲《敘》者舊刻本，遂手校異字於每首上方，以資考證。且此書雖於晉亦未見遇，曾於其家刻《宏秀集》中跋語及之。則余所見不差廣於子晉耶？書此誌喜。辛未小春廿日，復翁記。均在末卷後。

校宋本姚少監文集六卷一册

宋本唐人文集，有"翰林國史院官書"硃印者，予所見者，《劉賓客》、《劉隨州》，係從陸西屛家得來。西屛除二本外，尚有幾册，未能記其名目。西屛故後，書籍散亡，屬伊族姪樹屛蒐訪，已杳不可得。今春過訪周香嚴，見案頭有《姚少監集》，實陸家故物也。遂假歸校勘，惜殘缺與二劉同。世間好物不堅牢有如斯耶！書此以誌慨。丙辰十月望前二日，棘人黃丕烈。在卷首。

此二條，係陸西屛所寫附於宋本後者，今并錄之以備考。

《水東日記》云："宋時所刻書，其匡廓中摺行上下不留黑牌，首則刻工私記本板字數，次卷第數目，其末則刻工姓名以及字總數，余所見當時印本如此。浦宗源家有司馬公《傳家集》，行款皆然，又潔白厚紙所印，乃知古書籍不惟雕鐫不苟，雖摹印亦不苟也。"

《梅花草堂筆談》云:"有傳視宋刻者,其文鉤畫如繡,手摸之若窪窪然。出故紹興守家,其先憲副藏書也。問故,將質以償路符之費,且誡售者勿洩,有是哉!"在末卷後。

校宋明鈔本李群玉詩集三卷後集五卷一册

崇禎三年庚午八月,從安愚道人鈔本手録,二十二日晚完。震澤葉奕。

大凡書籍,安得盡有宋刻而讀之,無宋刻則舊鈔貴矣。舊鈔而出自名家所藏,則尤貴矣。即如《李群玉集》,予藏舊鈔本有三本:一葉氏鈔本,一馮氏鈔本,一毛氏鈔本。向因未見宋刻,就此三本核之,似馮本較勝,因有缺處獨全也。[1] 去年新得宋本二李,一爲《碧雲》,一爲《群玉》,卻未經與諸家鈔本相勘。近因常熟友人屬爲影鈔,遂取諸本讎校,始知葉本行款與宋刻合。上、中、下三卷、《目録》[2]諸本皆有之,方疑宋本之缺爲憾。及取葉本相校,迥非宋刻可比,卷中之詩不可信,則目録尤不可信,莫如宋刻之無目録者爲存其真也。且馮、毛兩本似出一源,而此《後集》之詩,又似與宋刻近,與葉本又異。即《目録》馮、毛二本亦與葉本異。總之,未見宋刻,諸家各爲異同,無可適從。今校宋刻於葉本上,一一存其真,雖宋刻亦有譌舛處,就目驗云,然是非又在善讀者自能辨之耳。所異毛刻諸書,動輒與藏本互異。即如"八唐人集"中本,以意分體,統三

---

① 李群玉詩集。周批云:"此本實出馮本,所異者,唯《王内人琵琶引》未補缺耳。未知何所本。"又批:"此尚誤。毛本《王内人琵琶引》末獨全,非馮本也。"周批本第1103頁。

② "目録"下周補"及卷中詩大段相近,唯《後集》五卷宋刻無目録"十八字。《蕘圃藏書題識》不缺。周批本第1104頁。

卷,及《後集》五卷,一例排次,硬分爲三卷,俾人不知就裏,好古者固當如是耶? 我真極不可解矣。甲申仲春月,老蕘。

　　予校《李羣玉》,用宋刻爲主。此葉鈔行款同宋刻,故校宋刻於此本上,前跋已詳,兹復用馮鈔本參之。毛鈔本即出於馮,稍有異者,當經後人校過也。但如《王内人琵琶引》末缺文,不知毛鈔何據校補。未知所自出,不敢輕信。又有《清明日一題》,宋刻及諸本皆如是,惟馮、毛於卷中作“重陽”,而目録仍作“清明”,似鈔者見詩,知通首皆是“重陽”,故以意改“清明”作“重陽”,而目録不改者,原作“清明”,未及見詩,不知“清明”之爲非也。自是宋刻外,惟此校本爲最詳備。其不用毛刻“八唐人集”中之《李文山集》入校勘者,蓋毛既未詳所自出,尤多文理不通之處,有據與否,不得而知,故非所取也。春分後一日覆校訖,記於百宋一廛之北窗玻璃窗下。時雖仲春,連日之寒,不減隆冬。予衰老畏寒,未可啓牖,借明窗一二尺許,消我竟日閒,殊自覺無聊也。老蕘。均在末卷後。

　　卷首有“樸學齋”印。

　　【藏園群書經眼録】卷十二·集部一·唐五代别集類,第九一二至九一三頁

李羣玉詩集三卷後集五卷　唐李羣玉撰

　　舊寫本,十行二十字。本集卷三末有“臨安府棚北大街睦親坊南陳解元宅經籍舖印”一行。後集卷五末有“嘉靖丁未夏季松逸山居童子王臣録”一行。又有“丙戌中秋望日取毛刻本對過,此真秘本也,長武。”一行。

　　鈐有“汲古閣”白、“汲古主人”朱文大印、“士禮居藏”隸書朱文,又海源閣印二方。(海源閣遺籍。庚午)

【藏園訂補郘亭知見傳本書目】卷十二下·集部二下·別集類一下　中唐至五代,第一〇六〇頁

〔補〕李群玉集三卷後集五卷唐李群玉撰

〇明嘉靖二十六年松逸山居童子王臣寫本,十二行二十字。本集末有"臨安府棚北大街睦親坊南陳解元宅經籍鋪印"一行。從陳宅經籍鋪本出,然余檢宋刊原本,該卷後並無此一行也。馮武據汲古閣本校並跋。

校明鈔本元英先生詩集十卷一册

崇禎戊辰年六月,馮氏空居閣閟。

此卷雖鈔録草率,然尚是先王父遺書分授相弟者。予亦分得一黑格條鈔本,頗多異同,並校一過。歲在甲午,日唯長至,汲古孫綏萬識。

乙未春正二十有五日,風雨扃户,出東山席氏刻本細訂一過,增詩如右。均在卷末。

席氏刻本與墨筆鈔本同,當是原文。右增删數字,依家藏黑格條本訂入。

汲古後人毛綏萬以黑格本及席刻本校此集,俱用紅筆,使讀者莫辨何本之爲黑格,何本之爲席刻,且席刻所校有未盡者。得此本後,遂向坊間取得席刻,悉爲校出。席刻不分體,并多詩七首,在毛校未補外,因盡録之。此本黄筆皆席刻也。是本間有羡於席刻之詩,題首無某卷某首是也。癸酉五月小晦日校畢識。時農人望雨甚切,天雖蒸潤,未知能大雨時行否? 復翁。

席刻有與原鈔本不同者,鈔如右。有爲紅筆校改之處,仍照席

刻校上，所以專存席刻面目也。均在卷首《傳》後。

卷中有"汲古閣"印記。與《群玉詩》共裝一冊。

【藏園批注】此冊庚午冬見之。與《群玉》《碧雲集》合訂为一本。然《群玉》《碧雲集》蕘夫固未校，非前條所載之本也。

【藏園群書經眼錄】卷十二·集部一·唐五代別集類，第九一〇頁

元英先生詩集十卷唐方干撰

舊寫本，十二行二十字，與《碧雲集》共訂一冊，藏印亦如前。

汲古後人毛綏萬以朱筆校過，黃丕烈以黃筆校過。毛校用墨格寫本及席刻，黃氏又以席刻補校。有"崇禎年戊辰六月馮氏空居閣閱"一行。又毛綏萬跋朱筆三則，黃丕烈跋二則，見《楹書·續錄》，不複鈔。鈐有海源閣藏印二方。海源閣遺籍。庚午。

【藏園訂補郘亭知見傳本書目】卷十二下·集亭二下·別集類一下　中唐至五代，第一〇七一至一〇七二頁

〔補〕玄英先生詩集十卷唐方干撰

〇舊寫本，十二行二十字，無闌格。毛綏萬據墨格寫本及席刻唐詩百名家集本校，用朱筆。黃丕烈又用席刻補校。有康熙五十三、五十四年毛綏萬跋，言是其祖毛晉遺書，則是明末寫本也。有黃丕烈跋。海源閣遺書，與《碧雲集》合訂一冊。

校宋本碧雲集三卷一冊

道光三年癸未春，送考玉峰，於骨董鋪獲宋刻唐人《碧雲集》、

《李羣玉詩集》。諸名家皆有藏書圖記,惟汲古毛氏獨無,知毛未藏過,故"八唐人集"所刊《碧雲集》卻非宋本。因問諸湖估,適有"八唐人"殘本,此集尚全。歸家後校閱一次,殊有異處,所缺俱據補。差喜余收藏之廣,勝於汲古也。蕘夫記。

《李有中集》二卷,晁氏曰:"南唐李有中嘗爲新塗令,與水部郎中孟賓于善。賓于稱其詩如方干、賈島之徒。賓于,晉天福中進士也。《有中集》中有《贈韓張徐三舍人詩》,韓乃熙載,張乃洎,徐乃鉉也。《春月詩》云:'乾坤一夕雨,草木萬方春。'頗佳,他皆稱是。"

七月下澣,湖估以毛子晉藏舊黑格竹紙鈔本示余,方曉毛所據以入刻者,乃元本也。上有"元本"二字印知之。硃筆、墨筆,子晉手書。復校一過,與宋合而刻否者識之。蕘夫又記。均在末卷後。

【藏園群書經眼錄】卷十二·集部一·唐五代別集類,第九二八頁

碧雲集三卷唐李中撰

汲古閣本。黃蕘圃丕烈以宋刊本校勘;又以元本再校。有手跋三則,不更錄。毛鈔元本每葉二十行,每行十九字。

鈐有"黃丕烈印"、"復翁"、"蕘圃手校"、"清秋逸士"諸印。又"宋存書室"、"楊二協卿"、"楊氏海源閣鑑藏印"各印。庚午

【藏園訂補郘亭知見傳本書目】卷十二下·集部二下·別集類一下　中唐至五代·第一〇七四頁

○明崇禎十二年汲古閣刊唐人八家詩本,十二行二十字,細黑口,左右雙闌。黃丕烈據宋本、元本校,海源閣佚書。余曾臨校

一本。

【藏園群書校勘跋識録】集部·第四四二至四四三頁

碧雲集三卷

　　唐李忠撰。明崇禎間毛氏汲古閣刊《唐人八家詩》本,半葉十二行行二十字,白口,左右雙邊。鈐"麥谿張氏"、"籍圃至所"、"蛾術齋藏"、"蛾術齋"、"巴陵方氏碧琳琅館珍藏古刻善本之印"、"擁書萬卷亦足以豪"、"方印功惠"、"柳橋"印。庚午年(1930)過録原藏海源閣黄丕烈校本。黄氏校本已見於《藏園群書經眼録》著録。

　　各卷藏園先生識語録如下:

　　目録末葉識曰:庚午立冬日,移録黄蕘圃校本。

　　卷上末葉識曰:庚午九月十八日校。

　　卷下末葉過録黄丕烈跋文,並跋曰:黄蕘夫手校《碧雲集》,海源閣楊氏舊藏,載在《楹書隅録》。昨歲盛傳大盜入閣中,纂取書籍,連車捆載而去,事後魯政府委專員往勘,粗有記録,然其詳終不得知也。前日敞估言有兵持書來售,審視皆海源閣中物:北宋本《揚子法言》僅存中二冊,元本《劉中菴集》僅存首冊序目,又舊鈔《聲畫集》、《不繫舟漁集》、《可齋雜藁》尚完好。此《碧雲集》亦劫餘之一也,值昂,不可得,因段得,手校一過還之。大地兵塵,衣冠文物蕩掃無遺,此不過滄海之一粟耳,寧足悲哉! 庚午九月二十日,藏園居士書。(書號312)

校宋舊鈔本王黄州小畜集六十二卷八冊

　　余得宋刻補鈔本王黄州《小畜集》,適挈眷赴杭,舟中攜以破寂，手爲校勘。道光元年三月七日，蕘夫記。是本鈔手亦舊，分爲六十二卷，不知何本。内有注一作某者，往往與宋刻本合，然字句間亦偶有羨者，決非一本矣。此校本未能悉照宋刻面目，如卷端之總目，每卷之子目，未及一一更正，聊記梗概而已。補鈔亦據照録宋本寫入，時有筆誤，兹亦校其與此鈔異者。四月十日又記。均在卷首序後。

是本向有舊人校字，用片紙黏於每字之旁，脱落過半。兹就其有者，表於拙校之前；無可附麗者，仍夾入卷内。有一夾籤，亦存之。蕘夫。

予少時得元之詩文數篇，讀而善之，銳欲見其全集，遍覓不可得。既知有板梓於黄州，託其州人覓之，又不得。去歲入長安，從相國葉進卿先生借得内府宋本，疾讀數過，甚快，因鈔而藏之。今學爲詩者，未能窺此老藩籬，而動彈射宋人至不遺余力，此與以身食者何以異，悲夫！萬曆庚戌三月望日，晉安後學謝肇淛敬跋。

《汲古閣祕本書目》：

《王黄州小畜集》三十卷八本。

影宋板鈔本，十八卷别葉有東澗硃筆字。二十三卷有趙清常題識，又有東澗硃筆字在副葉，記二十五、二十六、二十七文章。四兩八錢。

《讀書敏求記》：

《王黄州小畜集》三十卷。

黄州契勘《小畜集》，文章典雅，有益後學。舊本計一十六萬三千八百四十八字。紹興十七年申明雕造，開板之不苟如此，是本後有嘉靖乙丑岳西道人復初跋語，藏於栩栩齋。均在末卷後。

謝《跋》及毛、錢云云，均復翁記於簡末者，兹並録之。蓋復翁據校之本，即遵王所稱之紹興本，而毛鈔亦當從紹興本出也。先大夫嘗語和云："大興朱石君先生藏有鈔本，不輕示人。"未識與此本何如。宋存書室主人記。

校舊鈔本寶晉英光集六卷一冊

《序》稱《山林集》百卷，今所會粹附益未十之一，正謂此六卷也。《焦氏館閣書目》稱《寶晉集》十四卷，豈別有書歟？又坊間宋、元名人刻首米詩，强半在此集外，其與此合者，或不免字句之異，未知所從本也。百卷、十四卷俱不可得見，且存此六卷而已，不必雜以吳中贗跡，爲貂之續也。戒菴。在序後。

《寶晉英光集》六卷，叢書堂板舊鈔，吳文定公原博故物也。已爲張青甫改竄，雜取吳中贗蹟，增至十卷，將以行世。余恐其亂真，亟索故本錄之。又余見王越石舟中《倪雲林集》一冊，堪與此配食。然越石徧索吳中贗蹟，增改不已，豈不謬哉。大率今世遁逃藪數端，而米、倪居二。不能字者，以米爲遁逃藪，强申縮其筆以爲奇；不能畫者，以倪爲遁逃藪，聊點染其筆以爲趣。其禍皆始於骨董之家，目中無珠，口中無舌，自欺欺人。敗膏粱子弟，不足惜也；今後無復知古人之真妙，斯嘆恨無窮爾。因跋此集，牽連書之以垂訓，雖青甫、越石之流移目我，我甘之矣。戒菴老人。按：二跋均有誤字，原本如是，姑仍之。

余初見《寶晉英光集》鈔本於吳枚菴處，擬借錄其副，忽忽未暇也。適賈人以此舊鈔本來，索直番餅一元有半，遂留之，而借吳本勘之。吳本亦有戒菴老人跋，知同出一原。余因是本較舊，但取吳本原本異同校之。吳復用汪氏本校之，多與原本歧異，不盡據改，恐屢校反失真也。戒菴《跋》謂張青父雜取贗迹增入，惟吳文定本尚爲舊鈔。此本所據傳錄者是也。枚菴云：“戒菴老人李姓，諱名，萬曆間人，與青父同時人。”此册與枚菴大同小異，惟題跋中一葉此所羨，原注出於青父所竄入，猶可得其真本之迹也。枚菴本有墨校宋本字，謂錢景凱得宋刊《山林集》，詩文不增多，而稍有字句異同處，景凱爲余詳校，注於書之眉。案：此則宋本之作某，皆可信矣。今錄於上方，而時有與是本合者，則改曰“某，宋本亦作某”，此余所定也。吳本不如是，知此本勝於吳本矣。錢景凱，書賈中之巨擘，余及交之。其所收宋本《山林集》，名曰《山林拾遺集》，矜爲善本，收於東城顧家，惜已爲齷賈吳姓購去，余不及見云。甲戌六月十日復翁校畢書，時屋後橋圮，石材皆宋嶸村用以製研，研成，試墨書此。

是本出王蓮涇家，彼《目》云：“岳珂《序》，戒菴老人《跋》，一册，舊鈔七十七番。”今檢之卻合。

枚菴本於校畢後，介歸張訒菴。均在卷末。

復翁所稱宋本，乃嘉泰辛酉南宮之孫憲在筠陽郡齋所刻，名《寶晉山林集拾遺》，明時入錫山華氏真賞齋，有鄞豐道生《後跋》。余藏影寫本頗精，取此相校，其卷第敘次迥乎不合。復翁勘正者，亦漏略殊甚，想所據本已未免傳寫之訛，而掃葉拂塵，固非易易也。姑以舊本存之。彦合主人。按：錫山華氏真賞齋宋刊本亦歸先大夫，同治丁卯得於都門，大興朱氏所藏也。家藏影寫精校本，已持贈潘文勤師滂喜齋。保彝謹附注。①

【藏園群書題記】卷第十四·集部四·宋別集類二，第七一一頁

---

① 　寶晉英光集。周批：“影寫本，是汪閬源舊藏，戊辰年爲余所得。”周批本第1124頁。

校寶晉英光集跋

　　《寶晉英光集》六卷,黃蕘圃收王蓮涇家舊鈔本,假吳枚菴校本臨勘一過。吳校所據爲錢景凱宋刊本,其注"張云"者則張青父鈔本也。此書舊藏楊氏海源閣,頻年兵禍,閣中掠取一空,此書遂流入廠市。余昔年收得蔣氏求是齋精寫本,爲雲自在龕故物,因取蕘圃校本移録之。先以兩寫本對校異字,用朱筆照改於旁,其宋本異字則加朱圈以別之,張本異字則標"張本"二字於上方,庶眉目清晰,閱者可不致混爲一談矣。全書訂正凡二百零六字,惟卷五《九雋老會序草》詞句迥別,更改獨多,則全據張本以審其異同,宋本不如是也。原本有蕭翁手跋一通,已見《楹書隅録》,兹不贅列焉。

　　項聞楊氏所藏《山林集》宋刊本方懸價待沽,友人東海君於沽上得見之,云寫刻精湛,光采焕發。此即蕘翁跋中所稱錢景凱所收爲鱉賈吳姓購去者,津門豪富多以鹽莢起家,有好事如吳姓其人乎? 企予望之矣。庚午小春,書潛偶志。

【藏園群書經眼録】卷十三·集部二·北宋別集類,第九九六頁

寶晉山林集拾遺八卷 宋米芾撰 △八七三

　　宋嘉泰辛酉筠陽郡齋刊本,大版心,半葉十行,行十六字,白口,左右雙闌,版心上記字數,下記刊工人名。前蔡肇墓誌,後有嘉泰改元嗣孫米憲手跋,以行書上版,字疏放,猶有祖風。此書世無二帙,明華氏真賞齋故物,有嘉靖己酉豐道生坊識語。海源閣書,辛未三月十二日觀於天津鹽業銀行庫房。

【藏園訂補郘亭知見傳本書目】卷十三上·集部三·別集類二上　北宋,第一一五一頁

〔補〕寶晉山林集拾遺八卷宋米芾撰

○宋嘉泰元年筠陽郡齋刊本,十行十六字,白口,左右雙闌,版心上記字數,下記刊工人名。前蔡肇撰墓誌,後有嘉泰改元嗣孫米憲跋,以行書上版,猶有祖風。本書後四卷爲寶章待訪錄、書史、畫史、硯史四種。此書孤本,明華夏舊藏,有豐坊跋,言嘗見鈔本山林集六十卷云云。

元鈔本鄱陽集四卷二册

至正二十有四年八月既望,借讀十日。孫道明叔拜觀并志。

弘治丁巳長夏,得蓑竹堂藏本,後學吳寬拜讀。

吳郡姑餘山人沈與文觀。均在卷首。

《鄱陽集》世罕傳本,此册有前賢題字,爲叢書堂所藏,罕秘可貴。忠義之氣,發爲詩歌,宜乎風格之遒上也,珍之珍之。後學仁和沈廷芳畹叔拜識,時在乾隆丁未立秋後二日。

嘉慶壬戌四月,嘉定瞿中溶木夫觀。

此葉文莊藏鈔本《鄱陽集》,元人手錄者也。按《四庫全書提要》《鄱陽集》四卷,宋洪皓撰,原詩已佚,今從《永樂大典》錄出。是此集無傳本久矣。卷中有元人原標行款字數,每册題眉爲匏菴相國筆,蓋文定得諸南陽者。字法古雅,名蹟粲然,洵僅見之本也。後學東郡楊紹和謹志。均在卷後。

有“明叔”、“蓑竹堂”、“匏菴”、“長洲茂苑”、“姑餘山人”、“歸來草堂”、“木夫”、“莨生觀”各印。

校舊鈔本湖山類藁六卷一册

戊寅秋八月，從毛鈔元本甲部本校。毛鈔藏濂溪坊蔣韻濤家，因湖估獲觀。復翁記。在末卷後。

有"牧翁"、"蒙叟"、"此君別館"各印。①

【藏園批注】曾見《湖山類稿》一册，爲吴枚菴手鈔。又外稿一册，此目皆不載。

【藏園群書經眼錄】卷十四·集部三·南宋別集類，第一〇七〇頁

湖山類稿五卷汪水雲詩鈔一卷宋汪元量撰
補遺亡宋舊官人詩一卷附録一卷

吴枚庵翌鳳手寫本，行楷極清逸可翫。後有朱筆跋云："乙未送春日借張子充之抄本校録。枚葊。"後有長洲顧至跋，又有黄丕烈跋三則，見繆刻士禮居跋，不更録。

鈐有"楊氏海源閣藏"、"東郡楊紹和彦合珍藏"二印。然《楹書隅録》并不載，其枚葊跋一行乃誤置之葉石君本内，何耶！海源閣遺籍。庚午。

湖山外稿一卷題水雲汪元量大有行吟　碧巢汪森晉賢搜緝

舊寫本，十行十九字。眉間有墨筆校字，是黄蕘圃丕烈手迹。别有朱筆校字，不知何人。

---

① 湖山類稿。周批："竹紙，半葉十行十八字。須溪劉辰翁會孟批點。此從元本録出，首失四葉，中多'缺'，闕字劉評用丹筆標出，以便檢閲。"周批本第1127頁。

鈐有"惠定宇手定本"朱文印,又有楊氏父子五印。封面題字爲黄蕘圃手書。楊氏《楹書隅録》不載。_{海源閣遺籍。庚午。}

【藏園訂補郘亭知見傳本書目】_{卷十三下·集部四·別集類三　南宋,第一二七一頁}

〔補〕湖山類稿五卷汪水雲詩鈔一卷補遺一卷_{宋汪元量撰。}
亡宋舊官人詩一卷附録一卷

○清乾隆四十年吳翌鳳手寫本,十行十九字。末題"乙未送春日,借張子充之抄本校録。校弅"。後有長洲顧至跋及黄丕烈三跋。聊城楊氏海源閣舊藏,然《楹書隅録》中未著録,或續收之書耶。

〔補〕湖山類藁五卷水雲集一卷_{宋汪元量撰。}
亡宋舊官人詩一卷附録三卷

○清光緒二十三年丁丙刊武林往哲遺箸本,十行十九字,白口,四周雙闌。余據海源閣舊藏清吳翌鳳手寫本校一帙。

【藏園群書校勘跋識録】_{集部·第五七九頁}

湖山類棗五卷水雲集一卷亡宋舊官人詩一卷附録三卷

宋汪元量撰。清光緒二十二年丁丙刊《武林往哲遺書》本。據《藏園校書録》記載,係庚午年(1930)以吳翌鳳手鈔本校勘,該鈔本見諸《藏園群書經眼録》。

各卷藏園先生識語録如下:

《湖山類棗》卷一末葉識曰:九月二十六日校。

卷二末葉識曰：九月二十七日校。

卷三末葉識曰：九月廿七日燈右校。

卷四末葉識曰：九月廿七夜三更校畢。此卷絕少異字。

卷五第八葉識曰：九月廿八日校畢。（書號409）

明鈔本汪水雲詩鈔一冊 不分卷

錢塘汪元量，字大有，以善琴事謝太后及王昭儀，國亡隨之而北，後爲黃冠師南歸。其詩見鄭明德、陶九成、瞿宗吉所載，僅三四首。夏日曬書，理雲間人鈔書舊冊，得其詩二百二十餘首，手寫爲一帙。《湖州歌》九十八首，《越州歌》二十首，《醉歌》十首，記國亡北徙之事，周詳側愴，可謂詩史。有云："第二開筵入九重，君王把酒勸三宮。酡酥割罷行酥酪，又進椒盤剥嫩葱。"又云："客中忽忽又重陽，滿酌葡萄當菊觴。謝后已叨新聖旨，謝家田土免輸糧。"與鄭明德所載"花底傳籌殺六更，風吹庭燎滅還明。侍臣寫罷《降元表》，臣妾簽名謝道清"，合而觀之，紫蓋入雒，青衣行酒，豈足痛哉！水雲作《謝后挽詩》曰："事去十年速，愁來一死遲。"國滅君死，幽蘭軒之燼，詎可以金源爲夷狄而易之乎？"余欲續吳立夫《桑海餘錄》，卒卒未就。讀《水雲詩》畢，援筆書之，不覺流涕潰紙"。崇禎辛未七夕，牧翁記。

【藏園批注】此跋爲葉石君手録。

庚子之歲，假得孫天年鈔本，命兒子時、疇對鈔。次年辛丑正月，改纂訛謬畢，因書於後曰："汪水雲以一技之末，見知於中宮，猶睠睠於故君。彼食祿垂紳之輩，當何如耶？數百年後，亦遭此大變，又當何如耶？讀時不覺爲之出涕。"洞庭東山轂道人。

【藏園批注】庚午九月得見此書，乃一小帙。

乙未送春日，借張子充鈔本校録。枚菴。均在卷後。

【藏園批注】明鈔小册無此跋。此乃吳枚庵手寫跋耳。

有"葉萬"、"石君"、"樹蓮"、"樸學齋"、"李鑑之印"、"明古"、"季姝氏"、"李琳"各印記。

【藏園群書經眼録】卷十四·集部三·南宋別集類，第一○七一頁

汪水雲詩鈔不分卷<small>宋汪元量撰</small>

舊鈔小帙，十行十九字，即葉石君<small>樹廉</small>跋所云命兒子時疇對鈔者也。"庚子之歲假得孫天來抄本，命兒子時疇對抄。次年辛丑正月改纂訛謬畢，因書于後曰：汪水雲以一技之末，見知于中官，猶睠睠于故君，彼食禄垂紳之輩當何如耶？數百年後亦遭此大變，又當何如耶！讀時不覺爲之出涕。洞庭本山毂道人。"

鈐有"葉萬"、"石君"、"樸學齋"、"樹廉"、"李鑑之印"、"明古"、"季姝氏"、"李琳"各印。<small>（海源閣遺籍。庚午）</small>

【藏園訂補郘亭知見傳本書目】卷十三下·集部四·別集類三　南宋，第一二七一頁

〔補〕汪水雲詩鈔不分卷<small>宋汪元量撰。</small>附録一卷

○清順治十七年葉時疇鈔本，十行十九字，無闌格。有順治十八年葉樹廉跋，言庚子歲假孫天來抄本，命兒子時疇對鈔云云。又言汪以一枝之末見知于中官，猶惓惓于故君，數百年後亦遭此大變，又當何如耶，讀時不覺出涕云云，蓋父子以之共勉也。此書四庫存目。

舊鈔本汪水雲詩一冊不分卷，末有附錄數葉。

此本與前本詩同而行款各殊，鈔校皆精，多《附錄》數葉，亦復翁手校，錢氏藏本也。有"一粟洲"、"王孝詠印"、"慧音"、"徵雲之印"、"壹是堂讀書記"、"復翁"、"百宋一廛"各印。

影金精鈔本滏水文集二十卷八冊

庚辰仲春得楊文敏公家藏晦明軒刻本影鈔一本，始三月朔日，畢六月既望，通八冊。盛記。

嘉靖丙寅夏六月荷花生日，皇山七十五翁姚氏伯子手校。

《滏水文集》八卷，葉文莊公影錄金源舊槧晦明軒本也。予得諸友人孫氏唐卿，時在萬曆三十六年冬十月。清常道人。

元遺山《中州集》，劉祁《歸潛志》，均稱趙閒閒《滏水集》三十卷，或並《外集》計之耳。此本由金槧過錄，篇次全備，乃完本也。牧翁記。

予齋舊藏閒閒老人《滏水集》十八卷，後二卷缺，乃元元統甲戌平水中和軒王宅刊。其源亦出金晦明軒本，其稱三十卷者，蓋合《外集》而言。微特金元精槧不易得，即舊鈔亦殊罕遘。此本影寫極工雅，久經名流珍弄，殊可寶也。宋存書室主人跋。均在卷末。

有"姚伯子手校印"、"清常道人"、"海虞趙氏藏書"、"絳雲樓"、"楊灝之印"。籤題"菉竹堂藏本"，文莊筆也。

校舊鈔本蛻庵詩集四卷一冊

公一日至武夷，凡所歷悉如舊游，心竊異之。繼至石室，見一道人坐化其中，形體如生，因悟爲前生，慟哭而返，自號云蛻庵。康熙乙酉五月十三日午餘錄。辛卯三月朔夕，讀公集，古詩佳，五律次之，七律尤次。此鈔本在白泉太翁之先，有訛字，北山《雅誼集》不泯没，予心向往。丹臣。丕烈按：此許丹臣《跋》，在葉退菴鈔本卷四末，今附録於此。

　　歲辛卯之秋，余以鈔白《劉申齋集》二百餘番，與其清易鈔白《張蜕庵詩集》四卷，計九十二番，裝潢成帙，什襲藏之。壬辰春仲，購書甫里，知丹臣許子架有《蜕庵》舊本，不敢求假。他日歸，因攜余藏本重過甫里，乞丹臣書讎校，得鈔增蒲庵《序》一首，退庵《小序》一首，宗泐《跋》一首。退庵者，崑山先輩文莊葉先生别號也。并録入闕詩一十八篇，又前後錯亂者一十八處，用硃筆標識於書頭，以仍其舊。又音注互異二百五十又一字，添改塗抹百有六十字，倒轉三十有五字。相助對校者，表弟陳仁洽之功居多，而此集遂爲善本。始信書之轉相鈔寫，則轉多謬誤，新本之逮舊本也，有如是集矣。因語其清，且示以校本。其清欣喜欲狂，悉依余本録去，丹臣舊本，余於四月中復借觀者，經旬旋即完繳，計綿紙沙白百三十有一番，乃葉文莊之書，退庵《小序》數行，蓋文莊手蹟也。開卷有葉氏菉竹堂藏書圓印，乃葉孝廉白泉之圖記。丹臣壻於葉，故是書得之葉，誠秘本也。緬想之餘，不勝繫戀。時康熙歲壬辰端午後八日，採蓮涇王聞遠叔子識於孝慈堂。

　　右《蜕庵詩》四卷，係王蓮涇藏本，觀其《後跋》所云，信爲善本，然其卷數，前人俱未之及，惟王漁洋《居易録》載元張翥《蜕庵集》四卷，衡山釋大杼北山編集。洪武三年，錫山郎成鈔本。是四卷之目，固舊本也。近時《四庫書目》以爲五卷，未知所據何本，俟博考之。乾隆甲寅，吳郡黃丕烈識。

　　嘉慶丁卯秋七月，從碧鳳坊顧氏借得刻本《蜕庵集》二册，《後跋》年號適破損處，以此鈔本證之，蓋洪武刻本也。余案：成化時，退菴《小序》曾云：得刻本，尋失去，而别得善本楷録，則葉本非即刻本矣。故今以刻本覆校葉本，尚有訛字是正之處。今而後，此集其可稱爲善本乎？刻本亦有訛字，即以鈔本對之，取其理長者從之可爾。黃丕烈又識。

八月一日，往訪周漪塘，談及近校《張蜕庵詩》，得舊刻頗善。漪塘云：“余亦有舊鈔本，蓋葉文莊藏本而甫里許丹臣所收者也。”聞之不勝欣喜，索書觀之，即王蓮涇所據葉本。王與葉借校之由，詳悉可考，真奇遇也。覆取以校此本，覺蓮涇所注尚有脫略，重爲補之如右。蕘圃。七月七日。以周漪塘所藏刻本覆校，凡余所校刻本有缺者，皆賴以補足，誠幸事也。蕘圃又識。蜕庵集刻本，顧氏仍以歸余，余復借漪塘所藏囑顧澗蘋鈔補缺葉①，與此可稱雙璧矣。戊午秋七月二十一日雨窗，蕘圃識。均在卷末。

辛巳仲夏展讀一過，因取洪武刻本重爲對勘，尚有數處異同之字，今特一一簽出。美鏐校畢因記。

有“王聞遠印”、“蓮涇”、“孝慈堂”、“太原叔子藏書記”、“構書良不易子孫守勿替”各印記。

【藏園群書題記】卷第十六 · 集部六 · 元別集類，第八一二至八一三頁

影洪武本蜕菴詩跋

潞國公張羽《蜕菴詩》四卷，衡山釋大杼北山編集，前有豫章沙門蒲菴來復序，後有洪武十年冬天界善世禪寺住持釋宗泐跋，半葉十三行，每行二十四字，筆蹟工雅，紙墨明湛，蓋就洪武刊版摹出，

---

① 蜕庵詩集。“澗蘋”上脫“蜕庵集刻本，顧氏仍以歸余，余復借漪塘所藏囑顧”二十字，見《蕘圃藏書題識》卷九（中華書局版《清人書目題跋叢刊》六，第212頁）。

故精麗如此也。

　　壬子、癸丑間，盛意園祭酒遺書散出，余從景樸孫都護許得舊刊數十部，其中蛻菴、蒲菴二詩皆在焉。蛻菴詩正爲洪武原鐫，字體圓渾，初印精善，絕可愛翫。時同年董綬金大理酷嗜元人集部，見而好之，堅欲割讓，誼不容已，因與《陳剛中集》《蒲菴集》輳以歸之，然私衷殊耿耿耳。其後綬金不能終守，遂以歸涉園陶君蘭泉，今世上流傳影刊本即蘭泉從意園本精鈔鋟梓者也。

　　頃迫歲闌，藻玉堂主人王芷舲持此帙相眎。時國難方亟，連日海上交鋒，飛機翔於雲霄，短兵接於衢巷，烽火倉皇，人情洶激，余中情激越，寧有好懷耽玩卷帙！第頻年積想，一旦欣逢，如舊夢之重溫，恍故人之復遇，怦然於中，殆不能已，不見中郎，得見虎賁亦慰情於聊勝矣。卷中有“黃丕烈印”、“海源閣”、“宋存書室”、“以增私印”、“楊子伯子”、“臣紹和印”、“彥合珍玩”諸印，知爲海源閣舊物。然檢《楹書隅錄》，載舊鈔本，經蕘圃手校，有跋。此帙僅鈐蕘翁一印，而無校語題跋，知楊氏入目爲別一本也。此影寫本，審其紙墨古澹，神氣靜穆，當屬清初席、錢諸家所爲，雖卷首毛氏一印爲市估所加，第其時代要相去不遠，疑此亦黃氏所藏之複本，因無校筆，遂未著錄。余見海源閣藏書，凡古刻名鈔未經入目者正多，或爲編目時所偶遺，或爲編目後所續獲，均不可知，正不必以不見於《楹書隅錄》而致疑也。壬申元日，書於藏園之長春室。

　　【藏園群書經眼錄】卷十五·集部四·元別集類，第一一三一頁

蛻菴詩集四卷元張翥撰

　　清影寫明洪武刊本，十三行二十四字。前有釋蒲菴來復序，後

有洪武十年釋宗泐序。鈐有黃丕烈及海源閣楊氏印。又毛氏一印，僞。余藏。

【藏園訂補郘亭知見傳本書目】卷十四·集部五·別集類四　金元，第一三四〇頁

〔補〕蛻菴詩集四卷元張翥撰

〇明洪武刊本，十三行二十四字，細黑口，四周雙闌。前釋來復序，後有洪武十年釋宗泐跋。本書題“衡山釋大杼北山編集”。余藏。董氏詠芬室已覆刻行世，後又收入《四部叢刊》中。余得書後，繆君荃孫爲抄補序一首，詩二十三首。又據勞氏丹鉛精舍輯本補文一首，詩十一首，鈔爲一册附後。〇清影寫明洪武刊本，行欵序跋全同。鈐黃丕烈印及海源閣楊氏印。余藏。〇清初抄本，十行二十四字。黃美鏐校，黃丕烈跋。

校舊鈔本三十代天師虛靖真君集二卷
句曲外史雜詩無卷數共一册

坊友以《虛靖真君集》與《句曲外史雜詩》合裝者，欲易余一餅金。余絕愛其《句曲外史雜詩》鈔手之雅，而又重《虛靖集》之秘，遂留之，未及議直也。適借天慶觀《道藏》本《葛仙翁肘後方》，補余本之缺，因想及真君在宋崇寧、靖康間，《道藏》必有是書。檢《道藏》目，果有之，遂并借，此書在“席”字一、二號，共七卷，書名《語録》，不以集名，亦不分上下也。輟一日力手校之，《道藏》本固佳，藉以校正幾字。而此鈔本亦有一二佳字勝於《道藏》刻本者，知此鈔亦非無所據也。卷帙甚少，因盡照《道藏》本注明分卷葉數，并鉤勒行

款,每行每半葉及全葉,猶用毛校各書體可也。庚辰十一月二十日,訪友於上津橋,訪僧於怡賢寺,挾此以從事校勘,亦蓬窗破悶之一法也。歸而秉燭畢此,補書於上卷尾之餘紙云。龍翁均在卷末。

明王文恪公手寫文集不分卷

崇禎四年秋八月,後學倪元璐鴻寶拜讀。

崇禎癸未初秋,長洲文震亨觀。

此集爲文恪晚年手寫定本,《佳趣堂書目》所載,後有屠守居士《跋》,蓋即此本。舊藏錢功甫家,後爲吳枚菴所得。道光己酉獲之袁江,估人得自吳郡故藏書家。同歸予齋者,尚有《白雲》《玉山名勝》二集,爲江陰周氏硯農老人所藏。《白雲集》有蒙叟題字,《玉山名勝集》有蒼葦印,皆祕本也。

有"倪氏鴻寶"、"長洲文氏仲子"、"孝慈堂"、"吳枚菴流覽所及"、"三十五峰園主人"各印。

校宋本唐僧宏秀集十卷一册

壬寅四月,在丁俊卿店見一舊刻,假歸對讀一過,鈔缺佚三處,共詩五首。二十四日孫潛夫記。其刻牧齋所藏,亦在錢遵王處。

右《宏秀集》,向時重煩凱之校正,已周支干再矣。近來凱之歸句曲,余仍碌碌於琴水之畔。世故紛拏,故交離散,撫卷徘徊,不勝離索之感。人生有幾,聚首難期,憮然者久之。時康熙十四年之暮春日,樸學齋識。

余於己卯歲得一鈔本,照陳解元書棚刻本錄字樣,瑣碎細詳,首尾與此本校者不異,後有楊循吉詩筆,蓋是楊氏藏本。己未新正,檢出參看一次,誠善本也。附記於此,冀後之好古者,毋忽於敝紙敗筆本子。樸學齋老人葉石君識。

　　乙亥二月收此書，因出舊藏宋刻殘本校一過。自卷一周昉題"何人曾識此情遠"一句起，至卷八止，凡下方以墨識，皆宋刻也。卷中避諱，如"貞"作"貞"、"樹"作"樹"，皆未之校改。又如"峰"作"峯"，"間"作"閑"，"艸"作"草"、"鐘"作"鍾"，亦校之未細。因皆無關於文義，略之。惟此本一校舊刻，一校鈔本，遇宋刻與舊刻、鈔本異者，則識曰"宋刻同此刻"，以別於他校也。惜宋刻首尾缺失，當賴此校本參之。孫校舊刻，當即余所藏明刻，每葉廿四行，每行二十字之本也。望後二日辰刻記，復翁黃丕烈。

　　是日午後，復取明刻校《序》及卷一宋刻所缺者，并九、十兩卷，偶有與校本異者，用墨筆著於上方。明刻似與孫校不盡合，大段同宋刻，勝於此沈刻多矣。唯有總目，宋刻卷首缺，未知同否？復翁。均在末卷後。

　　有"葉萬"、"葉樹蓮印"、"石君"、"樸學齋"、"歸來草堂"、"函□齋印"、"南陽道轂"、"臣鑑"、"明古"、"心水李氏收藏"各印記。

校明鈔本元音遺響三卷三册

　　宣德十年春正，假諸華亭故家手鈔一部，三十日畢。無款印。

　　吾家舊藏《玉山名勝集》、《草堂雅集》二書，爲友人錢受之、王淑士借去，各鈔一部，善本稍稍流傳於外矣。今復借是集於受之，書尤珍秘，而流傳未廣，猶可稱竹隝帳中珍也。崇禎十年甲戌二月，受之見還因記，震亨。

　　此亦先兄手校者，《劉集》未卒而先兄亡，悲哉！仲老識。

　　《元音遺響》，各家均未著錄，此本三卷，與《四庫》本迥異。胡、張二集分上下兩卷，又名《崆峒樵音》。後二卷《劉子憲詩》，總題曰

《元音遺響》，無所謂《前集》八卷也。書以最古者爲可貴，此本猶是明初人鈔，字法古秀可愛，復經義門昆仲手校，殊非俗本可及矣。海源閣主人重校附識，丙寅上巳。均在卷尾。

有“竹隖”、“天慵民”、“受之”、“何焯私印”、“小山仲子”、“安樂堂藏書”各印。

【藏園群書經眼録】卷十八·集部七·總集二，第一二九〇頁

元音遺響十卷題盱江胡布子申撰述　後學張烈光啟校刊

舊寫本，十二行二十字。鈔手頗舊，狹行密字，書名大字占雙行，是從明初本影鈔也。目録次行標“悾侗樵音”，三行題“建民子申胡先生遺稿”，蓋卷一至八皆胡布詩。卷九題“古盱張達季充遺稿”，“盱江胡福元澤類集”。卷十題“黎川劉紹子憲遺稿”，“盱江胡福元澤類編”。

藏印如下：

“朱彝尊錫鬯印”、“謙牧堂藏書記”、“兼牧堂書畫記”、“北平謝氏藏書印”、“燕庭藏書”、“别業小長蘆之南殳史山之東西陜石大紃横山之北”。又楊紹和各印。海源閣遺籍。庚午。

校舊鈔本對牀夜話五卷二册

《對牀夜語》五卷，皆詩話也，宋范景文所著。前有馮去非《序》，稱景定三年所評詩，自唐而止。其楊確四詩及六朝作者更詳，蓋沉雄風雅之士。前附去非一書，謂興懷姜堯章同游時，有高翥、静逸輩，日夜釣遊，孫道子、張宗瑞輩謔浪笑傲，今不能復從遊，雖夢中亦不復見，得見景文斯可矣。則景文爲一時之名士可知。

余此本録之趙元度，以正德間江陰陳沐所翻刻者，兩相細較，字句無訛，可喜也。甲子清和月，曠翁識於高郵舟次。

《對牀夜話》五卷，知不足齋刻入《叢書》第三集，其所用乃明正德江陰陳沐所翻刻本也。陳刻世不多有，近時傳者衹鮑刻。余偶於郡城書肆收得一鈔本，分卷有八，而失其八卷最後幾葉，前馮《序》亦無之。取此鈔本核之，殊不同，每卷俱有《題詞》，句亦多異，當在陳本前。此書書目皆不載，卷數多寡之分，亦無從得其實。就此本核之，頃所得當勝此也，因手校於其上。《夜話》之名，冷齋已有之，鮑改“話”爲“語”，何耶？抑偶誤耳，渌飲氂矣，足跡又不常至吳，安得與之談，俾知此書除陳本外，固尚有可采者在也。書之難得善本，信然。乙丑六月朔，蕘翁坐雨書。均在末卷後。

有“歸來草堂”、“知不足齋”、“蕘圃手校”各印。

【藏園群書題記】卷第二十·集部十·詩文評類，第一〇四至一〇六頁

黃蕘圃校本對牀夜話跋

《對牀夜話》五卷，宋范晞文著，傳世最舊者爲正德十六年陳沐翻刻本。據祁、鮑兩家跋語，知陳氏所印爲活字小本。此後《學海類編》、《知不足齋叢書》、《武林往哲遺著》相繼刊行。鈔本傳世見於著録者，有趙玄度本、祁氏曠園本、盧抱經手寫本、曹彬侯寫本、拜經樓鈔本而已。玄度本舊爲祁氏所藏，曠園本藏丁氏八千卷樓，考曠翁跋，知其藏本即依玄度本校録者。抱經本亦歸丁氏，然丁氏書爲江南館所收，乃今檢目中衹存抱經本，何耶？彬侯本尚庋海虞瞿氏。拜經本庋皕宋樓，今流出海東靜嘉文庫，陸氏於目中未著一語，其異同得失莫由知之。以今考之，自陳氏翻印後，凡歷次刊行、

各家傳録皆從之出，故卷數既屬相同，文字亦無大異，欲求覩宋刊面目固渺乎其不可得矣。惟《楹書隅録》載黃蕘圃曾收得八卷舊鈔本，云較之正德本佳甚。第海源閣重閟嚴扃，外人未由得覯也。

項聞閣中藏書遭亂散失，落入坊肆者頗多，前日偶得此帙，正爲蕘翁手勘者，其原本亦屬舊鈔，審其行格似依《學海》本摹出。余家《學海》殘册適有此種，取以移校，凡兩日而竣事。其大體不同有數端焉。一，全書分爲八卷；二，每卷前先標六朝、唐等名類；三，每則咸標題目；四，各卷題著書人名，後有“友人馮去非可遷訂”一行；五，卷二之末及卷三之首次第殊有更易。其餘異文奪句，補訂凡五百八十八字，其文字較之鈔刻各本迥然不同，始知蕘翁所謂文氣較爲條暢、字句亦准者，其言非過詡也。竊意蕘翁所獲鈔本必從宋本而出，故分卷標題皆沿舊式，且觀馮去非訂一行尤足爲宋刊之明證。

明人刻書陋習，往往改易舊觀，於是併省卷數，刪落標題，而參訂之人亦咸加刊削，字句之間更妄行節略，所謂傳播之功不敵其妄改之罪也。兹將趙玄度、祁曠園二跋補寫册中，緣皆《學海》本所無者。蕘夫三跋亦附著之。其卷末小跋因在本書闌下，楊氏失於檢閱，故《楹書隅録》竟失載之。至晞文籍貫，抱經別尋孤證，定爲常州靖江人。丁松生據《錢塘縣志》載釋白雲贈詩、顧俠君《元詩選》、邵二泉《潘母范氏墓志》仍定爲杭州人，與《提要》所言合，可毋庸置辯矣。其盧氏、鮑氏、丁氏、嚴氏各跋均載《武林遺著》刊本中，不復更贅，惟以祁、趙諸跋附於後焉。庚午十月初四日，藏園居士記。

《對牀夜語》五卷，皆詩話也。宋范景文所著，前有馮去非序，稱景定三年。所評詩自唐而止，其揚雄四詩及六朝作者更詳，蓋沈酣風雅之士。前附去非一書，謂興懷姜堯章同游時，有高骞、靜逸輩日夜釣游,孫道子、張宗瑞輩謔浪笑傲,今不能復從游,雖夢中亦不復見,得見景文斯可矣。則景文爲一時之名士可知。余此本録之趙玄度,以正德間江陰陳沐所翻刻者兩相細校,字句無訛,可喜也。甲子清和日,曠翁識於高郵舟次。

舊有《對牀夜話》二種:一抄本,後題"正德己巳春季收",有"徵靜"及"雅歌堂"圖書,字畫亦整楷。一本江陰陳沐翻刻活字小本,後有陳跋,正德十六年翻。著書者宋理宗朝人范晞文字景文,孤山人,當是杭人也。爲書五卷,前有馮去非序,並去非與景文一書。予旅人也,奚囊每患重而難致,因合兩本細校録之,以便相從。去非,景文俱能長短句,予所收詞紀中有其詞云。趙玄度跋。丁本題。

《對牀夜話》五卷,知不足齋刻入《叢書》第三集,其所用乃明正德江陰陳沐所翻刻本也。陳刻世不多有,近時傳者祗鮑刻。余偶於郡城書肆收得一抄本,分卷有八,而失其八卷最後幾葉,前馮序亦無之。取此抄本核之,殊不同,每段俱有題,詞句亦多異,當在陳本前。此書書目皆不載,卷數多寡之分亦無從得其實,就此本核之,頃所得當勝此也。因手校於其上。且"夜話"之名冷齋已有之,鮑改"話"爲"語"何耶?抑偶誤耳!渌飲耄矣,足迹又不常至吴,安得與之談,俾知此書除陳本外固尚有可采者在也。書之難得善本信然!乙丑六月朔,蕘翁坐雨書。

【藏園群書經眼録】卷十九·集部八·詩文評類,第一三二八頁

對牀夜話五卷　宋范晞文撰

舊寫本,係從《學海類編》傳寫。黄蕘夫丕烈以鈔本八卷者校

改，有手跋，又甲子祁曠翁跋。均已見《楹書隅録》矣，不具録。又馮去非序《學海》本佚去。後正德十六年江陰陳沐跋。別一跋不署名，疑亦祁氏也。鈐有"古鹽張氏"、"宗楠"、"詠川"、"黃錫蕃印"、"嘉興李聘"、"蓴夫手校"及楊氏父子印。海源閣遺籍，庚午歲借來一校。

按：此書世行本五卷，最舊者爲正德十五年陳沐本，後《學海類編》、《知不足齋叢書》等相繼刊之。余以此八卷本校《學海》本，其異有五：一、分卷爲八；二、每卷前先標六朝、唐等名類；三、咸標題目；四、各卷題著者名後，有友人馮去非可遷訂一行；五、卷二末及卷三首次第不同。其餘補訂文字凡五百八十八字。別爲跋詳志之。

【藏園訂補郘亭知見傳本書目】卷十六下·集部九·詩文評類，第一五九三頁

〔補〕對牀夜話五卷宋范晞文撰。

○舊寫本，黃丕烈據八卷本校並跋，又補景定三年馮去非序及正德十六年陳沐跋。聊城楊氏海源閣藏，余曾借校於安氏《學海類編》本上。此書世行本五卷，或作夜語，或作夜話，最古之本爲正德十五行陳沐活字印本，然殊罕見。清代《學海類編》本，《知不足齋》本、《武林往哲遺著》本相繼刊行，均輾轉出於陳沐本，傳世之盧文弨寫本、曹炎寫本、拜經樓寫本亦然。惟黃丕烈所得鈔本爲八卷本，各卷著者名後有"友人馮去非可遷訂"一行，似出舊本，然莫可踪迹，惟恃此校本得識其梗概耳。

【藏園群書校勘跋識録】集部，第八三一至八三二頁

對牀夜話五卷

宋范晞撰。清道光十一年六安晁氏活字印《學海類編》本。庚午年(1930)臨海源閣藏黃丕烈校本。鈐"藏園校定羣書"印。

卷首藏園先生作長跋，并過錄祁曠園、趙玄度、黃丕烈跋文，均可見諸《藏園群書題記》，不贅錄。

各卷藏園先生跋識錄如下：

卷一末葉識曰：庚午九月二十六日，臨黃蕘夫校本。

卷二末葉識曰：庚午九月二十九日校。

卷五末葉識曰：庚午十月初二日，假海源閣藏本臨校畢。原本係舊鈔，黃蕘翁以鈔本手校，有跋二則別錄之，檢鮑刻比較，此勝之多矣。藏園居士記於長春室。（書號514）

校宋本山谷詞一卷一冊

乾道刊本《類編黃先生大全文集》，後有《樂章》一卷，適殿五十卷之末，因家無《山谷詞》，先借護經書屋《六十家詞》中本校一過，此殘歲事也。今春送考事畢，兒輩檢篋中，亦有毛刻，遂復校此。仍借護經本覆勘之，知尚有脫誤，蓋校書如掃葉拂塵，洵非虛語。而原本分類編纂，故一調而先後互見。茲以數目識之，可得宋本《類編》面目。至於所分之類，不復標出，無損於詞也。若護經本，予所校者向有之，茲不贅。道光乙酉花朝後三日月望，復初氏書。在卷末。

元鈔本樂府新編陽春白雪十卷

惠香閣藏元人舊鈔本《陽春白雪》十卷，依元刊校錄一過，分注于下。丙子二月花朝,牧翁。

　　元人舊本《陽春白雪》刻與鈔異,其元刻亦牧老手校,有惠香閣女史題字,在遵王處。此本亦惠香閨中物也,余得之句曲廿餘年矣。康熙十年之春,樸學老人記。

　　予昔年得惠香閣所藏元刻《陽春白雪》十卷,初不知惠香閣爲何人,錢唐何夢華謂爲柳如是齋名。原本有"錢受之"、"東澗"二印、"惜玉憐香"一印,無柳如是印。今獲此本,字作松雪體書,雅秀可愛。卷中校字與元本中筆蹟的出一手,古秀嫵媚,風韻尤絶。中有"柳如是"小印、"惠香閣"印。卷尾有牧翁印并題字一行,知元刻與此同出一源。予所藏《陽春白雪》共三本,年來已爲他人之物,乃垂老之年,復獲覯此秘本,非厚幸耶。惜元板二本久去,不得爲雙美之合。書魔之故智,能勿爲之惘惘乎?甲申二月,復見心翁記。

　　予齋藏宋元刊詞頗寥寥,昔得蕘翁舊藏《東坡樂府》、《山谷詞》、《辛稼軒長短句》,皆元精槧。而《辛詞》爲信州九行本,字作松雪翁筆意。此本鈔手極舊,字蹟古秀,於信州本爲近。元人佳鈔殊不易覯,且重以惠香名蹟,尤足珍愛。惟是集多寡不同,分卷亦異,惜未得蕘翁元刻一爲校勘耳。壬戌十月既望,密娛軒識。

　　有"牧翁"、"錢受之印"、"惠香閣印"、"惜玉憐香"、"遵王藏書"、"樸學齋"、"復翁"、"百宋一廛"各印。

跋

　　右《楹書隅録正編》五卷、《續編》四卷，最宋本八十五，金、元本三十九，明本十三，校本百有七，鈔本二十四，爲部二百六十有八，先大夫手編先大父端勤公藏書也。先大夫晚年所得之書弗與焉。稿成於同治初，於時寇亂未定，其儲諸山中別墅者，太半未及輯次。及官翰林，始補録之，故有《正》《續》二編之分。光緒改元，吳縣潘文勤公有《士禮居題跋》之刻，借稿鈔胥，原跋或有誤收，未及改正，而先大夫見背，既爲友人借録，不無亥豕。而書儲里中，原稿待校，未經編入者，復十餘種。迨癸未秋，保彝報罷南旋，齎歸原稿，與著録各本敬爲編輯，詳加校補，始成定本。其間各家題識，字體手迹互有同異，謹依原本，不敢妄改，存其真也。憶昔先大夫之在朝也，珥筆餘暇，輒約二三同志作海王村遊，每得善本，則折柬相邀，竝几賞玩，考訂商搉，流連晨夕，致足樂也。若夫晚近士大夫，同好相高，或成隙末，甚且秦越殊轍，而懷璧致戾，騰其口説，以相謗詬，豈世風之升降邪？蓋自古往往然矣。惟是保彝無似，不克仰承先志，遺書莫讀，手澤常新，奉書遐想，泣慕曷極。嗚呼！藐是孤兒，艱難困躓，老守遺編，白頭以相終始，若弗知身敝而名墮也者，非人子之誼然哉！爰濡淚吮毫，敬志於後。工始癸巳小陽，迨本年冬十月既望而書成，爲字十四萬四千二百四十有二言。同校者，爲宛平劉君家立、家蔭昆季。同邑外弟傅君昉安、玉田、吉生、曾佑，例得備書。

　　光緒二十年太歲在閼逢敦牂涂月上澣男_{保彝}恭跋

跋

同治辛未，劭忞應會試入都，問字於先生之門，適此書初編甫脫藁，劭忞獲與校勘之事。今二十有五年矣，喆嗣鳳阿户部，刊此書工畢，乃覆校一過，而書其後焉。先生稟端勤公之教，又從梅先生曾亮、包先生世臣游，經術詞術皆深入古人閫奧。其治經尤邃於鄭學。嘗曰：“闡洙泗之微言，導新安之先路，未有如鄭君者也。”此書第一卷宋本《周禮跋》，述端勤公之言曰：“自後儒空言義理，而鄭君之學微。然王禕謂朱子《詩集傳》訓詁多用毛鄭，朱子《諭孟精義序》云漢儒正音讀，通訓詁，考制度，辨名物，其功博矣。學者苟不先涉其流，則亦何以用力於此。讀經而不由鄭學，猶欲入室而不由户也。”觀端勤公之服膺鄭學如此，可以知淵源之所自矣。楊氏以藏書爲世業，宋槧元鈔集諸家之大成，故藏弆之富，鑒別之審，海内推先生第一。然端勤公之學之傳於先生者，世或不盡知也。劭忞恐耳食之士未奉先喆緒論，故附著先生之家學，俾後之君子有考云。

時乙未閏五月門人膠州柯劭忞謹識

跋

　　《楹書隅録》五卷、《續編》四卷,聊城楊氏海源閣家刻本,比年散落都市,康購得之,凡闕失三之一,補刊百九十餘版,復爲完書。端勤父子宦轍所至,雅意勤搜,四經四史,卓然爲諸藏書家冠冕。其中秘笈大都百宋一廛舊物,吳中先輩,考訂源流,釐然有緒。方今中原多故,文獻孑遺,陶南世家獨能保守無恙,與海虞瞿氏鐵琴銅劍樓足相輝映。康昔斠刻瞿氏書目,今復補成此帙,文字之緣,屬有深幸。用紀簡端,以餉同志。

　　壬子仲春武進董康

附　録

海源閣記

[清]梅曾亮

昔班固志藝文,自六藝而外,別爲九流,則凡書之次六藝,如諸子者,皆流也,非其源也。況又次於諸子,如"詩賦"諸略者乎?然當秦火後,餘裁數經。至漢成帝時,間二百年,書已至萬數千卷之多。而自漢以後,幾二千年以至於今,附而相推,繳而相摧,演而愈淆,麗而愈支。昔之所謂流者,且溯而爲源,而流益浩乎其無津涯。故書猶海也,流之必至於海也,勢也。學者而不觀於海焉,陋矣!雖然,是海也,久其中而不歸,茫洋浩瀚,愈遠而不知其所窮,倘然不知吾之所如,浮游乎無所歸休,以終其身爲風波之民,不亦憊哉!然則何從而得其歸?曰,有史焉,足以紀事矣;有子焉,足以辨道術矣。今且類其物而分之,比其物而合之,摭一書爲千百書,而其勢猶未已也。由今以觀,周秦人書於漢人見之外,別無見也。由今以觀,魏晉人説經,於唐人載之外,別無見也。其見於史,見於集者,亦希矣。然今之説者,不惟視唐加詳也,且視漢而加詳也。夫漢唐人之書具是矣,其後此者,非衍詞也,即變文也。不然,則鑿空者也。而作者勤焉,學者鶩焉,以千萬言説書之一言,而其辯猶未知所息也。昔之人有言曰,"十三經"、"十七史"外,豈有奇書?夫古今才人如此其衆也;著書垂後,怪奇偉麗者,如此其多也,而云爾者,是知源者也。

同年友楊至堂無他好,一專於書,然博而不溺也。名藏書閣曰"海源",是涉海而能得所歸者歟? 或曰:"信如子言,凡書之因而重,駢而枝者,悉屏絕之,其可乎?"曰,烏乎可! 游濫觴之淵,而未極乎稽天浴日月之大浸,是未知海之大也,又安能知源之出而不可窮也哉!

(錄自《柏梘山房集》卷十一)

聊城楊氏海源閣藏書目跋

[清] 江標

吾郡黃蕘圃先生所藏書,晚年盡以歸之汪閬源觀察。未幾,平陽書庫扃鑰亦疏,在道光辛亥、壬子間,往往爲聊城楊端勤公所得,至庚申而盡出矣。標癸未秋游山左,汪郎亭先生出示楊氏《海源閣書目》,並緗卿太守所撰《楹書隅錄》。甲申冬,復隨先生觀書於閣中。端勤文孫鳳阿舍人發示秘笈,舉凡《藝芸書目》之所收,《楹書隅錄》之所記,千牌萬緗,悉得寓目。大約吾吳舊籍十居八九,蕘翁之所藏則又八九中居其七焉。

嗟乎! 吳中藏書,庚申之後,幾無全帙,百宋一廛中之物更稀如星鳳,豈知琅嬛福地,別在陶南,江夏簽勝,自存天壤。標先代所藏圖籍,既經兵火,靡有孑遺,今海源閣中元本《漢書》,猶爲我家舊物,有蘭陵蕭江收藏記可證。眷念先型,愴懷何極! 今蕘客居南越,適輯《蕘翁年譜》成,獨念書錄不傳,蕘言未刊。前年潘鄭盦尚書輯刻《士禮居題跋》六卷,蕘翁卅年精力所聚,略見於此。標復亟亟寫刻此目,欲使世知百宋種子尚未斷絕。人亡人得,聚散無常。

昔之連車而北者，安知不橐載而南乎？録竟志此，以爲息壤。

　　光緒十三年歲在丁亥中春月元和江標識於藥洲精舍

　　　　　　　　　　　　　　　（録自《江刻書目三種》）

楹書隅録後序

[清]孫葆田

　　曩者葆田在京師與伯羲祭酒論國朝人撰述，獨目録之書自乾隆以前不多見，何哉？伯羲曰：“此殆彼時文禁嚴故也。”因嘆近年江浙諸行省迭遭寇亂，典籍散失。今所傳私家書目，如常熟毛氏、錢氏，泰興季氏，鄞范氏，其僅存者，大率有録無書。獨吾鄉聊城楊端勤公仕道、咸之際，生平尤好聚書，所收藏數十萬卷，多宋、元舊槧。聞故翰林侍讀紹卿先生早承家學，嘗著《楹書隅録》凡若干卷，稿藏於家。先生之子鳳阿，吾同年友也，時官中書舍人，伯羲遂屬予爲介，借稿録副。由是楊氏藏書目稍傳於時矣。其後吳縣所刻《士禮居題跋》既出，讀者疑之，蓋黃氏故無成書，賴是録搜輯，附入各卷内，或乃移易其名，謂是編所録，盡出士禮居，誤矣。葆田嘗讀梅伯言郎中所爲楊公家傳，述同時人語曰：“向以至堂好蓄書，今乃知其得一書必閲一書也。”至堂，端勤公字也。梅郎中又謂公治文書畢，即手一卷，其守身一以宋儒之禮法爲歸，而名物象數、聲音訓詁亦勤懇研究。昔姚姬傳先生嘗嘆近世言漢學者，無宋儒苦身力行之學，如公乃庶幾兼之矣。葆田不及見端勤公，而以年家子之誼，獲侍紹卿先生於京寓，故知其家淵源甚悉。今先生没逾二十年，會鳳阿舍人已改官户部，暇日乃即原稿重加編輯，詳校付梓。刻既成，以書寄予濟南，屬爲後序。予與鳳阿，今日蓋皆所謂不能讀父之書者。觀先生是錄，以楹書爲名，其能無有感於中哉。鳳阿又述先生遺言，謂"漢與宋無殊途，學與文非兩事。將來可望有成者，惟不肖葆田而已"，葆田深愧乎其言，讀是書益不能不爲慨然以興也。歲月易邁，追思與伯義談論時亦十有七年矣，其尤可慨也夫

　　光緒丙申冬月

（錄自《校經室文集·補遺》）

海源閣藏書紀略

傅增湘

　　自聊城楊氏海源閣藏書散出後，凡讀書好古之士以及當代名公鉅卿，咸奔走告語，謀所以保存之策。或搜求於琉璃廠肆，或遠訪於齊魯都會，或諮詢於楊氏後裔。山東教育廳至專員抵海源閣中，以調察其殘餘。記載消息，騰布於報紙者，日有所聞。蓋保守古物，發舒文化，人各有責，世具同心也。然或語焉未詳，或言之未當，未足以饜海内人士之望。余耽嗜古籍，久成痼癖，耳聞目見，深恫於懷。爰多方尋究，展轉屬託，數月以來，於楊氏現存古籍，粗得觀覽，雖未能盡窺寶藏，而寓目所及，固已十得八九。聊志梗概，以資採擇。

　　吾國近百年來藏書大家，以南瞿北楊並稱雄於海内，以其收羅閎富，古書授受源流咸有端緒。若陸氏之皕宋樓，丁氏之八千卷樓，乃新造之邦，殊未足相提而並論也。楊氏收書始於致堂河督，其子協卿太史繼之，其孫鳳阿舍人又繼之。致堂於道光季年在南中所收多爲汪閬源之物，汪氏得之於黃蕘圃，黃氏所得多爲清初毛、錢、徐、季諸家所藏。至協卿、鳳阿所收，咸在京師，值咸、同間

怡府書散，其時朱子清、潘伯寅、翁叔平爭相購致，而協卿亦頗得精祕之本。然怡府舊藏亦自徐、季而來，其流傳之緒大率如此。據《楹書隅錄》所載，凡宋本八十五，金元本三十九，明本十三，校本百有七，鈔本二十四。然協卿晚年所得之書固未嘗入錄也。協卿欲爲三編之纂，迄未有成。故江建霞手鈔之目，其書往往出於《隅錄》之外；即吾輩今日所見，亦有不載於目者，職是故也。

楊氏既以三世藏書嗣其家，舉明季清初諸名家所有古刻名鈔，又益以乾、嘉以來黃、顧諸人之精校祕寫，萃於一門，蔚然爲北方圖書之府，海内仰之，殆如景星慶雲。第家在陶南，僻處海東，非千里命駕，殆無由窺見，而楊氏亦深自祕惜，不輕以示人。以余所聞，當時惟柯鳳蓀以及門之雅，曾登閣一觀，而江建霞隨汪柳門學使按試所經，亦粗得目涉。記其匡略以去，即今日所傳藥洲精舍寫本是也。第江氏手跋，由羨生妬，識囿方隅，謂“昔之連車而北者，安知不捆載而南”？主人覯此，不懌於懷，緣是扃閉深嚴，殆同永巷。宣統初元，孫慕韓撫部復專摺奏請妥爲保守，以防散佚，官吏奉符，驛騷百出。楊氏兩世孤嫠，憤慨殊常，至有閉閣燔爐之説，可知累代寶藏，幾經艱瘁，乃得綿延以至於今日也。鼎革以來，中外坊估，駱驛於途，而覬覦終未得逞。第甲寅之冬，余曾於廠肆得宋蜀刻本《孟東野集》一册，莪圃題識，即爲閣中之物，可知是時管鑰固已疏矣。迄丙、丁之際，魯府有收歸公有之議，於是楊氏後裔懼終不吾有，乃檢其精要，星夜輦出。至庚午而匪軍入聊，屯駐閣中，而萬本琳瑯，遂隨劍佩弓刀以俱去矣。

自閣書散佚之耗出，於是廠估奔走四出，西至保定、順德、大名，東至德州、濟南、青島，風起雲湧，竭力窮搜，萃積於平津各肆。而楊氏後裔，以旅居耗産，亦出所藏，以求善價，二三年來，其散出者略已少半。余前歲客津門，曾觀宋本子集凡二十六部，大率先後為有力者分攜以去，餘以絀於資，未得嘗鼎一臠。其鈔校祕籍出現於海王村者，亦經官館私家購求殆盡，往往一二鈔校小帙，懸價千金，而宋元古刻更無論矣。説者遂謂宋存室中精華殆已略盡，然以真賞者衡之，其事固未必盡然也。

　　考楊氏藏書，號稱美富，然其父子特自矜異者，獨為四經四史，故於宋存書室外，別題齋名。梅伯言撰《海源閣記》，以謂凡書之次六藝，如諸子、詩賦者，皆流也，非其源也。是梅氏亦尊經、史而抑子、集矣。桐鄉陸敬安《冷廬雜識》云，“聊城楊侍郎得宋板《詩經》、《尚書》、《春秋》、《儀禮》、《史記》、《兩漢書》、《三國志》，顏其室曰‘四經四史之齋’，可為藝林佳話”。近時董君授經亦云，“端勤父子雅意勤搜‘四經四史’，卓然為諸藏書家冠冕”。綜諸名家論定觀之，是海源閣藏書為海內之甲觀，而“四經四史”又海源閣中之甲觀矣。

　　余三十年來目想神游，形諸夢寐，至是乃稅駕津沽，雅意訪延，請於主者，始得寓觀。都現存之書，凡宋本三十餘部，元本二十餘部，而古鈔祕校不計焉。如入琅嬛之府，登群玉之山，目不暇給，美不勝收，而尤使人怡神愜志者，則“四經四史”大都赫然具在，然後歗篋中所儲，固已探驪得珠，其散落四方，袛一鱗片爪也，烏足同日而語耶！茲舉其珍祕者，列諸左方。其倉卒未遑遍覽者，不復詳焉。

　　宋本《毛詩》，巾箱本。宋本《尚書蔡氏傳》，大字精善，極少見。宋撫州本《禮記》，初印，紙潔如玉，墨光如漆，張敦仁所刊之底本。宋乾千道本《史記》，蔡夢弼刊本，十二行二十一字，刻工勁秀，建本之精者。宋本《漢書》，宋蔡琪一經堂本，大字妍美，八行十六字，鐵畫銀鈎。宋本《後漢書》，宋王叔邊本，十三行,字體秀勁,與《史記》同,建本之最精者。衹於日本曾見一部。宋本《三國志》。《國志》宋槧最罕見,此精印尤難得。按:此即"四經四史"也,惜《儀禮》未及見。宋本《詩説》海内孤本。宋本《春秋名號歸一圖》,汲古閣舊藏,精善。宋本《大戴禮記》,元本,然極罕見。宋本《文公家禮》,大字嚴整。元本《禮書》。精雅可玩。宋本《漢書》,宋本《後漢書》,二書雖有元修,然完整書極不易得。宋本《資治通鑑考異》,宋紹興初浙本,薄紙精印。宋本《方輿勝覽》,是書多殘損,此本獨初印完善,可貴。宋本《兩漢博聞》。乾道胡元質刊本,古雅罕見。宋本《證類本草》。蜀刻古勁,世所稀有。宋本《離騷草木疏》,孤本祕笈,十行二十一字,版式高闊。宋本《韓昌黎集》,十二行本,特爲精雅。宋本《駱賓王集》,北宋蜀本,古雅絶倫,鈔配亦精。宋本《元豐類稿》,大字勁雅,然是元本。宋本《寶晉山林集拾遺》,嘉泰筠陽郡齋刊本,大板,十行十六字,刻尤古雅,世無二本。華氏真賞齋故物。宋本《劉後村集》。精潔完善。元本《樂書》,精整。元本《爾雅》,精刊初印。毛鈔《石藥爾雅》,毛鈔《汗簡》,毛鈔《西崑酬唱集》。以上三書汲古精寫,當與宋刻同珍。

此外宋、元本諸書亦多佳槧,然或爲生平所常見,或迫於昝刻,未及披覽者,不更贅及。至鈔校各帙,多屬陸勅先、何義門、顧千里、張訒菴諸人名筆,而黄蕘圃所校至十餘種,且多爲古書,所據咸屬宋本,尤足珍祕,所謂下宋刊一等者也。邇來文教浡興,嗜書好古衍爲風尚,世人偶見古刻舊鈔,輒爭相駭異,詫爲瓌寶,甚者獲其一二,更高自矜異,揭榜徵題,此錢牧齋所謂"吴兒窮眼"者也,若使覩此,當復何如耶!

綜而論之,楊氏之書聚積萬籤,保藏三世,今乃一朝散佚,海内聞之,罔不欷愾。若欲網羅尋訪,使復舊觀,誠非易事。然以余所見,則殘佚之餘,猶存少半,且經史八帙,端勤視爲鎮庫之寶,學人仰爲稀世之珍者,幸而尚存,則精華固依然如故也。第楊氏既有不能終守之虞，外人更時有篡取之意，而其部帙繁重，價值高奇，又非常人之力所能舉，吾輩披賞之餘，惟有私與慨歎而已。所冀當代賢達，高掌遠蹠，顧此數千卷之書，實四部之菁英，曠代之鴻寶，幾經兵戈水火蟲魚之劫，僅得留貽。若能廣集群力，包舉無遺，闢館別儲，供人考索，是海源閣雖亡而復存，且視楊氏閟諸篋笥，祇自怡悦者，其用心又加宏焉。嗟夫！鴻名盛業，百載難逢，貞下啓元，千鈞一髮，世有其人乎？余馨香百拜以求之矣！辛未三月二十四日，藏園識。

　　近於平津坊肆時見有海源閣所藏明刊及舊寫本書。邇來風氣，訪書者多醉心宋、元，而其餘不屑一盼。然平心論之，明刊或有稀覯之書，舊寫頗多孤祕之本，若有好事者兼收而併蓄之，亦可蔚爲鉅觀。聊附鄙言，奉質當世。

　　辛未浴佛前日書潛偶記

附藏園日記一則

　　辛未三月十二日：到鹽業銀行看書，迫暮粗畢，其大概別記之。楊氏書凡存宋本三十三種，元本二十三種，校本二十一種，鈔本十九種，明本一種。在《楹書隅錄》中者六十四種，不在目者三十二種。然宋本中如《儀禮》、《春秋經傳集解》、《東萊左氏博議》、《脈經》皆贋品，由明本誤認耳。元本中如《纂圖互注五子》、《程氏遺書》，皆明本也。其精品則有《尚書集傳》、撫本《禮記》、前四史、《詩説》、《通鑑考異》、《證類本草》、《離騷草木疏》、《駱賓王集》、《韓昌黎集》、《寶晉山林拾遺》，咸爲罕祕，絶可寶玩。其校本中蕘圃手蹟至十四五種，要當與宋元並重。然其精華亦只此數耳，若比權量力，藏園插架固未遑多讓也。

　　熹年謹案：此編記楊氏殘存質於鹽業銀行各書，初發表時，各書時代版本多因楊氏舊題，蓋不欲過拂其意，以爲他日再觀或借校地步。其時代懸絶，顯然誤認者，皆不舉其書。至若“四經四史”中之《儀禮》、《春秋》等書，夙負重名，不容置而不論者，則推爲未見以避之。此當時情勢使然。然於日記及手批《楹書隅録》中均直書無諱，今悉據以訂正，並附日記一則於後，以供參考。

（録自《藏園群書題記》附録二）